W0048638

Mosaik
bei GOLDMANN

SUSAN ANDERSON

Verliebt – verlassen – wie verwandelt

Trennung durchleben und positiv verarbeiten
Das 5-Stufen-Begleit-Programm

Aus dem Amerikanischen
von Tatjana Kruse

Mosaik
bei GOLDMANN

In diesem Buch werden zur Erklärung der fünf Phasen der Verlassenheit Beispiele aus dem realen Leben angeführt. Bei einigen Berichten handelt es sich um *Zusammensetzungen*, andere sind aus den Erfahrungen meiner Patienten und Patientinnen entstanden und wieder andere basieren auf Befragungen, die ich für dieses Buch durchgeführt habe. In allen Fällen sind die Namen fiktiv und alle Details, die Rückschlüsse zuließen, wurden geändert, um die Privatsphäre der Beteiligten zu wahren.

Umwelthinweis:
Alle bedruckten Materialien dieses Taschenbuches
sind chlorfrei und umweltschonend.

Deutsche Erstausgabe Dezember 2001
© 2001 Wilhelm Goldmann Verlag, München,
ein Unternehmen der Verlagsgruppe Random House GmbH
© 2000 by Susan Anderson
Originaltitel: The Journey from Abandonment to Healing
Originalverlag: Berkley Books, New York
Umschlaggestaltung: Design Team München
unter Verwendung eines Fotos von Zefa/Masterfile
Redaktion: Petra Kunze
Satz/DTP: Martin Strohkendl
Druck: GGP Media, Pößneck
Verlagsnummer: 16382
kö · Herstellung: Max Widmaier
Made in Germany
ISBN 3-442-16382-X
www.goldmann-verlag.de

3 5 7 9 10 8 6 4 2

Für meine Mutter, Barbara Ruth Griffith,
und für meine Kinder Adam und Erika Anderson

Inhalt

Akeru

～⁕～

Als ich einmal ein japanisches Wörterbuch durchblätterte, stieß ich auf ein Wort, das mich erstaunt innehalten ließ, denn es besaß ungeheuer viele Bedeutungen – und ALLE hatten mit Verlassenheit zu tun. Dieses Wort ist *akeru*. Es heißt so viel wie »ergründen, öffnen, enden, ein Loch in etwas machen, anfangen, auslaufen, auswickeln, umdrehen«. Wenn jemand geht, dann weist *akeru* auf den leeren Raum, der entsteht, die Öffnung, in der ein Neuanfang stattfinden kann. Die Macht, die dieses eine Wort besitzt, verblüffte mich. Es deutet an, dass ›anfangen‹ und ›enden‹ dasselbe sind – Teile eines unendlichen Kreislaufs aus Erneuerung und Heilung. Diese gedankliche Vorstellung faszinierte mich, und ich setzte sie sofort bei meiner Arbeit zur Heilung von Verlassenheitsgefühlen ein. Zu meiner großen Freude reagierten meine Patienten und Patientinnen bereitwillig auf die innewohnende Weisheit dieses Wortes.

Ich versuche hier nicht, aus einer östlichen Weltanschauung Kapital zu schlagen oder gar eine neue Kampfkunst zu etablieren. Ich bin einfach nur dankbar, dass ich mir die herrlich vielseitige, facettenreiche Bedeutung eines einzigen Wortes ausleihen darf, entnommen aus seinem Kontext einer erleuchteten Tradition.

Vorwort
Was ist Verlassenheit?

≈≈≈

»Was ist Verlassenheit?«, werde ich oft gefragt. »Geht es um Menschen, die ihre Mütter suchen? Um Menschen, die als Baby anderen auf die Türschwelle gelegt wurden?«

Ich antworte: Es gibt Menschen, die haben jeden Tag aufs Neue das Gefühl, als hätte das Leben selbst sie auf einer Türschwelle abgelegt oder sie gänzlich weggeworfen. Bei der Verlassenheit geht es um den Verlust der Liebe selbst, um diesen entscheidenden Verlust der Verbundenheit. Häufig gehören dazu Trennung, Treuebruch, Einsamkeit – was die Betroffenen entweder auf einen Schlag erfahren können oder im Laufe von Monaten oder gar Jahren, gewissermaßen als Nachbeben.

Verlassenheit bedeutet für jeden Menschen etwas anderes. Es ist eine äußerst persönliche und individuelle Erfahrung. Manchmal ist es eine schwelende Trauer, verursacht durch alte Verluste. Dann wieder ist es pure Angst. Manchmal kann das Gefühl der Verlassenheit zu einer unsichtbaren Mauer werden, die uns davon abhält, neue Beziehungen einzugehen oder unser eigentliches Potenzial zu erreichen. Und manchmal nimmt sie die Form von Selbstsabotage an. Wir stecken in den Mustern der Verlassenheit fest.

Dieses Buch bietet echte Hilfe für all jene, die gesucht, aber nichts gefunden haben, um den Schmerz der Verlassenheit zu lindern oder das Tempo der Heilung zu beschleunigen. Es führt Sie durch jene Stadien, die ich in jahrelanger Praxisarbeit beobachten konnte und die ich die »fünf universellen Phasen der Verlassenheit« nenne. Wenn Sie sich auf diese Reise begeben, werden Sie zu Ihrer Überraschung feststellen, dass der Schmerz, den Sie angesichts des Verlustes eines geliebten Menschen empfinden, kein Ende bedeutet, sondern den Anfang einer Zeit des persönlichen Wachstums.

Verlassenheit ist ein psychobiologischer Prozess. Ich werde Ihnen die jüngsten Erkenntnisse aus dem Bereich der Hirnforschung erläutern, die ein neues Licht auf die biologischen und chemischen Prozesse werfen, welche unserer emotionalen Reaktion auf Verluste zu Grunde liegen.

Menschen, die die Qualen einer verlorenen Liebe durchleiden, haben häufig das Gefühl, ihr Leben habe sich dauerhaft verändert, sie könnten niemals wieder die alten sein, würden niemals wieder lieben. So niedergeschlagen Sie im Augenblick auch sein mögen, ich will Ihnen mit diesem Buch versichern, dass Ihre Gefühle der Verzweiflung und Hoffnungslosigkeit in Wirklichkeit nur *vorübergehend* und ein *normaler* Bestandteil der Trauer über den Verlust einer Beziehung sind. Nur wenn Sie sich mit dem Gefühl, Ihr Leben sei vorbei, auseinander setzen, können Sie Ihr Leben wieder neu aufbauen.

All jene von Ihnen, die vor den Scherben Ihrer ehemaligen Beziehung stehen, wundern sich vielleicht über Ihren Ex-Partner, der Sie möglicherweise bereits durch ein neues Leben und eine neue Partnerschaft ersetzt hat. Ihnen bleibt die Innenschau. Sie sind jetzt Teil einer auserwählten Schar, die diese Reise antreten darf. Bei der Lektüre dieses Buches werden Sie feststellen, dass der Schmerz, den Sie verspüren, real ist, er ist Teil des Lebens und durchaus notwendig.

Jeder, der diesen Schmerz fühlt, befindet sich in einer legitimen emotionalen Krise. Viele haben dabei das Gefühl, man habe ihnen schon so oft das Herz durchbohrt, dass sie nicht wissen, welches Loch sie zuerst stopfen sollen. Aber diese überwältigenden Gefühle bedeuten in keinster Weise, dass Sie schwach, abhängig oder wertlos sind. Trotz der Intensität Ihrer Gefühle sind Sie immer noch die kompetente, verantwortungsvolle Person, für die Sie sich immer gehalten haben. Die Trennung mit all den dazugehörigen emotionalen Exzessen hat Sie nicht zu einem weniger wertvollen Menschen gemacht. Vielmehr legt Ihre Fähigkeit, so intensiv zu fühlen, Zeugnis über Ihre Kraft und Ihre Zähigkeit ab. Nur wenn Sie sich Ihren Gefühlen anvertrauen, können Sie einen Weg hinaus finden.

Dies ist eine Zeit der Selbsterkenntnis, aber die Innenschau kann auch zu extremen Selbstzweifeln und quälenden Selbstvorwürfen führen. Wenn jemand, den wir lieben, uns zurückweist, dann richten wir die Wut, die wir deshalb auf diesen Menschen haben, oft gegen uns selbst und geben uns die Schuld an dem Verlust. Auf diese Weise wird die Verlassenheit zum Treibsand, der uns in Gefühle der Wertlosigkeit und Verzweiflung zieht. Gleichgültig, wie verletzend oder zermürbend die Umstände gewesen sein mögen, Sie sind kein Opfer, und es ist einfach nicht wahr, dass Sie nicht liebenswert sind. Die Tatsache, dass jemand entschieden hat, nicht länger bei Ihnen zu bleiben, sagt sehr viel mehr über Ihren Ex-Partner aus, als über Sie oder darüber, wie gut Sie die Beziehung geführt haben. Möglicherweise wurden Sie vorübergehend in die Knie gezwungen, aber Sie sind nicht besiegt.

Sich diesen Punkten zu stellen und das, was Sie erlebt haben, in die richtige Perspektive zu rücken, wird Sie davon abhalten, Ihre Wut nach innen zu richten. Wenn Sie lernen, der Schwerkraft zu widerstehen, die Ihre Selbstachtung nach unten zieht, dann gewinnen Sie Kraft und emotionale Stärke. Anstatt sich von dem Erlebten besiegt zu fühlen, tauchen Sie weiser, selbstsicherer und zu größerer Liebe fähig wieder daraus auf.

Ohne Führung oder Anleitung erholen sich viele Menschen

jedoch nicht vollständig von dem Verlust einer Liebe. Ihre Ängste und Zweifel bleiben bestehen. Wahre Heilung bedeutet, sich den unangenehmen Gefühlen zu stellen, zu begreifen, was sie aussagen, und – ganz wichtig – zu lernen, wie man mit ihnen umgeht.

Es gibt einige Gefühle, über die niemand sprechen möchte, weil sie mit Ängsten, Verzweiflung und derart intensiven Selbstzweifeln zu tun haben, dass man sich durch diese Gefühle verständlicherweise gedemütigt und beschämt fühlt. Diese Scham betrifft nicht nur die Peinlichkeit, die Sie angesichts der Zurückweisung verspüren; die Macht dieser Gefühle verstört Sie. Diese Emotionen rufen Panik in Ihnen hervor und lassen Sie glauben, Sie seien schwach, abhängig, nicht liebenswert, vielleicht sogar abstoßend.

Solange diese intensiven Gefühle nicht angegangen werden, neigen viele Betroffene dazu, sie stillschweigend zu erdulden oder sie sogar zu leugnen. Schließlich verwandeln sich diese vergessenen, tief vergrabenen Gefühle in eine schwer fassbare Trauer. Viele suchen angesichts dieser Trauer eine Therapie auf, können jedoch diese diffuse Leere nicht überwinden, die so oft falsch diagnostiziert und als Depression behandelt wird. (Bei manchen Menschen kann diese dauerhafte Trauer zu einem chemischen Ungleichgewicht führen und in einigen Fällen sogar eine medikamentöse Behandlung erfordern.)

Verlassenheit ist ein komplexes Thema, und die Wunden des Verlassenwerdens können tiefe Narben hinterlassen. Sie sollten unbedingt einsehen, dass Ihre Gefühle, gleichgültig wie intensiv sie sind, keinen Mangel an Willenskraft oder gar eine Charakterschwäche bedeuten. Sie sind normal und gehören zu dem Prozess dazu, der zu Erneuerung und Veränderung führt.

Der Heilungsprozess, den ich in diesem Buch aufzeige, beschränkt sich nicht auf Ihren derzeitigen Verlust. Er zielt in das Herz all Ihrer Wunden aus Vergangenheit und Gegenwart – dorthin, wo sich all Ihre Enttäuschungen und all das Leid angesammelt haben, das unter der Oberfläche Ihres Lebens gärt, möglicherweise schon seit Ihrer Kindheit.

Ungelöste Verlassenheit kann das zu Grunde liegende Problem sein, das für die meisten der Leiden verantwortlich ist, mit denen Sie immer schon zu kämpfen hatten: die Unsicherheit, die Ihre Beziehungen heimsucht, Depressionen und Angstgefühle, obsessive und zwanghafte Verhaltensweisen, ein niedriges Energieniveau und der Verlust der Selbstachtung, der Sie bislang abgebremst hat. Und dennoch können Menschen, die verlassen wurden, oft nicht genau benennen, was sie eigentlich durchmachen. Vielleicht sind sie mit einem alkoholkranken Elternteil aufgewachsen oder fühlten sich in entscheidenden Augenblicken aus ihrer Peergroup ausgeschlossen, gerade als sich ihr Selbstwertgefühl zu entwickeln begann. Wie weit sie von der Wurzel ihres Kummers auch weg sein mögen, sie verwenden ihre Lebensenergie darauf, mit der Angst zu feilschen und gegen die Unsicherheit anzukämpfen.

Durch den Kontaktverlust zur Quelle ihrer Verletzungen suchen viele Zuflucht bei schnellen Lösungen und befriedigen sich mit allem Möglichen: von Nahrungsmitteln über Alkohol, vom Konsumrausch bis hin zu anderen Menschen. Oder sie werden süchtig nach Selbsthilfebüchern, -kursen und -kassetten. Doch alle Selbstmedikation und alle tröstenden Worte dieser Welt werden den Kummer nicht auslöschen. Um das zu bewerkstelligen, müssen Sie sich auf eine Reise begeben, die die zu Grunde liegende Ursache angeht: die Wunde der Verlassenheit.

Durch meine eigenen Erfahrungen und durch meine jahrelange Arbeit mit anderen habe ich gesehen, wie hilfreich es ist, sich aus der Isolation zu begeben und mit anderen zu kommunizieren, wenn wir begreifen wollen, wie der Trauerprozess unser Leben im Griff hat. In welcher der fünf in diesem Buch genannten Phasen Sie sich auch gerade befinden mögen, Sie sind nicht allein. Es ist eine Offenbarung, wenn man entdeckt, dass der Schmerz selbst die Stärksten, Klügsten und Unabhängigsten unter uns entkräftet, dass er sich seinen Weg durch alle Altersgruppen, Kulturen und Gesellschaftsschichten hindurch bahnt und dass er letztendlich eine universelle menschliche Erfahrung darstellt.

Dieses Buch soll Ihnen als Begleiter dienen, es soll Sie anleiten, Ihre schwierigsten Gefühle anzusprechen, es soll Ihre Erfahrungen durch Forschungsergebnisse aus verwandten Wissenschaftsbereichen untermauern und es soll Ihnen die Hilfsmittel an die Hand geben, die Sie auf Ihrer Reise zu einer neuen Lebensperspektive und zu einer neuen Liebe brauchen.

Was ist Verlassenheit?

Ein Gefühl
Ein Gefühl der Isolation innerhalb einer Beziehung
Ein intensives Gefühl der Verzweiflung, wenn eine Beziehung endet
Ein unfreiwilliges Alleinsein
Eine Erfahrung aus der Kindheit
Ein Baby, das auf einer Türschwelle abgelegt wird
Eine Scheidung
Eine Frau, die nach zwanzig Ehejahren von ihrem Mann wegen einer anderen verlassen wird
Ein Mann, der von seiner Verlobten für »jemand Erfolgreicheres« verlassen wird
Eine Mutter, die ihre Kinder im Stich lässt
Ein Vater, der seine Kinder im Stich lässt
Ein Freund, der sich von einem Freund verraten fühlt
Ein Kind, dessen Haustier stirbt
Ein kleines Mädchen, das über den Tod der Mutter weint

Ein kleiner Junge, der möchte, dass seine Mami ihn vom Kindergarten
abholt

Ein Kind, das sich durch die Geburt eines Geschwisterchens wie ersetzt vorkommt

Ein Kind, das sich auf Grund der emotionalen Unzulänglichkeit seiner
Eltern ruhelos fühlt

Ein Junge, der erkennt, dass er schwul ist, und sich vor der Reaktion
seiner Eltern und Freunde fürchtet

Eine Jugendliche, die das Gefühl hat, ihr Herz sei tatsächlich gebrochen

Ein Jugendlicher, der Angst hat, sich dem Mädchen, das er liebt, zu
offenbaren

Eine Frau, deren erwachsene Kinder das Haus verlassen haben und
die sich nun leer fühlt, als ob man sie im Stich gelassen hätte

Ein Kind, das schwer erkrankt ist und zusehen muss, wie seine Freunde
spielen, während es selbst an einen Rollstuhl oder ans Bett gefesselt
ist

Eine Frau, die ihre Arbeitsstelle verloren hat und mit ihr ihre beruf-
liche Identität, ihre finanzielle Sicherheit und ihr gesellschaftliches
Ansehen

Ein Mann, der von seiner Firma in den Vorruhestand geschickt wird,
als ob er überflüssig wäre

Eine sterbende Frau, die fürchtet, von den geliebten Menschen verlassen zu werden – ebenso oder mehr noch, wie sie Schmerz und Tod
fürchtet

Das alles und noch viel mehr ist Verlassenheit, deren Wunde
sich tief im Herzen menschlicher Erfahrung befindet.

Die fünf Phasen der Verlassenheit

Wenn eine Beziehung endet, so ist das für beide Partner schmerzlich, doch der Schmerz ist für denjenigen, der verlassen wird, besonders hart.

»Bei mir geschah es aus heiterem Himmel«, erzählte Marie. »Eines Abends kam Lonny nicht von der Arbeit nach Hause. Als ich auch nach einer Stunde noch nichts von ihm gehört hatte, zog ich gleich die furchtbarsten Schlussfolgerungen – Autounfall, Herzinfarkt. Ich will gar nicht davon reden, wie viel schlimmer diese Visionen noch wurden, als er sechs Stunden später immer noch nicht zu Hause war. Zuletzt stellte ich mir vor, er sei mit jemand anderem zusammen. Aber warum sollte er das wollen? Wir waren unser ganzes Leben lang Gefährten gewesen, ein Liebespaar, beste Freunde und seit über zwanzig Jahren glücklich verheiratet.

Schließlich hörte ich seine Schritte in der Auffahrt. Ich lief ihm zur Tür entgegen. ›Was ist passiert?‹, fragte ich. Das Herz schlug mir bis zum Hals.

Es entstand eine Pause.

Dann sagte er mit monotoner Stimme: ›Ich bin nicht glücklich.‹

›Glücklich?‹

Er deutete vage an, dass sich die Dinge zwischen uns beiden geändert hätten.

›Wie geändert?‹, fragte ich.

›Unterbrich mich nicht‹, bellte er. ›Das ist eines der Probleme. Ständig unterbrichst du mich.‹

Mein Gesicht war plötzlich rot und pochte. Das war nicht Lonny.

Dann sagte er die Worte, die mir den Magen umdrehten und meinen Mund austrockneten.

›Ich verlasse dich.‹

Ich hörte auf zu atmen. Es fiel mir schwer, auch nur einen einzigen zusammenhängenden Gedanken zu fassen. Die einzige logische Erklärung, mit der ich aufwarten konnte, war die, dass er sich im Laufe des Tages am Kopf verletzt haben musste. Warum sonst sollte er so etwas sagen? Ich dachte kurz, aber ernsthaft daran, den Notarzt zu rufen.

Als ich endlich wieder sprechen konnte, klang meine Stimme tief und heiser, als ob sie zu jemand anderem gehörte.

›Das meinst du doch nicht ernst‹, war alles, was ich mit meiner fremden, unsicheren, neuen Stimme sagen konnte.

›Ich verlasse dich noch dieses Wochenende.‹

Ich lehnte mich gegen den Küchentisch und versuchte, trotz des Dolches, der in meinem Bauch steckte, zu atmen. ›Gibt es da jemand anderen?‹, fragte ich. Meine Stimme war nur ein Flüstern.

Er leugnete das schlichtweg. Aber einen Monat, nachdem er tatsächlich ausgezogen war, erfuhr ich, dass es doch jemanden gab – eine Lehrerin an seiner Schule. Das verringerte zwar meine Verwirrung, aber nicht den bohrenden Schmerz.

Die nächsten Wochen verbrachte ich allein und versuchte, mit dem ungeheuerlichen Ausmaß des Ganzen fertig zu werden. Diesen Mann hatte ich von ganzem Herzen und mit ganzer Seele geliebt. Er war immer so zärtlich gewesen, stets hatte seine Güte hindurchgeschimmert. Für mich war die Liebe zu ihm beinahe eine religiöse Erfahrung gewesen. Ich hatte so viel Ehrfurcht vor der Art, wie er sein Leben führte. Er war ein gütiger und liebevoller Vater, sowohl weise als auch einfühlsam.

Nachts versuchte ich, meine Qualen zu vergessen und zu Bett zu gehen. Aber an Schlaf war nicht zu denken. Mich quälte die Leere neben mir im Bett. Ich hatte es geliebt, Lonny im Arm zu halten, meinen *schönen, sinnlichen Lonny. Stattdessen umarmte ich mein Kissen, weinte, schrie manchmal hinein, weil die Qual so unerträglich war. Es wäre mein gutes Recht gewesen, ihn für das, was er mir angetan hatte, zu hassen, aber ich konnte ihn nur vermissen und mich selbst verurteilen, weil ich es so weit hatte kommen lassen.«*

Die Verzweiflung infolge des Verlassenwerdens kann aus vielen verschiedenen Umständen heraus entstehen, aus vielen unterschiedlichen Beziehungen. Es gibt eine Unmenge von Faktoren, die unsere Reaktion auf den Verlust beeinflussen: die Art unserer Beziehung und ihre Dauer, die Intensität der Gefühle, die Umstände der Trennung und unsere Vorgeschichte, was Verluste betrifft. Wenn wir von jemandem verlassen werden, den wir lieben, kann das alte Wunden aufreißen, Unsicherheiten wecken und zu Zweifeln führen, die womöglich seit unserer Kindheit Teil unseres emotionalen Gepäcks waren.

Fast alle von uns haben Maries Gefühle selbst schon einmal erlebt. Jemand hat sich dafür entschieden, nicht länger bei uns zu bleiben, uns nicht zu »behalten«. Plötzlich haben wir das Gefühl, abgeschnitten und allein zu sein, ins emotionale Exil verbannt. Allein zu sein ist nicht schlecht, wenn man sich selbst dafür entscheidet. Doch wenn jemand beschließt, uns zu verlassen, sieht die Sache schon anders aus. Wir sind bestürzt, verwirrt, wütend und haben das Gefühl, als ob wir auf Grund eines unsichtbaren Defekts ungerechtfertigterweise zu einer lebenslangen Strafe verurteilt worden wären. Und wie Marie sehnen wir uns nach der Person, die uns verlassen hat.

Verlassen zu werden ist unsere erste Angst. Sie ist eine Urangst – eine Angst, die allen Menschen gemeinsam ist. Als Kleinkinder lagen wir schreiend in unserer Wiege, starr vor Angst, wenn unsere Mutter den Raum verließ, weil wir dachten, sie käme nie zurück. Verlassenheit meint die Angst, auf ewig allein zu sein, niemanden zu haben, der uns beschützt und sich um unsere dringendsten Bedürfnisse kümmert. Für ein Kleinkind ist die Bindung an die wichtigste Bezugsperson überlebensnotwendig. Jede Bedrohung oder Unterbrechung dieser Beziehung weckt diese Urangst, eine Angst, die in der Hardware unseres Gehirns verankert ist und die wir mit in unser Erwachsenenleben hineintragen. Wenn Kinder Gefühle des Getrenntseins erfahren, stehen ihnen keine Verteidigungsmechanismen zur Verfügung, so wie uns Erwachsenen. Ihre Wunden heilen möglicherweise nicht, sondern gären unter der Oberfläche ihres Lebens weiter bis hinein ins Erwachsenenleben.

Eine emotionale Erfahrung ist umso schmerzlicher, wenn sie eine alte Geschichte aus der Vergangenheit wieder zum Vorschein bringt; das gilt besonders im Zusammenhang mit Zurückweisung und Verlust. Eine Beziehung, die heute endet, kann die schlimmsten Albträume Ihrer Kindheit wahr werden lassen. Die Trauer über eine verlorene Liebe öffnet alte Wunden.

Wenn jemand beschließt, Sie zu verlassen, dann wird diese Urangst geweckt, und aus ihr entsteht großer Zorn. Sie werden wütend, weil Sie so viel Angst und Verzweiflung erleiden müssen. Sie sind von sich selbst enttäuscht, weil Sie so machtlos sind, weil Sie sich nicht in der Lage sehen, die gegenseitige Liebe *festzuhalten*. Sie fühlen sich angesichts der Umstände und des Verlustes Ihrer Liebe absolut hilflos.

In manchen Fällen entstammt Ihre Trauer keiner erst kürzlich vollzogenen Trennung, sondern wurzelt in alten Unsicherheiten und Ängsten, die von einer lange verlorenen Liebe herrühren und Ihre Beziehungen bis heute stört.

Möglicherweise sind Sie mit Ihrem Partner oder Ihrer Partnerin noch zusammen, aber Ihnen ist klar, dass Sie nicht länger geliebt werden. Obwohl Ihr Partner körperlich präsent ist, trauern Sie schon um den Verlust. Es ist, als ob ständig das Gefühl, versagt zu haben, an Ihnen nagt: »Warum kann ich diese Beziehung nicht funktionieren lassen? Bin ich denn nicht liebenswert? Warum bringe ich ihn nicht dazu, mich zu lieben?«

In anderen Fällen, wie dem von Marie, verlässt Ihr Partner Sie wegen jemand anderem, und dann wird Ihre Trauer durch das Gefühl des Treuebruchs und der Eifersucht noch erschwert.

Manchmal gibt es jedoch niemand anderen; Ihr Partner verlässt Sie, weil er einfach nicht länger mit Ihnen zusammen sein will, weil er seinen Freiraum braucht. Dann mischt sich Ihre Trauer mit Selbstvorwürfen, Angst und dem Gefühl, keinen richtigen Abschluss zu haben.

Oder Ihre Beziehung fällt einfach auseinander – vielleicht waren Sie noch nicht dazu bereit oder Sie konnten sie einfach nicht zum Funktionieren bringen. Vielleicht gestaltete sich die Beziehung auch so schmerzlich, dass Sie die Aussicht auf Trennung anfangs sogar erleichterte, und das Gefühl der Unzulänglichkeit stellte sich erst hinterher ein. In solchen Fällen wird die Trauer durch das tiefe Gefühl persönlicher Enttäuschung erschwert. Sie sind voller Reue und unsicher angesichts der Zukunft.

Möglicherweise wurden Sie aber auch plötzlich und unerwartet verlassen, und Schock und Unglauben haben das Ruder übernommen. Dann müssen Sie zuerst den verzweifelten Schmerz und die entkräftenden Panikgefühle angehen, bevor Sie wirklich trauern können.

Dieser Trauerprozess ähnelt der Trauer bei einem Todesfall: Verlust ist Verlust. Aber die Trauer des Verlassenwerdens führt ein Eigenleben, denn sie rührt aus den besonderen Umständen, die dazu führten, sowie aus den Gefühlen der Zurückweisung und der Unzulänglichkeit, die oft damit einhergehen.

Das Verlassenwerden schmerzt deshalb so sehr, weil es wie ein Messer in unser Selbst hineinschneidet. Man verliert nicht nur den Menschen, den man geliebt hat, sondern auch den Glauben an sich selbst. Man zweifelt daran, liebenswert oder begehrenswert zu sein. Diese Gefühle können sich tief in uns eingraben und zu einer unsichtbaren Wunde führen, wegen der wir uns von uns selbst abwenden.

Manchmal spüren Menschen den Verlust eines geliebten Partners so tief und stellen ihren eigenen Wert derart nachdrücklich in Frage, dass es so scheint, als ob ihnen durch ein unsichtbares Leck[1] heimtückisch jeglicher Selbstwert entzogen würde, wie bei einer langsamen inneren Blutung. Diesen Menschen erscheint es paradox, dass diese tiefe Wunde ihren Selbstwert immer dann absaugt, wenn sie versuchen, ihn dadurch wieder aufzubauen, dass sie beachtenswerte Dinge tun.

Dieses Abfließen der inneren Stärke ist entscheidend für das Verständnis und das Aufarbeiten des Verlassenheitskreislaufs. Ehrlich gesagt kann ich kaum begreifen, warum diese besondere Art der Trauer bis heute praktisch unerkannt, unerforscht und unbehandelt geblieben ist. Experten auf dem Gebiet der geistigen Gesundheit interpretieren Verlassenheitsgefühle im Allgemeinen als Symptom einer Depression oder eines Angstzustandes. Aber die Trauer der Verlassenheit ist ein ganz eigenes Krankheitsbild. Gerade die Art und Weise, wie die Betroffenen ihre Angst und ihre Wut gegen sich selbst richten, verleiht der Trauer über das Verlassenwerden ihren ganz eigenen Charakter.

Die Neigung zu Selbstverstümmelung und Selbsterniedrigung bildet den Kern dieses Trauerprozesses, aber die Verletzungen des Selbst (oder die *Verinnerlichung der Zurückweisung*, wie ich es nenne) finden sich in allen Phasen der Verlassenheit. Es ist ein lang andauernder Prozess.

Was macht Überlebende der Verlassenheit aus?

Als Verlassenheitsüberlebende bezeichne ich all jene Menschen, die die Qual einer verlorenen Liebe durchlebt haben und den Mut hatten, trotzdem an ihr Leben und ihre Fähigkeit zur Liebe zu glauben. Dazu gehören auch einige Berühmtheiten, die uns ihre Kindheitsgeschichten erzählt haben, andere treten nie an die Öffentlichkeit. Manche sind Therapeuten – wahrscheinlich hat sogar die Mehrzahl aller Therapeuten ihre ganz eigene Verlassenheitsgeschichte. Aber die meisten sind normale Menschen. In fast jedem steckt ein Verlassenheitsüberlebender. Die Unsicherheit, Sehnsucht und Angst, die mit dem Verlust einer Liebe einhergehen, sind universell.

Verlassenheitsüberlebende sind einfühlsam, fürsorglich und für die Liebe wie geschaffen. Aber die Zugehörigkeit zu dieser exklusiven Gruppe beschränkt sich nicht auf jene, die mittlerweile erfolgreiche Beziehungen führen. Viele kämpfen immer noch darum, alte Verlassenheitswunden zu heilen, die ihnen bei der Suche nach einer neuen Liebe ihm Weg stehen.

Bei allen Verlassenheitsüberlebenden – jenen, die eine neue Liebe fanden, und jenen, die sie immer noch suchen – zeigt sich der Einfluss der ehemaligen und gegenwärtigen Verluste: in den Fragmenten eines ungelebten Lebens, eines unerreichten Potenzials und unerfüllter Träume. All das wartet immer noch darauf, durch den Prozess der Verlassenheitsheilung wieder gutgemacht zu werden.

Wie sieht die Heilung
der Verlassenheitsgefühle aus?

Zur Heilung der Verlassenheitsgefühle gehört ein Programm, bestehend aus fünf Übungen, die in diesem Buch vorgestellt werden. Ich habe diesem Programm den Namen *akeru* gegeben. Sie werden dabei aktiv und heilen die Wunden Ihrer Verlassenheit aus Vergangenheit und Gegenwart. Im Laufe dieses Vorgangs sammeln Sie neue Informationen, erkennen ungelöste Angelegenheiten aus der Vergangenheit und machen praktische Übungen, um ihr Leben zu verbessern.

Die Heilung Ihrer Verlassenheitsgefühle wartet mit einer neuen Sprache und einem Ansatz auf, der den Zwölf-Schritte-Programmen vergleichbar ist. Dieses Heilungsprogramm ist speziell dafür konzipiert, um mit ungelösten Verlassenheitsgefühlen umzugehen – dem Ursprung Ihrer Süchte, Ihrer Zwänge und Ihres Kummers. Dabei übernehmen Sie selbst die Verantwortung, Ihr Leben zu verbessern.

Falls Sie Ausschau halten nach den richtigen Worten oder der allumfassenden Erkenntnis, die Sie endlich befreit, dann seien Sie gewarnt: In keinem Buch und in keinem Programm findet sich ein solcher magischer Zauberstab. Er befindet sich in Ihnen, in Ihrer unangezapften Energie, und Sie werden lernen, diese Energie neu auszurichten. Die Heilung von Verlassenheitsgefühlen ist einfach, sogar angenehm. Sie müssen jedoch mehr tun, als nur dieses Buch lesen. Sie müssen seine Inhalte in die Praxis umsetzen.

Was sind das für Menschen, die andere verlassen?

Menschen, die andere einfach verlassen, gibt es in jeder Größe, Gestalt, Nuancierung, Altersgruppe, Geschlechtszugehörigkeit und Veranlagung. Häufig lässt sich nur schwer sagen, wer emotional verantwortlich handeln kann und wer nicht – wer es wert ist, dass man ihm vertraut, und wer andere einfach im Stich lässt.

Dieses Bild wird noch dadurch kompliziert, dass ein Mensch, der den einen Partner einfach verlässt, einem anderen Partner durchaus lebenslang zur Seite stehen kann. Die Umstände, die eine Beziehung umgeben, sind derart komplex und variabel, dass es weder klug noch fair ist, ein moralisches Urteil zu fällen, mit dem Finger auf jemanden zu zeigen oder Verallgemeinerungen zu treffen.

Lassen Sie uns einfach festhalten, dass viele Menschen, die andere verlassen, nicht die Absicht haben, jemanden zu verletzen. Es handelt sich bei ihnen schlicht und ergreifend um Menschen, die darum kämpfen, Antworten auf die schwierigen Fragen des Lebens zu finden, wie alle anderen auch. Aber es gibt »Serientäter«, die es befriedigt, wenn sie anderen, die sie lieben, emotionalen Schmerz zufügen können. Für sie ist es ein Machtbeweis, wenn sie nichts als Verwüstung hinterlassen.

Doch selbst jene, die *nicht* von einem solchen Bedürfnis angetrieben werden, können ein verstärktes Maß an Selbsterhöhung erfahren, wenn derjenige, den sie verlassen haben, sie verzweifelt zurückhaben will. Angesichts der Qualen des Verlassenen gibt man für gewöhnlich die eigenen Triumphgefühle nicht zu. Vielmehr demonstriert man demütigere Gefühle, beispielsweise die *Schuldgefühle*, die man hat, weil man anderen Schmerz zufügte. Doch für gewöhnlich lässt man sich von dieser Schuld leicht ablenken, wenn man mit größerem Schwung als je zuvor sein neues Leben beginnt.

Einige Menschen, die andere verlassen haben, können ihren Schuldgefühlen aus dem Weg gehen, indem sie für die Wirkung, die sie auf andere haben, blind sind. Sie befinden sich im Zustand der Verdrängung hinsichtlich der Verwüstung, die sie verursacht haben. Das hilft ihnen, sich selbst weiterhin als anständige, fürsorgliche Person zu sehen. Diese Verdrängung erscheint demjenigen, der zurückgeblieben ist und nun die Trümmer seines Lebens aufsammeln kann, häufig gefühllos und grausam.

Andere »Verlasser« sind jedoch nicht dazu fähig, den Schmerz, den sie verursacht haben, zu verdrängen. Sie durchleben angesichts des Scheiterns der Beziehung echte Trauer- und Reuegefühle, parallel zu den Gefühlen des Verlassenen.

Die Heilung von Verlassenheitsgefühlen ist all jenen gewidmet, die darum kämpfen, ihre Beziehung zu erhalten.

Sie werden die Vorzüge entdecken, die sich ergeben, wenn man sich durch die verschiedenen Phasen der Verlassenheit arbeitet. So schwierig dieser Prozess auch klingen mag, er wird Ihnen helfen, die Fallgruben der Unterdrückung und der Verdrängung des Schmerzes zu umgehen. Wenn Sie Ihre Gefühle vergraben, bleiben sie ungelöst. Solange Sie sich ihnen nicht stellen, werden sie aus ihrem Versteck heraus weiter als Störfaktor agieren, und Sie werden in selbsterniedrigenden Beziehungen gefangen sein, die immer wieder damit enden, dass Sie verlassen werden.

Der Heilungsprozess, den ich *akeru* nenne, soll dieses Verletzungsverhalten umkehren. Er besteht aus fünf Übungen, die in diesem Buch beschrieben werden. Die Heilung von Verlassenheitsgefühlen wird es Ihnen ermöglichen, aus Ihren intensiven Empfindungen einen Gewinn zu ziehen, sodass Sie eine der schmerzlichsten Erfahrungen des Lebens in eine Chance zu Wachstum und Veränderung umwandeln können.

Es folgt ein kurzer Blick auf die einzelnen Phasen; er soll den Anfang Ihrer Reise einläuten. Sobald Sie in der Lage sind, diese Phasen als einen *einzigen Prozess* zu sehen, werden Sie begreifen, wo Sie stehen, wo Sie waren und was Sie zu erwarten haben.

Phase 1: Erschütterung

In dieser verheerenden ersten Phase sind Sie geschockt, voller Schmerz und Panik, plötzlich des Werts und der Bedeutung Ihres Lebens beraubt. Sie versuchen, den Scherbenhaufen, der Sie sind, zusammenzuhalten, aber trotz all Ihrer Bemühungen bleiben Ihr Glaube und Ihr Vertrauen zerstört. Das Durchtrennen dieses wichtigen emotionalen Bandes vermittelt Ihnen (vorübergehend) das Gefühl, dass Sie ohne diese verlorene Liebe nicht weiterleben können. Selbstmordgedanken sind in dieser Phase ganz normal. Sie werden von einer Verzweiflung hervorgerufen, die überwältigend ist, jedoch wirklich *nur vorübergehend*. Alte Gefühle der Hilflosigkeit und Abhängigkeit schleichen sich in Ihre momentane emotionale Krise. *Akeru* bietet eine Schmerz-Management-Technik, die hilft, so schnell wie möglich durch diese schwierigen Phasen hindurchzukommen und Kraft zu schöpfen, was Ihnen erlaubt, in eine Zeit der Neugeburt einzutreten.

Phase 2: Rückzug

Liebesentzug ist wie Heroinentzug, er führt zu intensiven Entzugserscheinungen und weckt die Sehnsucht nach der Liebe, die Sie vermissen. Alles schmerzt, pocht und sehnt sich danach, dass Ihre Liebe zurückkehren möge. Menschen haben genetisch ein mächtiges Bedürfnis nach Nähe geerbt; abgebrochene Beziehungen beenden dieses Bedürfnis nach Nähe nicht. Vielmehr sorgt der Verlust einer Beziehung dafür, dass dieses Bedürfnis noch verstärkt wird. Der emotionale Druck löst einen psychobiologischen Prozess aus, zu dem Schlaflosigkeit, Gewichtsverlust, Angstattacken sowie emotionale und körperliche Erschöpfungszustände gehören können. *Akeru* wird Ihnen zeigen, wie Sie mit dem Instinkt der Nähe arbeiten können, der für diese furchtbaren Qualen verantwortlich ist. Sie können seine Energie nämlich dazu verwenden, eine bedeutsame neue Nähe zu sich selbst herzustellen.

Phase 3: Verinnerlichung

In dieser entscheidenden dritten Phase der Verlassenheit werden Ihre emotionalen Wunden anfällig für eine Infektion, die zu einer dauerhaften Narbe führen kann, indem Ihre Selbstachtung beschädigt wird. Dieser Fall tritt dann ein, wenn Sie Ihre Wut auf Ihren verlorenen Partner gegen sich selbst richten. Sie neigen dazu, auf eigene Kosten den Menschen zu idealisieren, der Sie verlassen hat. Jede implizite oder explizite Kritik von Ihrem Ex nehmen Sie sich zu Herzen. Sie beschäftigen sich ständig mit Ihrem Bedauern über das Ende der Beziehung, quälen sich damit, was Sie hätten tun *sollen* oder was Sie hätten tun *können*, um den Verlust zu verhindern. Gleichgültig, wie sehr Sie sich auch zu wehren versuchen, Ihr Selbstwertgefühl hat einen Schlag abbekommen. *Akeru* stellt Ihnen die Hilfsmittel zur Verfügung, mit denen Sie Zugang zu Ihrer inneren Energie finden und ein neues, ganzheitliches Konzept Ihres Selbstwertgefühls aufbauen können. Diese Übung soll neue Fenster für Ihr Bewusstsein öffnen und es Ihnen ermöglichen, neue Entscheidungen zu fällen und sich neue Ziele zu setzen.

Phase 4: Wut

Es ist nicht das erste Mal, dass Sie bei diesem Prozess der Wut begegnen, aber während der ersten drei Phasen war Ihre Wut die eines Opfers, ein sinnloses wildes Rudern mit den Armen, bei dem Sie womöglich auf Ihre Kissen einstachen. Erst in dieser vierten Phase ist Ihr unter dem Ansturm der Selbstattacken gequältes Selbstwertgefühl bereit, sich aufzurichten und zurückzuschlagen und die Herausforderung der äußeren Welt anzunehmen. Erst jetzt wird Ihre Wut zu einem sich selbst ermächtigenden, gesunden Zorn. Diese Aggression kann Ihnen helfen, Ihr Leben wiederherzustellen.

Der Zorn liefert die Energie, die Sie brauchen, um Ihr neugeborenes Selbstwertgefühl zu beschützen und Ihr Überleben zu sichern. Manchen Menschen fällt es schwer, ihre Wut auszuleben, und sie brauchen Hilfe, damit sie ihre Wut nicht nach innen richten und diese eine *heftige Depression* hervorruft. Manchmal fürchtet man sich auch davor, die Wut gegenüber dem verlorenen Partner zum Ausdruck zu bringen, weil man Angst hat, noch mehr Liebe zu verlieren, als man bereits verloren hat. Stattdessen richtet man seine Wut gegen jene, die einem am Nächsten stehen. In dieser Zeit haben die Betroffenen unrealistische Erwartungen an andere; sie gehen davon aus, dass andere die Liebe ersetzen und ihnen den Halt geben können, den sie so schmerzlich vermissen. Wenn dies den Menschen ihres Umfelds nicht gelingt, explodieren sie. Vergeltungs- und Rachefantasien gegenüber dem Menschen, der sie verlassen hat, sind in dieser Phase ebenfalls häufig anzutreffen, aber es gibt bessere Alternativen. Das alte Sprichwort stimmt: Die beste Rache ist der Erfolg. *Akeru* verwendet die Energie der Wut, um Ihre Erfahrung des Verlassenwerdens zu einem Triumph des persönlichen Wachstums zu machen.

Phase 5: Auftrieb

Da der Zorn Ihnen geholfen hat, die Energie nach außen zu lenken, verleiht er Ihnen neuen Auftrieb für Ihr Leben. Sie wecken allmählich Ihre Lebensgeister wieder auf und erleben immer wieder Momente von Frieden und Freiheit. Sie fühlen sich stärker und weiser auf Grund der schmerzlichen Lektionen, die Sie gelernt haben. Das Leben in all seiner Fülle lenkt Sie von Ihrem Schmerz ab. Sie lassen den Zorn los. *Akeru* gibt Ihnen Hilfsmittel an die Hand, um Ihre Kapazität für die Liebe und alles Neue zu vergrößern.

Ja, es gibt ein Leben nach dem Verlassenwerden – ein volles, reiches, intensives Leben –, aber Sie müssen auch etwas dafür tun. Es streckt sich Ihnen eine hilfreiche Hand entgegen, um Sie durch den Schmerz zu führen. Lernen Sie etwas daraus, und erleben Sie eine größere Nähe zu sich selbst. Sie werden nie wieder so bewusst, so lebendig sein, wie in dem Moment, in dem Sie die Prinzipien dieses Programms in Ihr Alltagsleben integriert haben.

Erste Phase: Erschütterung

∽∾

Was versteht man unter Erschütterung?

Erschütterung ist ein Riss im dichten Gewebe menschlicher Nähe.
Sie ist ein Gefühl der Verwüstung, des unerträglichen Schmerzes.
Sie ist ein kraftvoller neurobiologischer Prozess.
Sie ist das wieder erlebte Geburtstrauma. Sie ist eine Wiedergeburt.
Sie ist das Aufbrechen von Sturmwolken, das Aufklären des Himmels.
Sie ist eine Epiphanie der Erkenntnis, ein Erwachen des emotionalen Kerns.
Die Erschütterung ist ein Boden, ein Boden der Verwandlung – derselbe Boden, auf dem Menschen aller Zeiten Erlösung gefunden haben.

Unser ganzes Leben lang waren wir auf diese Erschütterung allzu gut vorbereitet, auf ein Ereignis, das in der Lage ist, uns dem zu entreißen, was uns am teuersten ist. Wir haben versucht, all jene Umstände abzuwehren, die außerhalb unserer Kontrolle liegen. Einen Großteil unserer Lebensenergie haben wir darauf verwendet, uns selbst in Sicherheit zu bringen, damit es keine Erschütterung gibt. Aber wenn dieser Fall dann doch eintritt, nimmt er uns den Wind aus den Segeln. Sobald wir wieder zu Atem kommen, sind wir allerdings in der Lage, unser Leben neu aufzubauen und uns nicht länger mit der Illusion von Sicherheit zu betäuben.

Die Erschütterung legt primitive Verteidigungsmechanismen

offen, die kontraproduktiv geworden sind und uns behindern. Der Panzer, der uns einst schützte, ist jetzt einengend und unbequem. Alle, die nicht länger derart behindert werden wollen, müssen diesen Panzer abwerfen, sonst engt er sie nur ein.

Erschütterung ist das Erste, was wir beim Abbruch einer Beziehung fühlen, aber sie kann auch als Nachbeben einer früheren Erfahrung kommen, als Eruption alter, längst vergessener Gefühle. Über solche Eruptionen berichten oft jene Menschen, die ein Zwölf-Schritte-Programm im Kampf gegen eine Sucht durchlaufen haben. Sie entdecken, meistens im zweiten Jahr des Programms, dass Ihnen das Suchtverhalten nur als primitive Verteidigung diente. So lange kann es also dauern, bis alte Verteidigungsmechanismen aufbrechen und wahre Genesung einsetzen kann.

Erschütterung ist kein neues Phänomen, aber indem wir sie isolieren, können wir besser damit umgehen.

Wir müssen die Macht der Erschütterung anerkennen und diese Macht auf disziplinierte Weise einspannen, um ein wahrhaft heilendes Umfeld zu erschaffen.

Robertas Erschütterungsphase:

Roberta ist ein einfühlsamer Mensch, intelligent und flexibel. Sie besitzt die Gabe der Ironie, die sie mit brillantem Timing und Subtilität einsetzt. Sie hat auch eine ernste Seite und liebt es, intensiv über politische Fragen zu debattieren. Roberta hat einen Schwall goldener Haare und große, blassgrüne Augen. All das half ihr, Travis, den Dirigenten eines Großstadtorchesters, für sich zu gewinnen.

Nach Aussage ihrer Freunde hat Roberta nur einen einzigen Makel: ihren Geschmack in Sachen Männer. Travis bildete da keine Ausnahme. Er behauptete, das Temperament eines Künstlers zu besitzen. Auf diese Weise rationalisierte er sein dominantes Verhalten und seine Kontrollsucht. Manchmal war er sehr schwierig, kritisierte alles und verhielt sich egozentrisch. Roberta musste all ihr diplomatisches Geschick einsetzen, um die Beziehung im Gleichgewicht zu halten.

Sie gab zu, dass es wohl ein Fehler wäre, ihn zu heiraten, aber paradoxerweise war es genau das, womit sie eines Abends beim Essen in ihn drang. »Was hältst du davon?«, fragte sie und sah auf ihren Teller.

Travis antwortete nicht sofort. »Ich bin noch nicht so weit«, meinte er schließlich. »Roberta, du weißt, dass ich nur Spaß haben möchte. Ich will mich amüsieren.« Er entschuldigte sich dafür, wie oberflächlich das klang. Roberta schluckte schwer. Warum musste ich dieses Thema nur zur Sprache bringen?

Im folgenden Monat versuchte Roberta, Travis wieder zu der aufregenden und leidenschaftlichen Beziehung zu verlocken, die sie früher hatten. Aber er ging immer mehr in seiner Karriere auf. Er beschränkte ihr Beisammensein auf einmal wöchentlich und ließ sich nur mit Mühe zum Sex überreden. Roberta spürte, dass sie Travis verlor. Ihre Freunde erklärten ihr, das wäre das Beste, was ihr passieren könnte, aber sie konnte es nicht ertragen, ihn gehen zu lassen und ohne ihn auf der Welt zu sein. Sie hasste den Gedanken an das Alleinsein. Ich bin zu alt, um das durchzumachen, sagte sie sich. Sie war 35.

Dann geschah es. Sie sah ihn mit einer anderen Frau.

Roberta ging auf die beiden zu und schlug Travis mit ihrer Tasche gegen den Brustkasten. Es folgte ein Wortwechsel, und er meinte noch: »Ach, Roberta, ich wollte es dir ja sagen. Ich wusste nur nicht, wie.«

Roberta kam zur Therapie. Sie weinte und schnäuzte in ein Taschentuch nach dem anderen. »Ich hätte nie geglaubt, dass es so schmerzhaft sein könnte«, sagte sie und hielt den Kopf in den Händen. »Ich habe das Gefühl, als ob mein Leben vorüber ist.«

Diese Erschütterung beschränkt sich nicht auf das Verlassenwerden. Sie ist die Einstiegsphase zu jeder Art von Trauer, bei der es um einen bedeutenden Verlust geht. Aber die Erschütterung beim Verlassenwerden ist eine ganz besondere. Ihr Verlust ist nicht auf einen Todesfall zurückzuführen, sondern darauf, dass jemand absichtlich *nicht länger mit Ihnen zusammen sein* wollte. Wenn Zurückweisung, Imstichlassen oder Untreue eine Rolle bei Ihrem Verlust spielten, dann wurde nicht nur Ihr Gefühl der Sicherheit erschüttert, sondern auch Ihr Glaube an sich selbst, Ihr Selbstwertgefühl.

Carlyles Erschütterung:

»Ich komme mir wie ein völliger Versager vor«, erklärte Carlyle mit geschwollenen und blutunterlaufenen Augen. Er hatte in weniger als zwei Wochen fast zehn Pfund abgenommen und behauptete, seit Tagen nicht geschlafen zu haben. »Wenn ich doch endlich einmal einschlafe, dann wache ich sofort wieder auf und weiß, dass alles vorüber ist. Und dann pocht mein Herz, und ich kann nur noch daran denken, alles zu beenden – meinem Leben ein Ende zu bereiten. Das Einzige, was mich davon abhält, sind meine Kinder.

Meine Frau will, dass ich bis zum Monatsende ausziehe. Aber wie kann ich meine Familie verlassen? Nur für sie habe ich all die Jahre gearbeitet. Sie ist mein Leben. Womit habe ich das verdient? Warum habe ich es nicht kommen sehen? Ich werde damit einfach nicht fertig. Ich bin viel zu betäubt, um noch zu wissen, was ich jetzt tun soll – um zu wissen, was ich fühle. Es erdrückt mich.«

Roberta und Carlyle erleben viel von dem, was in dieser Phase üblich ist: die Erschütterung ihrer Hoffnungen und Träume, die Beklommenheit, die Schlaflosigkeit, die Innenschau, die Selbstmordgedanken, der Schock. Hierbei darf man nicht vergessen, dass die intensiven Gefühle der Erschütterung nur vorübergehend sind. Die Erschütterung ist genauer gesagt sogar die kürzeste der fünf Phasen.

Die Erschütterung ist notwendiger Bestandteil des Heilungsprozesses, denn durch sie finden wir uns damit ab, dass unsere
Beziehung vorüber ist. Der Schmerz ist so qualvoll, weil er einen
Riss im dichten Gewebe einer intensiven emotionalen Bindung
verkörpert. Es ist, als ob Sie in zwei Hälften gerissen würden,
bevor Sie ein neues Selbst aufbauen können.

Für die meisten Menschen ist die Erschütterung eine Zeit des
Wiedererlebens. Alle alten oder unterschwelligen Verluste strömen in ihre frische Wunde.

Wenn Sie eine ähnliche Trennung bereits hinter sich haben,
kommen Erinnerungen daran an die Oberfläche und zwingen
Sie, nicht nur mit dem gegenwärtigen Verlust, sondern auch mit
dem ganzen Thema der Verluste in Ihrem Leben fertig zu werden. Ihr ganzes Wesen wird in eine Art emotionale Zeitschleife
geworfen. Vergangenheit, Gegenwart und Zukunft verschmelzen zu einer emotionalen Turbulenz.

Die Erschütterung bringt Sie in Kontakt mit Gefühlen, die
herausgenommen aus dem Kontext der Trauer beinahe patholo-
gisch scheinen. In *Trauer und Melancholie*[2], einer frühen Mono-
grafie, betont Freud den Unterschied zwischen der Trauer und
einer depressiven Erkrankung. Die intensiven Gefühle der Erschütterung können bisweilen sogar dem Therapeuten zu Herzen gehen, der die Intensität der Verlassenheitserfahrung noch
nicht verstanden hat.

Albys Erschütterungserlebnis:
*Alby erzählte, wie das Verhältnis zu seinem Therapeuten kurz nach
seinem Erschütterungserlebnis ein Ende fand.*

*Die Liebe seines Lebens hatte ihn gerade verlassen. Daraufhin such-
te er die Praxis seines Therapeuten auf und ließ seiner Qual in tiefen
Schluchzern freien Lauf. Er schilderte, er fühle sich, als ob ein schwarzer
Ball aus Teer lange in ihm geschlummert habe und nun aufgebrochen*

*und geschmolzen sei. Sein Therapeut, aufgewühlt von der Zurschau-
stellung solch intensiver Gefühle, versuchte, ihn für eine medikamentöse Behandlung an einen Facharzt zu überweisen.*

*Alby hatte eine feste Arbeitsstelle, an der er sehr angesehen war. Er
beschäftigte sich mit kreativer Kunst, hatte stabile Freundschaften
und zeigte keine anderen Anzeichen einer psychischen Störung.[3]*

Ironischerweise war Albys Fähigkeit, der Intensität seiner Gefühle standzuhalten, der Beweis seiner emotionalen Gesundheit.
Wie es ein Verlassenheitsüberlebender einmal ausdrückte: »*Nur
die Starken können die Erschütterung aushalten; die Schwachen brauchen ihre Verteidigungsmechanismen.*«

Zuerst neigen die Betroffenen dazu, alle Phasen auf einmal wie
im Taumel zu durchlaufen. Sie wechseln vom Schock und der
Verzweiflung der *Erschütterung* zum *Rückzugs*gefühl, sie verspüren den Drang, unbedingt einen Schuss Liebe bekommen zu
müssen, den sie aber nicht kriegen, sie gehen dann zur Scham
und Selbstverurteilung der *Verinnerlichungs*phase über, daraufhin
zu der bohrenden Wut der *Zorn*phase und weiter zu den Augenblicken der Hoffnung und Klarheit in der *Auftriebs*phase. Anschließend geht es immer wieder von vorn los. Eine Phase folgt
der Nächsten zügig auf dem Fuße.

Ich habe zu verschiedenen Zeiten meines Lebens jedes Einzelne dieser Gefühle selbst erlebt: als Kind, Jugendliche und Erwachsene. Vor kurzem hat mich mein Lebenspartner plötzlich
verlassen, nach einer, wie es mir schien, liebevollen, erfolgreichen, zwanzigjährigen Partnerschaft. Er trennte sich überraschend und ohne Vorwarnung.

Es ist pure Ironie, dass ich mich in meiner klinischen Praxis
über zwanzig Jahre lang darauf konzentriert hatte, Verlassenheitsüberlebende zu behandeln. Plötzlich, nach all diesen Jahren
der Erfahrung, der Forschung und des Studiums, wurde ich der

ultimativen Prüfung unterzogen: Ich war selbst verlassen worden.

Irgendwie hatte ich mich dafür entschieden, mein ganzes Vertrauen in einen Menschen zu setzen, der nach zwanzig Jahren – nachdem ich ein tiefes Gefühl der Sicherheit entwickelt und mich daran gewöhnt hatte – eines schönen Tages verkündete: »Es ist an der Zeit, dass ich gehe.« Ich konnte nur schwer akzeptieren, dass ich in den Armen eines Menschen gelegen hatte, der mich nach all diesen gemeinsamen Jahren verließ. Ich wusste, dass es in meinem Fall kein beliebiges Ereignis war, kein bloßer Zufall. Mir war klar, dass es etwas mit alten Verlusten zu tun hatte, Verlusten, die bis in meine Kindheit reichten. Ich musste tief in mir selbst nach dem letzten verbliebenen Saatkorn suchen, jenes wirklich zähe Saatkorn, das es fertig gebracht hatte, fast zwanzig Jahre lang in mir zu schlummern und erst dann seine schmerzlichen Wurzeln wieder in meinem Leben auszustrecken. Ich musste in mich gehen, die Ursache finden, sie überprüfen und sie ein für alle Mal entwurzeln.

Es war harte Arbeit, aber das half mir, völlig neue Einsichten zu gewinnen und einen besseren Weg zur Genesung zu finden, nicht nur für mich, sondern auch für jene, die meine Hilfe suchten. Ich blieb meiner Arbeit mit meinen Patienten und Patientinnen treu und stellte mich ehrlich und offen meinem Verlassenwerden.

Wo ist meine Wurzel des Verlasse werdens!

Akeru

Auf Grund meiner eigenen Erfahrung und meiner Arbeit mit anderen eröffnete sich mir eine konzeptionelle Wahrheit, die da lautet, dass das Verlassenwerden trotz all des Schmerzes und der Intensität als Katalysator für ein tief greifendes persönliches Wachstum dient. Um diese Vorstellung näher zu erläutern, borge ich mir das japanische Wort *akeru* aus.

Akeru hat viele Bedeutungen, darunter »durchbohren, beenden, öffnen«. Mit dem Wort *akeru* kann man die im Verlassenwerden verborgene Chance beschreiben. Bei der Erschütterung geht es um einen schmerzlichen Übergang vom Einssein mit einem anderen zum Zustand plötzlicher und unfreiwilliger *Abgetrenntheit*. Die Betroffenen durchleben die mächtigen Kräfte, die hier im Spiel sind, und versuchen gleichzeitig, ihr Gleichgewicht wiederzuerlangen. Dass ein einziges Wort, nämlich *akeru*, die Vorstellung von *beenden* und *beginnen* umfasst, verhilft uns zu der Erkenntnis, dass es für die Energie, die durch die Erschütterung freigesetzt wird, positive Anwendungsmöglichkeiten gibt.

Die Erschütterung verkörpert im Grunde eine Explosion der Getrenntheit. Das Verlassenwerden schneidet uns bis ins innerste Mark auf, aber unsere innere Persönlichkeit überlebt. Während der Erschütterung erfahren Sie, dass Sie lebendig sind, denn alle Nerven liegen blank. Alles, was übrig bleibt, ist diese blanke Empfindung und der Drang zu überleben. Anstatt dieses Unbehagen zu leugnen, zu ignorieren oder zu überdecken, besteht die Aufgabe im *akeru*-Prozess darin, darauf einzugehen, einen Vorteil aus dieser blanken Empfindung zu ziehen und sie für sich zu nutzen.

Das Geheimnis besteht darin, *sich ganz auf den Augenblick einzulassen und so oft wie möglich dort zu verharren.* Das erlaubt Ihnen, mit der Energie zu arbeiten, nicht gegen sie, und diese

Zeit der offenen und ungeschützten Getrenntheit zu erleben, was immer das auch wert sein mag. Nur in diesem Augenblick erleben Sie die Intensität des Lebens als ein getrenntes menschliches Wesen.

Wenn Sie sich auf den Augenblick einlassen wollen, müssen Sie Ihre Sinne öffnen und Ihre Aufmerksamkeit auf die Anblicke, Geräusche, Gerüche und anderen Empfindungen richten, die in Ihrer unmittelbaren Umgebung entstehen. Sie müssen Ihre Augen und Ihre Haut und Ihre Ohren einsetzen, um den Augenblick auf absolut bewusste Weise zu erleben. Einige nennen das *Achtsamkeit*, andere *Zen*. In der Heilung von der Verlassenheit ist der Augenblick die natürliche Zuflucht vor dem emotionalen Schmerz.

Die Erschütterung ist eine persönliche Reise

Meine eigene Trennung hat mich gelehrt, niemals die Intensität der Erfahrung eines anderen zu unterschätzen, sondern genau zuzuhören und daraus zu lernen. Die Erschütterung verläuft für jeden Menschen anders. Ihre Intensität kann nicht an der Länge einer Beziehung gemessen werden. Jeder von uns muss seinen eigenen Weg durch die Phase der Erschütterung finden.

»Warum nur muss es so schmerzvoll sein?«, fragen einige. »Woher kommt dieser große Schmerz?«

Ich werde Sie auf eine Reise durch die Erschütterungsphase mitnehmen und Antworten auf diese Fragen suchen. Ich werde erklären, dass der Verlust eines geliebten Menschen das automatische Selbstverteidigungssystem des Körpers aktiviert und was das für unser Stressniveau bedeutet. Ich werde Gefühle aufdecken, die in dieser Phase üblich sind, beispielsweise Selbstmordgedanken, symbiotische Empfindungen, Scham und das

Bedürfnis, sich selbst zu stärken. Ich werde Ihnen helfen, die unerledigten Angelegenheiten aufzudecken, die von alten Verlusten herrühren und die Ihre momentanen Gefühle eventuell noch verstärken, und ich werde Kindheitsverluste beschreiben, die Sie möglicherweise mit ins Erwachsenenleben genommen haben. Ich werde Ihnen wichtige Informationen aus dem Gebiet der Hirnforschung mitteilen, die erklären, warum die Erinnerung an alte Verluste während einer aktuellen Krise neu auftaucht und wie Stresshormone Ihre Kindheitserinnerungen beeinflussen können. Ich werde einige der Charakteristika eines Syndroms schildern, das viele Verlassenheitsüberlebende heimsucht – *die posttraumatische Stressstörung der Verlassenheit* –, und ich werde über den Schock, die Desorientierung und die Taubheit sprechen, die für diese Störung typisch sind. Die Reise wird mit genauen Anweisungen enden, die Ihnen helfen, die Akeru-Übung für das »Verharren im Augenblick« in Ihr Leben zu integrieren.

Die Erschütterung ist eine Zeit der völligen Getrenntheit, und obwohl sie schmerzhaft ist, bietet sie die Gelegenheit zu ungeheurer persönlicher Bewusstheit. Zu keiner anderen Zeit sind Sie besser in der Lage, mit Ihrer Realität als getrenntes menschliches Wesen zurechtzukommen. Aus diesem Grund wird die Erschütterung für viele zu einer Verkündigung, zu einer Pforte, die auf eine neue Ebene der Bewusstheit führt.

Die Anatomie der Erschütterung

Die Verwundung des Herzens

Während dieser kritischen ersten Phase haben die Betroffenen oft das Gefühl, eine Wunde am Herzen erlitten zu haben. Die Erschütterung setzt in dem Augenblick ein, in dem die Wunde zugefügt wird – in dem Moment, in dem Sie das Gefühl haben, dass ein Messer Ihr Herz abtrennt. Ihr ganzer Körper protestiert dagegen.

Möglicherweise verspüren Sie einen Schmerz oder ein dumpfes Pochen in Ihrem Herzen, das Gefühl des Zusammenziehens, eine Welle der Angst, die durch Ihren Brustkasten strömt. Anfangs haben Sie möglicherweise ständig das Bedürfnis, zu seufzen oder tief Luft zu holen. Ihr Herz pocht, wenn Sie an die Realität Ihres Verlustes denken. Vielleicht wachen Sie auch mitten in der Nacht in kaltem Schweiß gebadet und voller Panik auf und spüren jeden Morgen beim Aufstehen einen Stein in der Magengrube.

Die Verwundung des Herzens
Selbst- verteidigung
Überlebens- instinkt
Geteiltes Denken
Symbiotische Gefühle
Selbstmord- gedanken
Scham
Schock
Somatische Empfindungen

Die Anatomie der Erschütterung

Ihr Selbstverteidigungssystem wurde geweckt

All Ihre körperlichen Reaktionen sind das Ergebnis der Reaktion Ihres Sympathikussystems auf eine überaus reale Verletzung[4]. Ihr Körper bereitet sich darauf vor, zu kämpfen, zu fliehen oder zu erstarren, um Sie vor dem zu beschützen, was er als unmittelbare Bedrohung wahrnimmt. Eine Flut von Stresshormonen strömt durch Ihren Körper, um dieses Selbstverteidigungssystem zu aktivieren, um Ihre Wachsamkeit zu wahren, um Sie fit und im Zustand ständiger Bereitschaft zu halten. Adrenalin wird freigesetzt, was die Reaktionszeit Ihres Gehirns senkt und Ihren sensorischen Apparat auflädt, um sich gegen die Bedrohung zur Wehr zu setzen.

Kein Wunder, dass manche Menschen das Verlassenwerden als Stich im Herzen empfinden. Physiologisch gesehen reagiert Ihr Körper so, als ob Ihr Herz tatsächlich eine Stichwunde erlitten hätte.

Überlebensinstinkt

Die Erschütterung bringt Sie in Berührung mit den instinktiven Kräften des Lebens und setzt Sie Ihrem Kern aus, weckt Ihre grundlegendsten und dringlichsten Bedürfnisse. Wie bei der Geburt erzwingt das Verlassenwerden eine Trennung; plötzlich sind Sie mehr allein als zuvor.

Es ist möglich, dass diese Erfahrung machtvoll genug ist, um emotionale Erinnerungen zu aktivieren, die bis zurück zu Ihrer Geburt reichen – einzelne Teile und Fragmente, die tief in der Struktur Ihres Gehirns verschlüsselt waren[5]. Das Gehirn eines Neugeborenen verfügt noch nicht über die voll entwickelten Strukturen, die es braucht, um die tatsächlichen Ereignisse der Geburt aufzuzeichnen. Aber das emotionale Erinnerungssystem des Gehirns ist bei der Geburt schon relativ intakt und legt Spuren früher Erfahrungen[6] in Form von Gefühlen und Empfindungen an. Diese Gefühle können reaktiviert werden, wenn ein Ereignis in Ihrem Erwachsenenleben eine emotionale Ähnlichkeit zu Ihrer Geburt aufweist.

Für die meisten von uns bestand die Geburt in einem plötzlichen Temperatursturz, grellen Lichtern, Lärm und möglicherweise einem Klaps, um uns zu unserem ersten Atemzug zu bewegen. Wenn ein geliebter Mensch Sie verlässt, dann wird eine andere Art von Nabelschnur durchtrennt. Wie ein Neugeborenes sind Sie plötzlich von etwas getrennt, das Ihnen Wohlbehagen, Wärme und Versorgung bot.

Das Kleinkind beruhigt sich, wenn man es in eine warme

Decke wickelt; das erinnert das Kleine an die Wärme im Schoß der Mutter.[7] Aber was ist mit Ihnen? Auch Sie wurden abgetrennt. Sehnen Sie sich etwa weniger nach dem Wohlbehagen und der menschlichen Wärme, die Sie plötzlich vermissen?

Selbst Erwachsene neigen dazu, sich nach dem die Augen auszuweinen, was verloren ist, als ob ihr Leben davon abhinge. Natürlich ist diese Verzweiflung für einen Erwachsenen ein Gefühl, keine Tatsache. Ihr Leben hängt nicht von Ihrem verlorenen Partner ab. Es fühlt sich nur so an.

Die Erschütterung hat Sie in einen Zustand blanker Trennung geworfen. Aber wer ist jetzt da, der Sie in Empfang nimmt? Wer bleibt, um die dringenden Bedürfnisse zu erfüllen, die wachgerufen wurden? – Nur Sie.

Es gibt dieses Mal keine Krankenschwester, keine Bezugsperson. Nur Sie. Sie sind wie eine Schnecke ohne ihr schützendes Haus, ein frierendes und hungriges Kleinkind.

Die Heilungsaufgabe in dieser Phase besteht darin, im jeweiligen Augenblick für sich selbst da zu sein, zu erkennen, dass Sie eine getrennte Person sind, ein voll funktionstüchtiger Erwachsener, verantwortlich dafür, sich um sich selbst zu kümmern. Niemand anderes ist dafür verantwortlich, dass Ihre emotionalen Bedürfnisse erfüllt werden; nur Sie können das tun. Zum emotionalen Selbstvertrauen gehört auch, dass Sie die intensiven Gefühle Ihrer Erfahrung akzeptieren, dass Sie sich über Ihre gegenwärtige Realität klar werden und sich selbst versichern, dass Sie überleben werden.

Geteiltes Denken[8]

Typisch für die Erschütterungsphase ist das Gefühl der Hoffnungslosigkeit, ein Aspekt des ›Immer-und-niemals‹-Denkens: Die Dinge werden *niemals* wieder so sein wie früher, Sie werden *immer* allein sein, Sie werden diesen Schaden *niemals* beheben können, Sie werden *immer* niedergeschlagen sein. Das ›Immer-und-niemals‹-Denken ist Teil eines katastrophalen geistigen Vorgangs, der eine vorübergehende Rückkehr zu den konkreten ›Entweder-oder‹-Denkmustern Ihrer Kindheit symbolisiert. Die Erschütterung wirft Sie vorübergehend in eine Zeitschleife. Wie ein heranwachsendes Kind besitzen Sie kein reales Gefühl dafür, dass Sie diese Krise überleben werden und mit Ihrer Lebensaufgabe fortfahren oder eine neue Liebe finden können. Vielmehr sind Sie einer vorübergehenden Doppelbelichtung ausgesetzt: Ihre Kindheitsperspektive überlagert die reifere Sichtweise Ihres erwachsenen Selbst. Folgerichtig nehmen Sie Ihre momentane Lage so wahr, wie es ein Kind tun würde, als ständig präsent und dauerhaft.

Vielleicht wenden Sie dasselbe ›Entweder-oder‹-Denken auf den Menschen an, der Sie verlassen hat, und sehen ihn oder sie in der einen Minute nur als gut und in der nächsten nur als schlecht. Im einen Augenblick scheint die Person absolut unersetzlich, im nächsten erklären Sie – oder versuchen zumindest, sich selbst davon zu überzeugen –, dass Sie diesen Menschen *ohnehin nicht brauchen*. Einerseits denken Sie, Ihr verlorener Partner habe jedes Recht gehabt, Sie zu verlassen, und Sie haben ihn nie mehr respektiert oder angesichts seiner Charakterstärke bewundert, als jetzt, wo er Sie verlassen hat. Andererseits glauben Sie, dass sich Ihr Partner als moralisch korrupter Feigling erwiesen hat – Sie zu verlassen war eine feige Tat.

Dieses zweigeteilte Denken trifft auch auf Ihre Selbstwahrnehmung zu. In der einen Minute sind Sie ein wertloser Versager, weil Sie den wichtigsten Menschen in Ihrem Leben nicht halten konnten. Im nächsten Augenblick erfüllt Sie die selbstgerechte Empörung, dass jemand die Frechheit besitzt, einen so wertvollen Menschen wie Sie einfach abzulegen. In dieser Phase ist es schwierig, eine ausgewogene Sicht über sich selbst, den verlorenen Partner und den Heilungsprozess des Lebens zu behalten.

Wenn Sie sich auf den Augenblick einlassen, können Sie dieser ›Immer-und-niemals‹-Perspektive sofort entfliehen. Sobald Sie sich ganz im Augenblick befinden, hat dieses Katastrophendenken keinen Raum mehr. Es gibt nur das *Jetzt* – einen heiligen Ort, den Sie aus der Fülle des Lebens um Sie herum erschaffen können.

Symbiotische Gefühle

Wie wir gesehen haben, werden wir während der Erschütterung von Gefühlen überschwemmt, die wir am stärksten als Kleinkind erlebten, zu einer Zeit, in der wir unser Dasein als hilflose, abhängige Kinder begannen. Das Wiedererwachen dieser Gefühle bringt Sie in Berührung mit dem ältesten, schon lange vergessenen Teil in sich selbst. Das Auflösen Ihrer Bindung reaktiviert Ihre emotionalen Erinnerungen und rückt Ihre primitivsten Gefühle in den Vordergrund.

Symbiotische Gefühle[9] erfüllen uns in erster Linie vor der Geburt und in der Zeit als Neugeborenes, wenn wir uns in einem Zustand des Einsseins mit unserer Mutter befinden. Wir waren unzertrennlich, unfähig, ohne unsere Bezugsperson zu überleben. Diese Gefühle der Abhängigkeit, ausgelöst in der Erschütterungsphase, versetzen Verlassenheitsüberlebende in ein schmerzliches emotionales Paradoxon: Je mehr Sie die Wirkung Ihres Verlustes spüren, desto stärker sind Sie gezwungen, sich nach Ihrem verlorenen Partner zu sehnen.

»Ich begehrte meine Frau nie so sehr, wie in dem Moment, als sie ging«, schilderte Carlyle. »Ich hatte das Gefühl, ohne sie nicht leben zu können!«

Ihre Freunde und Familienangehörigen wundern sich womöglich, wie Sie sich nach jemandem verzehren können, der Sie so schlecht behandelt hat. Sie können nicht verstehen, dass die Trennung von Ihrem Partner automatisch symbiotische Gefühle weckte, die tief in Ihrem emotionalen Gedächtnis gelagert waren. Sie müssen nun mit Gefühlen umgehen, die aus psychobiologischen Prozessen stammen, welche unabhängig von Ihrem Wachbewusstsein agieren und Ihrer unmittelbaren Kontrolle entzogen sind.[10]

Es ist zum Beispiel normal, vorübergehend allzu sehr bei Freunden, Angehörigen und professionellen Beratern Halt zu suchen. Manche Menschen suchen Mitgefühl auf eine Art, die für sie untypisch ist. Sie werden von einer inneren Sehnsucht nach dem Halt getrieben, den sie in ihrem verlorenen Partner nicht länger finden.

Wie unabhängig Sie innerhalb Ihrer Beziehung auch gewesen sein mögen, in der Phase der Erschütterung ist das Alleinsein für Sie unerträglich. Vor allem lange Phasen ohne Termine fallen schwer, wie die Wochenenden oder wichtige Feier- beziehungsweise Jahrestage. In solchen Augenblicken ist es besonders wichtig, die Gesellschaft anderer zu suchen – Menschen, die Ihnen zur Seite stehen. Dieses zwanghafte Bedürfnis nach Gesellschaft verschwindet wieder, sobald Ihre Heilung einsetzt.[11]

Chronische Symbiose

Das symbiotische Paradoxon erklärt die Neigung vieler Menschen, in ihrer Beziehung in eine emotionale Falle zu geraten, in der sie in Kauf nehmen, dass ihre Partner sie immer wieder verlassen, entweder auf körperlicher oder emotionaler Ebene.

»Ich scheine Barry einfach nicht verlassen zu können«, erzählte Patricia. »Ich weiß, er tut mir nicht gut. Ich weiß, er ist ein Hohlkopf voller

Warzen und eine lästige Fessel, an die ich mich klammere, nur um nicht dem Schmerz der Trennung und des Alleinseins ausgesetzt zu sein. Auf einer bestimmten Ebene weiß ich das alles, aber aus irgendeinem Grund kann ich ihn einfach nicht gehen lassen. Je schlimmer er zu mir ist, desto verzweifelter klammere ich mich an ihn.«

Wer wie Patricia mit einer solchen Situation kämpft, dessen symbiotische Gefühle werden immer wieder aktiviert, jedes Mal, wenn man einen Bruch in einer wichtigen Bindung spürt, selbst wenn es immer wieder mit ein und derselben Person ist. Gefühle größter Bedürftigkeit – jene, die Sie emotional hilflos machen – strömen mit Urgewalt in Ihr Bewusstsein. Sie sind überzeugt – wenn auch nur vorübergehend –, dass Sie allein nicht überleben können. Jeder Riss in Ihrer Beziehung weckt eine neue Runde intensiver Unsicherheit. Das Kleinkind in Ihnen weint und will im Arm gehalten und geliebt werden – paradoxerweise von eben jener Person, die Sie ständig betrügt, hintergeht und *im Stich lässt*.[12]

Judith Harris, Autorin des Buches *Ist Erziehung sinnlos?*, behauptet, dass missbrauchte Kinder dazu neigen, sich an eben jene Menschen um Trost zu wenden, die sie missbraucht haben.[13] Das gilt auch für andere Lebewesen. Laut Harris trat ein Forscher, der die Prägung bei Enten untersuchte, einmal einem Entenküken, das auf ihn geprägt war, unabsichtlich auf den Fuß, woraufhin ihm das Küken noch hartnäckiger als sonst folgte.

Die Erschütterungsphase entfacht symbiotische Zwänge, aber sie bietet Ihnen auch die Gelegenheit, diese Zwänge jetzt als Erwachsener endlich zu brechen. Wenn Ihnen alles andere genommen wurde, dann meldet sich Ihr wahres Selbst zu Wort – blank und absolut verletzlich. Ihre Aufgabe besteht nun darin, Ihre Gefühle der Hilflosigkeit in den gegenwärtigen Augenblick zu tragen, Ihrem neu erwachten innersten Kern Leben zu schenken.

Selbstmordfantasien und Todessehnsucht

Michaels Erschütterungsphase:

Als Michaels Partnerin sechs Monate zuvor das erste Mal drohte, ihn zu verlassen, versuchte er alles, um sie zu halten. Er hatte das Gefühl, um sein Leben zu kämpfen. Er machte jedes nur mögliche Zugeständnis, um seine angeschlagene Beziehung zu retten, ging sogar zur Paartherapie und legte seine Seele bloß, aber es hatte keinen Zweck. Eines furchtbaren Tages packte seine Partnerin ihre Sachen und ging. Michael wollte sterben.

Trotz all der entsetzlichen Angst, die zum Ende geführt hatte, konnte Michael nicht loslassen. Genauer gesagt war er angesichts des drohenden Verlustes noch anhänglicher geworden. Allein gelassen hatte er nun keinen Lebenswillen mehr.

Ein Freund drängte ihn, sich zu den Workshops »Heilung von Verlassenheitsgefühlen« anzumelden. Michael kam unrasiert und in zerknitterter Kleidung zum Interview. Mit monotoner Stimme erklärte er, dass er unbezahlten Urlaub genommen habe, damit er »in ein Loch kriechen und so lange wie möglich betrunken bleiben könne«.

Immerhin brachte Michael es fertig, zum ersten Treffen zu erscheinen, wo er ausführlich über seine Selbstmordgedanken sprach. An einer Stelle unterbrachen ihn die anderen.

»Wollen Sie wirklich sterben?«, fragten sie. »Oder wollen Sie nur, dass der Schmerz endlich aufhört?«

»Ich will, dass der Schmerz aufhört«, erwiderte er teilnahmslos. »Ich bin nur glücklich, wenn ich schlafe«, fuhr er fort. »Und ich schlafe nur ein, wenn ich bis zur Bewusstlosigkeit trinke.«

»Es gibt Wege, mit diesem Schmerz umzugehen«, sagten sie.

Michael tat das mit einer Handbewegung ab. »Dafür bin ich schon viel zu weit abgerutscht«, sagte er. »In Wirklichkeit bin ich abgesehen vom Schmerz schon tot. Man kann niemanden retten, der bereits gestorben ist.«

Viele Menschen beschreiben ihr Verlassenwerden als eine Art Tod. In ihren Schilderungen erzählen sie, dass sie sich wie tot fühlen, am liebsten tot wären oder dass sie spirituell gestorben sind. Wenn Sie Michael ins nächste Kapitel folgen, werden Sie sehen, wie wichtig es ist, diese Gefühle nicht auszuleben. So intensiv sie auch sein mögen, sie sind nur vorübergehend und lösen sich auf, wenn man die nachfolgenden Phasen durchläuft. Während der Erschütterungsphase ist die Hoffnungslosigkeit, die man empfindet, keine Realität.

Viele erleben ihr Verlassenwerden als körperliche, sogar als *tödliche* Wunde. Sie verwenden häufig Worte, die schwere Verletzungen und die Zerstörung lebenswichtiger Organe beschreiben, beispielsweise *gebrochenes Herz* oder *blutende Wunde in der Brust*.

Maries Todessehnsucht:

»*Nachdem Lonny mich verlassen hatte, wurde das Haus zu einem Grabmal, einer Folterkammer der Einsamkeit. Also ging ich überallhin, nur nicht nach Hause.*

Auf dem Highway gab es keine Steinmauer, bei der ich nicht daran dachte, einfach frontal dagegenzufahren. Wenn ich während meines Besuches bei Freunden ein Messer entdeckte, insbesondere die Hack- oder Fleischermesservariante, dann stellte ich mir vor, wie ich es mir tief in den Bauch rammte.

Nachts durchwühlte ich meinen Barschrank auf der Suche nach etwas, das ich einfach so wegkippen konnte; nur auf diese Weise war an Schlaf zu denken. Das Letzte, worüber ich mir zu jener Zeit Sorgen machte, war es, Alkoholikerin zu werden. Ich wollte nur bewusstlos werden oder sterben – was immer den Schmerz beendete.

Jeden Morgen kämpfte ich darum, mich so weit zusammenzureißen, dass ich zur Arbeit konnte, und auf der Fahrt versuchte ich, bloß nicht meinem Drang nachzugeben und über die Klippen zu fahren.

Es war eine echte Anstrengung, mich für den Unterricht, den ich gab, am Riemen zu reißen. Und es fiel mir schwer, jeden Tag neue Entschuldigungen für meine rote Trinkernase zu finden. Von Tag zu Tag sah ich ausgezehrter aus. Die Leute fragten mich ständig, ob etwas nicht in Ordnung sei. Natürlich waren die meisten von ihnen andere Lehrer, die ich nicht gut genug kannte, um ihnen von meinem Problem zu erzählen.

Die gute Nachricht angesichts meiner nachlassenden körperlichen Konstitution war, dass ich abnahm, etwas, das ich immer versucht, aber nie geschafft hatte, weil ich nämlich in Wahrheit gern esse. Jetzt war ich mehr an den Messern interessiert als am Fleisch. Freunde beobachteten, wie ich das Essen auf dem Teller herumschob, und fragten mich, ob es mir gut gehe und warum ich so dünn aussähe. Meine Reaktion bestand darin, ihnen aufrichtig für das Kompliment zu danken und ihnen zu sagen, ich sei auf einer speziellen Diät (der Todessehnsucht-Diät).

Als ich schließlich herausfand, dass Lonny mich für eine andere Frau verlassen hatte, wäre es mir lieber gewesen, er hätte mir einfach ein Messer in mein Herz gerammt. Das wäre weniger schmerzlich gewesen, wäre schneller gegangen und hätte mich davor bewahrt, mich beinahe zu Tode zu hungern.«

Wir haben bereits gesehen, dass viele Betroffene in dieser kritischen Phase glauben, ihre Verzweiflung sei von Dauer. Solange dieses Gefühl anhält, lässt sich nur schwer erkennen, dass es sich bloß um einen Teil eines Vorgangs handelt, der zu Erneuerung führt. Wie Michael und Marie glauben viele Betroffene tatsächlich, ihr Leben sei vorüber. Der Gedanke an den Tod dient als Fluchtfantasie, nur auf diese Art können sie sich vorstellen, den Schmerz zu beenden. Unterhaltungen mit ihnen sind gespickt mit Bezügen auf den Tod:

»*Tot wäre ich besser dran.*«
»*Ich kann das nicht überleben.*«
»*Ich kann nicht schlafen. Und ich will nicht essen.*«
»*Mein Leben ist gelaufen.*«
»*Es fühlt sich so an, als ob ich sterben würde.*«
»*Der Tod wäre leichter.*«

Viele Verlassenheitsüberlebende fantasieren über die Auswirkungen, die ihr Tod auf ihren verlorenen Partner haben könnte. »Es wäre mir wert gewesen zu sterben«, sagte Marie, »nur um Lonny klarzumachen, dass er mich doch wirklich geliebt hat.«

Einigen Betroffenen dienen diese Selbstmordgedanken zu einem bestimmten Zweck, auch wenn sie sie nicht ausleben. Sie tragen dazu bei, das Ego in dieser Phase zu unterstützen. Die Vorstellung, dass Sie dem Schmerz ein Ende bereiten könnten, wenn Sie wollten, vermittelt Ihnen das Gefühl der Kontrolle, das Ihnen vorübergehend abhanden gekommen ist. Aber nur die Ruhe – so mächtig Ihr Wunsch, den Schmerz zu beenden, auch sein mag, diese Gefühle sind nur der Anfang des Heilungsprozesses und werden bald schon vorübergehen. Sie finden ganz sicher wieder eine neue Liebe, wenn Sie es wollen. Ihre Aufgabe besteht darin, sich all die Unterstützung, die Sie brauchen, von Menschen zu holen, die Ihnen nahe stehen, und wenn nötig auch von professionellen Beratern. Am Ende werden Sie gestärkt aus dieser Erfahrung hervorgehen.

Somatische Empfindungen

Möglicherweise sind Sie nicht in der Lage, die biophysiologischen Veränderungen zu benennen, die sich unter der Oberfläche Ihres Wachbewusstseins vollziehen, aber wenn Sie die nächsten Seiten gelesen haben, werden Sie sicher einige Hinweise auf diese Veränderungen erkennen.

Ihr emotionales Gehirn nimmt den Verlust Ihres Partners als Bedrohung Ihres Überlebens wahr. Das Ereignis löst wichtige biologische Veränderungen aus, die während Ihrer emotionalen Krise beibehalten werden.[14] Ihr Pulsschlag und Ihr Blutdruck steigen und senden eine größere Menge Blut und Nährstoffe in die Bereiche Ihres Körpers, die für die Selbstverteidigung benötigt werden. Ihre Verdauung wird abgeschaltet; der Blutstrom wird von Ihrem Magen zu großen Muskelgruppen umgeleitet, damit Sie körperlich jederzeit bereit sind, zu fliehen oder Ihre Angreifer in die Flucht zu schlagen, je nach Bedarf. Während der stressreichsten Momente lösen Strukturen tief in Ihrem Gehirn eine Verengung Ihrer Stimmbänder aus und führen zu der hohen Stimme intensiver Angst. Laut Daniel Goleman lassen dieselben Mechanismen einen Hund knurren und eine Katze buckeln.

Andere Neuralkreisläufe werden in bestimmten kritischen Momenten aktiviert, um einen ängstlichen oder wütenden Gesichtsausdruck zu produzieren, um die Bewegung einiger Muskeln einzufrieren oder um Ihren Atem abzuflachen, damit Sie besser in der Lage sind, neben Ihrem Atem auch wichtige Geräusche zu hören. Andere Prozesse beschleunigen Ihre Atmung, damit mehr Sauerstoff in Ihr Gehirn gelangt. Somit kann Ihr Gehirn seinen Zustand der Hyperwachsamkeit beibehalten und Ihre Aufmerksamkeit weiter auf den Notfall richten. Ihre Blase und Ihr Darm bereiten sich darauf vor, ihre Inhalte abzustoßen, um den Körper von nutzlosem Gewicht zu befreien, damit Sie sich schneller bewegen können. Ihre Pupillen weiten sich, um mehr Licht einzulassen, damit Ihre Sicht genauer wird. Die Cochlea-Zellen in Ihren Ohren brauchen weniger Stimulation; Sie können in dreißig Metern Entfernung einen Zweig von einem Ast brechen hören. Ihr Gehirn ist ungewöhnlich wachsam, selbst bei Nacht, da auch dann die biochemischen Systeme arbeiten, um das zu ermöglichen, was Ihr Körper als lebensrettende Nachtwache wahrnimmt.

Ihr Neokortex geht ständig Ihre Erinnerungsdatenbanken durch und sucht nach ähnlichen Erfahrungen aus der Vergangenheit, die er systematisch sortiert, vergleicht und analysiert, um sie der intensiven Problemlösungskampagne Ihres Körpers zugute kommen zu lassen. Sie erleben das als zwanghaftes Nachdenken. Ihr Immunsystem reagiert, indem es die Produktion von Antikörpern senkt, ein Anschwellen verzögert und die Schmerzempfindlichkeit in all jenen Bereichen Ihres Körpers verringert, die (im Kampf) verletzt werden könnten, damit Sie Ihre Aufmerksamkeit stets ungestört auf die vorliegende Bedrohung richten können.[15] Sie spüren die Wirkung dieser Schwächung Ihres Immunsystems möglicherweise erst Wochen später – vielleicht während einer Pause in Ihrer intensiven emotionalen Krise. Dann bekommen Sie höchstwahrscheinlich eine Erkältung oder Grippe.

Subjektiv gesehen erleben Sie viele dieser Symptome in Form einer ständigen Beschäftigung mit Ihrem Verlust, in Hyperwachsamkeit, erhöhter Schreckhaftigkeit, Verdauungsstörungen und in der Erinnerung an frühere Verletzungen und alte Unsicherheiten. Sie können schlecht schlafen, sich schlecht entspannen und leiden unter Appetitlosigkeit. Oder Sie können gar nicht mehr aufhören zu essen, weil Ihr Körper versucht, Energiereserven für eine langfristige Krise zu horten.

Bei der Bedrohung, auf die Ihr Körper Sie vorbereitet, handelt es sich nicht um den Angriff eines Rudels wilder Wölfe oder um ein Erdbeben, sondern um den Verlust Ihrer engsten Bindung. Dies ist natürlich keine reale, körperliche Bedrohung Ihrer Sicherheit, aber in Ihrem Innern findet eine gnadenlose Schlacht statt.[16]

Viele dieser unbequemen und beunruhigenden Empfindungen lassen sich durch eine wohl bekannte Droge lindern – eine, die legal und überall zu haben ist: Alkohol. Da Alkohol wie ein Beruhigungsmittel wirkt, kann es Spannungen sowie die Ruhelosigkeit, die Sie verspüren, abbauen.[17] Selbst die moderatesten Trinker neigen dazu, sich zu viel Alkohol zu verabreichen, damit sie einschlafen oder sich entspannen können. Da Alkohol sehr schnell in die Sucht führt[18], sollte man sich unbedingt ins Gedächtnis rufen, dass selbst eine kleine Dosis die Funktionsweise beeinträchtigen und zu ernsthaften Schädigungen führen kann.

Versuchen Sie es mit einem anderen Beruhigungsmittel, und suchen Sie Schutz im Augenblick, wie es am Ende dieses Kapitels beschrieben wird. Wenn Sie sich ganz auf den Augenblick einstimmen, fühlen Sie sich zentriert und friedvoll, und das bringt Sie in den Zustand der Ruhe, den Sie brauchen, um die schwierigsten Augenblicke Ihres Lebens durchzustehen – einen nach dem anderen.

Scham[19]

Ein Gefühl, das sich in den ersten Phasen des Verlassenheitszyklus bei vielen Menschen einstellt, ist die Scham. Ich werde die Scham im Kapitel »Verinnerlichung der Zurückweisung« noch ausführlich besprechen. Wenn Sie um einen verlorenen Partner trauern, schämen Sie sich anfangs Ihrer emotionalen Exzesse, die Sie scheinbar nicht kontrollieren können.

»Ich kann mich der Welt nicht stellen«, sagte Michael. »Die Leute müssen mich nur ansehen, und schon wissen sie, in welcher Lage ich mich befinde und dass ich unfähig bin, mein Leben in den Griff zu bekommen.«

Wir wurden dazu sozialisiert, uns für intensive negative Gefühle zu schämen, das gilt für Männer und Frauen gleichermaßen. Viele Menschen hassen es, die Kontrolle über ihre Emotionen zu verlieren, sich hilflos zu fühlen oder auf irgendeine Weise abhängig zu sein. Dabei übersieht man leicht die wertvolle emotionale Weisheit, die in diesen Gefühlen steckt. Denn wenn Sie sich auf sie einlassen und verstehen, was sie Ihnen sagen wollen, dann können diese Gefühle Ihre künftigen Beziehungen verbessern. Sie erlauben Ihnen, für andere emotional zugänglich zu sein.

Anstatt diese wertvollen Gefühle jedoch zu akzeptieren und zu unterstützen, verurteilen sich viele, weil sie so verzweifelt und hilfsbedürftig sind. Sie lassen zu, dass diese machtvollen Gefühle ihre ganz persönliche Kraft und Unabhängigkeit in Frage stellen.

»Ich fühlte mich wie ein Baby«, berichtete Richard, Präsident einer Bank, dessen Ehefrau ihn vor kurzem verlassen hatte. »Ich weinte um sie, wie ein Kleinkind nach seiner Mutter weint, wenn diese sagt, dass sie geht. Mein ganzes Leben schien sich plötzlich nur um meine Frau zu drehen. Ich war davon besessen, bei ihr zu sein, mit ihr zu reden. Ich fühlte mich hilfsbedürftig und ängstlich.

Ich bin ein erwachsener Mann, aber ich war nicht in der Lage, das Alleinsein in meiner neuen Wohnung auszuhalten – sie war zu steril, zu leer. Ich hatte echt Angst vor dem Schmerz, den ich durchlitt, fürchtete, ich würde ihn niemals überstehen können. Es war schändlich, wie abhängig ich mich fühlte. Ich konnte nicht anders, als mich wie ein verzweifeltes Kind in einem Wutanfall abzureagieren.

Ich fragte mich, ob meine ganze erwachsene Identität nur eine Fassade war, und kam zu dem Schluss, dass ich wohl immer schon ein schwacher, hilfsbedürftiger Mensch gewesen war. Ich dachte sogar, das sei der Grund gewesen, warum mich meine Frau verlassen hatte.«[20]

Richard wusste es zu diesem Zeitpunkt noch nicht, aber die symbiotischen Bedürfnisse, die er verspürte, waren nur vorübergehend. Sie sind in diesem Stadium völlig normal und erfüllen während dieser ersten Phase der Trauer sogar einen *Zweck*. Solange Richard seine hilfsbedürftigen und ängstlichen Gefühle nicht akzeptieren konnte, erniedrigte er sich, verlor sein Selbstvertrauen. »Ich hatte das Gefühl, völlig bezwungen worden zu sein«, sagte er, »als ob *sie* stärker wäre als ich.« Er war von sich selbst zutiefst enttäuscht, weil er so stark litt.

Es gibt mehrere Gründe, warum Sie die Scham vermeiden und Ihr intensives, doch vorübergehendes Bedürfnis nach Ihrer verlorenen Bindung einfach *akzeptieren* sollten.[21] Zum einen kompliziert die Scham nur den Trauerprozess, wie wir bei Richard gesehen haben. Sie dient nur als weitere Möglichkeit, sich gegen sich selbst zu wenden. Zum anderen versagen Sie sich die Gelegenheit, sich selbst emotional besser zu stellen, wenn Sie versuchen, diese Gefühle zu leugnen, von sich zu weisen oder zu unterdrücken. Und drittens verzögert das Vergraben Ihrer Gefühle deren Auflösung in Ihren gegenwärtigen oder in künftigen Beziehungen. Kurz gesagt, wenn Sie emotionales Gepäck mit sich herumschleppen, verlängern Sie nur Ihre Trauer. Wenn Ihre Gefühle nicht akzeptiert und aufgelöst werden, führen sie zu Angst, Furcht und Unsicherheit, sobald Sie das nächste Mal versuchen, eine neue Liebe in Ihr Leben zu lassen.

Es ist besser, die kalten, harten Fakten der Situation zu akzeptieren: Das Verlassenwerden ist ein so mächtiges Trauma, dass es den Selbstverteidigungsmechanismus Ihres Körpers aktiviert, alte emotionale Erinnerungen weckt und einen vorübergehenden Zustand schafft, in dem Ihr Bedürfnis nach Nähe und Bindung unangenehm intensiv ist. Wenn Sie sich mit der Realität abfinden, dass nämlich der Verlust eines geliebten Menschen eine echte emotionale Krise darstellt, dann vermeiden Sie die Falle der Scham. Diese Akzeptanz ist ein wichtiger Schritt in Richtung emotionaler Autarkie.

Schock

Nicht jeder ist in der Lage, mit den höchst intensiven Gefühlen der Erschütterungsphase in Berührung zu bleiben. Manche Menschen berichten, dass sie gar nichts fühlen können.[22] »Ich weiß nicht, woran ich bin. Ich bin viel zu desorientiert«, schilderte Carlyle. Roberta sagte: »Ich weiß, dass ich mich in der Hölle befinde, aber ich bin wie betäubt. Alles um mich herum ist tot.«

Belinda beschrieb ihre Erfahrung wie folgt:

»Ich flog nach Paris zu meinem Verlobten, und als ich dort ankam, teilte er mir mit, er habe seine Meinung geändert, die Verlobung sei gelöst. Ich war am Boden zerstört. Das Leben in Paris, der Stadt, von der ich immer geträumt hatte, ging um mich herum weiter, aber ich war viel zu erschlagen, um es zu sehen, zu hören, daran teilzunehmen. Stattdessen war ich völlig geschockt. Ich stand allein da, und mein ganzes Leben fiel in sich zusammen. Nichts schien mehr wichtig. Ich war mir nicht einmal mehr sicher, wer ich war.«

Im ersten Schock scheinen die Betroffenen häufig von sich und von den Ereignissen um sie herum distanziert zu sein. Die extreme Konzentration dieser Anfangsphase auf das Innere kapselt sie in eine abgetrennte Blase ab, durch die die Welt verzerrt und weit weg erscheint.

Schock ist eines von vielen Symptomen einer traumatischen Stresssituation, eine wichtige Komponente der Erschütterungsphase. Einige der anderen Symptome werden im nächsten Abschnitt vorgestellt.

Die posttraumatische Stressstörung der Verlassenheit

Es reagieren so viele Menschen auf das Verlassenwerden mit ausreichenden Hinweisen auf eine posttraumatische Stressstörung, dass man sie als Untertyp dieser diagnostischen Kategorie einordnen kann.[23]

Wie bei anderen Arten von Posttraumata variiert die posttraumatische Stressstörung der Verlassenheit in ihrer Ausprägung von kaum vorhanden bis stark. Es ist ein psychobiologischer Zustand, bei dem frühere Trennungstraumata das gegenwärtige Leben beeinträchtigen können. Die Betroffenen erleben emotionale Rückblenden, welche sie als Reaktion auf Auslöser, die sie möglicherweise nicht bewusst wahrnehmen, mit Angstgefühlen überfluten, und das vermittelt ihnen häufig das überwältigende Gefühl, keine Kontrolle mehr zu besitzen.

Johns Erschütterungsphase:

Als John zu seiner ersten Sitzung kam, bot er ein eindrucksvolles Erscheinungsbild: groß, gut aussehend, kräftiger Körperbau. Er hatte vor kurzem eine Frau getroffen, zu der er sich hingezogen fühlte. Sie hatten erst eine Verabredung hinter sich. Der Abend war seiner Meinung nach sehr gut verlaufen; er hatte sich in ihrer Gegenwart rundum wohl gefühlt. Er war sicher, dass sie genauso empfand, aber sie rief ihn nie zurück.

»Es war nur eine einzige Verabredung!«, sagte er. »Ich kann nicht glauben, dass ich wegen einer einzigen Verabredung so verstört bin.«

Er erwartete, sie noch in dieser Woche bei einem geschäftlichen Treffen wieder zu sehen, und fürchtete, auf diese Begegnung allzu emotional zu reagieren. »Sie wird mich für ein Nervenbündel halten. Ich werde es nicht verbergen können. Was bringt mich nur dazu, derart überzureagieren? Ich bin den ganzen Tag wie besessen. Ganz zu schweigen von der Tatsache, dass ich nicht mehr essen kann. Dabei bin ich nicht verzweifelt auf der Suche nach einer Frau. Ich hatte lange nicht einmal den Wunsch nach einer Verabredung. Und jetzt benehme ich mich, als würde es um Leben und Tod gehen, nur weil diese eine Frau mich nicht anruft.« Er zuckte mit den Schultern und sah mich auffordernd an.

»Könnte es sich um die unaufgelöste Trauer über eine andere Beziehung handeln?«, schlug ich vor.

Klipp und klar stellte er sich dem Schmerz, der in ihm auf Eis lag. Er holte tief Luft und versuchte, etwas zu sagen. John brauchte ein paar Anläufe – er schien die Stimme verloren zu haben und seine Gesichtsmuskeln nicht mehr kontrollieren zu können.

Ich reichte ihm eine Schachtel mit Kosmetiktüchern, und das schien zu helfen. Worte und Tränen strömten frei. Das schmerzliche Ereignis lag ungefähr zehn Jahre zurück. Seine Verlobte hatte die Verlobung eine Woche vor der Hochzeit aufgelöst. Als er die erschütternde Erfahrung schilderte, schien er überrascht, dass er den Schmerz immer noch fühlte. »Ich dachte, ich hätte sie überwunden«, sagte er. »Ich habe seit Jahren nicht an sie gedacht. Nach der Trennung versuchte ich, mit anderen Frauen auszugehen, aber ich fühlte mich mit ihnen nicht wohl. Nach einem unergiebigen Jahr beschloss ich, es eine Zeit lang allein zu probieren.«

Das erreichte er, indem er sich vom Spielfeld der Liebe fern hielt und zu einem »überzeugten Junggesellen« wurde, wie er es nannte. Die einzige Nebenwirkung seiner freiwilligen Isolation war die Einsamkeit, aber die zeigte sich in einem steten Pochen, einem dumpfen Schmerz, an den er sich gewöhnte. Er hielt das für angenehmer, als das Auf und

*Ab von Verabredungen. Er redete sich ein, dass es da draußen nie-
manden gab, für den er sich interessierte, und er sehr gut allein zu-
rechtkam.*

*»Jetzt treffe ich endlich eine Frau, die mir gefällt, und stelle fest,
dass ich ein Nervenbündel bin. Wie kann eine so alte Sache nach all
diesen Jahren immer noch so viel Macht haben?«*

Johns Fall ist zwar nicht sehr gravierend, aber er zeigt eines der
Anzeichen für eine posttraumatische Stressstörung der Verlassenheit: bedrängende Angstzustände aus der Vergangenheit.
Sein Bericht schildert ein Ereignis aus seinem frühen Erwachsenenleben, das auch in der Gegenwart noch Angstzustände hervorruft.

John berichtete darüber hinaus noch von Verlusten in seiner
Kindheit.

*Als er sechs Jahre alt war, bekam sein Vater Krebs und war lange
krank. Dadurch musste Johns Mutter Vollzeit arbeiten. Obwohl die
Krebserkrankung seines Vaters sich letztendlich zurückbildete, brach
das Familiengeschäft zusammen, und finanzielle Schwierigkeiten zwan-
gen sie zu mehreren Umzügen. John erlebte zahlreiche Enttäuschungen
und abgebrochene Verbindungen. Seine Kindheitserfahrungen machten ihn für Verluste besonders empfindlich. Als Erwachsener bestand
seine Strategie in der Vermeidung. Er distanzierte sich emotional von
seinen grundlegenden Bedürfnissen und Gefühlen. Beziehungen und
der damit einhergehenden Unsicherheit ging er aus dem Weg.*

Es gibt viele andere Muster und Verhaltensweisen, die auf eine
posttraumatische Störung hinweisen, und die Angst, die sich aus
früheren Trennungen ergab, kann auch Ihr heutiges Leben beeinträchtigen.[24]

Anzeichen und Symptome der posttraumatischen Stressstörung der Verlassenheit[25]

Die folgende Liste hat zwar in die diagnostische Literatur noch keinen Eingang gefunden, aber ich möchte Ihnen hier eine Reihe von Symptomen der posttraumatischen Verlassenheit vorstellen:

- Das intensive Gefühl der Verlassenheit (überwältigende Unsicherheit), das alle wichtigen Beziehungen im Erwachsenenleben destabilisiert
- Die Neigung, sich wiederholt Menschen oder Erfahrungen auszusetzen, die zu weiteren Verlusten und neuen Traumata führen
- Das hartnäckige Wiedererwachen alter Verluste
- Verstärkte Erinnerungen an traumatische Trennungen und ähnliche Ereignisse
- Umgekehrt: völlige oder partielle Erinnerungsblockaden an frühere Ereignisse dieser Art
- Das Gefühl, von früheren Krisen emotional distanziert zu sein
- Umgekehrt: die Schwierigkeit, die schmerzlichen Gefühle alter Zurückweisungen und Verluste loszulassen, was einen ständigen emotionalen Konflikt mit den Eltern oder Geschwistern zur Folge hat
- Selbstzerstörerische Verhaltensweisen
- Schwierigkeiten, das normale emotionale Auf und Ab einer erwachsenen Beziehung auszuhalten
- Schwierigkeiten, sich durch ein normales Maß an Konflikten und Enttäuschungen innerhalb einer Beziehung hindurchzuarbeiten
- Extrem empfindliche Reaktion auf Zurückweisungen
- Die Neigung, sich emotional oder sexuell zu verschließen, ohne den Grund dafür benennen zu können
- Schwierigkeiten, Gefühle zu benennen

- Schwierigkeiten, Zuneigung und Trost anzunehmen, den ein Partner bereitwillig anbietet
- Wie ein Pendel zwischen der Angst vor dem Verschlungenwerden und der Angst vor Auslöschung hin und her zu schwingen
- Die Neigung, enge Beziehungen gänzlich zu vermeiden
- Umgekehrt: die Neigung, sich allzu schnell auf Beziehungen einzulassen und dann allzu schnell zu klammern
- Nicht loslassen können, weil man sich mit emotionalem Leim »festgeklebt« hat – selbst wenn der Partner nicht in der Lage ist, die Bedürfnisse zu befriedigen
- Ein übermäßiges Kontrollbedürfnis, sei es die Kontrolle über andere oder die Selbstkontrolle; das Bedürfnis, alles ordentlich und nach den eigenen Vorstellungen erledigt haben zu wollen
- Umgekehrt: die Neigung, Chaos zu erzeugen, indem man Verantwortungen aus dem Weg geht und alles aufschiebt
- die Neigung, impulsiv zu handeln, ohne in der Lage zu sein abzubremsen, selbst wenn man weiß, dass es negative Folgen zeitigen könnte[26]
- Die Neigung zu unvorhersehbaren Wutausbrüchen[27]

Nicht jeder von Ihnen, der in der Kindheit traumatische Verluste erlitten hat, ist dazu bestimmt, diese posttraumatischen Persönlichkeitsmerkmale zu entwickeln. Bei der Bestimmung, ob ein früheres emotionales Trauma zur Ausbildung einer echten klinischen posttraumatischen Störung führte, spielen zahlreiche psychobiologische Faktoren eine Rolle.[28]

Viele Betroffene, die unter posttraumatischen Verlassenheitsgefühlen leiden, sind nicht in der Lage, extreme Verluste aus ihrer Kindheit zu identifizieren. Stattdessen kommen sie aus relativ intakten Familien ohne Missbrauchsgeschichte. Anderererseits gibt es Menschen, die in ihrer Kindheit extreme Verluste erlitten und doch als Erwachsene relativ Trauma-frei erscheinen – sie sind in der Lage, Zurückweisungen und Verluste ohne Anzeichen von posttraumatischem Stress auszustehen. Der Grund für diese offensichtliche Diskrepanz könnte mit unserer genetischen Veranlagung beziehungsweise anderen prädisponierenden physiologischen und psychologischen Faktoren in Zusammenhang stehen. Es wird spekuliert, dass manche Menschen mit der Veranlagung geboren werden, höhere Konzentrationen an Noradrenalin zu produzieren, einem chemischen Stoff im Gehirn, der zur Stimulierung der Selbstverteidigungsreaktion des Körpers benötigt wird. Das würde bedeuten, dass die Erregungsschwelle der Betroffenen niedriger ist und sie eher ängstlich reagieren, wenn sie in ihrem Leben auf Stresssituationen stoßen, die sie an Kindheitsängste und -erfahrungen erinnern. Daher neigen sie auch eher zu einem Posttrauma.

Ob man bei Ihnen nun die Diagnose einer posttraumatischen Stressstörung der Verlassenheit stellen kann oder nicht, Sie können in jedem Fall emotionale Überlagerungen von früheren Verlusten erleben, was dann Ihren jetzigen Verlust noch intensiviert.

Das heutige Trauma[29]

Während der Erschütterungsphase reagieren meine Patienten und Patientinnen fast alle auf das Wort *Trauma*. Sie verwenden es häufig, ob sie sich selbst als posttraumatisch gestört empfinden oder nicht. Nun ist das Ende einer wichtigen Liebesbeziehung an sich schon ein Trauma – jedoch kein *Post*trauma. Es ist ein legitimes *Initial*trauma.

Ob Ihre Verlassenheitstrauer das Ergebnis einer erst kürzlich erfolgten Trennung oder lange angesammelter Wunden ist, ob Ihre Gefühle vom Verlust einer Arbeitsstelle, dem Verlust eines Freundes oder dem Verlust Ihres Lebensgefährten herrühren, die Erfahrung fühlt sich auf jeden Fall traumatisch an.

»*Der Auszug aus meinem Haus war das traumatischste Ereignis in meinem Leben*«, sagte Carlyle.

»*Travis hat mir ein solches Trauma verursacht.*«

»*Durch den Verlust von Lonny hatte ich das Gefühl, mein Leben lang traumatisiert zu sein!*«, waren Maries Worte.

»*Ich fühle mich nicht mehr normal*«, meinte Richard, »*ich fühle mich nur noch traumatisiert.*«

Je nach den Umständen Ihres Verlassenwerdens, Ihrer persönlichen Geschichte und Ihrer neurophysiologischen Konstitution können einige von Ihnen auf Grund der momentanen Ereignisse posttraumatische Symptome entwickeln, andere dagegen nicht. Dieses Buch will Ihnen natürlich dabei helfen, die Auswirkungen des Traumas zu mildern.

Anzeichen und Symptome des momentanen Stresstraumas

Die folgenden Symptome werden von Verlassenheitsüberlebenden häufig genannt:

Schock und Desorientierung[30]

Infolge des Verlustes eines geliebten Partners sprechen die Betroffenen von Schock, Unglauben und Verstörung. Sie sind nicht in der Lage, sich den Trümmern Ihrer Lebensrealität zu stellen.

Es gibt eine Fülle von Forschungen, die darauf hindeuten, dass das opioide System des Gehirns in dieser frühen Phase der Trauer ein höheres Quantum an morphiumähnlichen Substanzen produziert (eine davon ist das Endorphin). Die Opiate haben eine schmerzlindernde Wirkung und können für den Schock und die Betäubung, aber auch für die Rückzugssymptome verantwortlich gemacht werden.

Sie erinnern sich vielleicht an Belindas Geschichte. Nachdem ihr Verlobter verkündet hatte, dass er sie nicht länger heiraten wolle, wurde sie für ihre Umgebung taub.

»Alles schien fremd«, erzählte sie. »Ich hatte das Gefühl, mein Leben sei nur ein Traum und dass ich eben in einem fremden Bett aufgewacht sei. Plötzlich hatte ich keine Zukunft mehr. Noch am Tag zuvor hatte ich den richtigen Lippenstiftton ausgesucht und daran gedacht, einen zusätzlichen Film zu kaufen. Tags darauf war nichts mehr wichtig, außer vielleicht, wie ich den Schmerz überleben konnte.

Wenn der Eiffelturm direkt vor mir in sich zusammengefallen wäre, hätte ich es nicht einmal bemerkt. Ich wusste nicht, wo oben und wo unten war. Ich war nicht einmal in der Lage, ein Päckchen Zigaretten zu kaufen – und erst, als ich dann doch eine Zigarette in der Hand hielt, fiel mir wieder ein, dass ich schon vor über fünf Jahren mit dem Rauchen aufgehört hatte.«

Depersonalisierung[31]

Ein weiteres Traumamerkmal ist das Gefühl der Depersonalisierung, den eigenen Empfindungen und der Selbsteinschätzung entfremdet zu sein.

»Ich fühlte mich nicht mehr wie ich selbst an«, schilderte Carlyle. »Ich konnte mich selbst nicht finden. Es war, als ob ich selbst mich verlas-

sen hätte. Es fiel mir schwer, dieses Gefühl zu erklären, darum habe ich einfach mechanisch weitergemacht. Aber ich war wie eine leere Hülle oder ein ausgetrocknetes Flussbett.«

Unwirklichkeit

Im Zuge einer Beziehungsauflösung scheint nichts mehr real zu sein.

»Als Lonny mit mir Schluss machte, wurde mein ganzes Realitätsgefühl erschüttert«, sagte Marie. »Meine Freunde konnten einfach nicht verstehen, warum mir plötzlich alles egal war. Auf einen Schlag lebten sie für mich in einer Parallelwelt, einer Welt, in der es nur die Illusion von Kontrolle gab, eine Welt, der ich mich nicht länger zugehörig fühlte. Ich war zu einer Fremden in meinem eigenen Leben geworden.«

Trennungsängste[32]

Ebenfalls häufig kommt eine unterschwellige Angst vor, die viele als flaues *Gefühl* beschreiben. Diese unbestimmte Angst rührt von der andauernden emotionalen Krise und dem Wiedererwachen alter, emotional aufgeladener Erfahrungen her. Wir haben bereits über das Sympathikussystem gesprochen, dessen Erregung diesem Unbehagen zu Grunde liegt. Das führt zu einem Zustand der übergroßen Wachsamkeit, den wir als chronische Angstzustände und Erregung wahrnehmen, einem Gefühl ständiger Verletzlichkeit.

»Ich lief mit einem Gefühl der Todesangst durch die Gegend«, erzählte Richard. »Als ob gleich etwas Schreckliches geschehen würde. Aber was konnte denn noch schlimmer sein? Das Schlimmste war ja schon eingetreten. Ich fühlte mich in meiner eigenen Haut unwohl.«

Wirklichkeitsverzerrung[33]

Viele Betroffene berichten von Wahrnehmungsstörungen, bei denen sie den verlorenen Partner auf der Straße, in einer Menschenmenge, in einem vorüberfahrenden Bus oder Zug zu sehen glauben. Erst wenn sie die Möglichkeit haben, näher heranzukommen, entdecken sie ihren Irrtum.

Während Ihr Verstand weiterhin *nach Ihrer verlorenen Bindung sucht*, suchen Ihre Augen den Horizont ab und nehmen visuelle Signale auf. Laut Candice Pert müssen die Signale, die wir aufnehmen, fünf Synapsen im Gehirn durchlaufen – vom Auge zum Hinterkopf (Okzipitalkortex) und zurück zum vorderen Bereich des Gehirns (Frontalkortex). Bei jeder Synapse wird das Bild, das wir sehen, genauer.

»Ich sah Lonny in jedem blauen Volvo, der vorüberfuhr«, erzählte Marie. »Gleichgültig, welches Baujahr oder Modell, ich war mir sicher, dass er es war, bis zu dem Augenblick, wo der Wagen nahe genug kam, damit ich sehen konnte, dass jemand anderer hinter dem Steuer saß.«

Manchmal scheinen diese Illusionen aus dem Nichts aufzutauchen. Roberta schilderte, dass die Augen von Travis auf sie herabsahen, wenn sie sich abends zum Schlafen hinlegte. Sie hatte große Angst. Michael glaubte zu hören, wie die Stimme seiner Geliebten seinen Namen rief, obwohl er wusste, dass er allein im Raum war. Obwohl diese Wirklichkeitsverzerrungen in der Erschütterungsphase üblich und für gewöhnlich nur vorübergehend sind, bestätigen sie doch, dass sie sich mitten in einer emotionalen Krise befinden. Wenn Sie Stimmen hören oder echte Halluzinationen haben, müssen Sie so verantwortungsbewusst sein und sich professionelle Hilfe und Unterstützung suchen. Es besteht überhaupt kein Grund, diese Krise allein durchzustehen, wo Ihnen jederzeit Hilfe zur Verfügung steht.

Selbstzerstörung[34]

Ein weiteres typisches Merkmal eines Traumas ist die Neigung zu Selbstverstümmelung und selbstzerstörerischen Verhaltensweisen. Ihr überschäumender Selbsthass kann Sie dazu verführen, Ihr Leben in Gefahr zu bringen. Manche Menschen richten die Wut über die Zurückweisung gegen sich selbst. Sie geben sich die Schuld an dem schmerzlichen Verlust und wollen den Schuldigen – nämlich sich selbst – bestrafen oder zerstören: durch ungeschützten Sexualverkehr, rücksichtsloses Fahren, Überdosierung ihrer Medikamente oder sogar durch Selbstverstümmelung. Es gibt milde bis ernste Formen der Selbstverstümmelung: Einige reißen sich nur ein paar Haare vom Kopf oder kratzen sich den Schorf ab, andere fügen sich jedoch echte körperliche Wunden zu.

»Ich bin Diabetikerin und habe einfach kein Insulin mehr genommen«, berichtete Sylvia. »Es war mir egal.«

Anstatt mit Ihrem Leben zu spielen, sollten Sie sich während dieser entscheidenden Phase unbedingt zusätzliche Unterstützung und auch professionelle Hilfe suchen.

Drogenmissbrauch[35]

Wir haben bereits darüber gesprochen, welches Unbehagen der körpereigene Selbstverteidigungsmechanismus hervorruft. Je nach Ausmaß des traumatischen Stresses suchen die Betroffenen Möglichkeiten zur Schmerzlinderung: Schlaftabletten, illegale

Drogen oder übermäßiger Konsum von Alkohol. Viele betrinken sich infolge der Zurückweisung regelmäßig, selbst wenn sie zuvor nur selten etwas getrunken haben. Auch wenn Ihr Unwohlsein enorm sein mag, der Konsum von Drogen und Alkohol, um Ihnen durch diese emotionale Krise zu helfen, birgt mancherlei Risiken, nicht zuletzt das der Sucht.

Viele Teilnehmende an Entzugsprogrammen berichten, dass sie mit Drogen oder Alkohol anfingen, um mit der Erfahrung des Verlassenwerdens zurechtzukommen. Alkohol, Heroin und andere Drogen stellten für sie ein Gegenmittel für ihre Wunden dar. Die gute Nachricht lautet, dass sie das Problem erkannten, sich Hilfe suchten und somit ihre Situation zum Positiven kehrten.

Wutausbrüche[36]

Unkontrollierbare und unvorhersehbare Wutausbrüche sind typisch für die Erschütterungsphase. Wir haben bereits darüber gesprochen, wie das Verlassenwerden den Kampf-oder-Flucht-Mechanismus Ihres Körpers aktiviert und Sie mit der Energie versorgt, die Sie zum Fliehen beziehungsweise Kämpfen benötigen. Selbst Menschen, die normalerweise sanftmütig sind, können die Kontrolle verlieren und wütend werden, bis hin zur Gewalttätigkeit. Diese Neigung zu Wutausbrüchen ist besonders stark ausgeprägt, wenn wir uns Alkohol als Hilfsmittel verordnen. Alkohol und andere Drogen senken die Hemmschwelle, die das Ausleben unserer Wut normalerweise kontrolliert.

Im Allgemeinen treffen diese unvorhersehbaren Wutausbrüche, die sich nicht kontrollieren lassen, unseren ehemaligen Partner, aber bedauerlicherweise explodieren wir bisweilen auch in Gegenwart unserer engsten Freunde und unschuldiger Umstehender.

Verlassenheit wird häufig nicht als Trauma erkannt

Während der Erschütterungsphase erleben Verlassenheitsüber-lebende viele der Symptome, die auch Opfern anderer Traumata zu Eigen sind, beispielsweise nach einer Vergewaltigung oder einem körperlichen Angriff. Der Unterschied liegt darin, dass Verlassenheitsüberlebende oft nicht als solche erkannt werden. Dennoch sind der Schock, die Betäubung, die Desorientierung, die Wutausbrüche und die Neigung zu erhöhter Risikobereit-schaft allesamt Symptome eines bedeutsamen Traumas.[37]

Wir finden diese Symptome auch bei Kindern, die verlassen wurden. Anders als Erwachsene verfügen Kinder nicht über Hilfsmittel, mit denen sie die Auswirkungen abmildern könn-ten. Ihr Schmerz und ihre Verlassenheit können auf ihr Gehirn, das sich ja erst in der Entwicklung befindet, nachhaltig einwir-ken und ihre emotionalen Reaktionen für den Rest ihres Lebens bestimmen.

Der Nachhall früherer Erschütterungen

Ich bin vier Jahre alt, stehe meinen Eltern sehr nahe, ein Einzelkind. Meine Eltern haben mich im Krankenhaus abgeliefert. Ich bin auf das, was nun geschehen wird, nicht vorbereitet. Man lässt mich al-lein, und ich weiß nicht, warum.

Ein Arzt schneidet mir während einer Operation unter Narkose den Hals auf. Ich wache mit furchtbaren Halsschmerzen auf. Ich kann weder begreifen, warum mir die Mandeln entfernt worden sind noch warum es so wehtut. Ich weiß nicht, wo meine Eltern sind.

Irgendwie muss es ein Versehen gegeben haben, denke ich. Ich liege mit vielen anderen Kindern auf einer Kinderstation. Reihe um Reihe an Kinderbetten, mit Kindern darin, und Krankenschwestern und Eltern, die sich darüberbeugen. Jeden Tag besuchen Eltern die anderen Kinder. Doch mich besucht niemand. Ich bin ganz allein.

Viele Tage später kommen endlich meine Eltern. Ich liege in der Embryonalstellung. Ich muss massiert werden, damit sich die Arme und Beine wieder so weit entspannen, um sich bewegen zu lassen, bevor ich nach Hause gebracht werden kann.

Ich habe keine Erinnerung an dieses Erlebnis. Meine Mutter hat mir später die Einzelheiten erzählt.

Szenarien einer Kindheitserschütterung

Meine Geschichte ist keineswegs ungewöhnlich. Viele Kindheitserlebnisse führen zu intensiven Gefühlen der Verlassenheit. Ein Haustier stirbt oder die Großmutter reist nach langem Aufenthalt ab oder Ihre Mutter muss sich plötzlich um ein neues Baby kümmern. Sie hören, dass die Mutter von jemand anderem gestorben ist und machen sich plötzlich Sorgen, dass Ihnen auch so etwas Schreckliches geschehen könnte. Ihre Eltern holen Sie nicht rechtzeitig von der Schule ab, oder Sie sehen, wie sich Ihre Eltern ernsthaft streiten. Oder Sie haben Probleme in der Schule. Sie haben niemanden, mit dem Sie auf dem Spielplatz spielen könnten oder Ihr Lehrer brüllt Sie an oder Sie werden von Ihrem Vater kritisiert.

Das sind ganz normale Kindheitserfahrungen, die trotzdem intensive Gefühle der Angst und Verzweiflung hervorrufen können. Kinder erleben jeden Verlust, jede Verletzung und jeden Aufruhr als Verlassenwerden. Die stärkste Bindung haben sie zu ihren wichtigsten Bezugspersonen, aber sie gehen auch feste Bindungen mit anderen ein, mit Menschen, Orten, Fähigkeiten, Idealen und Träumen. Jeder Bruch in diesen Bindungen führt zu

Angst: dem Gefühl der Hilflosigkeit, dem Gefühl, das, was ihnen am teuersten ist, nicht festhalten zu können – kurz gesagt, zu einer erhöhten Angst vor dem Verlassenwerden. Diese Angst kann unendlich weiterleben, häufig dissoziiert von der Erinnerung an das ursprüngliche Ereignis, das zu dieser Angst führte.

Meiner Mutter fiel während meiner Zeit in der Grundschule auf, dass ich ein Problem damit hatte, wenn ich nicht rechtzeitig von der Schule abgeholt wurde oder wenn ich auf etwas warten musste, das mir wichtig war. Selbst als Teenager konnten mich gewöhnliche Vorkommnisse, beispielsweise auf eine Verabredung zu warten oder mit einer Zurückweisung zu rechnen, förmlich erstarren lassen. Das wurde besonders offensichtlich, als ich darauf wartete, dass mich meine Verabredung zum Abschlussball abholte. Ich geriet in Panik und jammerte, dass er *niemals* kommen würde, dass ich *niemals* wissen würde, was geschehen sei, dass ich *immer* allein bleiben würde. Meine Mutter hatte damals das Gefühl, es sei wichtig, mir die Krankenhausgeschichte zu erzählen.

»Susan, ich glaube, ich sollte dir etwas erzählen«, sagte sie schließlich. »Es geht darum, wie du vier Jahre alt warst und man dir die Mandeln entfernte. Dein Vater und ich haben den Arzt im Krankenhaus missverstanden. Wir glaubten, wir dürften dich nicht besuchen. Also fuhren wir übers Wochenende weg und kamen erst zurück, als wir dich wieder abholen sollten.«

Ich erzählte ihr von meiner einzigen Erinnerung an diesen Vorfall.

Die liebevollen Augen meiner Mutter und meines Vaters schauen zu mir ins Krankenbett hinunter. Sie löffeln Vanilleeis in meinen Mund. Das Eis war kalt, und der Schmerz in meinen Hals ging weg.

»Ja«, bestätigte meine Mutter, »das stimmt alles. Nachdem wir sahen, was es dir angetan hatte, so allein gelassen zu werden, fühlten wir uns schrecklich. Wir saßen stundenlang an deinem Bett und versuchten, dich so weit zu entspannen, dass du dich umdrehen und auf uns reagieren konntest. Wir fütterten dich mit Eiscreme, bis du ruhig wurdest, dann brachten wir dich nach Hause.«

Seit damals habe ich jede bekannte Technik ausprobiert – Hypnotherapie, Gestalttherapie, Psychodrama –, um die Erinnerung daran wachzurufen, damit es mir endlich gelingt, die Angst, die noch damit verbunden war, loszulassen. Aber trotz all dieser Versuche, trotz meiner langjährigen Ausbildung und Berufsausübung als Psychotherapeutin konnte nichts diese Erinnerung zurückbringen.

Es erübrigt sich zu sagen, dass ich gelernt habe, die Menschen zu vermeiden, die mich warten lassen. Manchmal muss ich jedoch warten, und unter bestimmten Umständen spüre ich noch immer, wie die Angst meinen Körper in Besitz nimmt, ungeachtet der Versuche meines Verstands, ruhig und entspannt zu bleiben.

Ich bin nicht die Einzige, die in ihrer Kindheit verlassen wurde und aus dieser alten emotionalen Erfahrung heraus posttraumatische Symptome entwickelte. Ich bin auch nicht die Einzige, die sich an die Ereignisse, die dazu führten, nicht erinnern kann. Viele Verlassenheitsüberlebende stecken fest in Angstzuständen, Unsicherheiten und schlecht angepassten Verhaltensmustern, die sich aus Kindheitserfahrungen bildeten, an die sie sich einfach nicht bewusst erinnern können. Sie fragen sich, warum sie in der emotionalen Vergangenheit feststecken, warum alte Verluste und früheres Verlassenwerden immer noch eine solche Wirkung auf ihr Leben ausüben.

Viele meiner Patienten und Patientinnen gehen davon aus, dass sie ihre Kindheitserfahrungen in ihr Unterbewusstsein verdrängt haben. Diese unbewussten Erinnerungen, so vermuten sie, gären im Unsichtbaren.[38] Sie verwenden Begriffe wie *Ver-*

drängung, Unterdrückung und Unterbewusstsein, um deutlich zu machen, wie es zu diesen verborgenen Erinnerungen kam. Durch die Verwendung dieser Begriffe wollen sie sich keineswegs als Wissenschaftler oder Psychotheoretiker aufspielen; sie versuchen einfach, sinnvolle Antworten auf Fragen wie diese zu finden:

»Wie kann es sein, dass meine Kindheit immer noch eine solche Wirkung auf mich hat, wo ich mich doch an nichts erinnern kann?«
    »Wohin verschwinden unsere Erinnerungen?«
    »Wenn ich in der Lage wäre, meine Vergangenheit ans Licht zu bringen, könnte ich dann meine Unsicherheit und meine Angstzustände beenden?«

Die Hirnforschung wirft ein neues Licht auf diese posttraumatischen Rätsel. Dank der Pionierarbeiten von Joseph LeDoux wissen wir sehr viel über den Mandelkern, ein mandelförmiges Gebilde, das tief in unserem emotionalen Gehirn (auch Säugetiergehirn) sitzt.[39]

Eine kurze Lektion über das Emotionalgehirn

Der Mandelkern spielt eine wesentliche Rolle bei Ihren emotionalen Reaktionen. Er fungiert als zentrales Warnsystem des Körpers und sucht nach möglichen Bedrohungen emotionaler oder körperlicher Art, aber besonders nach allem, was eine einstmals mit Furcht aufgeladene Erfahrung wachruft. Wenn der Mandelkern ein Problem entdeckt, ruft er sofort den emotionalen Notstand aus.

Im Mandelkern sind Erinnerungen daran eingebrannt, wie Sie

seit Ihrer Kleinkindzeit aus Angst und auf andere wahrgenommene Bedrohungen reagieren. Diese emotionalen Erinnerungen helfen Ihnen, Gefahren zu entdecken, über die Sie bei früheren Gelegenheiten etwas gelernt haben, sowohl als Spezies Mensch (nicht über den Rand einer Klippe schreiten) wie auch als Individuum (bloß nie Onkel Charlie zu nahe kommen). Man glaubt, dass der Mandelkern sogar Spuren von Erfahrungen vor und während der Geburt enthält.

Während Sie heranwachsen, sammelt der Mandelkern kontinuierlich emotionale Erinnerungen. Sobald er auf eine emotionale Reaktion konditioniert wurde (zum Beispiel auf Angstgefühle, wenn ein geliebter Mensch sich von uns zu trennen droht), ist das Gelernte so gut wie unauslöschlich. Mit anderen Worten, wenn es um emotionale Erinnerungen geht, kann man die Tafel nie wieder ganz leer wischen.[40]

Kinder zeigen stets dieselben Kampf-oder-Flucht-Reaktionen, wenn sie ihre wichtigsten Bindungen gefährdet sehen. Je nachdem, wie viel Angst sie haben, brennen sich diese Erfahrungen in das emotionale Gedächtnis des Mandelkerns ein. Diese emotionalen Erinnerungen werden neu aktiviert, sobald man als Erwachsener von ähnlichen Verlusten bedroht wird.[41]

Emotionales Lernen ähnelt den Pawlowschen Reflexen. Bei Pawlows Experimenten mit Hunden wurden eine Glocke und eine Mahlzeit, die einander folgten, zu einer Paar-Assoziation – die Hunde wurden darauf konditioniert, immer dann Speichel abzusondern, wenn sie die Glocke hörten. Lassen Sie uns am Beispiel eines Kriegstraumas sehen, wie emotionale Reaktionen erlernt werden. In der Hitze des Gefechts ist der Mandelkern voll aktiviert. Er lagert in seiner emotionalen Gedächtnisdatenbank nicht nur den Schmerz und die Angst, sondern auch die Anblicke, Gerüche und Geräusche der Schlacht. Diese werden zu machtvollen Paar-Assoziationen des Kriegstraumas. Noch Jahre später können ähnliche Anblicke, Geräusche oder Gerüche die machtvollen Mandelkern-Schaltkreise aktivieren; Veteranen können beim Hören eines Gewitterdonners durchaus einen emotionalen Flashback erleben.

Auf ähnliche Weise fungieren die Empfindungen, die mit der Trennung von einem geliebten Menschen einhergehen, als emotionale Auslösemechanismen. Empfindungen, die an das ursprüngliche Trauma erinnern, aktivieren die Schaltkreise des Mandelkerns, und man erlebt von Neuem die Ängste und Bedürfnisse eines früheren Verlustes.

Der Mandelkern erhält die Informationen über eine wahrgenommene Bedrohung direkt von den Sinnesorganen (einschließlich Augen und Ohren), ohne Umweg über den Zerebralkortex. Mit anderen Worten, Sie können auf etwas, das Ihre Augen sehen, reagieren, *bevor* Sie überhaupt wissen, dass Sie es sehen. Entlang dieser subkortikalen Strecken reisen die Informationen schneller als jene, die entlang der Schaltkreise zu Ihrem Zerebralkortex wandern, wo Ihr rationales Denken stattfindet.

Diese automatische Reaktion sorgt überlebenstechnisch gesehen für höchste Anpassungsfähigkeit. Wenn Sie erst stehen bleiben und sich die beste Vorgehensweise überlegen müssten, würden Sie im Falle einer lebensbedrohlichen Notsituation wertvolle Zeit verlieren. Ihr Mandelkern aktiviert Ihre Reaktion – Erstarren, Kämpfen oder Flucht – noch bevor Ihr denkender Gehirnteil eine Chance hat einzugreifen. Der Mandelkern reagiert auch auf Gedanken oder Vorstellungen, die in Ihrem Neokortex gebildet werden. Ein Gedanke, der Angst auslöst, kann zu einer sofortigen Panikreaktion führen. Bevor Sie die Gelegenheit haben, das Ganze sorgfältig zu überdenken, schaltet Ihr Körper bereits auf den Selbstverteidigungsmodus.

Es ist absolut notwendig, schnell und automatisch zu reagieren, wenn wir einem umstürzenden Baum ausweichen oder auf

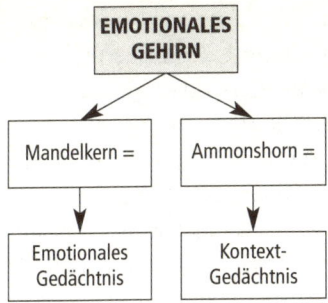

Das emotionale Gehirn
(bestehend aus Mandelkern und Ammonshorn)

den Angriff eines Grizzlybären reagieren wollen, aber es ist hinderlich, wenn die wahrgenommene Bedrohung beispielsweise der Beginn einer Beziehung ist. Der Drang, zu kämpfen, zu fliehen oder zu erstarren, kann bei einer Verabredung zu einem echten Störfaktor werden. Viele von uns frieren regelrecht ein, werden nervös oder brechen in kalten Schweiß aus, wenn es in einer Beziehung mal stürmisch zugeht. Wer hat unser autonomes Nervensystem überhaupt mit ins Kino eingeladen? Die Natur war es. Unsere Evolution ist so verlaufen, um unser Überleben zu sichern.

Wenn Verluste aus der Kindheit oder Jugendzeit in der Lage sind, Angstreaktionen zu konditionieren, dann ist der Mandelkern der Teil des Gehirns, der mit der Angst vor dem Verlassenwerden zu tun hat, einer Angst, die wir alle teilen.[42]

Das Wiedererwecken erlernter emotionaler Reaktionen erklärt das Gefühl der Hilflosigkeit in der Erschütterungsphase. Alte, überholte symbiotische Bedürfnisse der frühen Kindheit überfluten Ihr erwachsenes Gehirn, und Sie werden von Gefühlen der Verzweiflung und Hilflosigkeit überwältigt. Sie glauben, ohne Ihren Partner nicht überleben zu können. Um sich den Zustand

Ihres emotionalen Erinnerungssystems vorzustellen, denken Sie sich Ihren allzu effizienten Mandelkern als überbesorgtes Elternteil, das nicht will, dass Sie verletzt werden.

Und doch bleibt die Frage: Wie kommt es, dass Sie primitive Gefühle aus alten Traumata erleben und sich trotzdem nicht an die Ereignisse selbst erinnern können, die zu diesen Gefühlen geführt haben? Warum haben so viele Verlassenheitsüberlebende große Erinnerungslücken, was ihre Kindheit betrifft?

Die Antwort auf diese Fragen findet sich im *Ammonshorn*, einem weiteren Bestandteil Ihres emotionalen Gehirns.[43] Das seepferdchenförmige Ammonshorn hat die Aufgabe, zum einen alle Gefühle aufzuzeichnen, zum anderen aber auch die *Fakten* zu speichern, die emotional aufgeladene Ereignisse umgeben, beispielsweise wo das Ereignis stattfand, wer daran beteiligt war und was genau geschah.

Je nachdem, wie intensiv das Erlebnis war oder wie lange es dauerte, kann die Freisetzung von Stresshormonen die Gedächtnisfunktion des Ammonshorns *beeinträchtigen*. Sie haben die Geschehnisse miterlebt und vielleicht sogar aktiv daran teilgenommen, aber Sie haben später keinen Zugriff mehr auf die Erinnerungen, weil sie überhaupt nie gespeichert wurden. Die emotionale Erinnerung ist vorhanden, aber es gibt keine Kontext-Erinnerung, die sie begleiten würde.

Andere biochemische Reaktionen auf Stress können die gegenteilige Wirkung auf das Gedächtnis des Ammonshorns haben. Man hat festgestellt, dass die Produktion von Adrenalin in einigen Fällen die Gedächtnisfunktion des Ammonshorns *vergrößern* kann. Das erklärt die für ein Trauma typischen blitzlichtartigen Erinnerungen, bei denen Sie sich an ein intensives emotionales Ereignis in allen Einzelheiten erinnern. Wir werden noch mehr über den Einfluss von Stresshormonen auf das Gedächtnis sowie über andere psychobiologische Funktionen lernen, wenn wir uns im nächsten Kapitel mit der Rückzugsphase beschäftigen.

In der Zwischenzeit müssen wir uns von dem Gedanken freimachen, dass unser Körper irgendwie darauf programmiert sein könnte, uns schlechte Gefühle zu vermitteln. Die Neurobiologie diktiert das Schicksal nicht. Keine zwei Gehirne oder Menschen sind gleich. Unser psychobiologisches System ist kein Fixum, sondern verändert sich ständig. Unser Gehirn ist ebenso wie unsere Persönlichkeit einzigartig und mehrdimensional. Mandelkern und Ammonshorn sind keine isolierten kleinen Reiche.[44] Sie interagieren mit unserem Verstand auf eine Art und Weise, die einzigartig für den Moment und für uns selbst ist.

Ich hoffe, dass Sie auf Grund der Informationen über die Neurobiologie Ihrer Erfahrungen jetzt besser in der Lage sind, Ihre emotionalen Reaktionen zu akzeptieren, und sich nicht dafür verdammen, dass Sie Ihre Gefühle nicht in jeder Situation völlig kontrollieren können. Sie sollten Ihre Energie lieber auf das richten, was Sie kontrollieren, was Sie verändern können. Letztendlich liegt Ihr Schicksal nur in Ihrer Hand.

Das Profil der erschütterten Persönlichkeit: Mögliche Vorläufer für die posttraumatische Stressstörung

Möglicherweise haben Sie in bestimmten Phasen der Verlassenheit mehr zu kämpfen als in anderen. Verlassenheitsüberlebende mit den größten Problemen während der Erschütterungsphase sind meist jene, die in ihrer Kindheit wiederholt verheerende Verluste, persönliche Enttäuschungen und Tumulte erleben mussten.[45] Dazu können gehören:

- Tod eines Elternteils
- Physisches Im-Stich-lassen durch ein Elternteil
- In die Mühlen des Sorgerechtsstreits oder der Scheidung der Eltern zu geraten
- Lange emotionale Trennungsphasen von den Bezugspersonen
- Körperlicher oder sexueller Missbrauch
- Abschiebung in ein Pflegeheim

Viele von Ihnen sind vielleicht Produkte relativ intakter Familien, aber Sie haben auf Grund folgender Ereignisse lange emotionale Entzugsphasen hinter sich:

- Ungerechtigkeiten in der Hackordnung der Geschwister
- Chaos und Konflikte in der Familienstruktur
- Emotionale Botschaften, die Sie in eine Zwickmühle brachten, aus der Sie nicht mehr herauskamen
- Zurückweisung oder Ausschluss durch Ihre Peergroup
- Lange Verletzungs- oder Krankheitszeiten in der Kindheit
- Traumatischer Liebeskummer als Jugendliche/r
- Signifikante Enttäuschungen (harte Arbeit auf ein Ziel hin, für die man dann nicht belohnt wurde)

Die Trümmer und Überreste dieser und anderer Traumata werden neu aktiviert, sobald Sie in Ihrem späteren Leben ähnliche Tumulte und Verluste erleben. Für viele Verlassenheitsüberlebende bedeutet das eine periodisch auftretende Unruhe und chronische Unsicherheit gegenüber sich selbst und den eigenen Beziehungen. Wenn neue Erfahrungen alte, emotional aufgeladene Erinnerungen wachrufen, schaltet sich das Selbstverteidigungssystem ein und setzt Adrenalin und andere Stresshormone frei. Dieser Vorgang macht viele Betroffene unruhig, und sie fühlen sich in der eigenen Haut unwohl.[46]

Wenn Betroffene, die zu Angstattacken neigen, oder Menschen mit einer traumatischen Kindheitsgeschichte einer neuen

Krise gegenüberstehen, können die alten Trümmer wahrhaft erdrückend wirken. Weil sie nicht verstehen, was zu dieser intensiven Angst führt oder wie man mit ihr umgehen kann, versuchen einige besonders Verzweifelte, sich mit Drogen und Alkohol zu helfen.[47] Wenn Sie sich überwältigt fühlen, dann suchen Sie bitte professionelle Hilfe auf. Unterstützung und Anleitung stehen Ihnen jederzeit zur Verfügung; in manchen Fällen kann auch eine medikamentöse Behandlung angezeigt sein.

Es liegt keineswegs an irgendeiner Schwäche, dass Sie sich nicht durch reine Willenskraft von der Angst, dem Schmerz und der Furcht befreien können. Diese intensiven Emotionen entstammen der psychobiologischen Natur Ihrer Krise.

Die Erschütterungsphase ist eine traumatische Zeit, aber sie kann zu einem neuen Maß an Selbstakzeptanz und Lebenseinsicht führen, wenn wir uns dafür entscheiden, von der Weisheit dieser Phase etwas zu lernen.

Die Vorteile der Erschütterungsphase

Das heimliche Geschenk der Erschütterung liegt darin, dass sie Ihnen hilft, einen Zugang zu alten Wunden aus traumatischen Ereignissen zu finden, an die Sie sich womöglich nicht einmal mehr erinnern. Zu guter Letzt können Sie endlich unaufgelöste Gefühle angehen. Die Erschütterungsphase schafft das, was viele Psychoanalytiker in jahrelanger Therapie anstreben: Sie führt Sie zu der Quelle Ihrer unbewussten Konflikte.

Sie befinden sich in einer entscheidenden Phase, in der Sie nach Ihren eigenen Ressourcen Ausschau halten müssen. Sicherheit und Unterstützung finden Sie nicht länger bei Ihren verlorenen Partnern. Abgesehen von der Hilfe durch Freunde, Angehörige und professionelle Berater verbringen Sie einen

Großteil Ihrer Zeit mit sich selbst; Sie sind also in der optimalen Position, in sich nach Kraft und Stärke zu suchen.

Auch wenn Ihre Eltern es versucht haben mögen, sie waren eben nicht in der Lage, Ihre Verlassenheitsängste ausreichend zu lindern, als Sie noch klein waren. Als Erwachsener stehen Sie dieser Herausforderung allein gegenüber. Zuerst müssen Sie in Kontakt mit Ihren Ängsten treten. Hören Sie auf das, was sie Ihnen über Ihre emotionalen Bedürfnisse zu sagen haben.

Die Erschütterungsphase ist *eine Reise zum Mittelpunkt des Selbst*, sie bereitet Sie auf eine umfassende Heilung vor, auf die Gelegenheit, Ihr Leben ganz neu zu gestalten. Die kritischen Fragen, die diese Phase aufwirft, sollen Ihnen helfen, den Punkt zu finden, von dem aus Sie einen Neuanfang starten können:

Können Sie Ihre eigene Abgetrenntheit akzeptieren?
Können Sie sich der sich stets verändernden Welt stellen?
Können Sie Verantwortung für Ihre Welt übernehmen?
Können Sie anerkennen, dass es für Sie möglich ist, aus Ihrem Verlassensein auch einen Nutzen zu ziehen?
Können Sie akzeptieren, dass Sie fähig sind, auf Ihren eigenen Beinen zu stehen?

Sie sollten begreifen, dass Sie bereits etwas aus Ihrer Erfahrung gelernt haben. Die Krücken Ihres früheren Lebens sind zerbrochen; Sie sind aus einer Trance erwacht. Sie wurden aus Ihrer Selbstgefälligkeit, aus Ihrem Gleichgewicht geworfen und sind nun gezwungen, einen neuen Weg zu finden. Carlyle hat das wie folgt formuliert:

»Für mich war die Erschütterung wie ein Weckruf. Sie hat mir geholfen, die Richtung meines Lebens zu verändern. Ich weiß, ich habe

noch viel Arbeit vor mir, aber mir ist endlich klar, was wirklich wich-
tig ist. Der Verlust meiner Ehefrau hat endlich meine Illusion von Dau-
erhaftigkeit erschüttert, meine Illusion, eins mit jemanden zu sein, die
Kontrolle zu haben. Zum ersten Mal in meinem Leben habe ich be-
griffen, wie allein ich bin, wie allein wir alle sind.

Irgendwo in diesem Tief, in dem ich steckte, in dem ich meine Kinder
vermisste und mich verloren fühlte, war ich doch in der Lage, aufzuse-
hen und erstaunt zu erkennen, wie schmerzlich ein Verlust ist. Nicht
nur mein Verlust. Jeder Verlust. Ich dachte an die Millionen Menschen,
die vor mir schon diese Erfahrung gemacht haben, und an die Millio-
nen, die sie noch machen werden. Der menschliche Schmerz war mir
ganz nahe. Meine Gefühlsantennen waren so sensibel wie nie zuvor.
Und ich wusste, dieses Wissen würde mich für immer verändern. So
schmerzlich es auch war, es war ein Geschenk, das ich nicht missen
möchte. Es machte mich menschlicher.«

Die Erschütterungsphase fordert Sie heraus. Sie können durch sie
zu größerer emotionaler Unabhängigkeit finden, ein Unterfan-
gen, das vielleicht schon längst überfällig war. Emotionale Unabhängigkeit bedeutet nicht, das Urteil zu einem lebenslangen
Alleinsein zu akzeptieren, sondern selbstsicher und mit emotionaler Weisheit nach Liebe und Verbundenheit suchen zu können.

Die Heilung der Erschütterung

Akeru-Übungen

Das Wort *akeru* hat, wie gesagt, viele Bedeutungen: beenden, durchbohren, ein Loch in etwas machen, beginnen, auslaufen, leeren, Raum schaffen für etwas, auswickeln, anfangen, umdrehen, öffnen. All diese Bedeutungen haben einen Bezug zum Vorgang des Verlassenwerdens, und dieses Bedeutungsspektrum des Wortes *akeru* bezieht sich auf Prozesse, die derselben zu Grunde liegenden Energie entstammen.

Wenn ich von Energie spreche, dann meine ich nicht die New Age-Definition von Energie und auch kein messbares wissenschaftliches Phänomen. Energie, Kraft, Impuls, Instinkt und Antrieb – all das beschreibt die Richtung und Intensität des Trauerzyklus, dessen Phasen wir durchlaufen. Die Energie, bei der es in der Erschütterungsphase geht, ist die Lebenskraft, das angeborene Bedürfnis nach Bindung. Wenn diese Energie gestört wird, führt das zu Trauer. Der Schmerz ist unsere psychobiologische Reaktion darauf, plötzlich abgetrennt zu sein und von der Beziehung fern gehalten zu werden, nach der wir uns sehnen. Dieser machtvolle Drang nach Bindung ist ständig präsent. Er kann zur Quelle des Schmerzes werden, aber wenn man ihn umlenkt, kann er auch der erste Schritt zur Heilung sein.

Akeru beschreibt den leeren Raum, der sich auftut, wenn jemand geht. Ihre Aufgabe besteht nun darin, mit diesem Raum zu arbeiten, neues Leben zu erschaffen. Das mag auf den ersten Blick wie eine Botschaft voller Herzchen und Blümchen anmuten, aber *akeru* vermittelt uns keine falschen Vorstellungen vom Schmerz. *Akeru* erlaubt mir, mich dem Zentrum des Schmerzes zu nähern, ohne darin wie in einem Sumpf zu versinken. *Akeru* hat meinen Patienten und Patientinnen zu der Einsicht verholfen, wie sie diese Energie zu ihrem Vorteil einsetzen können.

Akeru macht es möglich, sich Unglück und Motivation als Einheit vorzustellen. Unglück ist die Kraft, die uns dazu treibt, unsere größten Geschenke, nämlich Vorstellungskraft und persönliche Stärke, herbeizurufen. Ohne Anleitung neigen wir dazu, gegen den Schmerz anzukämpfen. Sobald wir *akeru* jedoch verstanden haben, arbeiten wir mit dem Schmerz.

Ich habe ans Ende der Kapitel, die sich mit den Phasen der Verlassenheit beschäftigen, eine Reihe von Übungen gestellt, die ich auch in meiner Praxis anwende, um echte Veränderung einzuläuten.

Akeru symbolisiert eine Methode zur Heilung der Verlassenheitsgefühle. Es hilft meinen Patienten und Patientinnen, die Tatsache zu begreifen, dass wahre Heilung eine Umkehr des Trauervorgangs darstellt. Wenn die Energie der Trauer über das Verlassenwerden neu ausgerichtet wird, können wir unser Leben verbessern und unsere Fähigkeit zu lieben erhöhen.

| Beginnen |
| Beenden |
| Raum schaffen für etwas |
| Durchbohren |
| Auswickeln |
| Umdrehen |
| Ein Loch machen in etwas |
| Auslaufen |
| Anfangen |

Akeru (Mehrfachbedeutungen)

Der Ort der größten Wunde ist auch der Ort der größten Heilung. Akeru.

Die Einheit der Gegensätze

Akeru meint sowohl ein Ende als auch einen Anfang. Für jedes Zeichen oder Symptom, das mit dem Ende einer Beziehung in Zusammenhang gebracht werden kann, gibt es auch einen Neuanfang. Für die Erschütterung gibt es das Zusammenfügen, für den Schock Klarheit und Konzentration, für die Abgetrenntheit gibt es die Ganzheit, für die Trennungsangst die Gelassenheit, für den Missbrauch von Alkohol, Drogen oder Medikamenten gibt es die Nüchternheit, für die symbiotische Regression die Selbstsicherheit, für die Realitätsverzerrung gibt es die Realitätsakzeptanz, für das gespaltene Denken das rationale Selbstvertrauen, für die Scham gibt es die echte Demut und Würde, für die Selbsterniedrigung gibt es das Selbstbewusstsein, für den körperlichen Zusammenbruch die Erneuerung, für die Selbstmordgedanken die Lebendigkeit, für die Selbstverstümmelung gibt es die Selbstfürsorge, für die Selbstzerstörung den Selbstaufbau, für den Selbsthass gibt es die Selbstannahme, und für die Nabelschau gibt es die Fähigkeit zur Liebe.

Ohne Anleitung mag diese Einheit der Gegensätze nicht verständlich sein, insbesondere nicht für Menschen, die mitten in der Erschütterungsphase stecken, aber ob wir sie sehen oder nicht, die duale Kraft dieser Übergänge ist da. Verlassenheit und Heilung sind verschiedene Aspekte derselben Energie, die nur darauf wartet, anerkannt zu werden: *akeru*.

Die erste Akeru-Übung: Im Augenblick bleiben[48]

Die Erste der fünf Akeru-Übungen soll Ihnen Zugang zu der Energie verschaffen, die in dem Schmerz steckt, den Sie fühlen. Die Übung eins, *im Augenblick bleiben*, bietet Ihnen eine Art Leuchtfeuer, das Sie durch diese vorübergehende Phase größter Trennung führen kann.

Diese Übung eignet sich gut für das Schmerz-Management, hat aber auch andere Vorzüge. Sie setzt die Erschütterungsenergie – diese nackte Empfindung des Getrenntseins – dazu ein, um Veränderungen zu erleichtern. Sie dient als Grundlage für den Rest Ihres Heilungsprogramms von den Gefühlen der Verlassenheit. Jedes Mal, wenn Sie es schaffen, im Augenblick zu bleiben, und sei es auch nur für wenige Minuten, entdecken Sie Ihre persönliche Kraft neu und bauen Selbstvertrauen auf.

Wenn Sie im Augenblick bleiben können, steht Ihnen eine Alternative zur Verfügung, damit Sie Ihre Gefühle nicht in Alkohol ertränken, Drogen nehmen oder andere selbstzerstörerische Verhaltensweisen an den Tag legen müssen. Es erlaubt Ihnen, bei Ihren Gefühlen zu bleiben, sich von ihnen wie von einer Welle umspülen zu lassen. Sie werden dem Sturm trotzen. Sie können selbst die schlimmsten dieser Gefühle aushalten, weil Sie wissen, dass sie normal und vorübergehend sind, Teil der Unvorhersehbarkeit und Unbeständigkeit des Lebens. Wenn Sie diese Übung regelmäßig durchführen, werden Sie lernen, in jedem Augenblick Ihres Lebens Zuflucht zu nehmen.

Die Weisheit hinter der Maxime der Anonymen Alkoholiker »Immer ein Tag nach dem anderen« basiert auf der Erfahrung von Hunderttausenden von Menschen, die Erlösung und persönliche Rettung fanden, nachdem sie ganz unten waren. Auf dem Weg aus dem Abgrund entdeckten sie, dass eine Möglichkeit, das Leben zu feiern und mit seinen Herausforderungen fertig zu werden, darin besteht, *im Augenblick zu leben, einen Tag nach dem anderen.*

Verlassenheitsüberlebende sind emotional ganz unten; auch sie können Trost in dem Heilungspotenzial des Augenblicks, des heutigen Tages finden. Es gibt nur eine Voraussetzung: Während der Erschütterungsphase können Angst und Trauer so intensiv sein, dass es oft zu schwierig scheint, darüber nachzudenken, wie Sie einen ganzen Tag überstehen sollen. Ein Tag ist ein zu großer Bissen, um ihn auf einmal zu kauen. Also besteht Ihre Aufgabe darin, nur diesen einen Augenblick durchzustehen. Konzentrieren Sie sich *genau jetzt* auf die sensorischen Informationen Ihrer Augen, Ihrer Ohren und Ihrer Haut.

Der Augenblick ist keine Zeit, in der man denkt, es ist eine Zeit, in der man *spürt*. Wenn Sie Ihrem Verstand erlauben, das Steuer in die Hand zu nehmen, werden Sie an die Zukunft denken, wo das Unbekannte auf Sie wartet, oder Sie ziehen sich in die Vergangenheit zurück, wo Sie mit Ihrer Trauer und Ihrem Verlust konfrontiert werden. Doch im Augenblick hat weder die Zukunft noch die Vergangenheit irgendeine Bedeutung.

Allgemeine Vorschläge, um im Augenblick zu bleiben

Am Besten betrachten Sie das Verweilen im Augenblick als eine der Möglichkeiten, das Leben zu erfahren, und nicht als eine Übung, die vom Rest Ihres bewussten Lebens getrennt ist. Meistens bedeutet das Einlassen auf den Augenblick einfach, sich auf die Umwelt einzustimmen und sich auf die eigenen Sinne zu konzentrieren, nicht auf Sorgen und Trauer. Das Verweilen im Augenblick ist nicht einfach nur eine Übung, es ist eine Lebensweise.

In dieser Zeit des größten Kummers fällt es manchen sehr schwer, mehr als nur ein paar Sekunden im Augenblick zu bleiben. Die Angst lenkt Ihre Gedanken, sie jagt Sie zwischen der Vergangenheit und der Zukunft, zwischen Trauer und Grauen hin und her. Intensive Angst ist eine echte Herausforderung für Ihre Fähigkeit, im Augenblick zu verweilen. Diese Intensität ist ein Erkennungszeichen der Erschütterungsphase. Wenn Sie derartige Schwierigkeiten erleben, besteht Ihre Aufgabe darin, einfach immer wieder zum Augenblick zurückzukehren.

Sobald der Stress seinen Höhepunkt erreicht hat, ist es oft schwer, den Augenblick zu *finden*. Manchmal reicht es einfach

nicht, Radio zu hören, um Ihren Verstand von Ihren Problemen
abzulenken. Sie können die schmerzlichen Gedanken trotzdem
nicht in Schach halten. Wenn dieser Fall eintritt, ist es an der
Zeit, das Radio auszuschalten und sich auf die Hintergrundgeräusche einzustimmen, die leisen Klangstrukturen, die ein aufmerk-
sameres Zuhören erfordern. Wenn Sie sich darauf konzentrieren,
hilft Ihnen das aus Ihren schmerzlichen Gedanken heraus.

Auch wenn Sie einfach aus dem Fenster schauen, reicht diese
sensorische Empfindung nicht aus, um Sie aus Ihrem Schmerz zu
ziehen. Es ist besser, wenn Sie die Augen schließen und sich auf
die Lichtpunkte konzentrieren, die sich hinter Ihren Augenli-
dern tummeln. Dieser etwas diszipliniertere Ansatz wird dazu
beitragen, dass Ihre Gedanken von Schmerz und Leid abgelenkt
und auf das Leben um Sie herum gerichtet werden.

Ihre Sinne sind immer da und können Ihren Verstand von der
quälenden Grübelei ablenken, aber in den schmerzlichsten Augenblicken erfordert diese Übung eine bewusste Anstrengung,
einen absichtlichen Willensakt. Immer, wenn Sie den Augenblick verlieren, suchen Sie ihn erneut; verwenden Sie ihn als
Mantra, das Sie durch den ganzen Tag bringt, einen Augenblick
nach dem anderen.

*»Ich stellte fest, dass der einzige Weg, meinem Schmerz zu entfliehen,
darin bestand, alles auszublenden und mich wirklich zu konzentrieren,
bis ich in der Lage war, das Pfeifen eines weit entfernten Zuges zu
hören und das leise Rauschen in den Bäumen vor meinem Fenster«,
sagte Carlyle. »Da wusste ich, dass ich eine Oase gefunden hatte.«*

*»Als die Lage wirklich schlimm wurde«, schilderte Roberta, »stieg ich
in den Wagen, rollte die Scheiben herunter und konzentrierte mich auf
das Gefühl des Windes auf meinem Gesicht, das Brummen des Motors, das Pulsieren des Blutes in meiner Magengrube. Das verschaffte
mir Erleichterung, und ich fühlte mich wieder stark.«*

Es folgen nun einige Anweisungen, die Ihnen das Verweilen im Augenblick leichter machen sollen. Wenn Sie diese Schritte einüben, dann lassen Sie sich von den Anblicken, Geräuschen und Empfindungen in Ihrer unmittelbaren Umgebung anleiten und folgen Sie den Anweisungen nicht rigide bis zum letzten i-Tüpfelchen. Sie sollen nur Ihre eigene Fantasie stimulieren. Ihr Ziel ist es, den Augenblick in Ihre alltägliche Lebensführung zu integrieren.

Schritt-für-Schritt-Anweisungen für das Verweilen im Augenblick

Bereiten Sie sich auf den Augenblick vor

Beginnen Sie genau da, wo Sie jetzt sind. Halten Sie einfach mit dem, was Sie gerade tun, inne. Nehmen Sie Ihre unmittelbare Umgebung in sich auf. Gibt es eine natürliche oder eine künstliche Lichtquelle? Ist das Zimmer karg eingerichtet oder voll mit allerlei Gegenständen?

Nehmen Sie alles in sich auf: die Anblicke, die Geräusche, die Ausstrahlung des Raumes.

Sie lauschen den Hintergrundgeräuschen

Ist es still oder hören Sie das Plärren eines Radio- oder Fernsehgeräts? Falls möglich, schalten Sie das Gerät aus. Sie sollten jede Lärmquelle vermeiden, die subtile Hintergrundgeräusche übertönen kann. Schwachen Hintergrundgeräuschen zu lauschen ist eine der wirkungsvollsten Möglichkeiten, im Augenblick zu bleiben.

Schließen Sie Ihre Augen, und konzentrieren Sie sich auf die Geräusche, die Sie hören.

Zuerst werden die lautesten Geräusche Ihre Aufmerksamkeit einfordern. Vielleicht hören Sie die Stimme eines Menschen im Hintergrund oder Sie vernehmen die Bewegungen der Menschen in Nebenräumen oder eines vorbeifahrenden Lastwagens.

Versuchen Sie, jedes Geräusch zu identifizieren.

Hören Sie jetzt genauer hin. Können Sie das ferne Zwitschern der Vögel vernehmen? Können Sie die Autos auf einer weit entfernten Straße hören? Was ist mit dem Summen eines elektrischen Geräts im Nebenraum – dem Kühlschrank oder einem Deckenventilator? Machen Sie weiter, und lauschen Sie selbst den schwächsten Geräuschen, solange Sie können.

Sie haben Ihr Gehör dazu eingesetzt, um vorübergehend Ihren Gedanken zu entfliehen und in den Frieden und die Ruhe des Augenblicks einzutreten. So einfach ist Ihre Aufgabe.

Stimmen Sie sich mit Ihrem Tastsinn auf den Augenblick ein

Bedienen Sie sich Ihres Tastsinns auf eine absichtsvolle, selbstdisziplinierte Art und Weise. Schließen Sie die Augen. Bewegt sich irgendwo im Zimmer die Luft? Können Sie den Lufthauch in Ihrem Gesicht, an Ihrem Hals oder Ihren Händen spüren? Möglicherweise erfordert es ein hohes Maß an Konzentration, um sich auf diese Empfindung einzustimmen.

Was spüren Sie noch? Wie fühlt sich die Berührung Ihrer Kleidung auf Ihrer Haut an? Können Sie das Gewicht der Kleidung auf Ihren Schultern spüren oder die Beschaffenheit des Stoffes an Ihren Beinen? Können Sie das Gewicht Ihrer Armbanduhr oder eines Armbands an Ihrem Handgelenk spüren oder das Gewicht der Schuhe an Ihren Füßen?

Machen Sie sich alles bewusst, was in Kontakt mit Ihrer Haut kommt. Fangen Sie bei den Füßen an. Spüren Sie den Lufthauch an Ihrer nackten Haut? Den Druck der warmen Socken? Sitzen sie zu eng? Oder fühlen Sie nur einen kaum wahrnehmbaren Druck auf Ihren nackten Füßen?

Denken Sie als Nächstes an die Haut Ihrer Beine, dann an Ihren Rumpf und Ihre Arme. Bewegen Sie sich langsam am Körper entlang nach oben.

Achten Sie genau auf Ihre Hände. Sie sind überaus sensibel und können den geringsten Lufthauch spüren. Strecken Sie Ihre Arme aus, und spüren Sie die Beschaffenheit der Dinge um Sie herum. Wie fühlt sich der Stuhl an, auf dem Sie sitzen? Wie die Bettlaken auf Ihrem Bett?

Auch Ihr Gesicht reagiert sensibel auf Luftströme und Temperatur. Was spüren Sie? Das Gewicht der Haare auf Ihrem Kopf? Ein Kitzeln?

Sobald Sie diese Empfindungen wahrnehmen, sind Sie in den Augenblick eingetreten. Sie sind frei von Ihren schmerzlichen Gedanken.

Gebrauchen Sie Ihren Geschmacks- und Geruchssinn

Diese Übung sollten Sie nicht beim Essen durchführen. Am sinnvollsten ist der Versuch, wenn Sie subtilen Geschmacksnoten und Gerüchen nachspüren.

Konzentrieren Sie sich darauf, wie die Innenseite Ihres Mundes schmeckt. Ist es ein neutraler Geschmack? Minzig? Rauchig? Fällt Ihnen ein Unterschied auf, wenn Sie einatmen? Können Sie beim Einatmen den Geruch von Holz wahrnehmen? Von Schmutz? Von Reinigungsmitteln? Oder Obst? Lassen Sie sich durch Ihren Geschmacks- und Geruchssinn von Ihren Gedanken ablenken und in den Augenblick führen.

Konzentrieren Sie sich auf Ihren Atem

Spüren Sie, wie sich Ihr Brustkorb hebt und senkt, wie die Luft Ihre Lungen füllt, wie sich Ihr Zwerchfell weitet, und wie Sie dann alles loslassen? Können Sie spüren, wie die Luft durch Ihre Nasenlöcher entweicht? Konzentrieren Sie sich auf die Muskeln, die bei jedem Atemzug tätig werden, auf die Luft, die in Ihre Lungen strömt und wieder entweicht.

Die meisten Menschen sind nur kurz in der Lage, im Augenblick zu verweilen, wenn Sie Trauer und Verlust intensiv verspüren. Wir neigen ganz unwillkürlich dazu, wieder in quälendes Denken zu verfallen. Das Verweilen im Augenblick ist eine Fertigkeit, die Konzentration und Anstrengung erfordert. Versuchen Sie, diese kurzen Zeitspannen so lange wie möglich auszudehnen, und fangen Sie immer wieder von Neuem an, wenn Ihnen klar wird, dass Ihnen der Augenblick entglitten ist. Versuchen Sie, an den schönsten Ort zu gehen, den Sie finden können, und saugen Sie ihn mit Ihren Ohren, Ihren Augen, Ihrer Haut und Ihrer Nase förmlich in sich ein.[49] Lauschen Sie Ihrer Lieblingsmusik. Legen Sie etwas Schönes zu lesen bereit, Bücher, die Sie interessieren und inspirieren. Ich kann Ihnen … *und plötzlich war es still* von Hannah Merker und *Heilsame Umwege* von Jon Kabat-Zinn empfehlen. Aufzeichnungen (Tagebuch, Logbuch, kreatives Schreiben) helfen Ihnen, sich auf die Gegenwart zu konzentrieren, und das Aufschreiben ist eine hervorragende Möglichkeit, sich auf Ihre Gedanken zu konzentrieren, einen Aktionsplan für den Tag zu erstellen oder auch einfach Ihr neues Leben zu planen.

Je öfter Sie diese Übung durchführen, desto besser können Sie die Wirklichkeit akzeptieren. Es ist ein Seinszustand, den die Zen-Buddhisten und andere spirituelle Gemeinschaften seit Jahrhunderten anstreben. Wenn Sie lernen, Ihr Leben mit dieser Art der Achtsamkeit zu führen, können Sie Veränderungen akzeptieren und an der Freude, Liebe und Fülle des Lebens in Ihnen und um Sie herum teilhaben. Jedes Mal, wenn Sie den Augenblick als die größte Zuflucht der Natur vor Schmerz in Anspruch nehmen, stärken Sie Ihre Fähigkeit, das Leben mit seinen Bedingungen zu akzeptieren.

Zusammenfassung der Erschütterungsphase

Die Trennung hat das dichte Gewebe der Bindung durchschnitten, bis hinein zum geschmolzenen Kern. Ob es Ihnen gefällt oder nicht, Sie sind jetzt in Berührung mit Ihren tiefsten Bedürfnissen und Gefühlen. Hier kann ein völlig neues Leben seinen Anfang nehmen. Der Schmerz der Erschütterung ist auch eine Verkündigung.

Das Verlassenwerden verletzt so tief, dass es sich wie eine tödliche Wunde anfühlt, aber wie Sie gesehen haben, weckt es auch Ihre Überlebensinstinkte. Verlassen und allein müssen Sie lauthals weinen. Sie spüren Ur-Bedürfnisse und Ur-Ängste. Das sind die wertvollsten und wichtigsten Gefühle, die Sie besitzen. Sie stellen Ihre elementarsten Bedürfnisse dar, die Sie seit Ihrer Geburt begleiten. Wenn Sie lernen wollen, diesen Schmerz in den Griff zu bekommen, müssen Sie auf Ihre Ängste hören. Sie sagen Ihnen, was Sie brauchen. Wenn Sie es wagen, diese Gefühle zu akzeptieren, sind Sie für die Heilung bereit.

Akeru erlaubt es Ihnen, den bohrenden Schmerz des Verlassenwerdens zu einer Öffnung zu machen. Es lädt Sie dazu ein, das Leben im Augenblick zu erfahren. Sie werden präsenter, zugänglicher für andere, für das Leben und für Ihr inneres Kind. Dieses Kind kann Empfindungen spüren, seine Augen, seine Ohren und seine Haut sind noch nicht so gut vor den Einflüssen des Lebens geschützt. Sowohl der Erwachsene als auch das Kind spüren die Empfindungen des Lebens am stärksten im Augenblick. Dieses neue erwachte Selbst bringen Sie mit in den Augenblick – zusammen mit der Offenheit, dem Staunen und der Entdeckerfreude des Kindes.

Wenn Sie die Erschütterungsphase hinter sich lassen, haben Sie wichtige Schritte in Richtung emotionales Selbstvertrauen getan. Sie haben einiges gelernt: erstens die Tiefe und das Wesen Ihrer Verlassenheitswunde zu verstehen; zweitens den Schmerz anzuerkennen; drittens die Scham zu vermeiden, indem Sie Ihre Gefühle als etwas Natürliches akzeptieren; viertens Ihre Kraft aufzubauen – Sie *können* allein zurechtkommen; und fünftens Ihre Gefühle in den Griff zu bekommen, indem Sie im Augenblick verweilen.

Die Erschütterungsphase ist ein Übergang, der den Initiationsriten eines Schamanen ähnelt, welcher in die spirituelle Welt reisen und mit Dämonen ringen muss, bevor er seine Kraft in Besitz nehmen kann. Einige der besten Heiler unserer Gesellschaft sind jene Menschen, die ein überwältigendes Trauma durchleben mussten, denn sie haben die Erschütterungsphase aufgearbeitet.[50]

Zweite Phase: Rückzug

᠁

Was versteht man unter Rückzug?

Die Rückzugsphase ähnelt einem Suchtentzug. Sie setzt ein, wenn Sie sich nach dem ersten Schock der Trennung nach Ihrem ehemaligen Partner sehnen. Durch das hirneigene opioide System entwickeln Sie ähnliche Gefühle wie ein Drogenkranker, der sich keinen Schuss setzen kann.

Auf dem Höhepunkt dieser Phase können Sie keinen Millimeter von Ihrer Überzeugung abrücken, dass Sie ohne den geliebten Menschen verloren sind, dass Ihr Leben gelaufen ist. Diese Ansicht stammt von Ihrem inneren Kind. Das Kind redet Ihnen ständig ein, dass Sie den geliebten Menschen um jeden Preis zurückgewinnen müssen, sonst werden Sie sterben. Für ein Kind ist die früheste Beziehung überlebensnotwendig; kein Kleinkind kann ohne einen Ernährer überleben.

Gedrängt von Ihrem inneren Kind versuchen Sie möglicherweise, mehrmals Kontakt zu Ihrem verlorenen Partner aufzunehmen. Selbst wenn Sie keine aktiven Schritte unternehmen, fantasieren Sie vielleicht darüber. Sie bewegen sich rückwärts, weil Sie immer noch nicht davon überzeugt sind, dass der Mensch, der Sie verlassen hat, nicht gut für Sie ist. Sie lassen sich weiter verletzen, weil das Kind in Ihnen glaubt, dass dieses Mal alles anders wird. Sie sind wie ein Alkoholiker, der denkt, vom nächsten Drink würde er schon nicht betrunken werden.

Vielleicht werden Sie auch wütend auf andere, die versuchen, Ihnen zu helfen. Sie können beispielsweise Ihre Therapeutin zusammenstauchen, besonders, wenn sie Sie darin unterstützt, sich von Ihrem alten Partner fern zu halten. Sie mögen damit einverstanden gewesen sein, die Beziehung zu beenden, aber das innere Kind schießt quer, indem es Therapiesitzungen verpasst beziehungsweise Therapeuten oder Selbsthilfegruppen wechselt. Sie sind wütend auf Ihre Therapeutin und auf andere, weil diese von den Wünschen des inneren Kindes abraten. Das Kind fürchtet, sein Leben könne in Gefahr sein, wenn seine dringenden Bitten ungehört blieben.

Das innere Kind klammert sich an falsche Hoffnungen, um Gefühle der Isolation, der Verbannung und des Verlustes abzuwehren. Jeder Hoffnung beraubt vergraben Sie sich in Ihrer Verzweiflung, und diese Gefühle entwickeln sich zu tiefer Trauer und zu einem bodenlosen Brunnen voller Tränen.

Doch mit diesen Tränen wird noch etwas anderes freigesetzt. Ihr Recht, geliebt zu werden, arbeitet sich – durch all die Erinnerungen an die Zeiten, als Sie ungeschützt waren und zurückgewiesen wurden – in Ihr Bewusstsein vor.

Rückzug ist die Phase, in der sie auf das Weinen des inneren Kindes hören. Ihnen wird klar, dass die Bedürfnisse Ihres inneren Kindes Ihre Bedürfnisse sind, dass Sie Ihre wichtigsten Gefühle anerkennen müssen. Es gibt Menschen, die versuchen, die Rückzugsphase zu umgehen, indem sie ihre verlorene Liebe durch einen neuen Partner ersetzen. Aber die Rückzugsphase ist nicht die richtige Zeit für einen Ersatz – der kommt früh genug –, es ist die Zeit, sich selbst und Ihre Bedürfnisse anzuerkennen.

Keatons Rückzug:

Vor sechs Wochen hatte Gabby ihre Sachen gepackt und Keaton verlassen – plötzlich und ohne Vorwarnung. Sechs Wochen waren seit jenem Abend vergangen, an dem er einen ausführlichen Abschiedsbrief auf der leeren Kommode gefunden hatte.

Keaton wachte im Dunkeln auf, wie jede Nacht, seit sie ihn verlassen hatte. Er wünschte, er könnte wieder einschlafen, aber er wusste, dass das Adrenalin in seinem Körper ihm das nicht gestatten würde.

Es war drei Uhr nachts. Sofort war er von Panik erfüllt. Er hatte das schon früher durchgemacht, öfter als er sich erinnern konnte. Keaton konnte anscheinend keine dauerhafte Beziehung führen. Es endete immer auf dieselbe Weise – eines Tages verließ sie ihn. Aber bei Gabby hatte er das nicht erwartet. Er war sich ihrer so sicher gewesen.

Und nun lag er wieder da, krümmte sich in seinem Bett, von Angstattacken geschüttelt, gequält von Einsamkeit, abgelegt von jemandem, den er geliebt hatte. Wie sollte er das jemals durchstehen?

Während Keaton sich schlaflos im Bett wälzte, hielt Gabby jeden Winkel seines Gehirns besetzt. Die pochende Sehnsucht nach ihr war unerträglich. Im ersten Licht des Morgens bereitete sich Keaton schließlich auf die Arbeit vor, und das half, sie aus seinen Gedanken zu verbannen.

Heute, so dachte er, heute werde ich pünktlich zur Arbeit erscheinen. Er würde seine Arbeit so gut erledigen, wie er konnte, er würde sich konzentrieren, funktionieren und sich möglichst normal verhalten.

Alle Kollegen und Kolleginnen wussten, dass Gabby ihn verlassen hatte. Sie wussten, warum er so abgemagert war und so niedergeschlagen aussah. Und Keaton wusste, was sie dachten: »Es ist schon sechs Wochen her, Keaton. Reiß dich endlich zusammen. Lass es gut sein.«

Keaton befand sich in der Rückzugsphase. Je mehr Zeit vergeht, je länger Ihre Bedürfnisse unerfüllt bleiben, desto mehr sehnen sich Körper und Geist nach dem, was Sie verloren haben. Gleichgültig, wie sehr die Betroffenen auch versuchen, sich zusammenzureißen, jeder wache Moment wird von einem intensiven Gefühl des Verlustes durchdrungen.

Die Auswirkungen der Rückzugsphase sind kumulativ und treten wellenartig auf. Häufig müssen sie erst noch schlimmer werden, bevor Sie sich besser fühlen können, und das übersehen Freunde gern, die erwarten, dass Ihre Verzweiflung sich auflöst und nicht Tag für Tag anwächst.

Keaton versuchte, seine Lage so gut es ging auszuhalten, aber er musste häufig weinen und fand es unerträglich, allein zu sein. Freunde und Familienangehörige versuchten anfangs, ihm Gesellschaft zu leisten und ihn aufzubauen, aber es frustrierte sie, dass er keine Fortschritte machte und sich selbst nach einigen Wochen noch nicht aus seinem Sumpf ziehen konnte. Zumindest glaubte Keaton, dass sie es so sahen.

Tatsache ist, dass der Rückzug von der Liebe nicht nach Plan vorgeht; er variiert von einem Menschen zum anderen, von einer Situation zur anderen.

Keatons Erbe von Verlassenheitsgefühlen nahm seinen Anfang in seiner frühen Kindheit. Sein Vater war überkritisch, schalt ihn für jeden Fehler und jedes Versäumnis. Gleichgültig, wie sehr Keaton sich auch anstrengte, es war nie genug für seinen Vater. Keaton lernte, von sich selbst enttäuscht zu sein, weil er in der Schule, beim Sport oder wo auch immer nicht besser war. Wann immer ihm sein Vater eine Standpauke hielt, fühlte er sich zurückgewiesen. Keaton gab sich selbst dafür die Schuld, dass er nicht gut genug war.

Als Teenager konnte Keaton das Gefühl, sich selbst beweisen zu müssen, nicht abschütteln. Er reagierte extrem empfindlich auf Zurückweisungen.

Als seine erste Freundin mit ihm Schluss machte – Keaton war damals siebzehn Jahre alt –, wurde er sehr depressiv. Die Zurückweisung seiner Liebe weckte all die alten Gefühle der Unzulänglichkeit und bestätigte seine insgeheime Überzeugung, der Liebe eines anderen Menschen nicht wert zu sein.

Überwältigt von Verwirrung und Schmerz ertränkte er seine Gefühle in Alkohol. Es folgte eine Reihe schlechter Beziehungen, die ihn zum Alkoholiker machten.

Als Gabby ihn verließ, war Keaton seit über fünf Jahren bei den Anonymen Alkoholikern. Obwohl er trocken war, litt er noch immer an der Geißel der Liebeszurückweisung.

»Ich bin schon so oft verlassen worden«, klagte Keaton. »Ich hatte das Gefühl, den Fortgeschrittenenkurs in Beziehungsversagen belegt zu haben – als ob ich an einer immer schlimmer werdenden Krankheit namens Zurückweisung gelitten hätte. Meine Zukunft schien hoffnungslos. Ich konnte einfach nicht aufhören, mir unentwegt all die Fehler, die ich in meiner Beziehung mit Gabby gemacht hatte, vorzuwerfen, mich selbst zu verurteilen, weil ich bei ihr versagt hatte, bei allen, in meinem ganzen Leben.«

Der Rückzug ist die zweite Phase der Verlassenheit. Das Wort beschreibt den Schmerz und die Sehnsucht, die man fühlt, nachdem man sich von einem geliebten Menschen getrennt hat. Die Rückzugsphase kann sofort einsetzen, es kann aber auch sein, dass man sie erst spürt, wenn sich die Taubheit und der Schock der Erschütterungsphase langsam legen. Wie man am Beispiel von Keaton sieht, kann sich der Rückzug mit der nächsten Phase, der *Verinnerlichung*, überlappen, bei der man seinen Frust an sich selbst auslebt. Auf dem turbulenten Weg durch den Ver-

lassenheitszyklus begegnet man den Rückzugssymptomen möglicherweise mehrmals.

Ich möchte Ihnen einige meiner eigenen Erfahrungen mit der
Rückzugsphase erzählen und Sie mit auf eine Reise durch die
Gefühle und Situationen nehmen, denen Sie begegnen werden.
Unterwegs gebe ich Ihnen Informationen, die Ihnen helfen sollen, diesen Vorgang zu verstehen und mit ihm fertig zu werden.
Ich werde darlegen, dass der Rückzug von der Liebe eine durchaus legitime Form des Suchtentzugs ist, und ich werde einige
posttraumatische Aspekte des Rückzugs diskutieren. Ich hoffe,
dass Sie daraufhin in der Lage sein werden, unerledigte Angelegenheiten aus der Vergangenheit zu identifizieren, bei denen Sie
es schon einmal mit dem Rückzug von der Liebe zu tun hatten.
Und schließlich will ich Ihnen zeigen, wie Sie das Wachstums-
potenzial der Rückzugsphase maximieren können, indem ich
Ihnen die zweite Akeru-Übung vorstelle, die Ihnen helfen wird,
alte und neue Rückzugsgefühle zu heilen.

Die Reise durch die Rückzugssymptome

Rückzug ist Leben ohne die Medikation durch Ihre verlorene
Beziehung. Sie erwachen aus der Betäubung der Sicherheit und
stellen sich der Realität.

Rückzugssymptome sind heftig. Viele Verlassenheitsüberlebende sind bereit, zu feilschen, zu klagen, zu flehen, zu manipulieren
– wirklich alles zu tun, um ihren verlorenen Partner zur Rückkehr zu bewegen. Während dieser Phase ähneln Sie einem Dro-
genkranken, der sich nach dem »Liebes-Schuss« sehnt, den er
sich nicht setzen kann. Worum geht es bei diesen intensiven Gefühlen der Sehnsucht, der Qual und des Verlangens?

Beziehungen werden tatsächlich vom gehirneigenen opioiden

System medikamentiert. Die meisten Menschen kennen Opiate, also Betäubungsmittel wie Morphium, Heroin und Opium. Unser Gehirn produziert seine eigenen morphinen Substanzen, einschließlich dem Endorphin. Wie Betäubungsmittel so auch die körpereigenen Opiate des Gehirns tragen dazu bei, den Schmerz zu blockieren.

Laut dem Forscher Jaak Panksepp produziert unser Gehirn mehr Opioide, wenn wir eine enge Beziehung aufbauen. Umgekehrt nimmt die Produktion bestimmter Opioide ab, wenn eine Beziehung endet, und der Körper macht dabei Entzugserscheinungen durch.[51]

Biochemisch gesehen sind also Ihre engen Beziehungen eine Art Endorphinsucht. Was Sie während des Verlassenheitsrückzugs spüren – *das Verzehren, das Verlangen, das Warten und die Sehnsucht* nach Ihrer verlorenen Liebe – ähnelt psychobiologisch dem Entzug von Heroin oder Morphium. Der Unterschied ist der, dass Sie Ihre Symptome beim Rückzug von der Liebe mit Ihrem emotionalen Verlust in Beziehung bringen, nicht mit einem Betäubungsmittel. Mit anderen Worten, der Unterschied liegt im *Kontext* – wie Sie die Entzugserscheinungen *interpretieren* –, nicht in den körperlichen Symptomen selbst.

Wie sehen solche Rückzugssymptome aus?

Das Losreißen

Selbst nach dem definitiven Ende Ihrer Beziehung, wenn Sie die verheerende Trennung bereits hinter sich haben, stehen Sie noch immer vor der Aufgabe des Losreißens. Sie müssen sich von dem Verlangen nach diesem Menschen losreißen, von der Präsenz dieses Menschen in Ihren Gedanken, Hoffnungen und Träumen.

»Während der Rückzugsphase hatte ich das Gefühl, von meinem sia-
mesischen Zwilling amputiert worden zu sein«, sagte Marie. »Die Er-
schütterungsphase war eine Operation ohne Narkose. Ich lag auf der
Intensivstation, verblutete langsam und weinte schmerzlich um meine
andere Hälfte.«

Sie schwanken zwischen Augenblicken, in denen Sie denken,
Sie könnten vielleicht doch ohne Ihre verlorene Liebe überleben, und Augenblicken völliger Verzweiflung hin und her.

Selbst wenn die Beziehung nur aus ein oder zwei Verabredungen bestand, haben Sie dennoch Hoffnungen auf eine gemeinsame Zukunft und Ihr Bedürfnis nach Liebe auf diesen Menschen gerichtet. Wenn sich diese Hoffnungen zerschlagen, kann
Ihre Enttäuschung sehr groß sein; es wirft Sie dahin zurück, wo
Sie zuvor waren: Sie sind wieder *allein*. Ihre Verlustgefühle sind
nicht weniger schmerzlich, als wenn Sie jahrelang verheiratet
gewesen wären.

Wir Menschen sind gesellige Wesen. Wir alle brauchen das
Gefühl, zu jemandem zu gehören.[52] Eine Beziehung aufzubauen
ist eine Möglichkeit, dieses Bedürfnis zu erfüllen. Vielleicht haben Sie es immer für selbstverständlich erachtet, aber die Zugehörigkeit zu einem Menschen war entscheidend für Ihr Wohlbefinden. Es fühlte sich gut an zu wissen, dass Sie ein wichtiger Teil
in seinem Leben waren – dass Sie jemand liebte und schätzte.

Selbst wenn Sie nur ein paar Verabredungen mit diesem Menschen hatten, erfüllt Sie die Aussicht eines Lebens ohne diese
Beziehung mit Verzweiflung und Verlustgefühlen.

»Ich dachte, ich hätte endlich jemanden gefunden«, erklärte John.
»Aber sie hat nie zurückgerufen. Es war nur eine weitere Erinnerung
daran, wie einsam ich war, wie leer mein Leben in Wirklichkeit war,
wie sehr ich die Liebe in meinem Leben brauchte. Nur eine einzige

Verabredung, aber die brachte mein ganzes Leben in eine emotionale Krise.«

Ohne

Die Rückzugsphase bedeutet, *ohne* zu sein – ohne die Sicherheit und die Unterstützung, auf die Sie zählten oder hofften.

»Ich hatte ja keine Ahnung, wie viel mir meine Ehefrau bedeutete, bis sie mich verließ«, sagte Richard. »Unsere Beziehung steckte schon geraume Zeit in einer Flaute. Wir stritten uns andauernd. Ständig lag Spannung in der Luft. Aber als sie sagte, dass sie mehr Freiraum brauche, und dann tatsächlich zu einem Anwalt ging, da hatte ich das Gefühl, als breche der Boden unter meinem Leben weg. Es gab für mich einfach keinen Grund mehr weiterzuleben.«

Ironischerweise können die Betroffenen durch den Verlust einer schlechten Beziehung ebenso erschlagen sein wie durch den Verlust einer guten Beziehung.[53] Die Untersuchung, warum dem so ist, entscheidet über unser Verständnis der Verlassenheitserfahrung. Warum ist der Verlust der engsten Bindung so schrecklich? Wie konnten wir von einem anderen Menschen nur so abhängig werden? Warum fühlen wir uns unvollständig, wenn dieser Mensch unser Leben verlässt?

Die Antwort auf diese Fragen ist niemals einfach. Tatsache ist, dass Lebensgefährten und überhaupt alle Menschen, die wir lieben, eine Vielzahl komplexer Bedürfnisse erfüllen; sie sind viel mehr als nur Gefährte oder Geliebter oder Sexualpartner. Eine der wichtigsten Rollen, die sie spielen, ist die des *Hintergrundobjekts*.

Hintergrundobjekt[54]

Unsere Mütter oder unsere wichtigsten Bezugspersonen wurden für uns zu Hintergrundobjekten, als wir zwei oder drei Jahre alt waren und die Welt außerhalb ihrer Umarmung zu erforschen suchten. Wir waren damit zufrieden, frei herumzustreifen, solange wir wussten, dass Mamis Schoß nur auf Rufweite von uns entfernt war. Bei Erwachsenen erfüllt es denselben Zweck, jemanden im Hintergrund zu haben. Ein Hintergrundobjekt ist die Person, von der wir unsere wichtigsten Gefühle der Verbundenheit, der Zugehörigkeit und der Sicherheit beziehen.

Wenn Ihre verlorene Beziehung so war wie die meisten, dann vermittelte Ihnen die Tatsache, dass Ihr Partner im Hintergrund immer da war, auch wenn Sie beide nicht körperlich beisammen waren, ein Gefühl der Sicherheit. Ihr Partner war jemand, zu dem Sie am Ende eines langen Tages nach Hause kamen oder neben dem Sie sich nachts zur Ruhe legten oder an den Sie einfach dachten. Es ist ein Gefühl, das man nur zu leicht als selbstverständlich erachtet – das Gefühl der Zugehörigkeit und der Sicherheit. Es ist außerdem aufs Engste mit unseren grundlegendsten Bedürfnissen verwoben.

»Redington reiste zwischen England und Brasilien hin und her«, erzählte Hope. »Wir unterhielten uns ungefähr zweimal die Woche am Telefon – nur um uns besondere Kosenamen zu geben und ›ich liebe dich‹ zu sagen. Und dann machte jeder von uns mit seinem eigenen Leben weiter, vollkommen zufrieden, denn wir wussten, dass wir zueinander gehörten.«

Viele Menschen funktionieren nur deshalb so gut, weil sie sich in ihren engsten Bindungen sicher fühlen. Sie sind zufrieden, selbstbestimmt und zuversichtlich, weil sie wissen, dass jemand

für sie da ist. Die Tatsache, dass wir die Menschen, die wir lieben, als etwas Selbstverständli-
ches erachten, ist keine Charakterschwäche.
Das Element der Sicherheit, das sie uns vermitteln, ist ja eben genau das, was uns in die Lage
versetzt, die Trennung von ihnen zu ertragen,
während wir unsere Karriere und andere Ziele
verfolgen.[55]

Rückzugssymptome
Losreißen
Ohne Hintergrundobjekt sein
Der Wille zum Aufruhr
Sexuelle Entzugserscheinungen
Gewichtsverlust
Schlaflosigkeit
Warten und Suchen
Ausgebrannt und deprimiert

Rückzugssymptome

Ein Merkmal reifer Beziehungen ist es, wenn
beide Partner in der Lage sind, dem anderen
Freiraum zuzugestehen. Beide erlauben sich, als
Hintergrundobjekte zu fungieren. Solchen Menschen ist klar, dass ihr Lebensgefährte Teil ihres
Lebens ist – er ist wichtig, aber nicht das gesamte Leben.

Sobald die Flitterwochen vorüber sind, verfallen viele Paare in Selbstzufriedenheit. Vielleicht
nehmen beide oder einer an Gewicht zu, wenn
das Adrenalin und der Drang nach Bindung ab-
nehmen und die Beziehung sicherer wird.[56] Dieser Zustand der Entspannung ist auf den Parasympathikus zurückzuführen, der den Körper wieder ins Gleichgewicht bringt,
nachdem das Sympathikussystem erregt worden ist. Der Parasympathikus trägt dazu bei, Ihren Blutdruck und die Menge an
Stresshormonen wieder auf Normalwert zu bringen und andere
lebenserhaltende Systeme, beispielsweise Ihren Appetit, wieder
zu aktivieren.[57] Idealerweise erlaubt diese Phase der Selbstzufriedenheit dem Paar, sich fleißig auf die Zukunft vorzubereiten:
eine Familie zu gründen und die Karrieren zu zimmern. Jeder
agiert in seiner eigenen Sphäre und trägt doch auch etwas aus
dieser Sphäre in die Beziehung hinein.

Wenn wir in der Beziehung sicher genug werden, um die Anwesenheit unseres Partners für selbstverständlich zu halten, geben wir uns möglicherweise sogar der Fantasie hin, wie es wohl mit einem anderen Partner wäre. Solche Fantasien sind nicht immer ein Hinweis auf Probleme. Sie können in eine flaue Beziehung ein erregendes Element hineintragen. Schließlich sind es nur Fantasien. Die Wirklichkeit eines verlorenen Partners sieht da schon ganz anders aus.

Um besser zu verstehen, warum Hintergrundobjekte so wichtig sind, lassen Sie uns einmal einen Blick darauf werfen, wie Kinder lernen, unabhängig zu agieren. Als kleines Kind mussten Sie sich mit anderen *verbinden*, um voranzukommen. Als Kleinkind waren Sie von Ihrer Mutter abhängig, um die Unterstützung zu bekommen, die Sie brauchten, und Ihre Aufmerksamkeit war fast ausschließlich auf diese Beziehung gerichtet. Doch als Sie etwas älter wurden, wurde Ihre Mutter zum Hintergrundobjekt, denn Sie entwickelten sich und agierten unabhängiger. Schließlich konnten Sie stundenlang spielen, entweder allein oder mit anderen Kindern, ohne Ihre Mutter jederzeit in Sichtweite haben zu müssen – solange Sie nur sicher waren, dass Ihre Mami noch in der Nähe war, *irgendwo im Hintergrund*. Wurde diese Entwicklung durch etwas gestört – wenn Ihre Mutter beispielsweise für längere Zeit ins Krankenhaus musste –, dann ist Ihre Fähigkeit, unabhängig zu agieren, möglicherweise verzögert worden.

Die meisten von uns vertrauten darauf, dass unsere Mutter da war und uns half. Dieses Vertrauen ermöglichte es uns, eine Trennung von ihr auszuhalten. Letztendlich hatten wir genügend Vertrauen aufgebaut, um den Stress zu ertragen, der sich einstellte, wenn wir etwa, um zur Schule zu gehen, lange von ihr getrennt waren. Der Schlüssel für diesen Schritt war das Vertrauen, dass unsere Bezugsperson zu Hause auf unsere Rückkehr wartete.[58]

Kinder hinterfragen dieses Vertrauen gelegentlich und fordern eine Zusicherung. Ein Kind mit Bauchschmerzen möchte nach Hause gehen, um bei seiner Mami zu sein. Auch als Erwachsene erleben wir bisweilen eine solche Regression. Auf einer gewissen Ebene müssen wir alle für unsere Bindung an die Menschen, die wir lieben, eine Bestätigung bekommen. Manchmal genügt ein Telefonanruf, dann wieder brauchen wir ihre Umarmung.

Möglicherweise wird Ihnen erst klar, wie sehr Sie von dieser Bestätigung abhängen, wenn die Beziehung vorbei ist. Vielleicht haben Sie es immer heruntergespielt, wie sehr Sie Ihren Partner brauchten, und zogen es vor, sich selbst als emotional sicher zu sehen. Tatsache ist jedoch: Bedürfnisse und Verletzlichkeiten auszudrücken ist für Ihr psychologisches Wohlbefinden von ebenso entscheidender Bedeutung wie Unabhängigkeit. Die Verletzlichkeit, die vom Verlassenwerden geweckt wird, ist keine Schwäche; sie gehört zum Menschsein.

»Mir wurde erst klar, wie wichtig Redingtons wöchentliche Anrufe waren, als er mich zum letzten Mal aus Brasilien anrief, um mir zu sagen, dass er eine andere Frau kennen gelernt habe«, sagte Hope. »Plötzlich stellte ich fest, dass mein unabhängiges Leben für mich nicht mehr funktionierte. Ich brauchte ihn bei mir, wie ich ihn noch nie zuvor gebraucht hatte. Aber er war weg, und ich war völlig verloren und unsicher. Mein Leben war plötzlich eine leere Hülle.«

Wir unterschätzen gern unser grundlegendes menschliches Bedürfnis nach Nähe. Wir leben relativ isoliert voneinander, oft kaum noch mit Familienbanden. Wenn wir unsere wichtigste Bindung verlieren, fallen wir nicht weich in das Netz einer eng verbundenen Gemeinschaft, wie das bei unseren Vorfahren der Fall war. Das Gefühl des Verlustes ist fast allumfassend, weil wir so viele unserer Bedürfnisse an diesen einen Menschen gerichtet

hatten. So sehr wir es auch versuchen, wir können solche Bedürfnisse nicht durch bloße Willenskraft abschütteln.

Der Wille zum Aufruhr

Das Verlassenwerden ist eine Form der *unfreiwilligen Trennung*.[59]
Die Tatsache, dass Sie nicht freiwillig allein sind, weckt starke
Gefühle der Wut, der Enttäuschung und des Unmuts. Ihr Partner hat Ihr emotionales Gleichgewicht gestört, und infolge seiner (oder ihrer) Pflichtverletzung sind Sie jetzt allein.

Denken Sie daran, dass Sie nicht das Alleinsein an sich verdammen; die Umstände, die Ihre plötzliche Isolation umgeben,
sind es, die Ihren *Willen zum Aufruhr* wecken.[60] Sie sind unfähig
und *nicht bereit*, die Bedingungen Ihrer auferzwungenen Isolation
zu akzeptieren. Sie haben darüber keine Kontrolle, zumindest im
Augenblick nicht.[61]

Während der Rückzugsphase spüren Sie die Abwesenheit
Ihres Partners auf vielen Ebenen. Emotional gesehen haben Sie
den Menschen verloren, den Sie lieben; körperlich sind Sie am
Boden zerstört, und am schlimmsten ist wohl, dass Sie nun über
eine Zukunft allein nachdenken müssen.[62]

Allein zu sein ist keine Krankheit und auch kein gesellschaftliches Problem. Es ist eine Lebensweise, die viele Leute bevorzugen. Immer mehr Menschen entscheiden sich dafür, Single zu
sein, und ziehen es vor, ihr Leben zu einer Komposition aus Beruf, Freundschaften, Haustieren, Clubs und anderen Interessen
zu machen. Im Laufe der Jahrhunderte haben spirituelle Orden
auf dem ganzen Erdball die Vorzüge des ehelosen Lebens und
sogar des Zölibats bekräftigt. Sie bieten Inspiration für jene, die
ihre Lebensenergie nicht länger in nur eine einzige Beziehung
investieren wollen. Aber für all diejenigen unter Ihnen, die sich
in der Rückzugsphase befinden, ist das Alleinsein *unvertraut* und

nicht willkommen; Sie sind emotional nicht bereit dafür, seine Vorzüge zu schätzen.

Sich für das Alleinsein zu entscheiden ist keineswegs etwas, das ich meinen Patienten und Patientinnen als Ziel vermitteln will. Doch sobald Sie in der Lage sind, den Kampf mit Ihrem Willen aufzulösen – sobald Sie fähig sind, Ihre wütenden Proteste hinter sich zu lassen –, sehen Sie das Alleinsein möglicherweise in einem etwas positiveren Licht. Wenn Sie die Wut über das Verlassenwerden verarbeiten, können Sie einen Nutzen aus dem ziehen, was Ihr vorübergehendes Alleinsein zu bieten hat. Es kann eine Zeit heilender Einsamkeit sein, eine Zeit, um Ihre emotionalen Reserven neu aufzuladen, und eine Zeit des persönlichen Nachdenkens. Vielleicht ist es auch eine Zeit, um die Selbstzufriedenheit Ihres früheren Lebens in Frage zu stellen und zu entscheiden, was für Sie wirklich wichtig ist.

Die Angst, dass Sie zu einer einsamen Existenz verdammt sein könnten, mag Sie zurückhalten. Sie trauern in dieser Phase so stark um Ihre verlorene Liebe, dass Sie sich kaum vorstellen können, sich jemals in Ihrem Leben wieder jemandem oder etwas so verbunden zu fühlen, sich je wieder ganz zu fühlen. Dieses Gefühl, auf ewig allein zu bleiben, ist eines der mächtigsten Gefühle der Verlassenheit. Aber denken Sie daran, es ist nur ein Gefühl, keine Prophezeiung und keine Tatsache.

In Wirklichkeit sind nur sehr wenige Menschen, die Verlassenheitsgefühle erleben, dazu bestimmt, lange allein zu bleiben. Sobald meine Patienten und Patientinnen zu heilen beginnen, ermutige ich sie, baldmöglichst neue Bindungen einzugehen, ihre üblichen gesellschaftlichen Kreise einmal zu verlassen, ihr Aktivitätsspektrum zu erweitern, neue Menschen kennen zu lernen und ihre wachsende Selbstbewusstheit mit anderen zu teilen. Darüber sprechen wir ausführlich im Kapitel »Neue Bindungen schließen«.

In der Zwischenzeit sollten Sie erkennen, dass Sie nur dann den Sinn des Alleinseins für Ihre emotionale Heilung begreifen können, wenn Sie aufhören, dagegen anzukämpfen. Zuerst müssen Sie sich durch Ihre Gefühle von Entsetzen, Schock und Verrat hindurcharbeiten. Mit der Zeit können Sie Ihre innere Kraft anzapfen, die Sie durch die Isolation führt. Dann stehen Sie wahrhaft auf Ihren eigenen Füßen.

Der Begriff *akeru* erinnert Sie daran, dass »leeren, ein Loch machen in« auch einen Neuanfang meint. Das Alleinsein zwingt Sie, sich mehr auf sich selbst zu verlassen. Letzten Endes werden Sie die Zeit, die Sie allein verbrachten, als eine Leistung betrachten, die Ihre Selbstachtung aufpolsterte.

»Zuerst dachte ich, ich müsste an der Einsamkeit sterben«, gestand Marie. »Aber jetzt, wo ich den ersten Schock hinter mir habe, wird mir klar, dass mein Leben genau da ist, wo es sein muss, damit ich an den Dingen arbeiten kann, an denen ich arbeiten muss. Aus welchem Grund auch immer ich jetzt allein bin, ich habe beschlossen, dass es ein guter Grund ist. Ich bin in der Lage, das Gute daran zu sehen.«

Sexuelle Abstinenz

Ein weiteres, oft berichtetes Symptom der Rückzugsphase ist die sexuelle Abstinenz.[63]

Wenn das Selbstverteidigungssystem Ihres Körpers aktiviert ist, werden eine Reihe von Körperfunktionen auf Eis gelegt, um Ihre Energie ausschließlich für die Selbsterhaltung zu reservieren. Einer der Bereiche, der in einer Krise auf null gefahren wird, ist Ihr Fortpflanzungssystem, ein System, das normalerweise einen Großteil Ihrer Körperenergie aufbraucht. Ihr sexuelles Verlangen nimmt in der Regel in einer Krise ab: Frauen bekommen seltener einen Eisprung, Männer haben Probleme mit der Erektion und produzieren weniger Testosteron.

Und doch berichten Verlassenheitsüberlebende oft von einem verstärkten sexuellen Verlangen, insbesondere nach Sex mit dem ehemaligen Partner.[64] Sie haben vermehrt sexuelle Fantasien, verfolgen sexuelle Aktivitäten mit Ersatzpartnern oder masturbieren häufiger, um ihre Entzugserscheinungen zu lindern. Viele nähern sich ihren alten Partnern wiederholt auf sexuell aufreizende Weise – in der Hoffnung, sie zur erneuten Aufnahme der Beziehung verlocken zu können.

»Nachdem Lonny einige Wochen weg war«, erzählte Marie, »ging die Hölle los. Ich bekam sexuelle Entzugssymptome – eine völlig neue Folterqual. Plötzlich verspürte ich den Drang, Liebe mit Lonny zu machen, stärker als je zuvor.

Ich hatte sexuelle Träume, die so stark und quälend waren, dass ich davon aufwachte und nicht wieder einschlafen konnte. Ich kaufte mir neue Unterwäsche, nur für den Fall, dass ich die Chance bekäme, ihn zu verführen. Das Verlangen war unerträglich.«

Die Komponente der sexuellen Fantasie ist nur ein Aspekt der körperlichen Entzugserscheinungen. Verlassenheitsüberlebende sind oft von ihrem verstärkten sexuellen Begehren peinlich berührt und erwähnen es weder gegenüber Freunden noch gegenüber ihren Therapeuten. Außerdem scheinen diese extrem persönlichen Gefühle angesichts anderer, dringlicherer Probleme, mit denen die Betroffenen Tag für Tag bombardiert werden, bedeutungslos zu sein. Im Allgemeinen nimmt dieses sexuelle Verlangen im Laufe der Rückzugsphase ab.[65]

Gewichtsverlust

Viele Betroffene verlieren direkt nach der Trennung an Gewicht und nehmen auch weiterhin ab oder pendeln sich auf einem niedrigeren als sonst üblichen Niveau ein.[66] Der allgemeine Appetitverlust wechselt mit plötzlichen Heißhungerattacken, die all die Mahlzeiten, die sie ausgelassen haben, aufholen sollen. Doch schon kurz darauf kehrt das flaue Gefühl im Magen zurück, und sie verlieren wieder jedes Interesse am Essen.

»Ich hatte den ganzen Tag keine Lust, etwas zu essen«, erzählte Roberta. »Und dann bekam ich plötzlich Heißhunger auf Spareribs, etwas, das ich normalerweise nicht mal mit der Kneifzange anfassen würde. Aber nun schlang ich die Spareribs wie ein Tier hinunter, nagte das Fleisch mit den Zähnen vom Knochen, während das Fett über meine Finger und mein Gesicht lief.«

Es gibt eine biologische Erklärung dafür, warum manche Menschen Fressattacken haben und andere in Hungerstreik zu treten scheinen.

Ihre Verlassenheitskrise erhöht die Produktion wichtiger Stresshormone. Laut dem Physiologen Robert Sapolsky wird Ihre Kampf- beziehungsweise Flucht-Reaktion von CRF (Kortikotropin-freisetzender Faktor) und ACTH (adrenocorticotropes Hormon) eingeleitet. Diese Hormone hemmen Ihren Appetit und alle Verdauungsprozesse. Ihre Speicheldrüsen sondern keinen Speichel mehr ab, und Ihr Magen stellt seine Arbeit ein. Ihnen fallen der trockene Mund und der überempfindliche Magen auf. Diese Arbeitsniederlegung trägt dazu bei, die Energie zu Ihren wichtigsten Muskeln umzulenken – zu denen, die es Ihnen ermöglichen, auf der Flucht vor einem Raubtier durch die Savanne zu hechten oder sich, falls nötig, dem Kampf zu stellen.

Glukokortikoide, eine weitere Gruppe von Stresshormonen, sind an dieser Selbstverteidigungsreaktion ebenfalls beteiligt. Diese Hormone unterdrücken jedoch Ihren Appetit nicht, sondern stimulieren ihn. Sapolskys Untersuchungen zeigten das an Laborratten, aber wahrscheinlich trifft das auch auf den Menschen zu. Sobald Ihr Mandelkern eine Krise wahrnimmt, werden zuerst CRF und ACTH freigesetzt, um Sie – falls nötig – auf eine schnelle Reaktion vorzubereiten. Als Nächstes bauen sich die Glukokortikoide auf. Diese erhöhen Ihren Appetit und ermutigen Sie, Ihre Energiereserven für den Fall aufzuladen, dass der Angreifer sich als dauerhafte Bedrohung erweisen sollte.

Das Timing erklärt, warum manche Menschen ihren Appetit verlieren, während andere mit dem Essen gar nicht mehr aufhören können. Es funktioniert wie folgt: Wenn Ihr Mandelkern den Notfall ausruft, führt das zu einer explosionsartigen Ausschüttung der Stresshormone CRF und ACTH. Deren Wirkung hält zehn bis zwölf Minuten an, und wenn die Krise vorüber ist, dauert es nur wenige Sekunden, bis sie das System wieder verlassen. In diesem Moment haben Sie keinen Appetit. Doch in der Zwischenzeit werden die Glukokortikoide ausgeschüttet und erreichen nach etwa einer halben Stunde ihren Höchststand. Glukokortikoide bleiben viele Stunden im System.

Was passiert, wenn beide Gruppen von Stresshormonen vorhanden sind? CRF und ACTH überlagern die appetitstimulierende Wirkung der Glukokortikoide. Mit anderen Worten, während einer lang andauernden Krise verlieren Sie Ihren Appetit und gewinnen ihn auch nicht wieder zurück.

Doch sobald die Krise eine Pause einlegt (vielleicht zieht Ihr Partner wieder eine Zeit lang bei Ihnen ein), werden CRF und ACTH nicht länger ununterbrochen produziert. Die im System vorhandenen Glukokortikoide drängen Sie nun, etwas zu essen, und schon fangen Sie an zu futtern.

Laut Sapolsky können Wissenschaftler einiges über Ihren emotionalen Zustand aussagen, indem sie die Stresshormonmenge in Ihrem Blut untersuchen. Große Mengen von Glukokortikoiden im Blutstrom und nur geringe Spuren von CRF und ACTH weisen darauf hin, dass sich die Lage in Ihrem Leben vorübergehend beruhigt hat. Sie haben höchstwahrscheinlich Ihren Appetit wieder gefunden. (Biochemisch gesehen horten Sie Energie für die nächste Schlacht.) Andererseits zeigen große Mengen an CRF und ACTH in Ihrem Blut zusammen mit den Glukokortikoiden, dass Sie noch mitten in einer emotionalen Krise stecken.

Schlaflosigkeit

Da die Trennung ein langfristiger emotionaler Notfall ist, leiden die meisten Betroffenen während der Rückzugsphase unter Schlaflosigkeit. Sie fühlen sich beim Aufwachen ängstlich und stehen früher auf als sonst üblich. Andere bleiben länger im Bett (obwohl sie schlechter schlafen) und sind im Laufe des Tages auch dann müde, wenn sie normalerweise am aktivsten sind.

»Ich konnte mich dem Tag einfach nicht stellen«, sagte Roberta. »An den Wochenenden lag ich noch um drei Uhr nachmittags im Bett, und stand nur auf, weil mein Kreuz vom vielen Liegen wehtat. Wahrscheinlich war ich ausgebrannt, weil ich trotzdem mitten in der Nacht aufwachte, vor lauter Panik und Albträumen in kaltem Schweiß gebadet.«

Diese Unterbrechungen im normalen Schlafmuster werden von denselben Vorgängen herbeigeführt, die auch Ihren Appetit beeinflussen. Ihr Körper stößt weiter Stresshormone aus, die Sie wach und »einsatzbereit« halten, selbst in der Nacht. Sie sind so wachsam, als ob ein Raubtier auf Sie lauert.

Warten und Suchen

Eines der Kennzeichen des Rückzugs ist das Warten – darauf, dass die verlorene Liebe zurückkehrt. Dieses erwartungsvolle Gefühl ist typisch für alle Formen der Trauer. Selbst wenn ein geliebter Mensch gestorben ist und es keinerlei Chance gibt, dass er je zurückkehrt, durchlaufen die Trauernden eine Phase der hoffnungsvollen Vorfreude auf die Rückkehr der Verblichenen.

Dieser Aspekt der Trauer[67] wurde intensiv von den Pionieren auf diesem Feld erforscht – Elisabeth Kübler-Ross, John Bowlby, Mary Ainsworth und anderen –, und wird häufig als »Suche nach dem verlorenen Objekt«[68] bezeichnet. Vom biochemischen Standpunkt aus sind Suche und Sehnsucht die emotionalen Ausdrucksformen des Opiatentzugs.

Was ist für dieses tief verankerte Muster verantwortlich? Wie ich schon im Kapitel »Erschütterung« ausführte, ist das Schließen von Beziehungen ein machtvoller biologischer Befehl. Wenn Ihnen ein geliebter Mensch entrissen wird, spüren Sie den Verlust sofort und das sehr tief. Während der Entzugsphase suchen Sie automatisch nach einer emotionalen Bindung, die Sie nicht mehr finden können. Diese Suche geht von Ihrem emotionalen Gehirn aus (Ihrem Säugetiergehirn beziehungsweise limbischen Gehirn), das versucht, etwas einzufangen, das – so wurde es konditioniert – für Ihr Überleben notwendig ist.

Sie können alles versuchen, um dieses Vorgehen zu kontrollieren, aber für gewöhnlich sind Sie einfach nicht in der Lage, der sinnlosen Suche nach dem Menschen, von dem Ihr rationaler Verstand weiß, dass er nicht länger da ist, ein Ende zu bereiten. Trotz Ihrer Bemühungen, Ihre Haltung zurückzugewinnen, macht sich Ihr Inneres auf die Suche nach Ihrem verlorenen Partner. Der Verlust ähnelt der Amputation eines Ihrer Gliedmaßen, und Sie scheinen unter den Auswirkungen intensiver Phantomschmerzen zu leiden.

Das Warten und Suchen[69] nach Ihrer verlorenen Liebe entsteht dadurch, dass Ihr Mandelkern Sie auf die Hypervigilanz[70] vorbereitet – er lässt Sie wachsam Ausschau halten nach jedem Hinweis auf Ihren alten Partner. Auch Ihr Körper stimmt sich auf eine lange Wache ein. Ihre Pupillen weiten sich, damit Sie das Objekt Ihrer Sehnsucht besser sehen können. Ihr Gehör und andere Sinne werden ebenfalls schärfer, daher die Neigung, beim kleinsten Geräusch aufzuschrecken. Ihr Wachbewusstsein beschäftigt sich mit allen Dingen, die mit dem oder der Vermissten zu tun haben, und hilft Ihrem emotionalen Gehirn bei seiner Suche. Sie gehen Fotos und Geschenke durch, die Sie an die gemeinsame Zeit erinnern. Vielleicht rufen Sie sich die letzten Augenblicke Ihrer Beziehung ins Gedächtnis – in der Hoffnung, Hinweise dafür zu entdecken, warum sie enden musste. Eventuell fühlen Sie sich sogar gezwungen, an den Ort zu gehen, wo Sie sich begegnet sind. Diese Besuche rufen alte Erinnerungen wach, die wiederum neue Hinweise für Ihre unablässige Suche ergeben.

»Zu Beginn hatte ich einfach den Wunsch, nachts an Lonnys Wohnung vorbeizufahren«, erzählte Marie. »Ich wollte nur sehen, ob sein Auto in der Einfahrt stand. Irgendwie fühlte ich mich weniger ängstlich, wenn ich zumindest wusste, wo er sich aufhielt. Wenn das Licht bei ihm an war, hatte ich ihn gefunden. Ich wusste, wo er war. Wenn es dunkel war, schien er mir verloren und ich geriet in Panik. Wo könnte er sein? In diesem Moment war er irgendwo da draußen verloren.«

Ihre Neigung, andere Menschen mit Ihrem verlorenen Partner zu verwechseln[71], kann in dieser Phase seinen Höhepunkt erreichen. Sie bilden sich ein, Ihre verlorene Liebe aus der Ferne, in der Menschenmenge zu *sehen*. Wenn Sie näher kommen, erweist sich das natürlich als Illusion.

Es ist ein langsamer und schmerzlicher Prozess, den Verlust zu akzeptieren, und Sie müssen sehr viel Zeit und emotionale Energie aufwenden, bevor Ihre intensive Suche der Realität weicht und das Wartespiel endlich vorüber ist. Sie müssen die Realität Ihres Verlustes nicht nur rational akzeptieren (das ist normalerweise einfach), sondern auch auf allen psychobiologischen Ebenen – einschließlich jener in Ihrem Unterbewusstsein[72] –, bevor dieser Zustand der Wachsamkeit allmählich nachlässt.

Ausgebrannt, elend und deprimiert

Die Rückzugssymptome bilden die zweite Phase Ihres Trennungstraumas, eine Fortsetzung Ihres psychobiologischen Stresszustandes, der mit der Erschütterungsphase seinen Anfang nahm. Mit der Zeit fordert die Rückzugsphase ihren Tribut von Ihnen; Sie sind ausgebrannt und haben Ihre Energiereserven verbraucht.

»Ich hatte große Mühe, mich zur Arbeit zu schleppen«, erzählte Roberta. »Ständig fühlte ich mich so ungeheuer verletzlich, als ob gleich etwas Schlimmes passieren würde. Ich war total gestresst und bereit, alles hinzuwerfen. Ich überlegte sogar, ob ich am chronischen Müdigkeitssyndrom litt oder an einer anderen geheimnisvollen Krankheit. Aber meine Bluttests waren alle negativ.«

Der ständige Appetitmangel, die regelmäßig auftretende Schlaflosigkeit, die Hyperwachsamkeit, die Ruhelosigkeit und die Suche nach Ihrem ehemaligen Partner sind Anzeichen für posttraumatischen Stress. Viele berichten auch von intensiven Träumen, aus denen Sie voller Angst oder mit dem Gefühl völliger Verzweiflung aufwachen.[73] Wenn Sie eines oder alle dieser Symptome am eigenen Leib erfahren, heißt das nicht, dass Sie an einer voll ausgebildeten posttraumatischen Stressstörung leiden. Ihr Körper besitzt selbstregulierende Mechanismen[74], und viele dieser Symptome lassen von allein wieder nach. Bis dahin sind diese Erfahrungen allerdings überwältigend.

Die Rückzugsphase ist posttraumatisch[75]

Das Verlassenwerden ist kein Autounfall, von dem man sich sofort wieder erholt. Eher schon gleicht es Wochen oder Monaten auf einem Schlachtfeld, unter ständigem Beschuss. Sie spüren die schmerzlichen Nachwirkungen Ihres Verlustes immer wieder – jedes Mal, wenn Ihr stets wachsamer Mandelkern die Freisetzung von Stresshormonen auslöst.

Die Verlassenheitsgefühle bringen noch eine zusätzliche Erschwernis mit sich: Sie öffnen alte Wunden aufs Neue. Für all jene von Ihnen, die in Ihrer Kindheit irgendeine Art von Trennung durchleben mussten, heißt es in der Rückzugsphase, mit dem emotionalen Nachhall früherer und gegenwärtiger Wunden gleichzeitig umgehen zu müssen. Beide verschmelzen zu einem andauernden Zustand des emotionalen Notstands, eine stürmische und intensive Zeit voller Stress.[76]

Wie Richard es formulierte: »Wir sind mitten drin im Blut, im Schorf, im Tod und in der Zerstückelung unseres ganzen Lebens.«

Als Keaton das hörte, scherzte er: »Ist das nicht etwas untertrieben, Richard?«

Ihre verlorene Beziehung trug dazu bei, viele psychobiologische Funktionen zu regulieren. Man kann im Grunde unmöglich sagen, wie viele Aspekte Ihrer emotionalen und hormonellen Gesundheit von ihr abhingen, da so vieles davon unterhalb der Schwelle Ihres Wachbewusstseins lag. Aber Sie waren mit diesem Menschen in der Tat auf eine äußerst komplexe Weise verbunden.

Ihre Beziehung zueinander erfüllte zahllose Bedürfnisse, die Sie in einem Zustand des Gleichgewichts hielten. Sie haben diesen geliebten Menschen in Ihre Gedanken und Pläne integriert und führten zahllose Anpassungen in Ihrem Verhalten durch, um eine ausgeglichene Partnerschaft zu führen.

Während sich Ihre Bindung mit der Zeit festigte, gingen Sie in einen Zustand der gegenseitigen Einstimmung über, wie manche Forscher es nennen.[77] Aufeinander eingestimmt zu sein heißt, dass Ihre Pupillen und die Ihres Partners sich synchron weiten; Sie und Ihr Partner imitierten die beiderseitigen Sprechmuster, Bewegungen und sogar die Herz- und Kreislaufrhythmen. Als Paar funktionierten Sie wie ein gegenseitiges Biofeedbacksystem; sie stimulierten und modulierten gegenseitig Ihren Biorhythmus.

Sie hatten sich sogar an die *Pheromone* des anderen gewöhnt, chemische Substanzen, die Menschen (ebenso wie andere Lebewesen) in die Luft abgeben.[78] Ein winziges Organ in der menschlichen Nase (das vomeronasale Organ) spürt deren Vorhandensein auf. Dieses Organ existiert gesondert vom olfaktorischen Geruchsorgan. Das Aufspüren der Pheromone eines anderen ist ein sechster Sinn, der den Menstruationszyklus regulieren kann und eine Rolle bei der menschlichen Anziehungskraft spielt. Ich muss wohl nicht erst sagen, dass Ihre Beziehung auch Ihr gesellschaftliches, emotionales und *körperliches* Wohlbefinden auf unterschiedlichsten Ebenen sicherte.

Jetzt, da die Beziehung vorüber ist, versinken die vielen Vorgänge, zu deren Regulierung sie beitrug, in völligem Chaos.[79] In der Rückzugsphase kommen diese Auswirkungen kumulativ ans Licht und führen zu einem wachsenden Gefühl innerer Unruhe.

Man kann nur schwer isolieren, wie ein einziges Körpersystem von der Trennung beeinträchtigt wird, da die Körpersysteme ein komplexes Netz formen und miteinander interagieren. Ich habe das mit dem opioiden System des Gehirns versucht (der Stress der Trennung führt zu einer Verringerung der Opioide und zu Rückzugssymptomen, die dem Heroinentzug ähneln) und mit den Stresshormonen (die Appetit, Schlaf und andere Zustände von Wachsamkeit und Aktionsbereitschaft beeinflussen). Aber ehrlich gesagt wirken sich Stresshormone auch auf viele andere Funktionen aus, einschließlich des Immunsystems, der Wachstumsprozesse, des Alterns, der Erinnerung, des Energieniveaus und der Stimmungen.[80] Eine ständige Erregung der »Kampf-oder-Flucht«-Reaktion des Körpers lässt auf Angst schließen. Hohe Mengen von Glukokortikoiden und CRF-Stresshormonen finden sich auch bei Menschen, die unter Depressionen leiden.[81]

Hormone, Neurotransmitter, Opioide und andere biochemische Substanzen sinken im Laufe der Heilung für gewöhnlich auf ihr Normalmaß ab. In der Zwischenzeit müssen Sie mit dem ständigen Erregungszustand Ihres Körpers zurechtkommen und auch mit den praktischen Problemen, denen Sie gegenüberstehen. Kein Wunder, dass Sie sich manchmal ausgebrannt, erledigt, elend oder deprimiert fühlen.

Während der Rückzugsphase führen Sie gewaltige aggressive geistige Schlachten und verbrauchen so viel Energie, als ob Sie tatsächlich gegen einen mächtigen Feind ankämpfen.

Unerledigte Angelegenheiten aus der Vergangenheit

Das verlassene innere Kind

Als ich meine eigene Rückzugsphase durchmachte, entdeckte ich, dass weder die Fachliteratur noch die Selbsthilfebücher, die ich im Laufe der Jahre gelesen hatte, die emotionale Intensität meiner Erfahrung wiedergaben. Mir wurde klar, dass ich meinen eigenen Erfahrungsbericht schreiben musste, um die Tiefe dieser einzigartigen emotionalen Krise auszuloten. Aus meinen Bemühungen entstand eine Geschichte mit dem Titel »Der schwarze Schwan«. Diese Fabel für Erwachsene handelt von einem Kind, das auf einem großen Stein zurückgelassen wird. Dieses Bild zeigt meine Verlassenheit, aber auch den Nachhall all meiner früheren Verluste. Die Geschichte ist erfüllt mit all dem, was ich in jahrelanger Arbeit mit Kindern, die verlassen wurden, gelernt habe, aber auch mit den emotionalen Wahrheiten, die mir viele erwachsene Verlassenheitsüberlebende, mit denen ich gearbeitet hatte oder die ich kannte, mitgeteilt haben.

Die Fabel stellt eine Zusammensetzung dieser Erfahrungen dar und enthält zwölf Lektionen der Verlassenheitsheilung. Ich erzählte diese persönliche Geschichte meinen erwachsenen Patienten und Patientinnen und stellte fest, dass sie sich darin wiederfanden. Bald wurde sie zum Mittelpunkt meiner Arbeit. Es folgt eine Zusammenfassung aus »Der schwarze Schwan«.

Ein kleines Mädchen geht mit seinem Vater tief in den Wald hinein. Sie kommen an einen großen Stein. Der Vater setzt das kleine Mädchen auf diesen Stein und verspricht, dass er nur schnell ein paar Heidelbeeren zum Mittagessen pflücken will. »Bleib nicht so lange weg«, fleht das Mädchen. Die Kleine sieht, wie ihr Vater im Wald verschwindet.

Nach einer Weile bekommt das Kind Angst und ruft voller Panik nach seinem Vater, aber er kommt nicht zurück, und es verbringt angsterfüllt die Nacht auf diesem Stein.

Die Kleine wartet auf das erste Morgenlicht, dann klettert sie von dem Stein hinunter und begibt sich in den dichten Wald, um ihren Vater zu suchen.[82]

Geschichten sprechen die Vorstellungskraft, die Kreativität und die Heilkräfte an, die in uns allen stecken. Jeder von uns war einmal dieses Kind auf dem Stein. Die Umstände Ihrer Kindheit mögen nicht ganz so dramatisch gewesen sein, wie die des kleinen Mädchens, aber Ihre Gefühle waren womöglich ähnlich intensiv.[83] Wir alle mussten herunterklettern, um allein den Weg aus dem Wald zu finden.

Wenn wir das Bild des verlassenen Kindes vor Augen haben, hilft uns das, diesen schwachen, hilflosen, ängstlichen Teil in uns wiederzugewinnen und die Gefühle anzuerkennen, die wir alle haben, aber die wir vergaßen oder verdrängten.

Almas Rückzug:

»Mir war das damals gar nicht bewusst, aber als Kind machte ich eine Rückzugsphase durch«, erzählte Alma. »Meine Mutter arbeitete nach dem Tod meines Vaters wieder ganztags. Ihr Arbeitgeber wusste, dass sie ein Kind hatte, aber sie musste trotzdem Überstunden schieben. Wenn sie dann erschöpft nach Hause kam, wartete ich hungrig, einsam und gelangweilt auf sie.

Als mein Vater noch lebte, verbrachten wir viel Zeit zusammen und gingen überall hin. Ich stand im Mittelpunkt der Aufmerksamkeit. Doch all das endete. Der Verlust wirkte sich in einer Weise auf mich aus, von der ich keine Ahnung hatte. Ich war nur ein Kind, das auf etwas menschlichen Kontakt wartete, darauf, dass irgendjemand die Leere wegnahm. Wenn meine Mutter nach Hause kam, hatte sie die-

sen finsteren Ausdruck im Gesicht. Sie brachte Pizza mit oder stellte zum Abendessen eine Schüssel mit Haferflocken hin. Dann ging sie zu Bett, und ich zog mich in mein Zimmer zurück und starrte die Decke an.

Zu guter Letzt heiratete meine Mutter wieder, und es änderte sich viel, aber dieses Alleinsein, als ich auf sie wartete – das ist die Erinnerung, die sich bei mir zurückmeldet, jetzt, wo mein Jacob nicht mehr unter uns ist.«

Viele von Ihnen erleben wie Alma erneut Gefühle der Einsamkeit, der Enttäuschung und des emotionalen Hungers, die von früheren Verlusten stammen.

Ich habe im letzten Kapitel »Erschütterung« einige Kindheitsereignisse aufgeführt, die manchmal zu Wunden führen, welche sich in der Erschütterungsphase wieder öffnen. Es folgen nun einige Beispiele von Kindheitsverlusten, die höchstwahrscheinlich erst in der Rückzugsphase erneut aufflammen. Die meisten von ihnen ereigneten sich in einer Zeit, in der die Personen, die Ihnen sonst immer Liebe, Aufmerksamkeit, Anleitung und Hilfe zuteil werden ließen, emotional oder körperlich nicht zugänglich waren.

Kindheitsszenarien des Rückzugs[84]

- Erkrankung eines Elternteils
- Tod eines nahen Familienmitglieds, eines Menschen, der Ihnen Aufmerksamkeit und emotionale Unterstützung schenkte
- Verlust eines geliebten Großelternteils
- Ständiger Streit oder Scheidung Ihrer Eltern
- Ein Erdbeben in der Familienstruktur: Vater oder Mutter ziehen aus
- Ein Bruder oder eine Schwester zieht aus, der/die Ihnen Held,

Vorbild oder Beistand war
- Vater, Mutter oder beide waren Workaholics
- Chaotische Familienverhältnisse – manchmal standen Ihre Eltern Ihnen nicht zur Verfügung, wenn Sie sie am dringendsten gebraucht hätten
- Umzug – Abbruch sozialer Bindungen: immer wieder das neue Kind in der Nachbarschaft sein
- Eltern, die lange mit Konflikten oder Trauer zu tun hatten und sich Ihnen emotional entzogen
- Depressionen oder Geisteskrankheiten in der Familie
- die Geburt weiterer Geschwister, was Sie auf den zweiten Platz verwies
- Tod oder Krankheit eines Geschwisterchens, was die ganze Aufmerksamkeit Ihrer Eltern erforderte
- Eltern, deren Verhalten als egozentrisch, narzistisch oder gefühllos bezeichnet werden könnte

Diese und andere Ereignisse haben Ihnen vielleicht das Gefühl vermittelt, nicht die Aufmerksamkeit und Unterstützung zu bekommen, die Sie brauchten. Manche davon haben womöglich tiefe Kerben in Ihrem emotionalen Gedächtnis hinterlassen.

Wissenschaftler haben herausgefunden, dass neugeborene Tiere, die man von ihren Müttern trennt – und sei es nur für kurze Zeit – biochemische Veränderungen durchlaufen, die lebenslange Auswirkungen auf das Gehirn der Tiere haben.[85] Kleine Äffchen, die man von ihren Müttern trennt, zeigen signifikante Veränderungen in Aufbau und Funktionsweise des *Locus caeruleus*, einer Struktur, die man auch im menschlichen Gehirn findet. Wenn diese Tiere erwachsen werden, ist das Organ unterentwickelt und produziert weniger Noradrenalin. Noradrenalin ist einer der chemischen Botenstoffe (Neurotransmitter), die dazu beitragen, den Zustand der Hyperwachsamkeit während einer wahrgenommenen Bedrohung zu regulieren. Noradrenalin spielt auch eine Rolle bei Angstzuständen und Depressionen.

Für eine Studie wurde eine Gruppe von kleinen Makakenaffen beobachtet, die monatelang ständig unvorhergesehen ihren Müttern entrissen wurden.[86] Als erwachsene Tiere reagierten sie auf neue Situationen mit Verhaltensweisen, die menschlicher Angst und Depression sehr nahe kommen. Der Forscher Myron Hofer beschreibt, wie sie ihre Hände umklammerten und in passiver, gebeugter Haltung kauerten. Sie schufen eine Atmosphäre der Spannung innerhalb der Gruppe und waren nicht daran interessiert, eine neue Umgebung zu erkunden.

Im Gegensatz dazu zeigten Affen der Kontrollgruppe (die von ihren Müttern regelmäßig und auf vorhersehbarer Basis getrennt wurden, mit anderen Worten, die wussten, was sie erwartete) als Erwachsene keine ängstlichen oder depressiven Verhaltensweisen in einer neuen Umgebung. Hofers Arbeit bestätigt die ausführlichen, oft anekdotenhaften Untersuchungen an Menschen, die zeigen, dass Trennungstraumata in der Kindheit häufig zu dauerhaften Veränderungen führen. Solche Kinder entwickeln sich zu Erwachsenen, die in neuen Situationen ungewöhnlich ängstlich reagieren und Probleme damit haben, sichere Bindungen zu schließen.[87]

Posttraumatische Nachwirkungen

Vielleicht ist nicht ganz klar, *wie genau* Sie frühere Erfahrungen von Verlust und Trennung in Ihrem Gehirn gespeichert haben und wie diese Sie in Ihrem Verhalten als Erwachsene beeinflussen. Selbst wenn Sie keine lebhaften Erinnerungen an diese Verluste haben, können Sie Verhaltensweisen entwickelt haben, die ursprünglich zu deren Bewältigung dienten.

In dem Kapitel über Erschütterung haben wir uns Verhaltensweisen angesehen, die auf posttraumatische Nachwirkungen von Kindheitsverlusten schließen lassen. Jetzt werden wir uns die Verhaltensweisen in Ihrem Erwachsenenleben ansehen, die aus einer Zeit stammen, in der Ihre wichtigsten Bedürfnisse nicht erfüllt wurden.

Rückzugsmuster bei Erwachsenen

Abhängigkeit und Co-Abhängigkeit

Eine Rückzugsphase in der Kindheit beeinflusst bei einigen der Betroffenen bis ins Erwachsenenleben die Art und Weise, wie sie auf Menschen reagieren, von denen sie emotionale Unterstützung erhoffen, welche Abhängigkeiten sie formen und auch die Qualität ihrer Beziehungen beeinflusst. Manche streben danach, dass andere Menschen ihre emotionale Leere füllen, dass andere ihre Gefühle der Einsamkeit und Enttäuschung vertreiben. Viele Betroffene berichten auch von einem Gefühl der chronischen Leere.

»Es gab nur meine Mutter und mich«, erläuterte Richard. »Mein Vater verließ uns vor meiner Geburt; ich bin ihm nie begegnet. Ich klammerte mich an meine Mutter, tat alles, was ich konnte, um mir ihre ständige Aufmerksamkeit zu sichern. Je mehr sie versuchte, mich zu ignorieren, desto stärker versuchte ich, ihre Aufmerksamkeit zu erlangen. Sie drängte mich stets, hinauszugehen und zu spielen, um mich mal loszuwerden. ›Leb dein eigenes Leben‹, pflegte sie zu sagen.

Doch obwohl ich ein guter Sportler war und es in der Nachbarschaft viele Kinder gab, mit denen ich hätte spielen können, kam ich immer wieder zurück nach Hause zu meiner Mutter.

Mir war nie klar, dass das ein Problem war, bis meine Mutter und ich zur Schulpsychologin gerufen wurden. Ich zeigte Verhaltensstörun-

gen in der Schule, konzentrierte mich nicht auf meine Arbeit, ließ mich leicht ablenken, folgte Anweisungen nicht, so in der Art.

Schließlich erklärte die Schulpsychologin, dass ich in der Schule einsam war – dass es ein Problem für mich war, von meiner Mutter getrennt zu sein. ›Bin ich das? Ist das so?‹, erwiderte ich. Das war mir völlig neu.

Ich glaube, ständig bei meiner Mutter zu sein und sie in den Wahnsinn zu treiben, war die einzige Sicherheit, die einzige Familie, das einzige emotionale Leben, das ich hatte. Darum lebte ich in ständiger Sehnsucht – im Rückzug –, und war viel zu besessen, um mich in der Schule zu konzentrieren oder meine Energie auf etwas anderes zu richten.«

Das Bedürfnis nach Selbstheilung

Viele Verlassenheitsüberlebende, die in der Kindheit Rückzugssymptome erlebten, entwickelten Verhaltensweisen, mit deren Hilfe sie sich selbst beruhigen konnten. Das führte zu Essen und Alkohol im Übermaß, zu Kaufrausch, Workaholismus, Gefallsucht und anderen Formen der Zügellosigkeit, die den emotionalen Hunger stillen sollten.

»Als Teenager konnte ich nie genug bekommen«, erzählte Barbara, »nicht von Freundinnen, Freunden, Schuhen, Klamotten, Ohrringen, Partys, Unterhaltungen, Sex, Eiscremesodas. Ich konsumierte in großen Mengen alles, was nicht niet- und nagelfest war. Im College häufte ich bei Macys einen Schuldenberg an. Ich glaube, ich zahle diese Rechnung immer noch ab. Aber als ich Howard heiratete, war ich endlich dazu motiviert, dem Ganzen einen Riegel vorzuschieben. Es war Zeit, die Kontrolle zu erlangen.

Heute jedoch spüre ich diese alten Gefühle der Isolation und Einsamkeit wieder – die Gefühle, die ich mit diesem ganzen Zeug ersticken wollte.«

Dem erneuten Verlassenwerden
Tür und Tor öffnen

So sehr Sie es wachbewusst auch zu vermeiden suchen, möglicherweise richten Sie es genau so ein, dass Ihre neuen Beziehungen jene Ihrer Kindheit imitieren. Sigmund Freud nannte das Wiederholungszwang.

Viele Verlassenheitsüberlebende haben gelernt, Beziehungen als normal zu akzeptieren, in denen sie nie die Unterstützung bekommen, die sie brauchen. Einige von ihnen haben sich möglicherweise einen Lebenspartner gesucht, der ihnen nur sehr wenig emotionale Befriedigung verschafft. Sie geben viel und tolerieren viel und bekommen dafür nur sehr wenig zurück, abgesehen von Kritik und emotionaler Distanz.

Die alten, vertrauten Gefühle, dass nichts wirklich genug ist, dauern an. Unabsichtlich haben sie das Szenario ihrer Kindheit neu erschaffen. Die Dynamik ist dieselbe, selbst einige ihrer Verhaltensweisen sind dieselben; nur die Requisiten und die Schauspieler haben sich verändert.

Patricia ist hierfür ein typisches Beispiel. Als Kind wurde bei ihrer Mutter Multiple Sklerose diagnostiziert und sie war meistens ans Bett gefesselt – nicht so sehr auf Grund körperlicher Behinderungen, sondern weil sie wegen der chronischen Krankheit eine schwere Depression entwickelte. Obwohl sie sich noch bewegen konnte, verpasste sie Patricias Schulaufführungen, Konzerte und Abschlussfeiern. Im Verlauf der MS übernahm Patricia allmählich immer mehr die Pflege ihrer Mutter und verbrachte immer weniger Zeit mit Freunden oder mit Schulaktivitäten.

Patricias Vater hatte die Familie schon vor der Diagnose der Krankheit ihrer Mutter verlassen und sich in einer anderen Stadt niedergelassen. Er hatte sogar eine neue Familie gegründet. Als Patricia bei ihm emotionale Unterstützung suchte, fühlte sie sich beim Abschied wie ein Überbleibsel – als ob sie ihm seine Zeit gestohlen hätte.

Patricia kümmerte sich weiter um ihre Mutter und studierte nie, obwohl sie hervorragende Noten hatte. Mit 18 bekam sie eine Arbeitsstelle bei einer Versicherungsgesellschaft, und mit 19, nach dem Tod ihrer Mutter, heiratete sie Barry, den sie in der High School romantisch vergöttert hatte. Barry war ein beliebter und erfolgreicher Sportler und ein überzeugter Partygänger gewesen. Doch nach zehn Jahren Ehe war Barry ein Alkoholiker, der keinen Job auf Dauer halten konnte.

»Nachdem wir eine Zeit lang verheiratet waren«, sagte Patricia, »wurde mir klar, dass seine Trinkerei außer Kontrolle geriet. Er kam spät nach Hause, war betrunken und verhielt sich abscheulich. Es wurde so schlimm, dass ich nur sehen musste, wie er sich einen Drink eingoss, und schon fühlte ich mich wieder verraten und verlassen.«

Mit fortschreitender Alkoholkrankheit wurde Barry zu einem Phantom, das Patricias tiefste Bedürfnisse nach Liebe und Nähe weckte, sie aber nicht erfüllen konnte. (Das ist ein Beispiel für das symbiotische Paradoxon, das ich im Kapitel »Erschütterung« erwähnt habe; Patricia fühlte sich immer dann am abhängigsten von Barry, wenn er sie von sich stieß.)

»Das Jämmerliche daran war, dass ich dieses Muster einfach beibehalten habe«, sagte Patricia. »Schließlich ging ich zu den Treffen von Anonymen Alkoholikern, und das half. Ich lernte, mit einem Teil davon fertigzuwerden und einen anderen Teil zu ändern. Aber die alten Verlassenheitsgefühle waren immer noch da – eine ständige, nagende Trauer. Erst als ich die Therapie zur Heilung von Verlassenheitsgefühlen besuchte, entkam ich dem Liebesentzug und lernte, wie meine wahren Bedürfnisse aussahen und wie ich sie erfüllen konnte.«

Erinnerungslücken

Viele von Ihnen können hinter Ihren derzeitigen Verhaltensweisen durchaus die Blaupause früherer Erfahrungen erkennen. Aber wenn Sie versuchen, sich an die Ursachen zu erinnern, stoßen Sie auf große Erinnerungslücken. Warum vergessen wir scheinbar einige der traumatischsten Zeiten unserer Kindheit?

»Meine Freundin hat sich vor über einem Monat von mir getrennt«, erzählte Banford. »Es fällt mir echt schwer, damit klarzukommen. Dieser Rückzug fühlt sich für mich vertraut an, wie etwas Verwesendes, das seit Jahren in mir fault. Ich bin sicher, es ist auf den Umstand zurückzuführen, dass meine Mutter starb, als ich drei Jahre alt war, aber ich kann mich daran nicht erinnern.

Meine Großmutter hat mir erzählt, dass meine Mutter ganz verrückt nach mir war. Angeblich habe ich jedes Mal geschrien, wenn meine Mutter mich in der Obhut eines Babysitters zurücklassen wollte. Vermutlich habe ich es gehasst, von ihr getrennt zu sein. Es muss ziemlich traumatisch gewesen sein, als sie starb, aber ich kann mich nicht daran erinnern – auch nicht an sie. Ich habe nur noch ihr Foto.

Mein Vater kümmerte sich nach ihrem Tod um mich, und was ich so höre, war das lange Zeit echte Knochenarbeit für ihn. Offenbar musste er eine ganze Reihe von Babysittern engagieren, die ich in Rekordzeit verschliss. Vermutlich war ich ein schwieriges Kind, das jedem zusetzte.

Wahrscheinlich flippte ich aus, weil meine Mutter nicht mehr da war, aber ich kann mich an nichts erinnern.«

Es kann sehr enttäuschend sein, wenn man sich nicht an die Vergangenheit erinnert. Vertraute Gefühle der Leere, Angst, Furcht und Panik haben eine emotionale Intensität, die angesichts der tatsächlichen Geschehnisse völlig überzogen scheint.

Und dennoch können Sie sich nicht an frühere, entscheidende Ereignisse erinnern. Sie wollen die Panik erklären und Ihre Emotionen meistern. »Ich habe das Gefühl, als ob große Teile meiner Kindheitserinnerungen amputiert worden seien«, sagte Banford.

Was ist für diesen Erinnerungsblackout in der Kindheit verantwortlich?

Eine Mini-Lektion zum Thema Erinnerung

Jüngste Untersuchungen zeigen, dass Stresshormone eine wichtige Rolle in Sachen Erinnerung und bei den Erinnerungslücken spielen.

Fangen wir in unserer kurzen Wissenschaftslektion mit einer Übersicht über das emotionale Gehirn an. Erinnern Sie sich noch an das Ammonshorn, die kleine seepferdchenförmige Struktur in Ihrem emotionalen Gehirn? Anders als sein Gefährte, der Mandelkern, der die Art und Weise, wie wir emotional reagieren, kontrolliert, zeichnet das Ammonshorn Erinnerungsdetails an tatsächliche Ereignisse auf – die Tatsache, dass Sie in einem Auto saßen, dass dieses Auto einen Unfall hatte, dass jemand verletzt wurde, dass ein Notarzt am Unfallort eintraf und so weiter. Das Ammonshorn leitet diese Fakten an andere Teile des Gehirns weiter, wo sie langfristig gespeichert werden sollen.[88]

Warum erinnert man sich so schwer an die frühesten Kindheitseindrücke?

Die Antwort hat mit dem Umstand zu tun, dass das Ammonshorn erst im Laufe der Kindheit vollständig ausgebildet wird, später als der Mandelkern. Wenn Sie als Erwachsener einen emotionalen Notfall wie das Verlassenwerden erleben, löst das Fragmente emotionaler Erinnerungen aus, beispielsweise an Ihre

Geburt. Aber weil das Ammonshorn zur Geburt noch nicht ent-wickelt war, haben Sie keine entsprechende Erinnerung an das tatsächliche Ereignis – keinen Kontext, in den Sie die Erinnerung stellen können, die Sie an Ihre Gefühle haben.

Stresshormone und verlorene Erinnerungen[89]

Was ist mit Erinnerungslücken, die auftreten, *nachdem* sich das Ammonshorn entwickelt hat? Hier kommen die Stresshormone ins Spiel. Je nach Art, Intensität und Dauer der Krise können Stresshormone die Erinnerung entweder schärfen oder beein-trächtigen.

Wir haben bereits gesehen, wie Stress (beispielsweise der Stress beim Verlassenwerden in der Kindheit oder als Erwachsener) die Freisetzung der Stresshormone CRF (Kortikotropin-freisetzender Faktor) und ACTH (adrenocorticotropes Hormon) auslöst.[90] Sie wiederum führen zur Produktion von Glukokortikoiden. Je nach Ausmaß und Intensität des Stresses können diese Hormone die Erinnerungsfunktion des Ammonshorns *behindern*. Joseph Le-Doux erklärt, dass dieselben Stresshormone die Eindrücke der emotionalen Erinnerung Ihres Mandelkerns intensivieren und das Ereignis in der Tiefenstruktur des Gehirn unauslöschlich ver-ankern. Am Ende tragen Sie emotionales Gepäck mit sich he-rum, jedoch keine Details darüber, wo und wie Sie sich dieses Gepäck angeeignet haben.

Also versuchen Sie es mit Psychotherapie, Hypnose, Traum-deutung, Urschrei und Reinkarnation. Aber manche Erfahrun-gen lassen sich einfach nicht mehr zurückholen. Auf Grund der Stresshormone war die Funktionsweise Ihres Ammonshorns ge-stört, und die Details des Ereignisses wurden überhaupt nie auf-gezeichnet. Sie müssen sich mit einer hartnäckigen Angst her-umschlagen, die ohne Kontext im Raum schwebt. Diese frei schwebende Angst ist eines der posttraumatischen Symptome des Verlassenwerdens in der Kindheit.

Das gegenteilige Phänomen – verstärkte Erinnerungen – lässt sich ebenfalls mit Stress erklären. Adrenalin, ein weiteres Hormon, das als Stressreaktion freigesetzt wird, kann die Erinnerungsfunktion des Ammonshorns erwiesenermaßen *erhöhen*.

»Ich gehe innerlich ständig den Augenblick durch, als Gabby sagte, sie würde nicht zurückkommen«, erzählte Keaton. »Es ist, als sei es erst gestern geschehen. Jede Einzelheit ist mir noch präsent. Die Erinnerung kommt dauernd äußerst lebhaft zurück, ob ich nun daran denken will oder nicht.«

Wir haben doch alle schon einmal gehört, wie jemand erklärt, er könne sich genau daran erinnern, wo er war, als Präsident Kennedy erschossen wurde – nicht nur an die Gefühle, sondern auch an die *Einzelheiten* des Kontextes. Das ist ein Beispiel für Blitzlichterinnerungen, möglicherweise auf Grund des Adrenalins, das durch den Körper dieses Menschen floss, als er von dem Anschlag erfuhr.

Der Adrenalin-Faktor könnte auch ein weiteres, häufig berichtetes Symptom erklären – das Bedürfnis, das traumatische Ereignis minuziös zu erzählen. Dabei scheint es außerhalb der Kontrolle des Erzählenden zu liegen, die weniger relevanten Einzelheiten auszuklammern.

»Wenn ich einem unserer alten Freunde erklären muss, wo Lonny jetzt ist, dann versuche ich, nur das Wesentliche zu sagen«, berichtete Marie, »dass wir uns getrennt haben und er mich verlassen hat. Aber bevor es mir richtig klar wird, erzähle ich schon Einzelheiten, die ich gar nicht sagen wollte. Ich merke, wie es meinem Gegenüber unwohl in seiner Haut wird. Aber ich kann mich nicht bremsen, ich gehe ganz

in der Geschichte auf. Es ist, als ob ich unfähig wäre, den Pausenknopf zu drücken. Ich bin gezwungen, die Einzelheiten allesamt noch mal abzuspulen.«

Kann dieses erhöhte Erinnerungsvermögen bei Ihrer Heilung einem bestimmten Zweck dienen? Die Geschehnisse geistig durchzugehen ist eine der Möglichkeiten, wie wir versuchen, Dingen, die uns ängstigen oder zutiefst beunruhigen, einen Sinn zu geben. Wir gehen alle Einzelheiten nochmals durch, um das Ereignis in unsere Sicht der Realität einzupassen, um die Kontrolle über die emotionale Wirkung zu erlangen, die das Ereignis auf uns hat. Wenn Sie den zentralen Angelpunkt des Verlustes durchgehen, erinnern Sie sich daran, *warum* Sie sich so hilflos fühlen, dass *tatsächlich* etwas Traumatisches geschehen ist. Normalerweise haben die Betroffenen sowohl Erinnerungslücken als auch sehr detaillierte Erinnerungen. Möglicherweise haben Sie eine genaue Erinnerung an das jüngste Verlassenwerden und frei schwebende emotionale Ängste durch einen früheren Verlust.

Diese eindrücklichen alten Gefühle dienen bei Ihrer Heilung einem bestimmten Zweck. Wenn sich alte Wunden erneut öffnen, sind Sie endlich in der Lage, die Bedürfnisse, Sehnsüchte, Enttäuschungen und gebrochenen Versprechen anzugehen, die Sie mit sich herumgetragen haben. Das ist eines der verborgenen Geschenke der Rückzugsphase – Sie können in Berührung mit Ihren grundlegendsten Bedürfnissen und Gefühlen kommen.

Viele Betroffene glauben (ebenso wie viele Therapeuten), dass man auf ewig in den Gefühlen früherer Traumata feststeckt, wenn man sich nicht an seine Vergangenheit erinnern kann. Obwohl diese Ansicht in professionellen Kreisen weit verbreitet ist, ist sie doch schlichtweg nicht wahr. Auch wenn Sie *keine* aktive Erinnerung an Ihre Vergangenheit haben – und diese Erinnerungslücke für Ihren Verstand natürlich frustrierend ist –, haben Sie doch eine emotionale Erinnerung, und mehr brauchen Sie nicht, um in Berührung mit Ihrem verlassenen inneren Kind zu kommen – und aus der nachfolgenden Akeru-Übung einen Nutzen zu ziehen.

Akeru-Heilung der Rückzugsphase

Lernen Sie, mit der Energie des Rückzugs zu fließen

»*Ich hatte ständig ein flaues Gefühl im Magen, diese Sehnsucht nach Gabby*«, *sagte Keaton.* »*Wenn ich noch getrunken hätte, dann hätte ich das wohl mit Alkohol zu betäuben versucht, nur um mich zu beruhigen. Aber ich brauchte einen weniger destruktiven Weg, um dieses Feuer zu löschen.*«

Die Rückzugsphase wird von einer Bindungsenergie getrieben, dem Impuls nach Nähe. Nur weil das Objekt Ihrer Bindungssuche nicht länger für Sie verfügbar ist, heißt das nicht, dass Ihre Sehnsucht nach Nähe verschwindet. Ganz im Gegenteil, diese Sehnsucht wirft ihr ganzes Gewicht in die Waagschale, um das zurückzugewinnen, was ihr verloren ging.

Während der Rückzugsphase spüren Sie die Macht dieses Instinkts am stärksten, weil er durchkreuzt wird. Zu keiner Zeit tritt seine Kraft deutlicher zu Tage als dann, wenn man einen akuten Liebesentzug durchmacht. So schmerzlich es auch sein mag, Sie brauchen diesen *Druck*. Er bietet den Antrieb für Ihre Heilung, sobald Sie gelernt haben, ihn neu auszurichten.

Sobald Ihr Bedürfnis nach Bindung zufrieden gestellt wird – sobald es ein Objekt gefunden hat –, rückt es wieder in den Hintergrund Ihres emotionalen Bewusstseins. Seine Energie arbeitet für Sie, aber Sie können das Brummen seines Motors nicht länger hören. Wird diese Energie behindert, weicht ihr Druck erst dann, wenn sie etwas anderes findet, an das sie sich so lange binden kann, bis sie sich an anderer Stelle wieder einsetzt.

»Erst als ich mich mit einer Frau, mit der ich früher einmal ausgegangen war, richtig gut anfreundete, legte dieses flaue Gefühl in meinem Magen auch mal eine Pause ein«, erzählte Keaton. »Diese Frau und ich machten dasselbe durch, und wir verbrachten sehr viel Zeit miteinander. Es half ein wenig, dass ich mich mit ihr austauschen konnte, und ein Teil meiner Gefühle verschwand. Aber wir waren nur Freunde, und es war nicht dasselbe, wie die Eine zu finden.«

Wir suchen immer nach dem idealen Partner, der unsere wichtigsten Bedürfnisse erfüllt. Diese Suche bringt uns zu der zweiten Akeru-Übung, die Ihnen helfen soll, diesen Idealpartner zu finden. Um es gleich vorweg zu sagen: Sie selbst sind dieser Idealpartner. Wenn Sie mit sich *selbst* eine bedeutsame Beziehung eingehen, machen Sie einen weiteren Schritt zu mehr Selbstvertrauen, und Sie haben eine Basis für eine neue Ebene der Verbundenheit mit anderen.

Sie erinnern sich bestimmt noch, dass eine der Bedeutungen von *akeru* den leeren Raum bezeichnet, der entsteht, wenn jemand geht. Natürlich führt dieser leere Raum zu Schmerz, aber wenn Sie wissen, wie Sie seine Energie umlenken können, wird er zu einem Reservoir neuen Lebens. Ihre Aufgabe besteht darin, mit der Bindungsenergie Ihre innersten Bedürfnisse anzugehen – die Gefühle, die aus alten und neuen Verlassenheitswunden stammen.

Niemand erwartet von Ihnen, dass Ihnen das durch Osmose gelingt. Der Vorgang erfordert praktische Umsetzung und bildet durch stetige Übung ein Mittel zur emotionalen Heilung. Die Technik ist einfach, und die Ergebnisse sind bemerkenswert.

Die gute Nachricht lautet, dass Sie keine kristallklare Erinnerung an Ihre Kindheit brauchen, um eine Bindung mit Ihrem innersten Kern einzugehen. Angesichts der Fallgruben der Erinnerung, über die wir bereits gesprochen haben, ist der Versuch, Kindheitserinnerungen zu rekonstruieren, eine Zeit- und Geldverschwendung, von der Mühe gar nicht erst zu sprechen – und das gilt selbst für diejenigen, die besonders entschlossen sind.

Das Einzige, was Sie für diese Übung mitbringen müssen, sind Ihre Gefühle. Auf Grund Ihres Mandelkerns sind die meisten Gefühle der Hilflosigkeit, Abhängigkeit, Trauer, Furcht und Hoffnung immer noch da, gelagert im Schaltkreissystem Ihres emotionalen Gehirns. Ob zum Guten oder zum Schlechten, viele Gefühle sind in dieser Phase möglicherweise zu neuem Leben erweckt worden.

Die Dringlichkeit, die Sie verspüren, stammt von Ihrem primitivsten Selbst, das ängstlich, einsam und verzweifelt versucht, seine Anwesenheit deutlich zu machen. Ihre Aufgabe besteht nun darin, dieses verlassene Kind zu *adoptieren*, es von dem Felsen zu heben.

Die zweite Akeru-Übung

Bei der zweiten Akeru-Übung kommt eine Technik zum Einsatz, die man Trennungstherapie nennt. Paradoxerweise läutet die Trennung den Prozess ein, der zu einer signifikanten Beziehung mit Ihrem emotionalen Kern führt.[91] Dahinter steht die Vorstellung, das verlassene Kind von Ihrem erwachsenen Selbst zu trennen.

Das geschieht durch einen *ständigen Dialog* mit Ihrem inneren Selbst. Meine Patienten und Patientinnen berichten allesamt von bemerkenswerten emotionalen und verhaltensmäßigen Änderungen, also üben Sie Nachsicht, wenn Teile davon etwas peinlich oder unangenehm klingen. Ich werde Sie Schritt für Schritt durch diese Technik führen. Ihr Ziel besteht darin, eine neue Beziehung zwischen Ihrem erwachsenen Selbst und Ihrem emotionalen Kern herzustellen.

Diese Übung wurde von dem Psychoanalytiker Dr. Richard Robertiello und seiner Kollegin Grace Kirsten entwickelt. Sie wird ausführlich in ihrem bahnbrechenden Buch *Big You, Little You: Separation Therapy* erläutert.[92] Das Buch erklärt die theoretische Basis für die Trennungstherapie, über die ich reden werde, und bietet klare, leichte und gründliche Anweisungen zu deren Durchführung. Es folgt eine stark gekürzte Version von Robertiellos und Kirstens Übung. Ich möchte Ihnen sehr ans Herz legen, dieses Buch zu lesen, um die potenziellen Vorzüge ihrer Arbeit für sich nutzbar zu machen.

Der Dialog mit dem inneren Selbst

ERSTER SCHRITT: Ihre erste Aufgabe besteht darin, sich ein genaues Bild von Ihrem verlassenen inneren Kind zu machen, diesem frisch erwachten Teil in Ihnen. Rufen Sie sich ins Gedächtnis, wie Sie als ganz kleines Kind waren (ungefähr vier Jahre alt), und verwenden Sie dieses Bild, um Ihrem emotionalen Kern eine Gestalt zu verleihen. Stellen Sie sich vor, wie Sie, der Erwachsene, einen Schritt zurücktreten und dieses Kind beobachten, als ob es ein von Ihnen getrenntes Wesen wäre. Auf diese Weise können Sie kognitiv die hilfsbedürftigen Gefühle, die dieses Kind repräsentiert, aus ihrem Versteck im limbischen Gehirn locken. Robertiello und Kirsten empfehlen, sich dieses Kind in etwa eineinhalb Metern Entfernung auf der schwächeren Seite vorzustellen. Wenn Sie rechtshändig sind, wäre das die linke Seite. Damit sollen Sie daran erinnert werden, dass Ihr inneres Kind viel verletzlicher und abhängiger ist als Ihr erwachsenes Selbst.

Das Kind lebt schon lange in Ihnen. Es teilte Ihnen seine Bedürfnisse mit und versuchte, Ihr erwachsenes Leben zu kontrollieren und zu stören. Wenn Sie sich beispielsweise unsicher fühlen, dann ist es Ihr inneres Kind, das unsicher ist; es ist das Kind, das sich um jeden Preis Akzeptanz und Bestätigung wünscht. Und es ist auch das Kind, das sich vor Risiken fürchtet und das Ihre Versuche, eine neue Beziehung einzugehen, sabotiert. Anstatt diese Gefühle aufzugeben, sollten Sie sie akzeptieren und sich um diesen so lange verlassenen Teil Ihres Selbst kümmern.

ZWEITER SCHRITT: Visualisieren Sie jetzt Ihr erwachsenes Selbst. Lassen Sie in Ihrem Kopf ein Bild der Person entstehen, die Sie werden möchten.

»Es fiel mir schwer, mein erwachsenes Selbst zu visualisieren«, räumte Keaton ein. »Ich fühlte mich mit diesem Typ nicht wohl. Ehrlich gesagt, mochte ich ihn nicht einmal. Er hat mich zu oft enttäuscht.«

Keatons Schwierigkeiten sind kein Einzelfall. Viele Betroffene haben anfangs damit zu kämpfen, sich als starke und fähige Erwachsene zu sehen. Versuchen Sie, sich vorzustellen, wie Ihr erwachsenes Selbst etwas tut, worin Sie einigermaßen gut sind. Keaton konnte seine Schwierigkeiten überwinden, indem er sich selbst beim Pokerspiel visualisierte. Er konzentrierte sich auf eine bestimmte Nacht, in der er sein Blatt hervorragend ausgespielt hatte. Marie sah sich, wie sie Lasagne zubereitete, eine Spezialität von ihr, und sie zuversichtlich in einem Raum voller Freunde servierte. Denken Sie an Momente, in denen Sie Ihr Bestes gegeben haben, in denen Sie kompetent und unabhängig waren. Und bilden Sie dann aus diesen positiven Erinnerungen ein zusammengesetztes Bild, das all Ihre besten Seiten enthält.

DRITTER SCHRITT: Jetzt sind Sie bereit, in den Dialog zwischen dem erwachsenen Bild und dem Kind einzutreten – zwischen dem großen Ich und dem kleinen Ich.

Durch das Bild Ihres inneren Kindes und Ihres potenziellen Erwachsenen haben Sie ein Dreieck erschaffen. Sie, das Individuum, stehen an der Spitze dieses Dreiecks. Das Kind befindet sich unten links, der Erwachsene unten rechts. Sie werden als objektiver Beobachter an der Spitze bleiben, wo Sie im Dialog zwischen den beiden anderen vermitteln können – zwischen Ihren dringlichsten Bedürfnissen und dem fähigen Erwachsenen, zu dem Sie werden können.

Die Rolle des erwachsenen Selbst: Die Aufgabe des erwachsenen Selbst besteht darin, dem Kind all das zu bieten, was es braucht – das Gefühl der Zugehörigkeit und Liebe, Bewunderung und aufmerksames Zuhören, die Befreiung von Schuldgefühlen und Lasten. Ihr erwachsenes Selbst sollte sich wie ein gutes Elternteil seinem geliebten Kind gegenüber verhalten.

Die Rolle des kindlichen Selbst: Das Kind wiederum wird seine Gefühle zum Ausdruck bringen und bei Ihrem erwachsenen Selbst Hilfe suchen. Wenn Sie Ihr inneres Kind als getrennte Person betrachten, wird es seine grundlegendsten Bedürfnisse, Ängste, Hoffnungen und Träume offenbaren. Viele dieser Dinge waren lange Zeit verschüttet. Diese Übung soll sie wieder ans Licht bringen.

Die Rolle des Individuums: Als Vermittler im Dialog werden Sie eine Art Ein-Personen-Rollenspiel aufführen. Sie geben natürlich sowohl Ihrem kindlichen Selbst als auch Ihrem erwachsenen Selbst eine Stimme. Wenn Sie für das Kind sprechen, nehmen Sie die Sprache und Haltung eines Kindes an. Wenn Sie für den Erwachsenen sprechen, legen Sie sich die Körpersprache eines starken und einfühlsamen Erwachsenen zu, dessen Ziel es ist, dem Kind zu helfen.

Ihre Aufgabe besteht darin, sich Ihrer Gefühle bewusster zu werden. Schreiben Sie diese Gefühle dem Kind zu. Außerdem unterstützen Sie den Erwachsenen, der danach strebt, stark und emotional fürsorglich zu sein.

Um aus dieser Übung den größten Nutzen zu ziehen, sollten Sie sie täglich durchführen, vorzugsweise immer zu einem festen Zeitpunkt und an demselben Ort. Ihr erwachsenes Selbst eröffnet den Dialog, indem es das Kind begrüßt und es nach seinen Gefühlen befragt. Ihr großes Ich bringt ans Licht, was Ihrem kleinen Ich Sorgen macht, indem es Fragen stellt und ein ehrliches Interesse daran zum Ausdruck bringt, das Kleine zu verstehen und ihm zu helfen.

Anfangs können diese Dialoge recht lang ausfallen. Das Kind hat oft eine Menge zu sagen. Später werden die Dialoge konzentrierter und direkter. Ganz allgemein sollte Ihr Ansatz darin bestehen, dem Kind zu versichern, dass alles gut wird. Das trägt auch dazu bei, die Kraft und Zuversicht Ihres erwachsenen Selbst zu stärken. Sie sollten sich vornehmen, Ihr Kind möglichst in gute Laune zu versetzen. Wenn Sie das Kind dazu bringen können, seine Gefühle auszusprechen, ist das die effektivste Art, seine (und Ihre) Stimmung zu heben.

Hier eine Zusammenfassung von einem der ersten Dialoge von Roberta:

Das große Ich: Was ist denn los, Kleines?

Das kleine Ich: Ich bin traurig.

Das große Ich: Erzähle mir, was dir Kummer bereitet. Ich werde dir helfen.

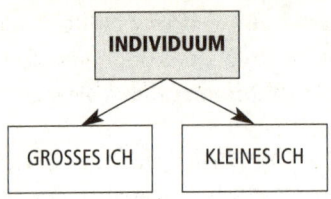

Täglicher Dialog

Das kleine Ich: Ich glaube, du hast gestern bei der Arbeit einen Fehler gemacht, und ich habe Angst, dass dein Chef wütend auf mich sein könnte. Ich mag es nicht, wenn man mich anschreit. Ich fürchte mich.

Das große Ich: Ich verstehe, wie du dich fühlst. Du musst aber keine Angst haben. Wenn mein Chef brüllt, komme ich damit zurecht. Ich werde mich um dich kümmern, ganz egal, was passiert. Außerdem ist er normalerweise sehr nett. Er erwartet gar nicht, dass ich perfekt bin. Wie auch immer, das ist nicht dein Problem, es ist meines. Mache dir keine Sorgen. Ich bin sicher, er tut dir nicht weh.

Roberta war in der Lage, ihrem erwachsenen und ihrem kindlichen Ich zwei deutlich ausgeprägte, separate Rollen zuzuweisen, die getrennt voneinander agierten. Die Gefühle des Kindes wurden von der Erwachsenen anerkannt, die dadurch selbst mehr Zuversicht gewann.

»Diese Übung hat mich überrascht«, berichtete Roberta. »Ich hatte keine Ahnung, dass die Situation mit meinem Chef diese Gefühle in mir aufgewühlt hatte. Als mein kleines Ich seine Gefühle formulierte, fühlte ich mich ihm sehr verbunden – und irgendwie stärker. Die Übung hat meine Probleme nicht gelöst, zumindest nicht die Probleme, die ich mit meinem Chef hatte, aber ich wusste, dass etwas

Nettes in mir passierte. Ich spürte den ganzen Tag die Anwesenheit meines kleinen Ich, und das machte mich beschützender – selbstbeherrschter –, als ich meinem Chef schließlich gegenübertrat.«

Diese Übung garantiert nicht, dass Sie am Ende des Dialogs sämtliche Konflikte sauber gelöst haben. Der Dialog mit Ihrem inneren Selbst unterscheidet sich nicht von jedem anderen Dialog; es ist ein ständiger Prozess, dessen Ergebnis alles andere als vorherbestimmt ist.

Die Arbeit mit dem inneren Kind ist dem Wachstum des Erwachsenen äußerst zuträglich. Indem sich Ihr erwachsenes Selbst um das Kind kümmert, befreit es sich vom destruktiven, negativen Einfluss des Kindes und agiert auf einem reiferen Niveau. Wenn Ihnen stressige Situationen Probleme bereiten, dann liegt das daran, dass Sie dem Kind erlaubt haben, wieder das Ruder zu übernehmen. Stellen Sie sicher, dass Ihr kindliches Selbst und Ihr erwachsenes Selbst in ihren getrennten Rollen verharren.

Viele Betroffene berichten, dass ihr erwachsenes Selbst anfangs nicht wusste, was zu tun war.

»Mein Kind war so schwierig, und mein erwachsenes Ich war völlig ratlos«, erzählte Jill. Es folgt einer ihrer frühen Dialoge:

Das kleine Ich: Ich fühle mich fett und hässlich, und das ist deine Schuld, großes Ich!

Das große Ich: Tut mir Leid, kleines Ich. Ich weiß wirklich, wie dir zu Mute ist.

Das kleine Ich: Erzähle mir bloß nicht diesen »Ich weiß, wie dir zu Mute ist«-Krampf, großes Ich. Du bist doch ständig am Essen. Und ich leide die ganze Zeit. Ich möchte schön aussehen, und du lässt mich nicht.

Das große Ich: Du bist deshalb sicher traurig und einsam.

Das kleine Ich: Also, tu endlich was dagegen, großes Ich. Fange eine Diät an und halte auch durch, damit ich mich nicht mehr so schrecklich und hässlich fühlen muss.

Das große Ich: Ich werde es versuchen, kleines Ich. Ich weiß, wie du dich fühlst.

Das kleine Ich: Das mit dem *versuchen* kannst du vergessen. Das bedeutet doch nur, dass sich nichts ändern wird. Immer enttäuschst du mich.

Das große Ich: Es ist aber nicht nur meine Schuld, kleines Ich. Du bist diejenige, die gern Süßes isst.

Das kleine Ich: Gib mir nicht die Schuld, großes Ich. Ständig isst du zu viel, und ich bin dann diejenige, die dafür zahlen muss. Ich hasse dich, denn du machst mich dick!

In diesem Fall hat Jill ein Problem damit, die Rollen des kleinen Ich und des großen Ich getrennt zu halten – sie kehren sich allmählich um. Das große Ich verhält sich eher wie eine wütende Schwester, nicht wie eine beschützende Erwachsene, und das kleine Ich reagiert darauf.

Zu Beginn dieser Übung kommt es häufig vor, dass die Rollen verschmelzen. Wenn der Dialog beunruhigend oder unproduktiv wird, dann ist es an Ihnen als Vermittler, dem einen Riegel vorzuschieben. Prüfen Sie die Rollen von erwachsenem und kindlichem Selbst, und gehen Sie das ungelöste Thema später an, vielleicht mit einem anderen Ansatz gegenüber den Gefühlen des kleinen Ich.

»Ich wusste nicht, wie ich mit dem kleinen Ich umgehen sollte«, erklärte Jill. »Jedes Mal, wenn ich mich ihr näherte, verhielt sie sich feindselig und extrem fordernd. Doch zu guter Letzt fand ich heraus, dass eine Menge Wut in mir war – Wut auf mich selbst! Ich wusste, mir blieb nichts anderes übrig, als den Dialog jeden Tag fortzusetzen. Das kleine Ich änderte seinen Ton überhaupt nicht, aber mein erwachsenes Ich wurde immer stärker.«

Jill fuhr mit ihren täglichen Dialogen fort, und ihre Fähigkeit, trotz der Haltung ihres kleinen Ich in der erwachsenen Rolle zu bleiben, verbesserte sich zunehmend. Mit etwas Übung wurde ihr erwachsenes Selbst immer effizienter. Hier ein Beispiel:

Das große Ich: Ich möchte auch schlank sein, kleines Ich. Aber du musst immer mit mir reden, wenn du dich hilfsbedürftig oder hungrig fühlst.

Das kleine Ich: Was hat das denn damit zu tun?

Das große Ich: Mir sind deine Gefühle wichtig, kleines Ich.

Das große Ich: Mir ist nur wichtig, dass du schlank und schön wirst, damit ich mich nicht so dick und hässlich fühlen muss.

Das große Ich: Genau, kleines Ich. Auch diese Gefühle sind mir wichtig. Es hilft, wenn du mich daran erinnerst. In der Zwischenzeit werde ich mir Hilfe besorgen, um abzunehmen.

Das kleine Ich: Wird auch Zeit, dass du zugibst, es nicht allein zu schaffen. Du bist zu schwach.

Das große Ich: Ich werde stärker, für dich und für mich.

Die besten Ergebnisse können Sie erzielen, wenn Sie den Dialog aufschreiben. Das hilft Ihnen, dem Individuum, die Rollen des kleinen und des großen Ich klar getrennt zu halten und das Ziel nicht aus den Augen zu verlieren. Schreiben ist eine Form des *aktiven Tuns*, es beteiligt Sie stärker an der Übung, wie das Anfertigen von Notizen ja auch die Konzentration bei einer Vorlesung erhöht.[93]

Trotz der Aversion, die viele Menschen gegen das Schreiben hegen, sind die Ergebnisse die Mühe so gut wie immer wert. Diese Art zu schreiben unterscheidet sich erheblich von einem Aufsatz oder einer formellen schriftlichen Beschwerde bei einer Kreditanstalt. Jeder kann es. Es geht schnell, weil Sie nicht kritisch darüber nachdenken, was Sie aufschreiben, sondern einfach eine Unterhaltung aufzeichnen. Niemand wird Ihre Dialoge lesen, außer Sie wollen es; das Aufgeschriebene muss auch nicht lesbar oder zusammenhängend sein. Während Sie schreiben, werden Ihre Gefühle den Stift schnell über das Papier bewegen.

Sobald Sie geübter sind und Ihr kindliches und Ihr erwachsenes Ich gut voneinander getrennt sind, können Sie den Dialog auch laut aussprechen anstatt ihn aufzuschreiben. Manche Menschen, die diese Übung schon seit Jahren durchführen, berichten, dass sie den Dialog auch stumm, nur in ihrem Kopf führen können.

Ob Sie den Dialog aufschreiben, laut aussprechen oder einfach denken, wichtig ist, die Bedürfnisse und Gefühle des Kindes nicht in Ihrem Kopf verschwinden zu lassen, wo Sie Ihre Bemühungen, zu einem starken und kompetenten Erwachsenen zu werden, unterlaufen können.

Wenn es Ihnen nicht gelingt, mit Ihrem inneren Kind in Berührung zu kommen, dann kehren Sie zum ersten Schritt zurück, und visualisieren Sie ein deutliches Bild dieses Kindes. Stellen Sie es sich außerhalb von sich selbst vor, und schreiben Sie dann den Dialog auf, um die Gefühle ans Licht zu bringen. Dieser Vorgang erfordert manchmal große Anstrengung. Wie jedes Elternteil weiß, ist es eine echte Herausforderung, auf ein hilfsbedürftiges Kind richtig einzugehen. Möglicherweise müssen Sie Ihre ganze Geduld aufbringen, aber machen Sie einfühlsam weiter und stellen Sie Fragen.

Denken Sie daran, dass sich Ihr kleines Ich schnell verlassen fühlt. Sie müssen sich immer gut um das Kleine kümmern. Das heißt auch, mindestens einmal am Tag mit dem kleinen Ich zu sprechen.

»Ich stellte fest, dass mein kindliches Selbst zu wütend war, um seine Gefühle mit mir zu teilen«, erzählte Keaton. »Ich hatte es zu lange vernachlässigt. Aber ich drängte weiter in den Kleinen, und schließlich explodierte er«:

Das kleine Ich: Warum sollte ich dir irgendetwas sagen! Ich bin dir doch egal. Du hast dich mein ganzes Leben lang nicht um mich gekümmert! Also tu jetzt nicht so, als wären dir meine Gefühle auf einmal wichtig. Du wirst mich nur wieder vergessen und vorgeben, es gebe mich nicht!

Das große Ich: Es tut mir Leid, dass ich dich so lange vernachlässigt habe. Aber ich möchte wirklich wissen, was du fühlst. Ich möchte dich trösten. Das ist mir echt wichtig. Ich werde dich dieses Mal nicht vernachlässigen.

Das kleine Ich: Es ist zu spät. Ich rede nie wieder mit dir.

»Da hat der Kleine natürlich nur dick aufgetragen«, erzählte Keaton der Gruppe. »Mittlerweile kann ich ihn kaum zum Schweigen bringen.«

Das kleine Ich von Marie machte seiner Wut über das Verlassenwerden auf ähnliche Weise Luft.

Das kleine Ich: Ich bin schrecklich beunruhigt, großes Ich. Du hast Lonny gehen lassen! Wie konntest du ihn nur verlieren? Das ist noch schlimmer als damals, als Mom gestorben ist. Jetzt bin ich wieder ganz allein.

Das große Ich: Ich weiß, wie verletzt du bist, kleines Ich. Aber auch wenn Lonny jetzt weg ist, werde ich immer bei dir bleiben. Ich würde dich niemals im Stich lassen.

Das kleine Ich: Aber ich vermisse Lonny.

Das große Ich: Ich weiß, kleines Ich, ich vermisse ihn auch. Aber zumindest weißt du, dass ich dich liebe und immer lieben werde.

Denken Sie daran, der Zweck dieses Dialogs liegt nicht darin, ein Problem in einer zweiminütigen Unterhaltung zu einem glücklichen Ende zu bringen. Vielmehr sollen Kommunikationskanäle geöffnet werden, die im Laufe der Zeit zu einer Veränderung führen.

»*Nachdem ich diese Übung einige Male gemacht hatte, kam ich immer stärker in Kontakt zu mir selbst*«, erzählte Marie. »*Ich würde es nicht gerade eine Liebesbeziehung nennen, aber ich fühlte mich mir selbst gegenüber sehr fürsorglich und auch als Erwachsene stärker. Es gab Zeiten, in denen sich mein kleines Ich wirklich unmöglich aufführte – fordernd, untröstlich –, und da wusste ich dann, dass ich etwas wirklich Wichtigem auf der Spur war.*«

Tatsächlich berichten viele Betroffene, dass ihr inneres Kind unvernünftige Forderungen stellt. Es ist schließlich ein Kind, fürchtet sich vor dem Alleinsein und ist voller Bedürfnisse. Nun liegt es an dem großen Ich, wie ein Elternteil auf die Forderungen des kleinen Ich einzugehen und ihm liebevoll, aber nachdrücklich zu erklären, warum manche Dinge einfach nicht sein können. Lassen Sie uns einen Blick auf Maries weiteren Dialog werfen.

Das große Ich: Was ist denn los, Kleines?

Das kleine Ich: Ich vertraue dir nicht, großes Ich.

Das große Ich: Warum nicht?

Das kleine Ich: Weil du mir schon zu viele schreckliche Dinge angetan hast. Du musst mir versprechen, dass nie wieder etwas Schlimmes passiert.

Das große Ich: Ich kann dir nur versprechen, dass ich niemals wieder etwas zwischen dich und mich kommen lasse.

Das kleine Ich: Nein, großes Ich, ich will, dass du mir versprichst, dass niemand mich je wieder verlassen wird. Du musst mir versprechen, dass du jemanden finden wirst, der mich immer lieb hat, damit ich so etwas nie wieder durchmachen muss.

Das große Ich: Ich kann dir kein Versprechen geben, das ich nicht halten kann, kleines Ich. Wenn ich diese Dinge kontrollieren könnte, dann würde ich das tun. Aber in Wahrheit gibt es keine Garantien im Leben, was die Gefühle oder das Verhalten anderer Menschen angeht.

Das kleine Ich: Ich will aber, dass du mich davor beschützt, jemals wieder verletzt zu werden.

Das große Ich: Ich kann dir eines garantieren: Ich werde mein Bestes tun, um jemanden zu finden, der loyal und hingebungsvoll ist, damit du dich sicherer fühlst.

Das kleine Ich: Versprich es mir.

Das große Ich: Ich kann dir versprechen, dass ich dich immer lieben werde, egal was mit den anderen Menschen in meinem Leben passiert. Ich werde dich niemals verlassen.

Manche Betroffene berichten, dass ihr kleines Ich sie zu Dingen bewegen will, die ihr kindliches Selbst viel mehr will als ihr erwachsenes Selbst. Daraus können sich regelrechte Machtkämpfe entwickeln.

»Klein Keaton war wirklich wütend auf mich, weil ich ihm keinen Hund kaufte«, schilderte Keaton. »Natürlich konnte ich niemandem davon erzählen, weil es geklungen hätte, als litte ich unter einer multiplen Persönlichkeitsstörung. Aber Klein Keaton und ich trugen einen richtigen Kampf aus. Ich musste meinem kleinen Ich immer wieder sagen, dass mein Vermieter keine Haustiere erlaubt. Es erforderte viele Seiten Papier, auf die ich alles aufschrieb, um mein kleines Ich davon zu überzeugen und es zu beruhigen.

Natürlich rang mir mein kleines Ich das Versprechen ab, dass ich andere Dinge tun würde, die es glücklich machten. Und dieses Versprechen hielt ich dann auch ein, sonst wäre er mir den ganzen Tag im Nacken gesessen. Mein kleines Ich ist so real geworden, dass ich mir nicht vorstellen kann, ihm jemals wieder den Rücken zuzukehren – ich fürchte, es würde mich umbringen.«

Wenn Sie die Übung eine Zeit lang durchgeführt haben, scheint Ihr kindliches Selbst wirklich real und mit einer eigenen Persönlichkeit. Manche rufen sich gern immer wieder in Erinnerung, dass das kleine und das große Ich nur Bilder sind, andere stellen sie sich lieber als reale Wesen vor. Einige meiner Patienten und Patientinnen geben Ihrem kleinen Ich sogar eigene Namen, beispielsweise *inneres Kind, inneres Selbst, Kerngefühle, Ur-Selbst* oder *emotionaler Kern*. Doch ungeachtet des Namens, wenn Sie diese Übung erst einige Male durchgeführt haben, werden tief greifende Veränderungen auftauchen.

Marylou kam zur Heilung der Verlassenheitsgefühle, weil sie mit alten Wunden des Verlassenwerdens fertig werden wollte. Dämonen aus ihrer Kindheit folterten sie, wie sie es nannte. Ihr Vater hatte sie sexuell und körperlich missbraucht, und ihre Mutter war kalt, distanziert und verhängte drakonische Strafen. Marylou begann die Übung mit vielen Hoffnungen und einer großen Erwartungshaltung. Doch es kam ganz anders, als sie gedacht hatte. Nach ungefähr drei Wochen bat ihr kleines Ich sie, zum Grab ihrer Großmutter zu gehen.

Das große Ich: Das ist vierhundert Meilen weit weg, kleines Ich.

Das kleine Ich: Aber ich will da hin. Sie ist die Einzige, die uns je geliebt hat.

Das große Ich: Ich muss aber doch zur Arbeit, kleines Ich.

Das kleine Ich: Ich will, dass du dir frei nimmst, und mich da hinfährst.

Das große Ich: Vielleicht in meinem nächsten Urlaub.

Das kleine Ich: So lange kann ich nicht warten. Ich will *jetzt* fahren. Ich will mich daran erinnern, wie es war, von Großmutter geliebt zu werden. Ich will ihre Liebe wiederhaben.

Das große Ich: Wie wäre es, wenn ich dir heute Abend etwas vorlese, kleines Ich? Oder etwas anderes mache, was dir gefällt? Dann weißt du, wie sehr *ich* dich mag. Und nur darauf kommt es an.

Das kleine Ich: Nein, ich will Großmutter besuchen. Ich vermisse sie, und ich will ihr nahe sein, damit ich mit ihr reden kann.

Das große Ich: Ich will aber wirklich nicht nach Massachusetts fahren, nur um mit Großmutter zu reden.

Das kleine Ich: Ich will aber, dass du es machst. Wenn ich dir wichtig bin, dann tust du es auch.

Marylou beschrieb, wie ihr kleines Ich sie täglich bedrängte, bis sie schließlich einverstanden war, die lange Reise zum Grab der Großmutter anzutreten. Während sie die Fahrt plante, fiel ihr ein, dass eine alte Freundin von der High School immer noch in Massachusetts lebte, also suchte sie ihre Telefonnummer heraus, und sie sprachen über alte Zeiten. Sie verabredeten sich zu einem Abendessen.

So fuhr Marylou nach Massachusetts. Unterwegs musste sie wieder auf ihr kleines Ich hören, das sie aufforderte, etwas zu kaufen, was man auf dem Grab der Großmutter anpflanzen konnte. Marylou folgte der Aufforderung in der Hoffnung, das kleine Ich damit endlich zufrieden zu stellen.

Am Grab durchlebte Marylou eine überaus emotionale Erfahrung. Das kleine Ich erinnerte sie an die Zeit, als sie auf dem Schoß ihrer Großmutter saß, sich wohl behütet und in Frieden mit der Welt fühlte.

Marylou war anschließend erschöpft, aber emotional erleichtert. Sie freute sich auf das Treffen mit ihrer alten Freundin. Gemeinsam planten sie eine Reise nach Norwegen – Marylous erste Auslandsreise –, um die alte Heimat ihrer Familien zu besuchen.

Damit die Dialoge wirkungsvoll sind, müssen sie zu einem festen Bestandteil Ihres Lebens werden. Je länger Sie üben, desto mehr unerledigte Angelegenheiten werden Sie einem Ende zuführen können – Verletzungen von früheren Verlusten und Verlassenheitserfahrungen, aber auch jede gegenwärtige Krise. All das macht Ihr erwachsenes Selbst stärker und wirkungsvoller.

Diese Akeru-Übung will nicht versuchen, der Trauer aus dem Weg zu gehen. Sie arbeitet *mit* der Trauer und setzt das mächtige Verlangen nach mehr Nähe, das in der Rückzugsphase auftritt, dazu ein, ein Band zwischen Ihrem erwachsenen Selbst und Ihrem kindlichen Selbst zu knüpfen. Anstatt Sie von diesen Gefühlen abzulenken, benützt diese Übung sie als Brennstoff für neues Wachstum. Sie stärken damit Ihr erwachsenes Selbst und erfüllen die Bedürfnisse Ihres inneren Kindes. Somit machen Sie einen gewaltigen Schritt in Richtung emotionale Selbstsicherheit.

Die Trennungstherapie funktioniert. Sie ist leicht zu erlernen, und Sie werden dabei zu Ihrem eigenen Therapeuten und Mentor. Die Therapie funktioniert außerdem für alle Menschen, denn jeder von uns trägt ein Kind in sich, das manchmal Hilfe braucht.

Zusammenfassung der Rückzugsphase

Die Rückzugsphase ist dann erreicht, wenn alle Verbindungen zu unserer verlorenen Liebe durchtrennt sind. Wir versuchen, mit lose herumhängenden Drähten weiterzumachen, bloßgestellt und Funken sprühend. Unsere Beziehung hat uns dermaßen betäubt, dass uns gar nicht klar war, wie verwickelt unsere Bindung geworden ist. Erst jetzt können wir unterscheiden, welche der losen Drähte Teil einer gesunden Bindung zu einem geliebten Menschen waren und welche auf Furcht basierten oder auf dem übermäßigen Bedürfnis, dem anderen zu gefallen. Im Laufe unserer Heilung testen wir die losen Drähte durch Innenschau, Therapeuten, Gönner, Freunde und versuchsweise Begegnungen mit neuen Menschen. Schließlich werden wir auf die Verbindungen stoßen, die wahrhaft tragende und gesunde Beziehungen verkörpern.

Unsere innersten Gefühle sind wach und lebendig – die ältesten, dauerhaftesten Anteile von uns. Alles andere ist von uns genommen. Das Kind auf dem Felsen im Bach weint um das, was verloren ist. Und dieses Kind fühlt den quälenden Riss im Gewebe der Bindungen, die Frustration und das intensive Bedürfnis nach neuer Bindung. Wenn wir dem Kind eine Stimme verleihen, werden wir endlich die Bedürfnisse, Ängste und Sehnsüchte unseres innersten Selbst angehen können.

Während der Rückzugsphase sind wir wie ein Küken ohne Eierschale: Noch feucht stellen wir uns schutzlos dieser Welt. Das ist der ultimative Überlebenstest. Die einschränkenden Fesseln der Sicherheit sind wir los. Unsere ehemalige Beziehung betäubt uns nicht länger, wir tauchen stark und lebendig daraus hervor, mit offen liegenden Bedürfnissen und unverstellten Gefühlen, und wir wollen neue Bindungen eingehen.

In der Rückzugsphase werden Sie zum ersten Mal Sie selbst. Sie ist eine Individuation.

Dritte Phase:
Verinnerlichung der Zurückweisung

❦

Was versteht man unter Verinnerlichung?

Verinnerlichung bezeichnet die Integration einer emotionalen Erfahrung. Sie machen sie zu einem Teil Ihrer Selbst und lassen zu, dass durch sie Ihre tiefsten Überzeugungen verändert werden. Es ist ein schleichender Prozess. Sie merken gar nicht, wie sehr Sie beeinflusst werden.

Durch die Verinnerlichung der Zurückweisung integriert Ihr Körper die Wunde des Verlassenwerdens. Sie haben sie sich zu Herzen genommen. Durch die Verinnerlichung der Zurückweisung verletzen Sie sich selbst.

Während der Verinnerlichungsphase sucht das Selbst verzweifelt nach seiner verlorenen Liebe, dann wendet es seine Wut und Enttäuschung gegen sich selbst. Die Wunde wird zu einem in sich geschlossenen System, in dem Selbstzweifel ausgebrütet werden und in das Angst einwächst.

Die Verinnerlichung ist die kritischste Phase des Verlassenheitsprozesses, denn Ihre emotionale Wunde ist höchst anfällig für Infektionen. Wenn Sie sich nicht um diese Wunde kümmern, kann sie Ihrer Selbstachtung Schaden zufügen. In dieser Phase sollten Sie die virulenten Bakterien der Zurückweisung, die Sie vorübergehend schwächeln lassen, unbedingt behandeln.

Während der Verinnerlichungsphase können – wie schon bei der Erschütterung und dem Rückzug – alte Wunden aufbrechen und ihre Gifte in die neue Wunde sprühen. Aber das hat auch einen Vorteil. Die Verlassenheit ist eine kumulative Wunde – alte und neue Zurückweisungen verschmelzen. Jetzt ist die Zeit, um sich von den Unsicherheiten, den Gefühlen der Wertlosigkeit und der Scham zu befreien, die Sie seit Ihrer Kindheit mit sich herumtragen.

Ihre Aufgabe besteht darin, den Grund Ihres Sumpfes trocken zu legen und den Schlamm zu durchforsten, um das zu retten, was Ihnen wichtig ist. Dann können Sie mit dem Neuaufbau beginnen.

Barbaras Verinnerlichung:

Barbara war Hausfrau und Mutter von fünf Kindern unter zehn Jahren, als ihr Ehemann sie wegen einer anderen Frau, die er bei der Arbeit getroffen hatte, verließ.

»Als ich Howard bat, mir etwas von ihr zu erzählen, sagte er, sie sei eine Kollegin, als ob das alles erklären würde«, berichtete Barbara, »Und was macht das aus mir?«, fragte ich ihn. Aber ich wusste ja schon, wer ich war. Ich war eine abhängige Hausfrau, die abgesehen von ihm oder unserer Familie keine Identität besaß. Wir waren dreizehneinhalb Jahre verheiratet gewesen, und mir war nie der Gedanke gekommen, dass Howard mich verlassen könnte. Aber ich hatte einfach nicht genug Klasse, um sein Interesse wach zu halten. Schließlich war ich die ganze Zeit mit den Kindern zu Hause gewesen, während er der Welt draußen seinen Stempel aufdrückte. Ich muss das Paradebeispiel der reizlosen Hausfrau gewesen sein, die bis zu den Knien in Schmutzwäsche, Fußballtraining und schreienden Bälgern steckt.

Vermutlich vertraute ich darauf, dass mein perfekter Braten und meine selbst gemachte Marmelade Howards Interesse wach halten würden. Ich dachte, ich sei die ideale Ehefrau, wenn ich seine Hemden bügelte, seine Socken sortierte und für einen perfekten Haushalt sorgte. Aber heute weiß ich, dass ich einen großen Fehler beging, als ich mich zu seiner Sklavin machte. Das muss wohl auch alles gewesen sein, was ich als Geliebte für ihn war. Der ganze Sex. Er bedeutete mir immer sehr viel, aber für ihn war er wohl nur eine gymnastische Übung. Ich war nur ein Gefäß.

Ich weiß, ich klinge bitter. Das warf Howard mir immer vor – Negativität. Er hatte dieses Problem nicht – er konnte die Dinge einfach loslassen. Genauer gesagt, beschwerte er sich nie darüber, wie ich den Haushalt führte, obwohl ich wahrscheinlich die Sache hätte besser machen können. Ich glaube, ich schreie die Kinder auch nicht mehr an als andere Mütter, aber das konnte Howard nicht wissen. Wahrscheinlich konnte er es nicht ausstehen, aber als perfekter Gentleman, der er immer war, hielt er den Mund. Wenn ich nur gemerkt hätte, dass ihn unser Familienleben und auch ich eines Tages ermüden würden, dann hätte ich alles anders gemacht.

Ich war so naiv zu glauben, dass er von mir nichts weiter brauchte als das flackernde Herdfeuer. Aber er war draußen in der Welt und hatte ständig Kontakt zu interessanteren Frauen. Ich hätte es wissen müssen. Er wurde meiner müde. Ich, die domestizierte Frau. Offensichtlich wollte er eine Partnerin, die ihm ebenbürtiger war. Eigentlich dachte ich immer, ich sei ihm ebenbürtig, aber mit dieser Art von Karrierefrau, mit der Howard jetzt zusammen ist, kann ich nicht konkurrieren.

Wenn er anruft, erkundigt er sich zuerst nach den Kindern und dann danach, ob ich eine Arbeitsstelle gefunden habe. Ich weiß, ich muss arbeiten, damit wir finanziell überleben können. Aber ich bin wie versteinert, wenn ich daran denke, dass ich zu nichts zu gebrauchen bin. Ich bin sicher, dass mein Collegeabschluss nach all diesen Jahren nur noch für den Papiermüll taugt. Wer würde mich schon einstellen? Man braucht Berufserfahrung, um eine anständige Stelle zu bekommen.

Ich habe Angst, und ich weiß, dass Howard Recht haben muss –

ich bin diejenige, die sich in diese Sackgasse manövriert hat, die all diese Kinder wollte, die sich hinter den Bedürfnissen der Familie versteckte.«

Barbaras Bericht enthält viele der »Ich«-Wörter, die mit der Verinnerlichungsphase in Verbindung gebracht werden: die Selbstanklagen, die schmerzliche Innenschau, die Unsicherheit über die eigene Rolle, die Neigung, denjenigen zu idealisieren, der gegangen ist, die Gefühle der Unzulänglichkeit und der sexuellen Unsichtbarkeit, die mangelnde Kontrolle über die Umstände des Lebens und die Auflistung an Entscheidungen, die jetzt bereut werden.

Nicht alle sprechen diese selbstverachtenden Kommentare laut aus, so wie Barbara es getan hat, aber viele Verlassenheitsüberlebende berichten von ähnlichen Gefühlen. Auf gewisse Weise hat Barbara Glück, denn sie ist sich dieser Gefühle bewusst. Wenn sie die Arbeit an der Heilung aufnimmt, wird diese Bewusstheit dazu beitragen, die negativen Gedanken zu identifizieren und zu hinterfragen. Bei den meisten Betroffenen vollzieht sich dieser Prozess der Verinnerlichung auf einer zutiefst persönlichen Ebene, in der Privatsphäre ihrer innersten Gedanken. Der Selbstzweifel fordert seinen Tribut lautlos und über einen längeren Zeitraum. Er wird zu einem unsichtbaren Leck, aus dem die Selbstachtung herausfließt. Ihre Freunde und Angehörigen merken wahrscheinlich gar nicht, dass Sie gerade den potenziell gefährlichsten Teil der Trauerphase durchmachen.

Die Verinnerlichung der Zurückweisung ist die dritte Phase der Verlassenheit, aber sie zeigt sich im gesamten Trauerzyklus. Eine Verinnerlichung tritt immer dann auf, wenn Sie wütend auf sich oder enttäuscht von sich selbst sind, weil der Mensch, den Sie liebten, Sie verlassen hat. Und das ist schmerzlich. Die Wut, die man gegen sich selbst richtet, ist für die starken Depressionen verantwortlich, die mit dem Verlassenwerden einhergehen. Sie ist eines der Kennzeichen für diesen Teil des Trauerzyklus.

Ich traf Barbara ungefähr zwei Monate nach meiner eigenen Erfahrung mit dem Verlassenwerden. Als ich ihre Fortschritte beobachtete, stellte ich fest, dass ich im selben Treibsand aus Gefühlen der Wertlosigkeit und des Selbstzweifels strampelte. Dieser Verinnerlichungssumpf kann die Selbstachtung jedes Menschen ankratzen, zumindest vorübergehend. Ich war fest entschlossen, das bei mir nicht zuzulassen.

Ich versuchte, mir meinen Weg durch den Morast der Selbsterniedrigung mit Hilfe von Rationalisierungen zu bahnen. Es gab nichts, wofür ich mich schämen musste, sagte ich mir. Ich hatte eine feste Anstellung. Mein Berufsleben war intakt. Ich hatte erfolgreich eine Familie großgezogen. Mein jüngstes Kind ging im selben Monat aufs College, als mein Partner mich verließ, und trotzdem gelang es mir, die plötzliche Isolation zu überleben. Ich versuchte, mir einzureden, dass es mir gut ging, aber es fiel mir schwer, überzeugend zu sein. Ich stellte fest, dass ich in einem leeren Haus zugange war, das noch vor einem Monat vor den Aktivitäten einer liebevollen Familie nur so gesprüht hatte.

Ich wusste, ich hatte nichts falsch gemacht. Ich hatte diesen Mann geliebt und auf jede nur erdenkliche Weise für ihn gesorgt. *Ich hatte mein Ende der Dinge gut gemacht;* ich besaß sogar nach all diesen Jahren noch mein Idealgewicht. Ich hatte besonderen Wert auf meine Kleidung, mein Make-up, meine Frisur gelegt. Genauer gesagt, versicherte ich mir beim Blick in den Spiegel, sah ich jetzt besser aus als früher. Außerdem war ich klüger, erfolgreicher, reifer. Warum also sollten meine Leistungen plötzlich nicht mehr genug sein? Bedeuteten sie denn gar nichts?

Aber ich war mit den giftigen Dämpfen, die aus der Wunde des Verlassenwerdens steigen, nur allzu vertraut. Diese farb- und geruchlosen Gase können sich lautlos in Ihr Bewusstsein bohren, selbst wenn Sie glauben, eine positive Einstellung zu behalten. Als Therapeutin wusste ich, dass ich mich aus dem Miasma des Selbstzweifels befreien und einen Weg finden musste, mich selbst wieder zu beleben. Ich zwang mich dazu, neue Dinge auszuprobieren und meine vertrauten Gewohnheiten aufzubrechen. Ich reiste und besuchte Freunde und Freundinnen, die ich lange nicht gesehen hatte. Zu guter Letzt konnte ich dadurch das Bild von mir selbst wieder festigen. Ich fand meine Wurzeln und fühlte mich wieder zentriert.

Erstaunt von der Mühe, die das erforderte, konnte ich die Macht der Verinnerlichungsphase endlich richtig begreifen. Ich lernte am eigenen Leib, dass Affirmationen nicht ausreichen, um die Wirkung des Verlassenwerdens und seine potenziellen Schäden abzuwehren.

Eine der wichtigsten Aufgaben bei der Heilung von Verlassenheitsgefühlen besteht darin, die Gefühle des Selbstzweifels daran zu hindern, das Selbstwertgefühl anzukratzen. Ich entdeckte, dass man es mit rationalem Denken allein nicht schafft. Der Aufbau der Selbstachtung macht einen dynamischeren Ansatz erforderlich. Sie müssen *mit* dem inneren Fokus dieser Phase strömen, nicht *dagegen*. Wenn die Verinnerlichung Sie zu einer Innenschau zwingt, dann nützen Sie diese zentripetale Kraft, um Licht und eine Vision in Ihr Innerstes zu tragen. Ihr Ziel ist es, positive Gefühle zu verankern.

Ich werde Sie mit auf die Reise durch die Verinnerlichungsphase nehmen und Sie durch die Gefühle und Situationen leiten, denen Sie auf diesem Weg wahrscheinlich begegnen werden. Ich werde erklären, inwiefern sich die Trauer des Verlassenwerdens von anderen Formen der Trauer unterscheidet, außerdem werde ich einige der biochemischen und hormonellen Veränderungen erläutern, die in dieser Phase auftreten. Ich werde Ihnen darüber hinaus helfen, unerledigte Angelegenheiten zu erkennen, die aus früheren Verlusten herrühren, ebenso einige der Kindheitsszenarien, die Ihr Selbstwertgefühl beeinträchtigt haben könnten. Und die ganze Zeit über werde ich Sie in Ihrer wichtigsten Aufgabe bekräftigen: nämlich in dieser Zeit der Konzentration nach innen positive Gefühle und Erfahrungen in Ihrem Selbstwertgefühl zu verankern. Schließlich werde ich Sie mit der dritten Akeru-Übung bekannt machen, mit der Sie Verletzungen des Selbstwertgefühls, die Sie bislang in Ihrem Leben immer versteckt hielten, angehen können. Ziel ist es, aus dieser Zeit der Innenschau mit einem stärkeren Selbstwertgefühl aufzutauchen, fähig zu mehr Leben und Liebe als je zuvor.

Die Anatomie der Verlassenheitstrauer

Bislang sind viele der Emotionen, über die wir gesprochen haben – die Verzweiflung, der Schock und die Rückzugsgefühle – Emotionen, die wir mit jenen Menschen teilen, die um den Tod eines geliebten Menschen trauern. Während dieser entscheidenden dritten Phase treten die besonderen Umstände der Verlassenheitstrauer jedoch am deutlichsten zu Tage und unterscheiden sie von anderen Arten der Trauer.

Wenn wir an Trauer denken, dann fällt uns eine zutiefst emotionale Erfahrung ein, die allen Menschen gemeinsam ist.[94] Der Trauerprozess wurde intensiv erforscht und seine Phasen klar beschrieben und definiert. Er zieht sich durch alle Kulturen, Geschlechter, Altersstufen und Gesellschaftsschichten. Wir finden sogar Beweise für diese Trauer bei anderen Spezies des Tierreiches.

In unserer Gesellschaft erkennen wir die Trauer um einen Todesfall an. Aber die Trauer des Verlassenwerdens bleibt immer noch weitgehend unbeachtet. Wenn die Mutter oder der Ehemann einer Freundin stirbt, erwarten wir eine lange Zeit des Trauerns. Wir bieten der Trauernden unsere Nähe und spirituelle

Unterstützung an. Es gibt dagegen keine gesellschaftlichen Rituale, um Verlassenheitsüberlebende zu trösten. Doch deren Trauer kann ebenso intensiv und langwierig sein und auch finanziell und emotional schwächend. Stellen Sie sich eine Frau mit nur einer Flasche Milch im Kühlschrank vor, mit drei hungrigen Kindern, keiner finanziellen Unterstützung und einem Ehemann, der gerade seine Koffer gepackt hat und zu einer anderen Frau gezogen ist. Deren Sorgen reichen weit über das Praktische hinaus; sie durchlebt eine komplizierte Trauer, vermischt mit Wut, dem Gefühl des Verrats und dem Stigma der Verlassenen.

Die Verlassenheitstrauer wird gemeinhin einfach nicht als legitime Form der Trauer anerkannt. Anders als bei der Trauer über einen Todesfall, die von Fachleuten gewissenhaft durchleuchtet wurde, ist die Verlassenheit das vernachlässigte Stiefkind der Psychologie.

Und doch ist das Gefühl der Verlassenheit wie jede Trauer, bei der ein geliebter Mensch verloren ging, ein Prozess, der seinem eigenen Weg folgt. Weil sie so oft unerkannt bleibt, verstecken die Betroffenen ihre Verlassenheitsgefühle tief in sich, wo sie stumm an ihnen nagen, ohne dass Freunde und Angehörige es bemerken, manchmal nicht einmal sie selbst. Viele Betroffene berichten, wie isoliert sie sich fühlen, wie schwierig es für sie ist, anderen verständlich zu machen, was sie durchleiden. Doch gerade diese Trauer kann zu Furcht und Traurigkeit führen und die Selbstachtung und Lebensenergie für lange Zeit schwächen. Ungelöste Verlassenheitstrauer untergräbt außerdem künftige Beziehungen.

»*Ich kann mir nur schwer vorstellen, dass etwas, das vor zehn Jahren passierte, mich heute noch beeinflusst«, sagte John. »Aber nachdem meine Verlobte unsere Verlobung damals aufgelöst hatte, wusste ich nicht, wohin mit all dem Schmerz. Vermutlich blieb er in mir.*

Seinerzeit fiel es mir schwer, allein zu sein, es war sogar gefährlich [er hegte Selbstmordgedanken], *aber trotzdem hasste ich es, von meinen Freunden abhängig zu sein. Ich war es leid, das Opfer zu spielen, also brachte ich mir bei, das, was ich durchmachte, für mich zu behalten. Ich tat, was all die Selbsthilfebücher raten: Ich versuchte loszulassen und weiterzumachen und mein Glück in meinem Innern zu finden. Ich spielte meine Rolle, dass alles in Ordnung sei, so gut, dass ich sogar selbst glaubte, es überwunden zu haben. Nur um sicherzugehen, dass es mir auch weiterhin gut ging, vermied ich Beziehungen, damit ich nicht an meine Gefühle erinnert wurde. Ich hatte keine Ahnung, dass ich trauerte. Was konnte ich denn schon anderes tun, als es zu ignorieren? Darum verfolgt es mich sogar noch nach zehn Jahren – weil ich jetzt endlich versuche, jemanden zu finden, mit dem ich mein Leben teilen kann.«*

John versteckte seine Trauer und wurde dadurch zu einem der vielen wandelnden Verlassenheitsverletzten. Er schien nach außen hin nicht verletzt, aber seine unerkannte Trauer belastete ihn lautlos ein Jahrzehnt lang.

Um das, was Sie durchmachen, besser zu verstehen, müssen Sie die besonderen Merkmale der Verlassenheitstrauer kennen lernen.

Was macht die Verlassenheitstrauer so anders?

Persönliche Verletzung

Die Krux der Trauer um das Verlassenwerden liegt im Unterschied zur Trauer um einen Todesfall in dem Umstand, dass der Mensch, den Sie lieben, nicht gestorben ist, sondern sich freiwillig dafür entschieden hat, die Beziehung zu Ihnen zu beenden.

Der Verlust wird als Affront auf Ihre Selbstachtung erlebt, nicht als höhere Gewalt.

Wenn uns jemand zurückweist, der für uns wichtig ist, dann wird unser Wert als Mensch in Frage gestellt. Abgelegt und entwertet zu werden führt zu einer narzistischen Verletzung, die einer Ohrfeige gleichkommt, einem Affront auf unseren Stolz, auf unser tiefstes Selbstwertgefühl, eine brennende Wunde, die eine tiefe Narbe hinterlassen kann.[95] Manchmal können selbst scheinbar unwichtige Verluste, beispielsweise bei einer Beförderung übergangen oder von einem Freund versetzt zu werden, unser Selbstwertgefühl in Frage stellen. Wenn uns der wichtigste Mensch in unserem Leben verlässt, kann das verheerende Folgen zeitigen.

»Nachdem Lonny gegangen war, vermisste ich nicht nur ihn und unser gemeinsames Leben«, erzählte Marie, »ich vermisste es, mich selbst gut zu fühlen. Plötzlich war ich es leid, ich zu sein. Ich spürte, wie mein Selbstbewusstsein ins Klo hinuntergespült wurde.«

Marie beschreibt das unsichtbare Leck in der Selbstachtung, das diese Phase kennzeichnet. Lautlos und heimtückisch saugen die Selbstzweifel Ihr Selbstwertgefühl von innen ab. Unbewusst interpretieren Sie neue Erfahrungen als Beweis für Ihre persönliche Unzulänglichkeit.

Die Verletzung Ihres Selbstwertgefühls unterscheidet die Verlassenheitstrauer von allen anderen Formen der Trauer.

Der Schmerz der Trauer

Eines der häufigsten Missverständnisse, denen sich Verlassenheitsüberlebende in den Fängen ihrer Trauer gegenübersehen, ist das, dass ihre Gefühle keine Berechtigung hätten, dass es irgendwie schlimmer sei, über einen Todesfall zu trauern. Verlassenwerden und Tod beeinflussen uns auf unterschiedliche Weise, aber man kann unmöglich sagen, das eine sei schmerzvoller als das andere. Die Intensität und Dauer Ihrer Trauer hängt von der Art der Beziehung ab, von den Umständen des Verlustes und von Ihrer emotionalen und körperlichen Verfassung.

»Ich habe der Beerdigung des Ehemannes einer Freundin beigewohnt«, erzählte Barbara. »Als ich sah, wie sich alle um sie scharten, wurde mir klar, dass ich ebenso sehr trauerte wie sie. Aber meine Trauer hatte keine Würde. Ich musste meine Trauer versteckt halten und gleichzeitig zusehen, wie meine trauernde Freundin öffentlich Zuwendung bekam. Anscheinend ist man nur durch den Tod befugt, einen solchen Schmerz zu empfinden.«

Verlust

Beiden Arten der Trauer ist der *Verlust* gemeinsam.[96] Die Phasen der Verlassenheitstrauer überlappen sich in der Tat mit den Trauerphasen, wie sie Kübler-Ross und Bowlby formuliert haben.[97] Ob Ihr Verlust nun durch Verlassenwerden oder Tod verursacht wurde, wenn Sie einen geliebten Menschen verlieren, gerät Ihr ganzes Leben durcheinander. Möglicherweise spüren Sie den Verlust mitten in der Nacht, wenn Sie allein aufwachen, oder wenn Ihr Wagen eine Panne hat und es niemanden gibt, der Sie von der Werkstatt abholen könnte. Mit Ihrem Partner verlieren Sie auch einen Teil von sich selbst. Der Verlust ist eine psychische Amputation, und Sie spüren einen intensiven Phantomschmerz. Sowohl Verlassenheitsüberlebende als auch Witwer und Witwen müssen mit der emotionalen und praktischen Last zurechtkommen, sich dem Leben allein zu stellen.

Mangel an gesellschaftlichem Status und Anerkennung

Leider weist uns die Gesellschaft keine Trauerrolle zu, wenn wir verlassen werden.[98] Es gibt keinen Trauergottesdienst, keine Beileidsbekundigungen. Vielmehr sieht man Sie als jemanden, der sitzen gelassen wurde.

Verlassenheitsüberlebende können sich nur fragen, ob sie ihre Probleme womöglich selbst verursacht haben. Vielleicht war es ihre Schuld, dass die Beziehung endete, vielleicht sollten sie nicht so furchtbar leiden, vielleicht ist das ein Zeichen emotionaler Schwäche. Diese Selbstbezichtigungen fügen dem Ganzen noch das Element der Scham hinzu und zwingen uns immer weiter ins emotionale Exil.

»Als Lonny ging, fühlte ich mich völlig isoliert. Für meine Freunde und meine Familie war er nicht verloren, nur für mich«, erzählte Marie. »Ich war in meiner Trauer allein. Wenn er stattdessen gestorben wäre, dann hätten alle ihn verloren. Seine Angehörigen und Freunde würden ebenfalls trauern. Mein Telefon hätte nicht aufgehört zu klingeln. Die Leute hätten mich besucht. Alle wären gekommen, um einander zu trösten und um mich zu trösten. Schließlich wäre ich die Trauernde, die Ehrenperson, die am Schluss den Sargdeckel schließen darf. Und es hätte ein Begräbnis gegeben, eine Grabstelle, ein Ritual, das gezeigt hätte, wie traurig und tragisch das alles war.*

Ganz zu schweigen davon, dass mein Haus voller Trauerkarten und Blumen gewesen wäre, selbst von ganz weitläufigen Bekannten. Aber da Lonny nicht gestorben war, schien es nur für meine engsten Freundinnen und Angehörigen angemessen, das anzuerkennen, was ich durchmachte. Der Rest der Welt kehrte mir den Rücken zu und hielt sich auf Distanz. Vielleicht wollten die Leute mich nicht in eine peinliche Situation bringen oder womöglich merkten sie gar nicht, was

*ich durchmachte. Es war jedenfalls keine öffentliche Angelegenheit –
denn es gab ja keinen Todesfall.«*

Erstarren und Schock

Trauernde müssen sich gewissen Herausforderungen stellen, die
sich von denen der Verlassenheitsüberlebenden unterscheiden.
Wenn ein geliebter Mensch stirbt, sind wir gezwungen, uns unserer eigenen Sterblichkeit zu stellen. Der Tod ist absolut, un-
umkehrbar und endgültig; die Sehnsucht, mit diesem geliebten
Menschen wieder vereint zu werden, paart sich mit einem Gefühl
der völligen Hoffnungslosigkeit und Verzweiflung. Wir fürchten
uns sehr vor dem Tod, und die Tatsache, diesen Menschen nie
wiederzusehen, ist so unbegreiflich und schrecklich, dass wir erst
einmal in einen Schock fallen. Wie bereits angesprochen produziert das Gehirn Opioide (natürliche Schmerzmittel), die für die
Starre verantwortlich sind, von der Trauernde sprechen. Dieses
Erstarren hilft den Trauernden, das einsetzende Trauma zu überleben, und bei manchen Menschen legt der intensive Schmerz
dadurch sogar kurze Pausen ein.

Betroffene, die von einem geliebten Menschen verlassen wurden, berichten ebenfalls von Schock und Erstarrung (wie im Kapitel »Erschütterung« erwähnt)[99], aber es gibt dennoch Unterschiede. Verlassenheitsüberlebende werden nicht mit ihrer
Sterblichkeit konfrontiert, sondern vielmehr mit der Wut und
der Verzweiflung des *Verlassenwerdens.*[100] Während sie oft für das
Leben um sie herum taub sind, *berichten sie nur selten davon, dass
sie gegen den Schmerz der Zurückweisung immun geworden wären.*
Vielmehr spüren Sie diesen Schmerz ununterbrochen. Dieses
Gefühl überlagert offensichtlich die schmerzstillende Wirkung
der körpereigenen Opioide.

Wut

Wut ist für beide Arten der Trauer typisch. Viele erfahren den Tod eines geliebten Menschen als eine Form von Verlassenwerden und drücken ihre Wut über das Zurückgelassenwerden offen aus. Auch jene, die verlassen wurden, sind wütend, aber für viele ist dieses Gefühl real. Der Mensch, den sie liebten, zog sich absichtlich zurück.

Was die Lage noch schlimmer macht: Ihr verlorener Partner kann für Ihren Schmerz taub sein. Während Sie noch schlimmste Qualen durchleiden, hat sich Ihr Ex-Partner oft schon einem neuen Leben oder vielleicht einem neuen Liebespartner zugewandt. Obwohl die Beziehung für Sie beide verloren ist, trägt derjenige, der *verlassen wurde*, eine weitaus größere Last an emotionalem Schmerz als derjenige, der die *Beziehung beendete*.

Wie Marie es formulierte:

»*Als Lonny ging, habe ich das verloren, was ich am meisten schätzte – ihn. Er hatte das große Los gezogen, und mir blieb nur die Niete.*«

Verleugnung

Wenn ein geliebter Mensch stirbt, ist der Verlust endgültig. Die Verleugnung verhilft uns zur Akzeptanz. Doch wenn wir verlassen wurden, gestaltet sich die Verleugnung etwas komplizierter. Da der geliebte Mensch immer noch lebt, können Sie Kontakt herstellen. In manchen Fällen mag es sogar Aussicht auf eine Versöhnung geben. Die Verleugnung von Verlassenheitsüberlebenden wird von realistischen Möglichkeiten angeheizt. Das führt zu einer aktiveren und hartnäckigeren Suche nach dem verlorenen Partner (auf diese für alle Formen des Verlustes typische Phase bin ich im Kapitel »Erschütterung« näher eingegangen).

Dieser Unterschied macht das Verlassenwerden weder schmerzlicher noch weniger schmerzlich als andere Formen der Trauer, aber es bedeutet, dass Verlassenheitsüberlebende in der Verleugnung verharren und den endgültigen Abschluss dieser Phase hinauszögern können, manchmal endlos.

Abschluss

Sie können etwas versuchen, was einer Witwe verwehrt wird – Sie können Ihren verlorenen Partner zu einer Rückkehr bewegen. Die Witwe kann nur hoffen, ihrem geliebten Partner auf einer spirituellen Ebene wieder zu begegnen. Es ist eine schreckliche Herausforderung, akzeptieren zu müssen, dass der geliebte Mensch körperlich nicht mehr existiert. Viele Trauernde suchen ein spirituelles Medium auf, um die andere Seite zu besuchen, wo sie sich einen Kontakt erhoffen.

Für Verlassenheitsüberlebende gestaltet sich der endgültige Abschluss – das *Loslassen* einer Beziehung – weitaus schwieriger, da der verlorene Partner ja noch lebt.

Liebesverlust

Wer um einen Toten trauert, behält die Liebe des Verstorbenen, er hegt sie, fühlt sich von ihr vielleicht sogar getröstet. Wenn dagegen ein geliebter Mensch beschließt, die Beziehung zu uns zu beenden, dann wird uns die Liebe, die wir einst empfingen, genommen – vielleicht sogar, um sie jemand anderem zu schenken. Es ist ein zwiespältiger Verlust.[101] Der Liebesverlust und die Zurückweisung sind besondere Formen des Schmerzes, die die tiefsten Überzeugungen erschüttern, die Sie von sich selbst haben.

Eines der Ziele der Heilung von Verlassenheitsgefühlen besteht darin, diesen Vorgang als legitime Form der Trauer anzuerkennen. Es ist eine Trauer mit zwei Gesichtern. Das eine Gesicht ist für alle Trauernden gleich; jeder spürt den Verlust. Das andere – *die narzistische Verletzung* – unterscheidet sich jedoch.

Es gibt natürlich viel Literatur über den Umgang mit Verlusten, und Sie können aus den Arbeiten von Philosophen und Heilerinnen großen Nutzen ziehen.

Allgemeine Trauerarbeit: Den Schmerz des Verlustes akzeptieren[102]

Eine der wichtigsten Aufgaben für alle Trauernden besteht darin, *den Schmerz des Verlustes zu akzeptieren*. Selbst die dunkelsten Momente der Verzweiflung sind eine universelle Erfahrung. Wir alle müssen uns hin und wieder mit Verlusten abfinden. Der Tod eines Elternteils oder die Entscheidung eines Partners, uns zu verlassen, führen uns die Unbeständigkeit des Lebens vor Augen. Schließlich kann nichts für immer gleich bleiben. Alle Menschen sind Teil dieser Flüchtigkeit des Lebens. Am Ende müssen wir alle Bindungen loslassen; jeder von uns muss sterben. Es ist ein wichtiger, wenn auch schwieriger Teil des Lebens, unabänderliche Verluste anzunehmen.[103] Denken Sie daran, dass der Schmerz des Verlustes zum Menschsein dazugehört. Die wahre Trauerarbeit besteht im Annehmen dieses Schmerzes.

Sogyal Rinpoche zitiert Buddha im *Das tibetische Buch vom Leben und Sterben* mit folgenden Worten:

> *Was geboren ist, wird sterben,*
> *was zusammengetragen wurde, wird zerstreut,*
> *was sich aufgehäuft hat, wird erschöpft,*
> *was aufgebaut wurde, wird zusammenbrechen,*
> *was hoch war, wird niedrig werden …*

Das Einzige, was wir wirklich haben, ist das Hier und Jetzt.[104] Vielen Menschen hilft es, ihre eigenen Verluste anzunehmen, wenn sie sich die Flüchtigkeit aller Dinge vor Augen führen. Doch Verlassenheitsüberlebende haben immer noch diese narzistische Verletzung, um die sie sich kümmern müssen – die unsichtbare Wunde der Selbstverletzung.

Die Umkehrung der Selbstverletzung

Die ganz persönliche Note Ihrer Trauer – eben das, was die Verlassenheitstrauer von allen anderen Formen der Trauer unterscheidet – bietet Ihnen einen mächtigen Anreiz, um mit dem Heilungsprozess zu beginnen. Sie werden motiviert sein, mehr Leben und Liebe als zuvor zu finden, nicht trotz der Zurückweisung, die Sie hinnehmen mussten, sondern wegen ihr. Der Rest dieses Kapitels widmet sich in erster Linie dem Versuch, die Selbstverletzung umzukehren, die diese Verinnerlichung ausmacht.

Es folgt eine Auflistung der »Ich«-Worte, die mit dem Verinnerlichungsprozess der Verlassenheitsgefühle einhergehen; eine Nachschlagehilfe, damit Sie die Merkmale erkennen und auf die Fallgruben aufmerksam werden. Je bewusster Sie sich der Möglichkeiten werden, mit denen das Verlassenwerden Ihr Selbstwertgefühl schädigen kann, desto aktiver werden Sie die negativen Botschaften abfangen und widerlegen können und es zu vermeiden wissen, sie zu verinnerlichen.

Bestandsverzeichnis der Verinnerlichung

Das Idealisieren des Menschen,
der Sie verlassen hat

Verlassenheitsüberlebende idealisieren gern den Menschen, der sie verlassen hat, was sie letztendlich selbst herabwürdigt. Freunde und Angehörige können dieses Verhalten oft am schwersten verstehen. Viele Betroffene geben ihren ehemaligen Partnern Macht über sich – auf Grund des Schmerzes, den diese verursachten, als sie gingen. Dieser Schmerz wird zu einer Furcht einflößenden Macht, zu einer Kraft, die die Betroffenen einschüchtert. Angesichts dieser Furcht kann man leicht verwirrt werden und sich einbilden, dass der Mensch, der einen verlassen hat, mächtiger und wichtiger sei, als er es in Wirklichkeit ist.

»Alles in meinem Leben drehte sich plötzlich um Howard«, erzählte Barbara. »Die Sonne ging auf, wenn er anrief ... und die Erleichterung, die er verschaffen konnte, das Entzücken, das er bewirken konnte – wenn er nur zurückkäme! Und der Schmerz und die Qual, die er verursachte, als er ging! Ich fühlte mich von ihm absolut besiegt. Er wurde so mächtig. Wie konnte ich nur meine Ehrfurcht vor ihm eine Zeit lang aussetzen?«

Das Verlassenwerden hat Sie vorübergehend in eine untergeordnete Position versetzt. Sie sind von der Macht dieser Abwesenheit erstaunt; Sie sind emotional überwältigt von der Kraft Ihrer Bindung an diesen Menschen. Da Sie sich emotional im Nachteil befinden und die Dinge nicht ändern können, neigen Sie natürlich dazu, eine Hierarchie zu errichten, bei der Sie den Menschen, der Sie verlassen hat, irgendwo über sich selbst ansiedeln – auf einem Podest.

Wie sieht die Selbstunterwerfung auf biologischer Ebene aus? Frauen mit dem *prämenstruellen Syndrom* können die Beziehung zwischen wechselnden Hormonständen und dem Gefühl, sich selbst schlecht zu finden, nachvollziehen. Heute verstehen Wissenschaftler sehr viel mehr von der Rolle, die das Serotonin (ein chemischer Botenstoff im Gehirn) dabei spielt, was Menschen von sich selbst halten. Prozac und andere Antidepressiva auf Serotonin-Basis werden häufig als Mittel gegen Depressionen, niedrige Selbstwertgefühle und andere emotionale Probleme verschrieben.[105]

Jedoch zeigen neurowissenschaftliche Studien über die Beziehung zwischen Hormonen und Stimmungen, dass Verlassenheitsüberlebende schwerpunktmäßig das Gefühl haben, am Boden zu liegen und besiegt zu sein. Um diese Beziehung zu verstehen, werfen wir einen Blick auf das soziale Gefüge der Paviane, unseren weitläufigen Vettern, die Forschungsgegenstand der Studien von Robert Sapolsky waren.

Laut Sapolsky, der die Paviane in ihrer natürlichen Umgebung beobachtete, »arbeiten die dort lebenden Paviane vielleicht vier Stunden am Tag; sie suchen die Felder und Bäume nach Früchten, Knollen und essbaren Pflanzen ab. … [Somit] bleiben ihnen noch acht Stunden, um einander zu ärgern: soziale Konkurrenz, Zusammenrottungen gegen andere, gegen große, schlecht gelaunte Männchen, die Kleinere verdreschen, höhnische Gesten hinter dem Rücken anderer – genau wie wir.«

Was haben Paviane mit dem Gefühl des Besiegtseins zu tun? Der soziale Rang bei den Pavianen basiert auf der relativen Position der Unterwerfung oder Dominanz über andere.[106] Unter den Männchen wird Dominanz durch bestimmte Verhaltensweisen etabliert: Wer regelmäßig den Blickkontakt zu wem meidet, wer seine Aggressionen ohne Angst vor Vergeltung an anderen auslässt und wer ein begehrtes Stück Futter (oder ein

Weibchen) gewinnt – kurz gesagt, wer anderen Ärger bereitet und wer geärgert wird, wie Sapolsky es formuliert.

Sapolsky testete seine Versuchsobjekte auf Stresshormone und stellte fest, dass dominante Männchen die niedrigsten Mengen an Glukokortikoiden hatten. Untergeordnete Mitglieder – diejenigen, die ständig einstecken mussten – hatten die höchsten Mengen.

Unter normalen Umständen bleiben Hierarchien stabil, aber wenn Paviane trauern – wenn ein Mitglied der Horde stirbt oder eine wichtige Bindung zerbrochen wird –, verdoppeln sich die Stresshormonmengen bei den dominanten Männchen beinahe. Damit einher geht eine plötzliche dramatische Veränderung in ihrem Verhalten: Die dominanten Männchen hören auf, dominant zu sein.

Es folgt ein Chaos in der Hierarchie. Männchen verschiedenster Ränge schielen nach neuen Positionen. Die Stresshormonmengen der einzelnen Paviane steigen drastisch, während sie die vorrückenden Männchen aus *niedrigeren* Rängen abwehren müssen. Am faszinierendsten ist der Umstand, dass die Stresshormonmengen der Männchen, die jene angreifen, die in der Hierarchie *über* ihnen stehen, *überhaupt nicht* steigen.

Das deutet darauf hin, dass Paviane auf unterschiedliche Weise auf Stress reagieren, je nachdem, ob sie versuchen, sich etwas zu beschaffen, beispielsweise einen höheren sozialen Rang, oder ob sie sich gegen einen potenziellen Verlust wehren, beispielsweise den Verlust des Ranges.[107]

Das menschliche Äquivalent einer Pavianstellung in der sozialen Hierarchie kann ungefähr mit »Status« innerhalb einer Beziehung übersetzt werden – oder damit, wie gut Sie in der Lage sind, Ihren Wert zu behaupten. Ihre Fähigkeit der Selbstbehauptung basiert in erster Linie darauf, wie zuversichtlich Sie sind, was wiederum darauf fußt, wie Sie Ihren eigenen Selbstwert einschätzen. Dem Verlust eines geliebten Menschen folgt ein Anstieg an Stresshormonen, was auf der biochemischen Ebene das nachvollzieht, was Sie subjektiv erleben: eine vorübergehende Verringerung Ihrer Zuversicht. Sie fühlen sich machtlos, dem Menschen unterworfen, der Sie verlassen hat, und Sie mögen sich gar nicht.

Sapolskys Forschungen deuten darauf hin, dass unsere beste Vorgehensweise angesichts von Zurückweisung und Niederlage darin besteht, nach Größerem zu streben, anstatt uns in Defensivmaßnahmen zu verstricken, uns nach vorn zu bewegen, anstatt uns an die Vergangenheit zu klammern.

Welche biochemischen Veränderungen auch stattfinden mögen, Ihre Aufgabe ist es, sich nicht von diesem machtvollen Prozess überrollen zu lassen – auch wenn Sie das Gefühl haben, Ihre Kraft sei von Ihrem ehemaligen Partner beschnitten worden, weil Sie ihn nicht länger kontrollieren und ihn nicht zur Rückkehr bewegen können. Sie können jedoch Ihre eigene Vorgehensweise kontrollieren und sich selbst neue Ziele setzen.

Warum neigen wir dazu, den Menschen, der uns verlassen hat, zu idealisieren? Bei vielen dient das einem Zweck. Es verhilft ihnen zu der Überzeugung, dass man jemanden so Besonderes, so Einzigartiges, so Wunderbares verloren hat, dass man gar nicht anders kann, als bei seinem Weggehen zusammenzubrechen. Sie heben seinen Status und seine Macht ins Grenzenlose als Rechtfertigung für Ihre Verzweiflung. Sie überzeugen sich selbst davon, dass der Grund für ihre Gefühle der Hilflosigkeit und Abhängigkeit der ist, dass sie jemanden verloren haben, der absolut unersetzlich und unentbehrlich war.

Um diese selbstzerstörerische Denkweise umzukehren, müssen Sie daran denken, dass dieser Zustand *nur vorübergehend* ist, dass diese Gefühle natürlicher Bestandteil für diesen Prozess sind und dass Sie tatsächlich einen Ersatz finden werden, wenn Sie wollen, einen Menschen, der genauso viel, wenn nicht mehr zu bieten hat. Sie werden den Verlust überwinden.

Barbaras Neigung, andere zu idealisieren, gehörte zu einem Muster, das in ihrer Kindheit begann.

»Ich hatte immer schon dazu tendiert, Menschen, die ich liebe, auf ein Podest zu stellen«, gestand Barbara, »und mich ihnen dann zu Füßen zu werfen. Für mich war Howards Weggang ein Zeichen dafür, dass ich nicht gut genug für ihn war.

Es fiel mir schwer, die Macht, die er über mich hatte, zu beschneiden. Ich sagte mir immer wieder, dass ich ohne ihn besser dran wäre. Ich listete seine Fehler auf und hielt vor meinem inneren Augen meine eigenen Verdienste dagegen. Aber es war nicht leicht, die Vorstellung loszulassen, er sei unersetzlich.

Schließlich wurde mir klar, dass ich diejenige war, die ihm diese Macht erst verliehen hatte. Wessen Macht war es also? Meine. Meine Aufgabe war es, ihm diese Macht zu nehmen und sie mir selbst zurückzugeben. Wenn ich sie erschaffen kann, kann ich sie auch in Besitz nehmen.«

Halten Sie sich an Barbaras Beispiel, und folgen Sie der Richtung der Verinnerlichungsenergie zum Sitz Ihrer eigenen Macht. Wenn Sie sich selbst dabei ertappen, wie Sie Ihren verlorenen Partner idealisieren, dann denken Sie daran, dass Sie stark sind. Sie überleben diesen Angriff auf Ihr Selbstwertgefühl. Erstellen Sie eine Liste Ihrer eigenen Stärken, die Sie idealisieren können.

Ohnmächtige Wut

Wut ist eigentlich das Thema des nächsten Kapitels, aber die Verinnerlichungsphase der Verlassenheit kennt ihre eigene Wut. In dieser Phase ist Ihre Wut die eines Opfers: dieses sinnlose Her-umschlagen, diese sinnlosen Angriffe auf Kissen, Teller und Porzellanfigürchen. Solche Verhaltensweisen deuten darauf hin, dass Sie selbst zum Gegenstand Ihrer eigenen Wut wurden. Ihre Wut ist eine Form der Frustration. Sie sind frustriert über den Schmerz und den Verlust und über sich selbst, weil Sie sich so hilflos fühlen.

Den Menschen, der Sie verlassen hat, idealisieren

Ohnmächtige Wut

Isolation und Scham

Anklage

Identitätskrise

Weiterkämpfen

Bestandsverzeichnis der Verinnerlichung

»Jede Nacht, wenn ich an Travis dachte, versetzte ich meinen Kissen den Todesstoß«, erzählte Roberta. *»Ich gab alles, schlug zu und erdolchte. Wie sonst sollte ich den Schmerz freisetzen? Ich fühlte mich so weggeworfen, so machtlos, so unbedeutend in seinen Augen.«*

Verlassenheitsüberlebende haben in dieser Phase oft Schwierigkeiten damit, ihre Aggressionen zu kontrollieren. Es ist, als ob das innere Kind das Ruder übernommen hätte. Manchmal zeigt sich das in Tränen, dann wieder explodiert man einfach – für gewöhnlich, wenn man am wenigsten damit rechnet, und häufig bei Menschen, die überhaupt keine Schuld trifft.

Möglicherweise stellen Sie auch völlig unrealistische emotionale Ansprüche an andere. Sie erwarten, dass andere Menschen die Unterstützung und Liebe ersetzen, die Sie so sehr vermissen. Sie erwarten, dass diese Menschen das Unmögliche vollbringen.

»Einige Wochen, nachdem Travis gegangen war, verbrachte ich den Tag mit einer guten Freundin«, berichtete Roberta. *»Ich erklärte ihr, dass mein Leben vorüber sei. Sie meinte, ich sei zu negativ, zu pessimistisch, ich solle mich nicht so hoffnungslos fühlen. Ich hatte das Gefühl, als ob sie mir meine Gefühle absprach. Für sie war es leicht,*

meine Verzweiflung abzutun – es war ja nicht ihr Leben, das den Abfluss hinuntergespült wurde. Aber hatte ich deshalb das Recht, sie mitten im Restaurant anzubrüllen? Meine Freundin versuchte, mich zu beruhigen. ›Ich wollte dir doch nur helfen‹, beschwichtigte sie, aber das brachte mich nur erneut in Rage. Ich hatte damals das Gefühl, absolut im Recht zu sein, aber rückblickend weiß ich, dass ich mich einfach hilflos fühlte und es an ihr ausließ.«*

Viele toben ihre Wut an anderen, an Kissen oder an sich selbst aus, weil sie sich nicht stark genug fühlen, um sie an ihrer verlorenen Liebe auszulassen. Sie fürchten sich vor der Zurückweisung, lassen sich leichter einschüchtern und haben Angst vor einer heftigen Reaktion und dem neuerlichen Verlassenwerden. Sie wollen keinen weiteren Schmerz, keine weitere Verletzung riskieren. Letztendlich fürchten sie auch, ihre Chance zu vertun, den verlorenen Partner zur Rückkehr zu bewegen, wie gering diese Chance auch sein mag.

»Ich fürchtete, wütend auf Howard zu werden, weil ich es nicht ertragen konnte, auch nur einen weiteren Tropfen Liebe zu verlieren. Kriechend suchte ich am Boden nach Brosamen der Anerkennung.«

Erinnern Sie sich an die Paviane, die niedrigere Stresshormonmengen hatten, wenn sie um einen höheren Rang kämpften? Denken Sie an diese Paviane, und versuchen Sie, bei Ihrer Heilung eine aktive und keine passive Rolle einzunehmen. Vermeiden Sie unterwürfige Positionen, und widerstehen Sie der Versuchung, sich selbst zu erniedrigen. Nehmen Sie lieber eine aufrechte Haltung ein, und bekräftigen Sie Ihren Selbstwert.

Isolation und Scham

Im Mittelpunkt der emotionalen Wunde, die entsteht, wenn ein geliebter Mensch uns verlässt, liegt die Scham – diese furchtbare Scham darüber, einfach abgelegt worden zu sein.[108] Die Scham treibt Sie dazu, Ihre Gefühle für sich zu behalten. Der Verlust kann aufgearbeitet werden, er kann gemildert, ersetzt, projiziert, kanalisiert, medikamentiert, verringert werden. Aber die Scham über das Verlassenwerden entzieht sich fast jedem Heilungsversuch.

»Ich hatte keine Probleme damit, allein irgendwohin zu gehen, bevor Travis mich verließ«, erzählte Roberta. »Doch danach wollte ich unter keinen Umständen allein in ein Konzert oder in ein Restaurant gehen. Ich schämte mich zu sehr.«

Fast alle von uns haben schon einmal die Flutwelle der Scham verspürt, die über uns hinwegrollte, als wir verlassen wurden – diese verurteilende Stille und niederschmetternde Isolation. Lassen Sie sich von diesen Gefühlen nicht in die Knie zwingen. Geben Sie Ihren Gefühlen einen Namen, holen Sie sie aus der Isolation heraus. Das hilft Ihnen, die Scham aufzulösen.

Zuerst, als Ihre Welt zusammenzubrechen schien, war das Alleinsein ein Schock, es war furchtbar. In der Rückzugsphase war es ein unwillkommener Zustand, der Ihre Trauer nur noch verstärkte. Aber während der Verinnerlichungsphase halten Sie Ihr Alleinsein für den Beweis, dass Sie nicht liebenswert sind. An diesem Punkt wandelt sich das Alleinsein in Selbsterniedrigung. In der Isolation kann sich Ihre Scham vergrößern und eine unsichtbare Wunde der Verlassenheit hervorbringen.

Im Herzen der Scham sitzt die Überzeugung, dass Sie es nicht verdienen, geliebt zu werden – eine entscheidende und potenziell gefährliche Überzeugung. Denken Sie daran, es ist ein Gefühl, das Verlassenheitsüberlebende häufig quält. Doch so machtvoll es auch sein mag, es ist nur ein Gefühl, keine Tatsache. Sie verdienen Liebe, so wie wir alle.

Anklage

Einer der Verstärker der Scham ist die Selbstanklage. Die Frage, die sich die meisten Menschen in dieser Phase einfach stellen müssen, gleichgültig, wie groß ihre Selbstachtung auch ist, lautet: Was habe ich nur getan, um so etwas zu verdienen?

Selbstzweifel und Selbstbezichtigungen sind für gewöhnlich kraftvoll genug, um mögliche Affirmationen auszuhebeln, mit denen Sie Ihre Selbstachtung wahren wollen: *»Ja klar, ich bin schön; ja klar, ich bin wunderbar. Eigentlich mache ich alles richtig. Na toll! Und was stimmt dann nicht mit mir? Warum wurde ich sitzen gelassen? Wie kommt es, dass ich jetzt allein dastehe?«*

Natürlich hinterfragen wir unsere Ansichten über das Leben und uns selbst, wenn uns eine Verlusterfahrung trifft.[109] Das gehört zum Trauerprozess dazu. Aber wenn es um das Verlassenwerden geht, kann sich diese Innenschau zu einem vernichtenden inneren Dialog entwickeln.

»Als Gabby auszog, fühlte sich das Alleinsein wie eine Bestrafung an – als ob ich mich irgendeiner Sache schuldig gemacht hätte«, erzählte Keaton im Laufe einer Gruppensitzung. »Ich fühlte mich so demoralisiert, dass ich mir wünschte, das würde jedem passieren – damit ich nicht der Einzige bliebe, den man sitzen gelassen hatte. Das ist einer der Gründe, warum ich herkam – damit ich mich nicht als der einzige Verlierer fühlen muss.

Ernsthaft, ich fühlte mich ausgegrenzt, als ob mit mir wirklich etwas nicht stimmte. Wie kommt es, dass andere Menschen die Kon-

trolle über ihr Leben haben, dass ihre Beziehungen funktionieren und meine nicht?«

Die Innenschau kann in der Verinnerlichungsphase zum Zwang werden.

»Ich blieb bis in die Nacht hinein auf, prüfte jedes Wort, jede Geste, an die ich mich erinnern konnte, suchte nach Hinweisen, was ich bei Travis falsch gemacht hatte«, erzählte Roberta. »Ich wünschte mir, ich wäre ein anderer Mensch. Ich wünschte, ich könnte noch mal ganz von vorn anfangen.«

Warum klagen wir uns selbst an? So schmerzlich und potenziell destruktiv diese Gedanken auch sind, sie dienen einem vorübergehenden Zweck. Sie bieten ein Gefühl der Kontrolle über das, was geschehen ist. Wenn wir uns selbst die Schuld geben, dann glauben wir dadurch die Kraft zu haben, jene Dinge zu ändern, die zum Ende der Beziehung führten. Wir geben vor, dass wir unsere Fehler nur beheben müssten, und schon könnten wir unseren verlorenen Partner zurückbekommen. Selbst wenn er nicht zurückkommt, haben wir doch gelernt, wie wir uns das nächste Mal zu verhalten haben (oder nicht zu verhalten haben).

Doch wenn wir die ganze Verantwortung für das Scheitern unserer Beziehung auf uns nehmen, kann das zu weiteren Selbstverletzungen führen. Während Sie in sich nach *Mängeln* suchen, die Sie korrigieren können, gelangen Sie möglicherweise zu der Ansicht, dass Sie als Person nicht akzeptabel seien. Hüten Sie sich vor dieser ungesunden Idee, die irrig ist und nichts weiter als ein vorübergehendes Nebenprodukt Ihres Verlustes.

Viele der oben genannten Gefühle gehören zu Ihrem inneren Kind, nicht zu Ihrem erwachsenen Selbst. Sie müssen Ihrem inneren Kind unbedingt versichern, dass Ihr Alleinsein nur *vor-*

übergehend ist. Wenn Sie sich für eine neue Beziehung entscheiden, dann wird sie auch kommen. Ihre Isolation bedeutet nicht, dass Sie wertlos sind, sondern nur, dass Sie sich in einer Übergangsphase tief greifenden persönlichen Wachstums befinden.

Identitätskrise

»Ich war immer Teil einer Beziehung«, sagte Barbara. »Wer war ich nun?«

Eine Trennung führt häufig zu dieser Frage, und viele Betroffene haben das Gefühl, durch das »Verlassenwerden« gebrandmarkt zu sein. Vielleicht machen Sie sich Gedanken, wie andere Sie jetzt sehen. Denken Sie womöglich, dass mit Ihnen etwas nicht stimmt? Dass Sie ein defektes Gen mit sich herumtragen, auf Grund dessen Sie nicht liebenswert sind? Manche Betroffene fürchten sogar, dass sich diese imaginären Mängel äußerlich zeigen könnten.

»Ich muss zu einer Hochzeit gehen«, erklärte mir Holly bei ihrem ersten Besuch. »Aber ich habe niemanden, der mich begleiten kann. Ich habe das Gefühl, ein Neonschild mit der Aufschrift ›Niemand will mich‹ mit mir herumzutragen. Alle wissen, was mit mir nicht stimmt, und können sehen, warum ich immer allein bin – nur ich weiß es nicht.«

Ihre Sorge, wie andere Sie wahrnehmen könnten, kann von leichter Unsicherheit bis hin zur Paranoia reichen.
Hollys Geschichte bestand aus wiederholten Zurückweisungen. Als Heranwachsende war sie zu der Überzeugung gelangt, dass die Leute hinter ihrem Rücken über sie redeten. Sie wuchs aus diesem pubertären Gefühl zwar heraus, aber von Zeit zu Zeit meldete es sich wieder bei ihr.

»Wenn ich im Bus oder im Aufzug jemanden flüstern hörte, dann glaubte ich manchmal, es ginge dabei um mich. Vermutlich klingt das ganz schön paranoid, aber ich war so oft verletzt und im Stich gelassen worden, dass ich wirklich glaubte, mit mir stimme augenscheinlich etwas nicht, und andere Leute wollten deshalb nicht mit mir zusammen sein.«

Unsichtbarkeit

Paradoxerweise berichten manche Patienten und Patientinnen auch, sich unsichtbar zu fühlen – sexuell in Liebesdingen. So ging es Roberta.

»Anfangs dachte ich, ich müsse sterben, wenn ich nicht sofort Sex haben könnte, egal mit wem. Ich hätte nur zu gern Liebe mit einem Baum gemacht. Dann verfiel ich ins andere Extrem. Ich fühlte mich absolut geschlechtslos. Ich war überzeugt, dass mir jeder Sex-Appeal fehlte, dass ich weder Charme noch Charisma noch sonst etwas hatte, was andere dazu verlocken könnte, mit mir zusammen sein zu wollen. Meine sexuelle Selbstachtung befand sich im freien Fall. Als Travis mich verließ, hatte er mich meiner Ansicht nach sexuell disqualifiziert.«

Wenn sich jemand dafür entscheidet, eine Beziehung zu beenden, dann fragt sich der andere natürlich, ob ihm die Fähigkeit fehlt, die Liebe zu bekommen, die er so verzweifelt braucht. Das innere Kind sagt: »Niemand liebt mich. Ich bin nicht gut genug, ich bin nichts Besonderes.«[110]

Diese Gefühle können in die Zeit zurückreichen, als Sie die Liebe oder Aufmerksamkeit Ihrer Eltern gewinnen wollten. Möglicherweise haben Sie sich diese Gefühle zu Herzen genommen und tiefe Zweifel entwickelt, ob Sie überhaupt die Liebe und Aufmerksamkeit anderer Menschen anziehen können. Das hat Sie im späteren Leben für eine Zurückweisung in Liebesdingen äußerst verletzlich gemacht.

Ein Psychoanalytiker nannte das einmal die »Einschränkung der Fähigkeit, *die Arbeit der Eroberung zu leisten*«, jene Arbeit, die notwendig ist, um ein gleichgültiges Objekt in einen teilnehmenden Partner zu verwandeln. Das ist eine sehr klinische Ausdrucksweise für Ihr Gefühl, nicht begehrenswert genug zu sein, um die Liebe und Loyalität eines anderen Menschen zu gewinnen.

Wenn ein geliebter Mensch geht, dann rückt diese Überzeugung Ihrer »eingeschränkten Fähigkeit« in den Vordergrund. Es ist, als ob die Trennung nur bestätigt, was das innere Kind schon die ganze Zeit dachte – dass Sie wertlos sind.

Es ist wichtig, dass Sie sich nun mit fürsorglichen und herzlichen Freunden umgeben und positive, lebensbejahende Aktivitäten verfolgen. Sie können sich einer Selbsthilfegruppe anschließen, sich sportlich betätigen oder therapeutische Hilfe in Anspruch nehmen. In dieser Situation können auch Workshops zur Heilung von Verlassenheitsgefühlen viel positives Feedback und Unterstützung bieten.

An diesem Punkt sind Sie emotional wahrscheinlich noch nicht bereit für eine neue Beziehung. Doch wenn Sie sich nicht einkapseln, werden Sie bald feststellen, dass Sie Ihre Anziehungskraft weder als Mensch noch als sexuelles Wesen verloren haben. Gleichgültig, wie unsichtbar und erniedrigt Sie sich momentan fühlen, Sie werden wieder lieben.

Weiterkämpfen

Die Erfahrung des Verlassenwerdens mag Sie vorübergehend gedemütigt und in die Knie gezwungen haben, aber sie hat Sie nicht besiegt.

Wenn Sapolskys Forschungen an Pavianen Sie noch nicht

davon überzeugen konnten, aufzustehen und zu kämpfen, dann denken Sie an die Arbeit von Maier, Watkins und Fleshner mit Laborratten.

Laut diesen Forschern entwickelt in einer Gruppe männlicher Ratten, die sich einen Käfig teilen, eine Ratte ein Dominanzverhalten – sie wird zur Alpharatte. Sobald die Forscher eine fremde Ratte dazusetzen, greift die Alpharatte diese an. Anfangs kämpft der Eindringling, nimmt jedoch später eine unterwürfige Haltung ein. Sobald die Alpharatte dieses äußere Zeichen der Unterwerfung sieht, betrachtet sie die neue Ratte nicht länger als Bedrohung und lässt von ihr ab. Die Forscher prüften, welche Wirkung Angriff und Niederlage auf das Immunsystem des Eindringlings hatten. Sie stellten fest, dass in den Wochen nach dieser Erfahrung die Produktion von Antikörpern (die guten Immunzellen) stark reduziert war. Mit anderen Worten, die Immunsystemreaktion der Ratte war geschwächt.[111]

Die Forscher prüften auch, ob diese Verringerung von Antikörpern eine Folge des körperlichen Angriffs war (gebissen und gestoßen zu werden) oder ob es sich um die Auswirkung der psychologischen Niederlage handelte. Sie untersuchten sorgfältig eine Gruppe von Ratten, die keine unterwürfige Haltung einnahmen, wenn man ihnen die Rolle des Eindringlings zuwies, sondern weiterkämpften. Erstaunlicherweise zeigte sich, dass die kampflustigeren Ratten zwar wiederholt gebissen und auch sonst malträtiert wurden, jedoch ihre Antikörpermengen davon nicht beeinträchtigt wurden.

Diese Studie bestätigt die Erkenntnis von Humanmedizinern: Menschen, die sich nicht wehren, die sich in einer Krise passiv verhalten, entwickeln viel wahrscheinlicher Krebs und andere Krankheiten.[112]

Die Botschaft ist eindeutig: Sie können und Sie sollten den Gedanken bekämpfen, Sie seien irgendwie wertlos. Nehmen Sie sich etwas Zeit nur für sich, um Ihr Leben unter die Lupe zu nehmen und Ihren Verlust auszugleichen, indem Sie positive Schritte unternehmen.

Unerledigte Angelegenheiten
aus der Verinnerlichungsphase

Während ich mit Selbstzweifeln kämpfte, nachdem mein langjähriger Partner mich verlassen hatte, tauchten alte Gefühle aus einer schmerzlichen und schwierigen Zeit meiner Kindheit auf. Diese fingen zu der Zeit an, als meine Mutter ihr drittes Kind erwartete. Ich war die Älteste und wurde mit sieben Jahren langsam dick.

Durch die Ankunft eines neuen Brüderchens fühlte ich mich emotional wahrscheinlich zweitrangig. Ich bin nicht sicher, ob es bei meiner Gewichtszunahme eine physiologische oder genetische Komponente gab. Das Dickerwerden könnte die Folge einer Zunahme der Glukokortikoide gewesen sein, wie ich es im Kapitel »Rückzug« beschrieben habe. Fütterte ich meinen emotionalen Hunger mit zu vielen Schokoladenkeksen? Ich weiß es nicht genau, aber ungeachtet der Ursache, zum ersten Geburtstag meines kleinen Bruders war ich zu einem Dickerchen geworden.

Das war für meine Familie ungewöhnlich. Wir waren eine fotogene Familie, schlank und schön, außer mir. Ich fühlte mich wie ein Schandfleck. Jahre später erzählte mir meine Mutter, dass sie als Kind ebenfalls eine dicke Phase durchgemacht hatte. Sie hatte sich furchtbar für ihr Aussehen geschämt, sich von ihrer eigenen Familie und der Welt ausgestoßen gefühlt. Ich muss in ihr eine lebhafte Erinnerung an diese schmerzliche Phase ihrer eigenen Kindheit hervorgerufen haben, und ich frage mich, ob das der Grund war, warum sie sich von mir zu distanzieren schien.

Es kam aber noch schlimmer, denn mein relativ kleiner Mund hatte nicht genug Platz für meine zweiten Zähne. Ein Eckzahn wuchs direkt nach vorne. Mit meinem vorstehenden Zahn und meinem Doppelkinn hätte ich mich am liebsten nur noch versteckt. Meine Mutter wollte mir zu Hilfe eilen und machte mir zu Hause eine Dauerwelle, um mich aufzuheitern. Es funktionierte nicht. Meine Haare fielen büschelweise aus. Es blieben nur ein paar jämmerlich krause Strähnen übrig. Ich war überzeugt, dass meine Haare niemals nachwachsen würden und ich ein Monster bliebe, ein ewiger Fluch für die Familienporträts. Ich versuchte, so zu tun, als ob mir das alles nichts ausmachte. Ich wollte nicht, dass die anderen Kinder sahen, wie sehr mich ihr Spott verletzte.

Im Sommer vor der sechsten Klasse überraschte ich alle, indem ich mich an eine strenge Diät hielt. Ich verlor die ganzen zusätzlichen Pfunde, meine Haare wurden voller, mein Zahn wuchs wieder normal, und zu Beginn des neuen Schuljahres war ich schlank und attraktiv. Langsam besserte sich mein Selbstbild, aber das erforderte viel Arbeit. Ich lernte, mir selbst eine Stütze zu sein, und ich versuchte gleichzeitig, meinen Freunden zu helfen, damit auch sie sich besser fühlten. Eine emotionale Heilerin war geboren.

Trotz all der Arbeit, die ich seitdem geleistet habe, kamen viele alte dicke Gefühle an die Oberfläche, als mich mein Partner nach zwanzig Jahren verließ. Tief in mir hegte ich einen Selbsthass, der nur auf den richtigen Augenblick wartete, um wieder in Erscheinung zu treten. Die Trennung war der Stolperdraht, der diesen Hass aktivierte.

»Bei mir ging es nicht um das Aussehen, sondern um die Gesundheit«, erzählte Pamela. »Ich hatte als Kind Herzprobleme. Die Hälfte meiner Kindheit verbrachte ich im Krankenhaus, wo ich operiert

*wurde. Danach musste ich mich monatelang erholen. Ich sah vom
Fenster meines Schlafzimmers aus den anderen Kindern beim Spielen
zu, und ich fragte mich, warum gerade ich krank sein musste.*

*Ich glaubte damals, das Schicksal habe mich ausgesondert, als ob
die anderen Kinder besser wären als ich. Ich fühlte mich schüchtern
und gehemmt, wenn sie zu Besuch kamen. Meiner Meinung nach lag
das daran, dass ich nicht so stark und gesund war wie sie und dass sie
deshalb besser waren als ich.«*

Kinder fühlen sich durch fast jede Art von Verlust zurückgesetzt:
ein Todesfall in der Familie, eine Scheidung, sich die Liebe der
Mutter mit einem neuen Geschwisterchen teilen zu müssen, ge-
sundheitliche Probleme, der Verlust eines Freundes oder auch
eines Traumes. Bei jedem dieser Verluste spürt das Kind die Scham
des Verlassenwerdens. Kinder sehen die Welt natürlich aus ihrer
eigenen begrenzten, selbstzentrierten Sicht, darum erfahren Sie
jeden Verlust als Schlag gegen ihren persönlichen Wert. Ihre in-
tellektuellen Fähigkeiten sind noch nicht ausreichend entwickelt, um eine absolut unpersönliche Situation von einer Situation zu unterscheiden, bei der ein Versagen ihrerseits zum Tragen
kommt. Darum nehmen Kinder fast alle Verluste persönlich.
Und diese Enttäuschungen, Kränkungen und Entwürdigungen,
die schon vor Jahrzehnten geschehen sind, können zu neuem
Leben erwachen, wenn ein geliebter Mensch uns verlässt.

Kindheitsszenarien der Verinnerlichung[113]

Welche Kindheitserfahrungen führen zu geringen Selbstwertgefühlen? Die Teilnehmenden an meinen Selbsthilfegruppen erwähnen häufig Eltern, die …

- sie herabwerteten, kritisierten und zurückwiesen
- sie anschrien, ihnen sagten, sie seien schlecht, die sie in der Öffentlichkeit lächerlich machten oder demütigten
- anderen Geschwistern größere Gunst erwiesen oder sie beim Vergleich mit ihren Geschwistern schlechter einstuften
- ihnen zur Strafe Zuneigung vorenthielten
- ihnen die Schuld für ihre Stimmungen und Frustrationen gaben
- sie als den Mittelpunkt aller Familienprobleme hervorhoben
- sie als unverantwortlich, faul, dickköpfig, selbstsüchtig oder desorganisiert bezeichneten
- sich so viele Sorgen um sie machten, dass ihr Selbstvertrauen untergraben wurde
- sie wie ein Baby behandelten und ihre Reife und Unabhängigkeit nicht erkannten
- ihnen keine Verantwortung übertrugen (sie hatten nicht das Gefühl, eine tragende Rolle in der Familie zu spielen)
- ihnen zu viel Verantwortung übertrugen – sie waren die Sklaven der anderen, selbst nicht wichtig genug
- Enttäuschung angesichts ihrer Leistungen ausdrückten
- viel zu hohe Erwartungen an sie stellten
- viel zu niedrige Erwartungen an sie stellten
- die ganze Wucht ihrer Wut an ihnen ausließen
  Oder vielleicht hatten Sie …
- Probleme, gute Noten in der Schule zu erzielen
- körperliche Probleme oder äußerliche Auffälligkeiten, die zu ständigen Vorurteilen führten
- Schwierigkeiten, Freundschaften zu schließen
- leistungsstarke Geschwister, im Vergleich zu denen Ihre eigenen Leistungen abfielen
- Geschwister, die sich zu mehr berechtigt fühlten als Sie
- schlechte Erfahrungen mit Lehrern

Die gute Nachricht lautet, dass Sie diese Unsicherheiten, die aus diesen und anderen Kindheitserfahrungen stammen, als vernünftiger Erwachsener angehen können, sobald sie an die Oberfläche treten. Jetzt ist der richtige Zeitpunkt, um einige der Überzeugungen, die Sie seit Ihrer Kindheit über sich selbst haben, neu zu formen, um Selbstzweifel aufzulösen, die Sie nicht länger mit sich herumtragen müssen.

Bis heute haben diese Erfahrungen alle Entscheidungen, die Sie trafen, und auch die Qualität Ihrer Beziehungen stark beeinflusst. Aber das muss nicht länger so sein.

Hollys Verinnerlichung:

Holly, Single-Frau und Buchhalterin in einer Anwaltskanzlei, beschrieb sich selbst als »Vorzeigekind für die unsichtbare Wunde«. Holly gab diesen Kommentar bei unserer ersten Begegnung ab. Es war ihre Reaktion auf meine Beschreibung des Verinnerlichungsvorgangs nach dem Verlassenwerden. Als sie ihre Geschichte erzählte, standen ihre Selbstzweifel in deutlichem Gegensatz zu ihrem umwerfenden Erscheinungsbild. Sie hatte eine winzige Narbe neben der Oberlippe, doch das unterstrich nur ihr bezauberndes Lächeln.

»Das ist die Geschichte meines Lebens – ich bin nicht in der Lage, jemanden zu finden. Momentan fühle ich mich als Liebespartnerin quasi unsichtbar. Eigentlich bin ich sogar das Paradebeispiel der unsichtbaren Frau. Sie haben doch von dem Buch ›Der unsichtbare Mann‹ gehört? Tja, darin gibt es eine weitere Art von Verlassenheit, von der ganzen Menschheit verlassen zu werden. Ich weiß nicht, was schlimmer ist, ich weiß nur, wie es sich anfühlt, verlassen und abgelegt zu werden.«

Holly war intelligent, schön und voller Leben, offenkundig fähig, jede Menge Liebe zu geben. Und doch war ihre unsichtbare Wunde wie bei so vielen Verlassenheitsüberlebenden zu einer Barriere für Beziehungen geworden.

Im Laufe ihrer Schilderung wurde die Wirkung ihrer persönlichen Geschichte auf das Hier und Jetzt mehr als deutlich. Sie war nach der Geburt von ihrer Mutter vor einem Krankenhaus ausgesetzt worden, von wo man sie in eine Pflegefamilie und dann in eine andere Pflegefamilie gab. Schließlich wurde sie im Alter von drei Jahren von wohlhabenden, gebildeten Eltern adoptiert. Die Narbe an der Lippe war ihrer alkoholkranken Adoptivmutter zu verdanken.

»Mein Vater hatte gehofft, meine Adoption würde seiner Frau helfen, von ihrer Alkoholsucht loszukommen. Tja, es hat nicht geholfen. Stattdessen wurde ich zu dem Menschen, dem sie für ihre Probleme die Schuld gab.«

Als Holly sechs war, wurde ihre Mutter schwanger mit dem Baby, das sie sich schon seit fünfzehn Jahren wünschte. Von Anfang an war James der Mittelpunkt des Familienlebens, und Holly, die jetzt nur noch störte, führte ein Schattendasein. James erwies sich als außerordentlicher Leistungsträger und wurde schließlich Urologe.

Holly hatte auf Grund ihrer emotionalen Verstörung, von ihrem Bruder auf den zweiten Rang verwiesen zu werden, und wegen des Alkoholproblems ihrer Mutter schlechte Noten in der Schule. Sie schaffte es kaum auf die Universität, wo sie nur zwei Jahre studierte, bevor sie abging und mit einer Band durch Kalifornien tourte. Sie kehrte mit vielen Narben nach Hause zurück – körperliche Beweise schlechter Beziehungen und eines schweren Lebens. Sie war süchtig nach Kokain und Alkohol. Ihre Eltern ekelten sich vor ihr. Das war nichts Neues, aber dieses Mal drehten sie ihr den Geldhahn zu. Sie wurde auf sehr reale Weise im Stich gelassen – zu alt, um ein Findelkind zu sein, aber nicht zu alt, um sich sehr, sehr allein zu fühlen.

Glücklicherweise hatte die Grube, in die sie fiel, auch etwas Gutes.

Wie ein Trampolin schleuderte sie Holly nach oben. Holly nahm an einem Zwölf-Schritte-Programm teil. Als ich sie traf, war sie seit über zehn Jahren drogenfrei und immer noch im Programm. Sie hatte ihren Universitätsabschluss nachgeholt und eine gute Anstellung gefunden. Außerdem arbeitete sie ehrenamtlich bei einer Telefonhotline für Suizidgefährdete. Am Wochenende half sie als Oberkellnerin in einem Restaurant aus. Trotz ihrer vielen Termine fand sie noch die Zeit, im Morast des Alleinseins in der Welt zu versinken.

Sie hatte noch nie eine langfristige Beziehung gehabt und auch keine Hoffnung, je eine zu finden. »Ich habe etwas an mir, das andere veranlasst, mich abzulegen.«

Obwohl Hollys Fall recht extrem ist, zeigt er doch, wie ein Trennungstrauma das Selbstwertgefühl schädigen kann. Wenn der Verlust des Selbstwerts schwer genug ist, kann er zu einem Hindernis für Liebe und Intimität werden. Gleichgültig, was Holly auch versuchte, um sich besser zu fühlen, die Erinnerungen an das Verlassenwerden arbeiteten in ihrem Inneren unermüdlich daran, jedes Selbstwertgefühl abzusaugen. Dieser unsichtbare Sog wurde zu einem Hemmschuh. Er blockierte Holly, die deswegen ihre Talente nicht erkennen konnte. Er kann auch Sie davon abhalten, Ihr Potenzial auszuschöpfen.

Nur wenige von uns haben ein solches Trauma erlebt wie Holly, aber die meisten Menschen erinnern sich an Vorfälle, bei denen sie ihren Selbstwert hinterfragten und die sich noch heute auf sie auswirken. Fast alle Menschen erkennen Anzeichen für ein kaum vorhandenes Selbstwertgefühl in sich und anderen.[114] Zu diesen Merkmalen gehören:

• Schwierigkeiten, sich durchzusetzen
• Sich in bestimmten Situationen gehemmt fühlen
• Unentschlossenheit

- Übermäßiges Bedürfnis nach Bestätigung
- Schwierigkeiten, Unvollkommenheiten in sich und anderen zu tolerieren
- Gefühle der Unzulänglichkeit, nicht gut genug, nicht ebenbürtig zu sein
- Im Beisein anderer, die ein stärkeres Ego haben, eingeschüchtert zu sein
- Sich selbst mit anderen Menschen zu vergleichen und das Gefühl zu haben, dass sie etwas besitzen, was man selbst nicht hat
- Auf Kritik allzu empfindlich zu reagieren
- Jedem Konkurrenzkampf aus dem Weg zu gehen aus Angst vor dem Scheitern
- Angst vor öffentlichen Auftritten in der Überzeugung, man würde nur einen Narren aus sich machen
- Angst vor Erfolg, weil man nicht will, dass andere neidisch auf einen werden
- Sich durch Leistungsangst beruflich behindern zu lassen
- Über das eigene Verhalten bei einem stressigen gesellschaftlichen Treffen zu grübeln
- Sich sorgen, wie andere einen sehen könnten
- Beziehungen durch eigene Unsicherheiten stören zu lassen
- Das Scheinwerferlicht zu meiden, aber den Mangel an Anerkennung zu hassen
- Ein Problem damit zu haben, Wut oder negative Gefühle direkt auszudrücken
- Ein Problem damit zu haben, um das zu bitten, was man will, besonders wenn es emotional wichtig ist
- Ein Problem damit zu haben, Komplimente anzunehmen
- Sich Macht und Autorität zu wünschen, aber die eigenen Reviergrenzen nicht abstecken zu können
- Sich klein, schwach und leicht ausnutzbar zu fühlen
- Sich selbst abzuwerten, bevor andere dazu eine Chance haben

Manchen von uns ist diese Liste nur allzu vertraut. Über diese Anzeichen wurde sehr viel geschrieben, und die meisten Punkte bedürfen keiner Erklärung. Ich habe jedoch einen Punkt nicht in diese Liste aufgenommen, etwas, das nur selten in Zusammenhang mit dem Selbstwert gebracht wird, und doch ist es ein typisches Charakteristikum für geringe Selbstwertgefühle. Es handelt sich um das Bedürfnis nach *sofortiger Belohnung*.[115]

Haben Sie Probleme, sich an eine Diät zu halten? Hören Sie rasch auf, weil Sie dem Stück Schokoladenkuchen einfach nicht widerstehen können? Kaufen Sie Dinge, die Sie sich nicht leisten können? Nehmen Sie noch das zweite oder dritte Glas Alkohol, oder greifen Sie nach einer Vielzahl anderer schneller Hilfsmittel, von denen Sie eigentlich wissen, dass sie auf lange Sicht gesehen nicht gut für Sie sind?

Schwierigkeiten mit verzögerter Belohnung finden sich häufig unter Verlassenheitsüberlebenden mit Kindheitstraumata. Dieses Problem wird zu einem inneren Saboteur, der Ihre Fähigkeit beeinträchtigt, langfristige Ziele zu erreichen – beispielsweise Hollys Gefühl, sie hätte Medizinerin werden sollen wie ihr Bruder.

»Ich hatte ebenso viel drauf wie mein Bruder. Aber ich wollte nicht so viel studieren, all diese Jahre mit so wenig Geld und noch weniger Schlaf. Ich fühlte mich so schon elend und niedergeschlagen genug. Ich brauchte etwas, das mir gute Gefühle bescherte – und zwar sofort. Darum ging ich nach Kalifornien. Die Band verlieh mir das Gefühl, eine Königin zu sein, zumindest eine Zeit lang.«

Wer auf seine Belohnung warten kann, dessen Selbstwertgefühle sind normalerweise in Ordnung. Wie schaffen diese Menschen das? Viele haben ein angeborenes Talent und ernten den Erfolg, der daraus resultiert. Aber hinter den Kulissen gab es oft einen geliebten Menschen, der sie ermutigte, der sie an ihren innewohnenden Wert erinnerte. Ihre Familien bauten ihre Zuversicht auf, gaben ihnen das Gefühl, den Erfolg zu verdienen und auch in der Lage zu sein, ihn sich zu holen.

In Wahrheit sind viele, die mit verzögerter Belohnung ein Problem haben, ebenso intelligent und talentiert wie jene, die warten können. Manche haben Erfolg, wenn sie ihre Fähigkeiten und Talente einsetzen. Der Unterschied liegt darin, dass sie eine Dringlichkeit verspüren, die ihren Selbstzweifeln und ihrem emotionalen Hunger entstammt, und diese Dringlichkeit sagt: »Ich brauche sofort einen Schuss.«

Warum benötigen diese Menschen sofortige Belohnung? Und was hat das mit ihren Selbstwertgefühlen zu tun?

Im Kapitel »Rückzug« haben wir über die Tatsache gesprochen, dass viele Verlassenheitsüberlebende während ihrer Kindheit lange Phasen erdulden mussten, in denen ihre Eltern entweder körperlich oder emotional unzugänglich waren. Sie erinnern sich vielleicht an das leere Gefühl – jene Zeit, in der Sie etwas brauchten, das Sie nicht bekommen konnten –, als Sie auf etwas warteten, was niemals kam. Sie konnten Ihre Eltern nicht zwingen, sich besser um Sie zu kümmern. Was geschah mit diesem emotionalen Hunger, mit diesen Gefühlen der Frustration?

Höchstwahrscheinlich haben Sie sie verinnerlicht.

Sie haben diese Frustrationen gegen sich selbst gerichtet. Sie verzweifelten daran, jemals die Aufmerksamkeit Ihres Vaters zu erringen oder der Liebling Ihrer Mutter zu werden. Sie glaubten, Sie seien wertlos oder auf irgendeine entscheidende Weise unzulänglich. Je drängender Ihre Bedürfnisse wurden, desto besser lernten Sie, wie man sich vorübergehend ablenken konnte. Sie schnappten sich die schnellsten, leichtesten Befriedigungen, die Sie finden konnten – Essen, Fernsehen, Masturbation, zwanghaftes Training, alles, was diese beunruhigenden Gefühle zum Schweigen bringen konnte.

Manchmal tragen Kinder, die den emotionalen Hunger verinnerlichen, diese Gefühle der Frustration in ihr Erwachsenenleben. Sie werden zu Erwachsenen, die sofortige Belohnung brauchen, was für große Lebensziele hinderlich ist. Sie stellen fest, dass sie immer an den untersten Sprossen der Erfolgsleiter hängen bleiben, und geben sich selbst die Schuld dafür.

Während manche Verlassenheitsüberlebende mit Kindheitstraumata nur geringe Leistungen erbringen, leisten andere sehr viel und streben ständig danach, das wettzumachen, was sie immer noch für ihre Mängel halten. Sie arbeiten ununterbrochen und versagen sich die Belohnungen. Sowohl leistungsstarke wie leistungsschwache Betroffene stecken in einem Teufelskreis aus Selbsterniedrigung fest, der im Mittelpunkt dieser Extreme zu finden ist.

Viele lindern diese unangenehmen Gefühle mit allen möglichen Arten der Selbstmedikation. Sie nehmen Drogen oder betreiben riskante Hobbys, die den Schmerz der Dringlichkeit, der aus einem wachsenden Berg an unerfüllten Bedürfnissen stammt, überlagern. Seien es Nahrungsmittel, Alkohol, Sport, Arbeit oder andere Menschen, sie werden abhängig von allem und jedem, was in der Lage ist, sie zu trösten, zu betäuben oder sie von ihrem emotionalen Hunger abzulenken.

Das Gegenmittel für diese sich selbst verstärkenden Muster der Abhängigkeit und der Co-Abhängigkeit[116] in Beziehungen besteht darin, Ihre Ziele beim Namen zu nennen, Ihre verlorenen Träume endlich zu verfolgen, nach realer emotionaler Erfüllung zu streben. Die dritte Akeru-Übung soll diesen Prozess erleichtern. Sie wird Ihnen helfen, Fenster zu neuen Möglichkeiten zu öffnen, neue Entscheidungen zu fällen und darauf hinzuarbeiten, Ihr wahres Potenzial zu erreichen.

Die dritte Akeru-Übung:
Sich ein Traumhaus bauen

Bei der dritten Übung arbeiten wir *mit* der Energie des Verinnerlichungsvorgangs. Diese Energie zapft eine Ihrer mächtigsten Ressourcen an – Ihre Vorstellungskraft. Sie können diese Übung jederzeit durchführen: beim Autofahren, auf dem Laufband im Fitnessstudio, wann immer Sie ein paar Minuten haben, um Ihre Gedanken zu konzentrieren.

Die ersten beiden Akeru-Übungen haben für diese Übung den Boden bereitet. *Im Augenblick bleiben* hat Ihnen geholfen, das Hier und Jetzt als Hilfsmittel für den Umgang mit dem Schmerz zu nutzen und durch den Augenblick das Erleben Ihrer Umwelt zu intensivieren. Der *tägliche Dialog* brachte Sie in Berührung mit Ihren innersten Gefühlen und Bedürfnissen; Sie haben gelernt, sich selbst aufzurichten.

Die dritte Übung, eine Visualisierung, führt Sie noch einen Schritt weiter. Sie stärkt und vergrößert Ihre neue Beziehung zu sich selbst. Da die Verinnerlichung eine Zeit der Konzentration nach innen ist, können Sie die Energie dieser Phase dazu einsetzen, Ihren innersten Kern neu aufzubauen und eine positive Veränderung Ihres Lebens zu bewirken.

Durch die angeleitete Visualisierung konzentrieren Sie Ihre Energie auf Ihre Ziele, Träume und Ideale und legen das Fundament, auf dem Sie ein neues Selbst aufbauen können. Dieser Vorgang führt Prinzipien ein, die ich die vier Eckpfeiler des Selbst nenne.

In der Verinnerlichungsphase, die ich in diesem Kapitel beschrieben habe, kann sich die Verletzung, die Sie in Folge einer Trennung erlitten haben, in Ihr Selbstbild eingraben. Leider versuchen viele Menschen, diese Verletzung zu bekämpfen, indem sie nach deren Regeln spielen; sie kämpfen gegen die narzisstische

Verletzung mit narzistischen Verteidigungswaffen. Sie sagen sich: ich *bin* wichtig, ich *bin* sexy, ich *bin* mehr wert als er, ich *bin* erfolgreich. Diese Affirmationen legen den Schwerpunkt auf Ihre Eigenschaften – darauf, wie schön oder talentiert Sie sind.

Die vier Eckpfeiler des Selbst gründen jedoch nicht auf Ihren einzigartigen Talenten. Es geht eben nicht darum, Ihre körperlichen Attribute, Fähigkeiten oder beruflichen Leistungen zu spezifizieren. Die Eckpfeiler sind grundlegender, sie sprechen die innewohnenden universellen Aspekte dessen an, was es heißt, ein Mensch zu sein. Diese sind unveräußerlich. Weder das Alter noch körperliche Gebrechen und noch nicht einmal das Verlassenwerden können sie beeinträchtigen. Es sind unbesiegbare Prinzipien des Selbst, die Ihnen niemand nehmen kann.

Die vier Eckpfeiler des Selbst

1. Sich Ihrem Getrenntsein als Person stellen, es akzeptieren und letztlich feiern.
Jeder von uns ist ein absolut individuelles, menschliches Wesen, ob wir in einer Beziehung sind oder gerade eine beendet haben. Wir kommen allein in diese Welt und verlassen sie auch wieder allein.

2. Die Bedeutung Ihrer eigenen Existenz feiern.
Sie sind weder wichtiger oder weniger wichtig als alle anderen. Jeder Mensch ist wichtig, und es liegt an Ihnen, sich selbst zu schätzen und zu respektieren. Ungeachtet Ihres Alters, Ihres Aussehens oder Ihrer körperlichen Fähigkeiten – das Leben jedes Menschen ist wichtig. Das Leben ist ein flüchtiges, kostbares Geschenk, das in jedem Augenblick neu geschätzt werden muss.

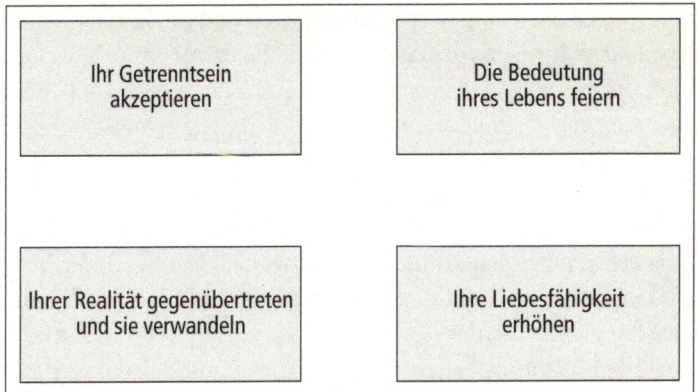

| Ihr Getrenntsein akzeptieren | Die Bedeutung ihres Lebens feiern |
| Ihrer Realität gegenübertreten und sie verwandeln | Ihre Liebesfähigkeit erhöhen |

Die vier Eckpfeiler des Selbst

3. Sich mit Ihrer Realität konfrontieren und sie akzeptieren.
Gleichgültig, wie schwer die Dinge für Sie gerade sein mögen, es
ist die einzige Realität, die Sie haben. Denken Sie daran, dass
Ihre Realität sich ständig wandelt und dass Sie selbst die Kraft
sind, die sie vorantreibt. Möglicherweise haben Sie sich die Herausforderung, der Sie sich gerade stellen müssen, nicht selbst
ausgesucht, und höchstwahrscheinlich trifft Sie keine Schuld
daran, dass alles schief läuft, aber Sie müssen mit dieser Situation
fertig werden. Sie können sich dafür entscheiden, sich dagegen
aufzulehnen, oder Sie können das Beste daraus machen. Die
Verantwortung, die Situation in Besitz zu nehmen und zu verändern, liegt bei Ihnen.[117]

4. Ihre Liebesfähigkeit erhöhen.
Ich glaube, die meisten Menschen nützen nur ungefähr fünf
Prozent ihrer Liebesfähigkeit. Die Liebe ist eine der unwidersteh-
lichsten Kräfte, die wir als Menschen besitzen. Sie können die
Liebe eines anderen Menschen nicht kontrollieren, aber Sie kön-

nen Ihre eigene Fähigkeit, Liebe zu geben und zu nehmen, erhöhen und all die Vorteile daraus ziehen, die damit einhergehen.

Sich ein Traumhaus bauen

Diese Übung gibt Ihnen das Mittel an die Hand, durch das Sie die vier Eckpfeiler in Ihr Denken und in den Kern Ihrer Überzeugungen einbauen können. Dabei werden Sie mit Ihrer Vorstellungskraft ein Traumhaus errichten und zwar auf der Grundlage der vier Eckpfeiler.

Sie benötigen dafür nur ein paar Minuten. Diese Übung zeitigt rasche Ergebnisse, aber es ist schwer zu erklären, wie oder warum sie funktioniert. Ihr Ziel bei der Heilung Ihrer Verlassenheitsgefühle besteht nicht nur darin, die Eckpfeiler zu lesen und sie intellektuell zu verstehen, sondern sie für sich anzunehmen und sich von ihnen verändern zu lassen. Auf diese Weise nützen Sie den Verinnerlichungsprozess zu Ihrem Vorteil.

Mit Hilfe der Visualisierung heben Sie die Begrenzungen des rein kognitiven Lernens auf.[118] Wie viele Raucher können all die negativen Folgen des Rauchens auflisten, sind aber trotzdem unfähig, das für sich zu nutzen und mit dem Rauchen aufzuhören?!

Diese Visualisierung bietet Ihnen die Möglichkeit ohne Skepsis und Selbstgefälligkeit auszukommen. Indem Sie Ihre Vorstellungskraft einsetzen und sich die Zeit nehmen, über Ihre Träume nachzudenken, sind Sie in der Lage, *mit* der Verinnerlichungsenergie zu fließen und Ihre visionären Kräfte gegen Ihre schlimmsten Selbstzweifel einzusetzen.

Ich kann zwar nicht genau erklären, wie dieser Vorgang funktioniert, aber die medizinischen Beweise seiner Wirksamkeit stammen aus vielen Quellen: von meinen eigenen Patienten und Patientinnen, von anderen Ärzten, von Verlassenheitsüberlebenden und Spezialisten aus einer Vielzahl von Fachgebieten. Alle berichten, dass diese Übung zu bemerkenswerten Ergebnissen führt. Innerhalb des Traumhauses, das wir bauen, schmieden wir unser neues Selbst, das in der Lage ist, unserem Leben eine neue Richtung zu geben.

Meine Patienten und Patientinnen wehren sich anfangs oft gegen diese Technik, weil wir zur Visualisierung die Logik und das Bedürfnis, alles zu verstehen, aussetzen müssen. Vergessen wir doch für einen Augenblick, wie es funktioniert. Probieren Sie es aus, und entscheiden Sie danach, ob Sie angesichts der Veränderungen weitermachen wollen, die Sie an der Art und Weise zu denken und sich zu verhalten bemerken werden.

Sie müssen sich nur einmal durch die Visualisierung führen lassen. Danach können Sie sie innerhalb weniger Sekunden selbst einleiten. Manche Menschen finden es hilfreich, sich die nachfolgenden Instruktionen auf Band zu sprechen. Sie können sich die Anleitung aber auch von einem Freund oder einer Freundin vorlesen lassen, während Sie die Augen schließen und den Anweisungen folgen.

Ein Selbst aufbauen

Schließen Sie die Augen und stellen Sie sich vor, Sie verfügen über unbegrenzte Finanzmittel – über ein Milliardenvermögen. Vielleicht haben Sie den Jackpot im Lotto geknackt. Sie können zwar keine Toten auferwecken und auch das Verhalten anderer Menschen nicht kontrollieren, aber mit genügend Geld können Sie eine Menge erreichen.

Malen Sie sich die ideale Umgebung für Ihr ultimatives Traumhaus aus, für das Haus *Ihrer* Träume. Stellen Sie sich Ihr Haus in jeder Hinsicht als so gelungen vor, dass Sie auch sehr gut allein darin leben könnten, wenn Sie müssten.

Welches Klima wäre Ihnen am zuträglichsten? Schneit es dort in den Wintermonaten? Oder liegt Ihr Haus in den Tropen? Wäre die ideale Lage für Sie ein Berggipfel? Oder können Sie auf das Meer schauen, auf einen Fluss, einen See, ein Tal? Steht es an einem Sandstrand? In einem dichten Wald? In einer ländlichen Gegend mit viel Landwirtschaft? Mitten in der Stadt? Liegt es herrlich abgelegen oder sind Sie von anderen Menschen umgeben? Ist es ein gemütliches Viertel? Ein Apartment mit einer umwerfenden Aussicht? Liegt es in einem Vorort in günstiger Einkaufs- und Verkehrslage? Steht das Haus in der Nähe Ihres jetzigen Wohnorts oder in einem anderen Bundesland? Vielleicht sogar im Ausland? (Pause. Nehmen Sie sich Zeit für die Visualisierung.)

Nachdem Sie sich jetzt für den idealen Standort entschieden haben, wenden wir uns dem Haus selbst zu.

Denken Sie daran: Geld spielt keine Rolle. Wenn klein und behaglich das Richtige für Sie ist, dann soll es so sein. Wenn Sie ein Herrenhaus im Sinn haben, dann nur zu. Sie sollten einen Ort aussuchen, der für Ihre Bedürfnisse so ideal geeignet ist, dass Sie darin *Ihr Getrenntsein als Mensch feiern* können. Sie und Ihr inneres Kind sollen in diesem Haus Ihrer Träume gern allein sein und in Frieden und glücklich darin leben. Das Haus verfügt über alles, womit Sie Ihr erwachsenes Selbst, aber auch Ihr kindliches Selbst zufrieden stellen können. Wenn Sie und Ihr kleines Ich einen Burggraben oder einen Eisenzaun brauchen, um sich sicher zu fühlen, dann integrieren Sie das in Ihren Bauplan. Sie können das Grundstück so formen und ausstatten, wie es Ihnen gefällt, und auch die Landschaft nach eigenen Wünschen gestalten. Vielleicht wünschen Sie sich ein weitläufiges Grundstück mit einer Privatstraße oder Sie stellen Ihr Haus direkt an die Hauptstraße Ihrer Lieblingsstadt. (Pause)

Denken Sie nun an die Innenausstattung. Wie viel Platz brauchen Sie? Wo befindet sich die Küche? Das Wohnzimmer? Benötigen Sie eine Bibliothek, ein Arbeitszimmer, ein Observatorium? Eine Terrasse oder Veranda? Ein Esszimmer? Was ist mit Balkonen, Oberlichten, Treppen, Nischen und Winkeln? Nehmen Sie sich einige Minuten Zeit, um über die Qualität der Räume nachzudenken, die Sie sich für Ihr Traumhaus wünschen.

Welches Zimmer ist Ihr Lieblingszimmer? Wo werden Sie die meiste Zeit verbringen? Stellen Sie sich selbst in diesem Zimmer vor. (Pause)

Um dieses Zimmer auszustatten, malen Sie sich aus, dass dieser Ort das Herz und die Seele des Hauses ist. All die anderen Zimmer strahlen fächerförmig von diesem Zimmer ab. Ist Ihr Lieblingsraum die Küche? Sitzen Sie an einer Theke und schauen aus dem Fenster auf Ihre Lieblingsaussicht? Oder befinden Sie sich im Wohnzimmer und sitzen im bequemsten Sessel der Welt direkt neben einem riesigen steinernen Kamin? Oder haben Sie es sich draußen auf der Veranda gemütlich gemacht? Entscheiden Sie, an welcher Stelle in diesem Raum Sie sich am liebsten aufhalten, und setzen Sie sich dort hin. (Pause)

Stellen Sie sich vor, wie Sie es sich an Ihrer Lieblingsstelle so richtig gemütlich machen. Was können Sie von diesem Platz aus sehen? Denken Sie sich eine atemberaubende Aussicht – eine, die Ihnen sehr viel Vergnügen bereitet und Ihnen das Gefühl totaler Lebendigkeit vermittelt. Wenn Sie diese Aussicht betrachten, wissen Sie die *Bedeutung Ihrer eigenen Existenz zu schätzen*. Was zieht Ihre Aufmerksamkeit auf sich und fasziniert Sie? Ist es ein Bach? Ein Wasserfall? Ein Berg? Die Wälder? Ein Sandstrand? Stellen Sie sich eine Aussicht vor, die Sie in Berührung mit dem Leben selbst bringt und Ihnen hilft, wirklich im Augenblick zu leben. (Pause)

Wie sieht der Raum aus? Ist er geräumig und hell? Bietet er Ihnen eine absolute Privatsphäre? Oder ist er zum Rest des Hauses hin offen? Was befindet sich in diesem Raum? Ein alter Kanonenofen? Orientteppiche? Parkettboden? Ein Klavier? Stellen Sie sich die Annehmlichkeiten vor, die um Sie herum stehen. Ihre Umgebung sollte Sie so vollständig erfüllen, dass dieser Raum der einzige Ort wird, an dem Sie in der Lage sind, *jede Wirklichkeit zu akzeptieren*, der Sie sich stellen müssen, gleichgültig wie schwierig, selbst diejenige, mit der Sie es gerade zu tun haben. Was zieht Ihre Aufmerksamkeit in angenehmer Weise auf sich und lenkt Sie von den schmerzlichen Gedanken ab, wenn Sie in Ihrem Lieblingszimmer sind? Ein Vogel vor dem Fenster? Ein herrlicher Blumenstrauß? Das Geräusch des Meeres? Ein besonderes Foto? Ein Gemälde? Das Zimmer hat diese Dinge, und die Aussicht umfasst die wunderbaren Elemente der Natur. All das hilft Ihnen, Ihre Realität zu akzeptieren, ungeachtet der Herausforderungen. (Pause)

Stellen Sie sich in zwei Jahren vor. Was tun Sie in Ihrem neuen Leben in Ihrem Traumhaus? Welche bedeutsame Aktivität beschäftigt Sie die meiste Zeit? Genießen Sie ein Leben der Muße oder haben Sie eine aufregende neue Arbeit? Reisen Sie? Schreiben Sie? Malen Sie? Kochen Sie? Organisieren Sie Familientreffen? Machen Sie einen akademischen Abschluss? Bauen Sie eine neue Karriere auf? Was für eine Karriere? Trainieren Sie viel, um sich auf eine Klettertour vorzubereiten? Oder ruhen Sie sich aus? Verbringen Sie viel Zeit im Freien? Besuchen Sie andere Menschen? Stellen Sie sich vor, dass Ihnen alles, was Sie in Ihrem neuen Leben tun, Freude und Befriedigung schenkt. (Pause)

Welche Freunde und Angehörigen möchten Sie in diese Welt einschließen? Vielleicht eine neue Beziehung? Haben Sie Kinder? Leben Sie allein? Teilen andere Menschen einen Teil des Hauses mit Ihnen? Wo wohnen sie? In welchen Räumen treffen Sie sich mit ihnen? (Pause)

Stellen Sie sich vor, dass *Ihre Liebesfähigkeit mit jedem Tag zunimmt.* Alle Menschen in Ihrem Leben spüren Ihre Liebe. Sie wärmt einen besonderen Ort in jedem von ihnen und verbindet Sie mit ihnen auf tiefe und bedeutungsvolle Weise. Sie spüren diese Verbindung zu den Menschen in einem angrenzenden Raum und auch zu Menschen, die weit weg sind. Diese neue Großzügigkeit des Geistes wächst aus Ihrer Akzeptanz Ihrer *Getrenntheit* als Mensch. Sie erwächst, weil Sie die Bedeutung Ihrer eigenen Existenz zu schätzen wissen und Ihre *Realität* annehmen, in der Sie Ihre Fähigkeit zur *Liebe* erhöht haben. Wo sind diese anderen Menschen jetzt? Können Sie sie im Stockwerk über sich hören? Oder fährt in dieser Minute ein Wagen die Auffahrt hinauf? (Pause)

Stellen Sie sich nun das ganze Haus vor, die Menschen im Hintergrund, Ihre neue Beschäftigung oder Aktivität (oder ein angenehmes Nichtstun), die Umgebung und das Klima. Vereinen Sie so viel davon, wie Sie können, in einem einzigen Bild. Dieses Haus sind Sie – die Person, zu der Sie werden. Die Architektur und die Ausschmückungen des Hauses repräsentieren Ihre Substanz, Ihre körperlichen und emotionalen Bedürfnisse als Mensch, Ihre zutiefst gefühlten Träume und Ziele. Es ist die Richtung, die Ihr Leben nimmt. (Pause)[119]

Um den Nutzen dieser Übung zu erhöhen, sollten Sie sie regelmäßig und über einen längeren Zeitraum hinweg durchführen. Da es keinen Grund gibt, das Haus jedes Mal neu zu bauen, wenn Sie es visualisieren, brauchen Sie dafür auch nur Sekunden. Sie müssen sich die vier Eckpfeiler nicht ins Gedächtnis rufen. Achten Sie nur darauf, dass Sie Ihr Haus so visualisiert haben, dass jeder von ihnen berücksichtigt wurde. Sie sollten Ihre Getrenntheit feiern, die Bedeutung Ihres Lebens erkennen, Ihre Fähigkeit ausbauen, die Realität zu akzeptieren, und Ihre Liebe erhöhen, einfach dadurch, dass Sie sich in diesem Haus aufhalten. Sie müssen nur das Bild Ihres Hauses wachrufen, um diese Prinzipien zu verstärken, denn sie wurden in seine Struktur eingearbeitet.

Ich empfehle Ihnen, diese Übung nicht weniger als dreimal täglich einige Sekunden oder minutenlang durchzuführen. Sie müssen dazu nicht die Augen schließen. Sie können dieses Bild im Zug wachrufen oder wenn Sie im Postamt in der Schlange warten.

Während Sie sich mit den neuen Zielen identifizieren, renovieren Sie Ihr Traumhaus entsprechend, damit es mit Ihren Hoffnungen und Träumen Schritt hält (oder ihnen immer eine Nasenlänge voraus ist). Sie entwickeln sich als Mensch, und Ihre Bedürfnisse verändern sich. Stimmen Sie Ihre Ziele darauf ab. Vielleicht versetzen Sie Ihr Traumhaus an einen anderen Ort oder machen es größer oder kleiner. Sie könnten auch beschließen, ein Zimmer anzubauen oder eines zu entfernen. Vielleicht verlegen Sie ja auch Ihr Lieblingszimmer in einen anderen Raum.

Während Sie damit fortfahren, werden Sie zu einem richtigen Architekten und lernen, praktische Probleme zu lösen, beispielsweise den besten Standort für eine Toilette oder eine Treppe zu finden. Je lebendiger das Bild, das Sie von Ihrem Traumhaus haben, desto größer der Nutzen.

Holen Sie Papier und Stift und erstellen Sie einen Grundriss. Viele meiner Patienten und Patientinnen tragen einen solchen Grundriss ihres Hauses bei sich. Es ist wichtig, mindestens einmal täglich Ihr Traumhaus aufzusuchen.

Diese Visualisierungstechnik zapft eine Ihrer mächtigsten Ressourcen an – Ihre Vorstellungskraft. Dadurch werden Sie zum Ingenieur und Architekten Ihres eigenen Lebens. Als Chefdesigner schaffen Sie einen inneren Ort, der Ihren größten Bedürfnissen, Zielen und Wünschen entspricht. Das Haus verkörpert

Ihr wahres Selbst und gibt Ihnen gleichzeitig einen Ort, an dem Ihr Selbst wachsen kann.

Welcher Teil unseres Verstands baut, entwirft und löst die Probleme, die zu dieser Übung gehören? Ich vermute, unsere Quelle der Hoffnung leistet bei dieser Visualisierung die Arbeit. Diese Quelle will, dass wir uns von den Selbstzweifeln und der übertriebenen Rücksichtnahme auf andere losreißen. In unserer Imagination sind wir frei und können die große Macht in uns entdecken.

Wo war nur das Selbst all diese Jahre? Als Kleinkinder haben wir den Gebrauch unserer Gliedmaßen eingeübt und uns dabei von unserer Mutter entfernt. Wir haben die Welt um uns herum erforscht. Wenn wir eine solche frühe Erfahrung von uns visualisieren, stärkt das jenen Teil in uns, der erforschen will, der seine Autonomie austestet, der die Freiheit von den Beschränkungen alter Beziehungen erfahren und die Zukunft feiern will.

Zusammenfassung der Verinnerlichung der Zurückweisung

Während der Verinnerlichungsphase befinden wir uns im Herzen der Selbstverletzung. Wir verinnerlichen die Zurückweisung und die Angst vor dem Alleinsein.

Die Energie der Verinnerlichung ist groß. Sie agiert als zentripetale Kraft, zieht die Gefühle der Zurückweisung und des Verlassenseins in unsere Mitte, wo unsere innersten Überzeugungen geschmiedet werden und wo wir uns selbst als wertlos oder nicht liebenswert verurteilen.

Wenn wir uns als Kinder verlassen fühlten, waren wir nicht in der Lage, gegen Selbstzweifel und Ängste anzukämpfen, wir waren emotional kaum widerstandsfähig und leicht verwundbar.

Wir haben die Gefühle der Zurückweisung verinnerlicht und fürchteten uns vor dem Alleinsein.

Damals errichteten wir provisorische Barrieren. Wir schufen innere Wächter, die uns vor dem Schmerz und der Angst schützen sollten, die wir tief in uns vergraben hatten.

Als Erwachsene weckt der Verlust unserer Bindung diese inneren Wächter, die insgeheim ständig versuchten, das Leben auszugrenzen. Wir fühlen wieder alles besonders deutlich. Aber jetzt entscheiden wir uns nicht mehr dafür, uns selbst anzuzweifeln oder herabzuwürdigen.

Es ist Zeit, die guten Gefühle zu verinnerlichen, die Bedeutung unserer eigenen einzigartigen Existenz zu feiern. Die Heilung von Verlassenheitsgefühlen beinhaltet eine Vision, die es uns erlaubt, an den Wächtern vorbeizukommen und uns neu aufzubauen, mit Träumen, Zielen, Akzeptanz und Liebe.

Die Verinnerlichung führt uns zu einem Ort tief in uns, an dem wir mit den Dämonen des Zweifels und der Angst ringen müssen. Es ist das Gethsemane der Seele, von wo aus wir demütig, gestärkt und mit einer Vision zurückkehren.

Vierte Phase: Wut

Was ist Wut?

Wut ist der Protest gegen den Schmerz. Auf diese Weise wehren wir uns, lassen uns von jemandem, der uns verlässt, nicht zum Opfer machen, und wir kehren die Zurückweisung um.

Wer die Wut des Verlassenwerdens kennt, der weiß, dass ihre Wunde während dieses zentralen Punktes der Heilung empfindlich heiß und entzündet ist. Wir sind außer uns wegen des nagenden Schmerzes, und wir kämpfen gegen die Gifte in der Wunde.

Das neue Gewebe liegt noch schutzlos offen. Wenn es berührt wird, schreien wir vor Wut auf. Wir sind auf jede Bedrohung gefasst, bereit, uns selbst gegen die schwächste Andeutung von Kritik zu wehren.

Anderen ist der Umfang und die Tiefe unserer Wunde vielleicht gar nicht klar. Sie streichen darüber, ohne eine Ahnung von dem Schmerz zu haben, den sie verursachen. Wir sind wachsam, schützen unser auftauchendes Selbst.

Wir versuchen, uns gegen eine weitere Verletzung mit Hilfe des äußeren Kindes zu verteidigen. Dieses äußere Kind ist der Teil von uns, der die Angst und die Wut unseres inneren Kindes auslebt. Das äußere Kind gibt vor, unser Verbündeter, unser Infanterist zu sein, aber in Wirklichkeit ist es unser Wächter. Seine Mission ist es, gegen Veränderung anzukämpfen und Gefühle abzublocken.

In dieser vierten Phase der Verlassenheit können unsere Verteidigungsmechanismen erstarren. Die Betroffenen glauben, sie seien wieder stark, aber dieses äußere Zeichen von Stärke basiert nur darauf, dass das äußere Kind sich noch stärker verschanzt als zuvor.

Die Kontrolle über die Impulse unseres äußeren Kindes ist der Schlüssel zu wahrer Heilung. Wenn wir lernen, seine Charakteristika zu erkennen, können wir unsere ungesunden Verteidigungsmechanismen allmählich abbauen. Bis jetzt haben wir das Fundament der Heilung gelegt; unsere Arbeit mit dem äußeren Kind ist die nächste Aufgabe der Heilung – wir verändern unser Verhalten.

Wir wissen alle, wie sehr die Wut brennt. Sie kocht in dem geschmolzenen Kern des Selbst. Außerdem weckt sie das äußere Kind und bringt seine Manöver ans Licht. Das ist der Wendepunkt in der Heilung, die Brücke zu einer dauerhaften Veränderung.

Robertas Wut:

Roberta erinnerte sich noch deutlich an die Nacht, als ihr zum ersten Mal auffiel, dass sich ihre Isolation in Wut verwandelt hatte.

Sie machte sich für ein Konzert zurecht. Seit sie Travis, den großen Maestro, mit dieser anderen Frau ertappt hatte, war sie in keinem Konzertsaal mehr gewesen. Sie wünschte, sie hätte damals härter zugeschlagen, hätte ihm mit ihrer Tasche die Nase gebrochen. Was sie betraf, war er noch viel zu glimpflich davongekommen.

Aber das war vor sechs Monaten gewesen. Warum fühlte sie sich jetzt vor einem Konzert derart aufgebracht? Sie hatte die Rolle, die Travis ihr abverlangt hatte, gelernt und sie jahrelang gespielt: beim Konzert dabei zu sein, den Jubel mitzuerleben und ihn anschließend mit Lob zu überschütten. Wie hatte sie es nur so lange mit ihm aushalten können? Jetzt war sie wieder auf dem Weg zu einem Symphoniekonzert, diesmal in der anonymen Rolle der Zuhörerin.

Nicht, dass sie im Leben von Travis je mehr als eine Zuhörerin ge-
wesen wäre – er hatte sie nur gebraucht, um sein unersättliches Ego
zu füttern. Und ganz sicher hatte er ihr nie etwas zurückgegeben.
Stattdessen hatte er ihr die letzten vier Jahre ihres Lebens genommen,
ihre besten Jahre, und sie hatte nichts, was sie dafür vorweisen konnte.
Sie hatte die vergangenen sechs Monate in der Hölle verbracht und
versucht, darüber hinwegzukommen. Es war an der Zeit, dieses ganze
Elend hinter sich zu lassen. Wie hatte er überhaupt solche Unruhe in
ihr Leben bringen können?

All das sagte sie zu sich selbst, während Sie vor dem Spiegel stand.
Sie hätte nicht zusagen sollen, aber John hatte eine übrige Karte, und in
einem schwachen Augenblick hatte der Teil von ihr, der Musik liebte,
zu John gesagt, die Karte dürfe nicht verfallen. Sie hatte sich einver-
standen erklärt, weil sie glaubte, es sei schon lange überfällig. Aber
plötzlich schien ihr der Gedanke, einen Konzertsaal zu betreten, ein-
deutig unerquicklich. Sie war schon so lange mit niemandem mehr
ausgegangen. Nun, das war ja keine Verabredung. Es war nur John,
ein Freund, jemand, mit dem sie hin und wieder im Anschluss an die
Gruppensitzungen zur Heilung von Verlassenheitsgefühlen geredet
hatte. John war nicht Travis. Nicht, dass er nicht gut aussähe, aber er
war eindeutig nicht ihr Typ – er war zu einfach gestrickt, ihm fehlte
dieses … Sie konnte es nicht genau benennen. John kam besser nicht
auf dumme Gedanken. Nein, sie hatte ihm keine zweideutigen Signale
übermittelt. Sie waren nur Freunde. Dann klopfte es.

»Blumen!« Sie brüllte es beinahe, als sie John mit dem Strauß sah.
»Schaff sie hier raus!« John stand verdutzt auf der Schwelle. Roberta
riss ihm die Blumen aus der Hand und stopfte sie kopfüber in den Pa-
pierkorb neben der Tür.

»Roberta«, sagte John.

»Ich bin dafür noch nicht bereit«, erwiderte sie, überrascht ange-
sichts ihres Wutausbruchs. Sie hatte nicht geplant, John diese Seite
von sich selbst zu zeigen, also versuchte sie, ihre Kontrolle wiederzu-

erlangen. »Ich bin einfach nicht in der Stimmung. Du solltest das eigentlich wissen, John. Versteht das denn niemand?« Sie vergrub den
Kopf in den Händen.

John stand reglos in der Tür. »Ach, komm doch rein«, sagte sie.
»Ignoriere mich einfach. Ich habe keine Ahnung, warum ich so reagiere.« Doch sie wussten beide, worum es hier ging. Roberta hatte John
alles über Travis erzählt, oft sogar.

John griff in seine Jackentasche und reichte Roberta, die plötzlich in
Tränen ausbrach, ein Taschentuch. »Wie sieht mein Augen-Mape-up
aus?«, fragte sie und tupfte sich das Gesicht ab in dem Versuch, ihre
Haltung wiederzugewinnen.

»Du siehst gut aus«, sagte John.

»Das meine ich nicht«, entgegnete sie wütend. »Ist mein Make-up
verschmiert? Willst du, dass ich wie ein Schreckgespenst ins Konzert
gehe?«

Er reichte ihr noch ein Taschentuch. »Roberta, wenn du nicht
willst … Wir müssen da nicht hin.«

»Nein, lass uns gehen«, fauchte sie, griff sich ihre Handtasche und
schlug die Tür hinter ihnen zu.

Die vierte Phase der Verlassenheit, die Wut, ist die flüchtigste.
Die Nacht, in der Roberta mit John ins Konzert ging, brachte
ihre Wunde zum Überlaufen. Sie hatte noch nicht gelernt, wie
man sich seine Wut nutzbar macht. In ihrem Fall war es leicht,
die Trauer und Einsamkeit zu spüren, die hinter ihrer Wut lauer-
ten. Achten Sie darauf, dass Ihre Wut nach außen gerichtet ist,
nicht gegen sich *selbst*. Das ist schon ein Fortschritt gegenüber
der Wut des Opfers, der wir in der Verinnerlichungsphase begeg-
neten. Roberta fühlte die wirksamere, sich selbst ermächtigende
Art von Wut, die in dieser vierten Phase auftritt. In Robertas
Fall war der Übergang von der Opferwut jedoch noch nicht vollständig abgeschlossen. Sie hatte noch nicht gelernt, ihre Wut in

eine positive Richtung zu kanalisieren und ließ sie daher an einem Unschuldigen aus, an John.

Manchmal durchlaufen wir die fünf Phasen der Verlassenheit so schnell, dass wir sie fast gleichzeitig wahrnehmen. Bisweilen dauert dieser Vorgang nur Minuten, dann wieder viele Monate. Wir wissen, dass wir die Phase der Wut erreicht haben, wenn unser Zorn eine Eigendynamik entwickelt.

Wut kommt in emotionalen Wellen, die uns reizbar und nervös machen. Manchmal erfolgt eine solche Welle explosionsartig. Wir verlieren beispielsweise unseren Schlüsselbund und platzen vor Wut. Jeder Verlust und jede persönliche Kränkung, sei sie real oder imaginär, kann zu einem unerwarteten Ausbruch führen.

Nach der Isolation der Verinnerlichung ist die Tatsache, dass wir Wut zeigen können, ein gutes Zeichen, ein Symbol dafür, dass wir uns aktiv gegen die Verletzung wehren. Die Wut sagt uns, dass das gequälte Selbst, bisher belagert von Selbstvorwürfen, nun bereit ist, sich zu erheben und zurückzuschlagen. Da unser Selbst nicht länger willens ist, die ganze Schuld auf sich zu nehmen, muss unsere Wut sich ein anderes Ziel suchen. Unsere Wut äußert sich anfangs als kraftloser Protest. Wir lassen sie an leblosen Gegenständen wie Kissen aus, aber je mehr Kraft wir gewinnen, desto genauer zielen wir. Wir verwenden die Energie unserer Wut, um die Barrieren der Isolation zu durchbrechen. Die Wut besteht darauf, das Unrecht wieder gutzumachen und unseren Selbstwert neu zu verankern.

Es gibt viele Begriffe, die für diese Wende charakteristisch sind, wie sie in Robertas Szene mit John zu sehen war. Durch ihre Wut *kehrt Roberta die Zurückweisung um* und stößt Travis von seinem Podest. Ihre Rückkehr in das Konzertleben ist der Versuch, ihr Territorium wieder in Anspruch zu nehmen und ihre schmerzliche Bindung hinter sich zu lassen.

Wenn wir die Energie hinter unserer Wut nach außen kehren, geht das nicht immer reibungslos vonstatten. Es fängt mit Wutausbrüchen an. Trotz der Turbulenzen ist es ein wichtiger Bestandteil der Heilung, seine Wut zu spüren und auszudrücken. Es ist ein aktiver Protest gegen die Verletzung, die Veränderung verlangt. Es hilft uns, wieder zu funktionieren.

Maries Wut:
»Ich dachte schon, ich würde den Verstand verlieren«, erzählte Marie. »Ich wusste nicht, ob ich weinen oder schreien sollte. Mit nichts kam ich mehr zurecht. Bei der Arbeit hatte ich keine Geduld mehr. Wenn wir Lehrer Schüler haben, die sich so verhalten, wie ich damals, dann nennen wir das ›niedrige Frustrationstoleranz‹. Plötzlich traf das auch auf mich zu. Alle dachten, ich hätte mich zu meinem Nachteil verändert. Aber es zeigte sich, dass ich mich langsam mit den Veränderungen in meinem Leben abfand – und es lag harte Arbeit vor mir, um wieder auf das richtige Gleis zu kommen.«

In ihrer rohen Form ist die Wut unkultivierte Aggression. Wir handeln, ohne zu denken, und doch fühlen wir uns im Recht. Wut führt einen inneren Dialog, der sich selbst immer wieder neu entfacht. Sie wird zu *defensiver Aggression*, wenn wir uns persönlich angegriffen fühlen und uns durch Wut schützen. Die Wut wird zu *offensiver Aggression*, wenn wir damit auf destruktive Weise Vergeltung üben.

Wut kann also sowohl destruktiv als auch konstruktiv sein. Ihre Aufgabe besteht nun darin, die Energie der Wut in gesunde Selbstsicherheit zu verwandeln – das heißt, positive Schritte zu Ihrem eigenen Besten zu unternehmen.

In den Fängen der Wut konnte ich nur schwer glauben, dass die turbulente Mischung aus Emotionen, die ich verspürte, irgendwann zu Frieden oder Gelassenheit führen könnte. Aber ich hatte

gesehen, dass diese aggressive Energie im Leben der Verlassenheitsüberlebenden, mit denen ich gearbeitet hatte, einem Zweck
diente. Ich wusste, die Unruhe, die ich in mir spürte, war das
Leben, das mich aus meiner selbst auferlegten Isolation rief. Das
bedeutete, dass die Heilung nicht mehr lange auf sich warten lassen würde.

Dieses Kapitel wird Sie durch alle Spielarten führen, die Ihre
Wut in dieser Phase annehmen kann. Am Ende werden Sie die
vielen Funktionen der Wut erkennen und deren Energie zu Ihrem Nutzen umlenken können.[120] Später werde ich Ihnen die
einzigartigen Charakteristika Ihres äußeren Kindes aufzeigen.
Wenn Sie auf die Verhaltensweisen Ihres äußeren Kindes achten, richten Sie Ihre Aufmerksamkeit auf die Wirkung alter Verluste. Jetzt ist der Zeitpunkt, diese unerledigten Angelegenheiten anzugehen, zu sehen, wo Sie in Ihrer Wut feststecken, und
Verhaltensmuster aufzubrechen, die Sie behindern.

Der Rahmen der Wut

Es folgen einige Gefühle und Verhaltensweisen, die für die Wut-phase typisch sind.

Jederzeit explosionsbereit

Möglicherweise fühlen Sie sich reizbar, angefüllt mit wütenden Gedanken, vielleicht sogar kurz vor dem Explodieren. Was geht da unter der Oberfläche vor sich?

Auf der psychologischen Ebene fungiert die *Wut* als eine der Verteidigungsmöglichkeiten Ihres Körpers. Dieser entscheidet sich dann zu *kämpfen* anstatt zu *fliehen* oder zu *erstarren*.

Laut Daniel Goleman, der in seinem Buch *Emotionale Intelligenz* unsere emotionalen Reaktionen beschreibt, wird Wut von dem Gefühl ausgelöst, dass wir uns in Gefahr befinden. Physische Bedrohungen, aber auch Bedrohungen unseres Selbstwertgefühls oder unserer Würde – beispielsweise ungerecht oder grob behandelt zu werden – können zu Wut führen. Wir sind für diese Art der Bedrohung besonders verwundbar, wenn uns jemand verlassen hat, den wir lieben.

Mit Hilfe unseres Verstandes können wir den Ausdruck unserer Wut mäßigen, bestimmte Situationen aber stellen eine fast übermenschliche Herausforderung dar.[121] Denken Sie daran, dass Ihr emotionales Gehirn auch »Säugetiergehirn« genannt wird. Sein evolutionärer Aufbau legt fest, dass wir in entscheidenden Augenblicken erst handeln und später darüber nachdenken. Stellen Sie sich ein Eichhörnchen vor, das in Sekundenbruchteilen die Flucht ergreift, um dem Kieselstein aus der Schleuder eines Kindes zu entgehen. Ihr eigenes Säugetiergehirn ist darauf vorbereitet, sich zu ducken, zu fliehen, vor Angst zu erstarren oder zurückzuschlagen, wenn es eine drohende Gefahr entdeckt. Infolge Ihrer Trennung kann so gut wie jede Kränkung Ihres verletzten Selbstwertgefühls als Gefahr wahrgenommen werden.

Der Mandelkern spielt eine entscheidende Rolle bei der Wut.[122] Er agiert als zentrales Alarmsystem unseres Gehirns. Wie ein gut trainierter Wachhund leitet er dringende Botschaften weiter, macht sein Herrchen oder Frauchen auf eine mögliche Bedrohung aufmerksam und bereitet eine Verteidigung vor. Er erklärt den emotionalen Notstand, sobald er die Bedrohung durch ein weiteres Verlassenwerden spürt, und leitet eine Kampfreaktion ein. Der Mandelkern arbeitet schneller als das bewusste Denken und reagiert automatisch (entsprechend den emotionalen Lektionen, die er gelernt hat).

Dolf Zillmann ist der Ansicht, dass die Wut zwei Erregungswellen kennt.[123] Wenn Ihr Mandelkern eine mögliche Bedrohung wahrgenommen hat, signalisiert er die Freisetzung von Stresshormonen, die zur sofortigen Handlungsbereitschaft führen und Ihnen helfen, auf weitere Bedrohungen zu reagieren.

Jederzeit explosionsbereit
Umkehrung der Zurückweisung
Lossagen von dem Menschen, der Sie verlassen hat
Umkehrung des Verlustes
Auflehnung gegen die Realität
Groll
Den Schluss neu schreiben
Aufmöbeln des Äußeren
Vergeltung

Der Rahmen der Wut

Die erste Welle ist ein Adrenalinrausch (beziehungsweise ein Brenzkatechinaminrausch, bei dem sowohl Adrenalin als auch Noradrenalin freigesetzt werden). Wir spüren einen Energiestoß, der laut Zillmann »für eine energiegeladene Tat« ausreicht. Je nach Situation löst sich diese erste Erregungswelle innerhalb von Minuten auf.

Zu der zweiten Welle gehört die Freisetzung von Glukokortikoiden, die noch Stunden und sogar Tage später Energie generieren. Das schafft laut Goleman einen »tonischen Hintergrund der Handlungsbereitschaft«. Dieser tonische Hintergrund errichtet die »Grundlage, auf der weitere Reaktionen besonders rasch aufbauen können«. Goleman behauptet, dass »die Menschen sehr viel stärker zu wütenden Reaktionen neigen, wenn sie bereits durch etwas anderes provoziert oder leicht verärgert wurden.«

»Ich vermisste Gabby und fühlte mich miserabel. Ich war deshalb bereit, auf alles und jeden einzudreschen«, erzählte Keaton. »Eines Tages rief meine Schwester nicht zurück. Soweit ich wusste, war sie übers Wochenende weggefahren, aber ich wollte mir keine Erklärungen anhören. Ich wollte einfach nur explodieren.«

Weil seine Verletzung noch nicht verheilt war, befand sich Keaton bereits in einem erhöhten Erregungszustand – einem Zustand der Handlungsbereitschaft. Er nahm das Schweigen seiner Schwester als Kränkung wahr und wurde von einer Welle der Wut überflutet, die von dem physiologischen Drang angetrieben wurde, sich auszutoben.

»Schließlich rief meine Schwester auf dem Rückweg vom Wagen aus an. ›Wollte mich nur mal melden‹, sagte sie. ›Habe mich gefragt, wie es dir so geht.‹ Leider hatte ich da bereits eine bitterböse Nachricht auf ihrem Anrufbeantworter hinterlassen.«

Während Sie sich womöglich gerade auf etwas anderes konzentrieren, ist Ihr stets wachsamer Mandelkern damit beschäftigt, am Horizont Ihrer Erfahrungen nach emotionalen Bedrohungen Ausschau zu halten, die eine entfernte Ähnlichkeit mit alten Traumata haben. Laut Goleman spielt der Mandelkern eine Art »neurales *Erkennen Sie die Melodie?*«.[124] Basierend auf nur wenigen Noten einer Melodie fällt er in Sekundenbruchteilen ein

Urteil, formt ganze Eindrücke aus nur wenigen Andeutungen. In einer Zeit extremer Erregung, wenn Ihr tonischer Hintergrund auf Handlungsbereitschaft eingestellt ist, können Sie urplötzlich bei Dingen hochgehen, die sich später als völlig harmlos herausstellen.

»Ich wollte an einem Samstag meine beste Freundin zum Abendessen treffen«, erzählte Barbara. »Sie sagte ab, weil sie eine Verabredung hatte. Ich war so wütend, dass ich im Fahren aus meiner Ausfahrt gegen einen Baum knallte. Das machte mich noch wütender, so wütend, dass ich ausstieg und dem Wagen einen Tritt versetzte, wobei ich mir den Fuß verletzte. Alle meine Nachbarn sahen zu und versuchten wahrscheinlich, nicht zu lachen. Ich habe keine Ahnung, was über mich gekommen war, aber es stellte sich heraus, dass ich mir den großen Zeh gebrochen hatte und er eingegipst werden musste.«

Warum dieser Auslöser? Ihr Gehirn hat bestimmte Kommunikationswege[125], die visuelle und auditive Eindrücke direkt zum Mandelkern leiten – am Neokortex vorbei, dem Teil Ihres Gehirns, in dem Ihr bewusstes Denken stattfindet. Mit anderen Worten, Ihr emotionales Gehirn reagiert in Millisekunden auf eine potenzielle Bedrohung – lange bevor Ihr Neokortex[126] die Chance hat, sensorische Informationen zu empfangen und zu verarbeiten. Ihre Augen sehen den Feind, und Ihr Mandelkern aktiviert die *Kampf-*, *Erstarren-* oder *Flucht*-Reaktion – und das alles lange *bevor* Ihr Verstand auch nur die geringste Chance hat einzugreifen.

Ihr emotionales Gehirn mag ein Säugetiergehirn sein, aber Ihr Neokortex trifft genauere und feinere Einschätzungen von realen oder imaginären Bedrohungen. Er ist der Sitz des rationalen Denkens. Die Schaltkreise, die zum Neokortex führen, sind komplexer und haben viel mehr Gehirnzellen als die Schalt-

Die beiden Erregungswellen der Wut

kreise zum Mandelkern. Die neokortikalen Schaltkreise brauchen ungefähr doppelt so lange, um eintreffende Informationen zu verarbeiten. Obwohl der Neokortex langsamer arbeitet, ist das Ergebnis präziser.

Sobald Ihr Verstand die Gelegenheit hat, die potenzielle Bedrohung als harmlos zu erkennen, schickt er eine »Alles in Butter«-Nachricht an Ihren Mandelkern und signalisiert ihm, die Hunde zurückzurufen. Doch zu dieser Zeit ist bereits die zweite Erregungswelle unterwegs und bildet den tonischen Hintergrund für Kampfbereitschaft.

Da dieses Hintergrundniveau unterbewusst abläuft, entgehen die meisten seiner Auswirkungen dem Wachbewusstsein. Häufig merken Sie gar nicht, dass Sie sich in einem erhöhten Erregungszustand befinden. Wenn dann eine anscheinend kleine Reizung auftaucht, kommt Ihre Überreaktion völlig überraschend.

»Eines Tages brüllte ich meine Siebtklässler an – was ich sonst nie tue. Ich war absolut geschockt«, erzählte Marie. »Ich hatte es nicht kommen sehen. Ansonsten hätte ich es gar nicht erst so weit kommen lassen. Zuerst kam der Ausbruch, und dann kam die Erkenntnis, dass ich wohl wütend sein musste. Das war mir erst klar geworden, als ich meine Haltung verloren hatte. Ich musste meine Wut in den Griff bekommen. Ich wollte es nicht an meinen Schülern und Schülerinnen auslassen.«

Ebenso wie Marie müssen wir unsere Gefühle überwachen, besonders in dieser langwierigen emotionalen Krise. Sie können den Impuls, Ihre Wut an denen auszulassen, die keine Schuld trifft, durchaus bezwingen.

Alkohol erschwert allerdings die Kontrolle dieser Impulse. Er ist eine Droge (Äthanol) in flüssiger Form, die als Beruhigungsmittel im zentralen Nervensystem wirkt. Er betäubt den Teil des Gehirns, der uns davon abhält, unsere destruktiven Impulse auszuleben. Im alkoholisierten Zustand fällt es uns deshalb schwerer, unsere Wut zu kontrollieren.

»Ich traf mich eines Abends mit Freundinnen auf einen Drink, und eine von ihnen sagte: ›Dir scheint es ja schon viel besser zu gehen, Roberta.‹ Tja, aus irgendeinem Grund machte mich das wütend. ›Kapierst du es nicht?‹, brüllte ich. ›Ich versuche weiterzuleben, aber es ist die Hölle. Ihr wollt doch nur glauben, dass es mir besser geht, weil ihr es müde seid, mein trauriges Gesicht anzusehen. Ihr wollt nichts mehr hören und nichts mehr sehen. Also muss ich eine Show abziehen, nur für euch – um euch alle glücklich zu machen.‹

Als ich mit meiner Tirade fertig war, starrten mich alle nur an. Es ist sonst gar nicht meine Art, so herumzubrüllen.

Am nächsten Tag wurde mir klar, dass es dabei nur darum gegangen war, wie verletzlich ich mich fühlte, und nicht darum, wie unsen-

sibel meine Freundinnen waren. Erst da dämmerte mir, dass ich es möglicherweise etwas übertrieben hatte.«

Die Wunde des Verlassenwerdens ist in dieser Phase noch frisch. Sobald Ihr emotionaler Hintergrundton auf Alarm eingestellt ist, braucht es immer geringere Provokationen, um eine Reaktion auszulösen. Fast jede Kränkung, die auch nur den Hauch einer Zurückweisung an sich hat, kann zu dem Tropfen werden, der das Fass zum Überlaufen bringt. Sie werden davon überrumpelt und stellen plötzlich fest, dass Sie auf einen Unschuldigen eindreschen.

Wenn Ihnen jemand die Vorfahrt nimmt, umklammern Sie das Lenkrad wie einen Schraubstock (als Ersatz für den Hals des anderen Fahrers).[127] Ihre Hemmschwelle wird immer niedriger, und Ihr Mandelkern fasst diesen winzigen Verkehrsvorfall als Form der Abwertung auf. Angesichts der Tatsache, was Alkohol in einer solchen Situation noch zusätzlich bewirken kann, sollten Sie sich unter gar keinen Umständen alkoholisiert ans Steuer setzen.

Aufmöbeln des Äußeren

Der Zustand der Handlungsbereitschaft führt bisweilen zu einer nervösen Energie, die zahlreiche Vorgehensweisen auslösen kann, von denen nicht alle wütend oder aggressiv sein müssen. Viele meiner Patienten und Patientinnen leben ihre Wut aus, indem sie eine durchgreifende Veränderung ihrer äußeren Erscheinung durchführen.

»Ich habe mir die Haare gefärbt«, erzählte Marie. »Keine grauen Strähnen mehr, ich wurde wieder brünett. Eigentlich bin ich noch viel weiter gegangen, als nur bis zu meinem natürlichen Braunton. Ich

habe sie schwarz gefärbt. Einige Wochen später ließ ich mir die Haare
kurz schneiden und kaufte mir ein Paar tolle Ohrringe.«

Menschen führen häufig äußere Veränderungen durch, wenn sie
andere wichtige Übergänge durchleben. Denken Sie nur an
schwangere Frauen. Man hört oft, wie eine Schwangere in Vor-
bereitung auf die dramatische Lebensveränderung ein Zimmer
oder das ganze Haus umdekoriert. Ein Kollege von mir wurde
kürzlich zum Direktor einer psychiatrischen Abteilung ernannt.
Obwohl sich sein Gehalt nicht wesentlich erhöhte, war es eine
prestigeträchtige Beförderung, durch die sein Fachwissen und
seine langjährige Hingabe an seinen Beruf gewürdigt wurden. Er
feierte das, indem er sich einen Luxuswagen kaufte – ganz etwas
anderes als der alte Schrotthaufen, den er fuhr, seit ich ihn
kannte. Er fühlte sich gut und wollte das auch nach außen zeigen.

Das Bedürfnis, die Veränderungen, die man durchlebt, auf
greifbare Weise auszuleben, ist universell. Einige probieren es
mit einer anderen Frisur oder einem neuen Outfit. Wieder andere konzentrieren sich auf ihre Wohnung oder versuchen, fit zu
werden. So oberflächlich diese Veränderungen auf den ersten
Blick auch scheinen mögen, sie sind ein Zeichen dafür, dass die
Betroffenen aktiv werden, ihre Wut nach außen richten.

Solche äußeren Veränderungen sind oft symbolisch, sie bereiten die Bühne für die inneren Veränderungen und stimmen uns
selbst und andere auf das ein, was noch kommt. Ein völlig neuer
Look sagt der Welt: »Jetzt komme ich. Macht euch bereit für ein
neues Ich.«

Familienangehörige und Freunde mögen angesichts dieser
Veränderungen verwirrt sein, und Sie selbst sind sich vielleicht
gar nicht darüber bewusst, woher Ihre plötzliche Vorliebe für
Make-up oder Fallschirmspringen kommt. Letztendlich geht es

um das Bedürfnis, die Kontrolle über die Übergangsphase zu erlangen, die Ihnen aufgezwungen wurde, als Ihr Partner Sie verließ.

»Ich beschloss, wenn mich das Verlassenwerden schon verändern sollte, dann würde ich verdammt noch mal dafür sorgen, dass es eine Veränderung zum Besseren wird«, sagte Barbara. »Ich nahm mein Wohnzimmer wie besessen auseinander. Nicht zu vergessen, damals war mein Fuß immer noch eingegipst. Ich dekorierte mein ganzes Haus neu mit Kerzen, alten Fotos meiner Familie und einigen Gemälden, die ich gemalt hatte, bevor ich Howard traf. Dann lud ich alle meine Freunde zu einer Party ein und servierte Fondue, was Howard nie gemocht hatte.«

Die Zurückweisung umkehren

Eine der wichtigsten Funktionen der Wutphase besteht darin, *die Auswirkungen der Zurückweisung umzukehren.* Anstatt wütend auf sich selbst zu sein, bringen Sie schmerzliche Gefühle und negative Botschaften offen zum Ausdruck. Anstatt sich selbst zu strafen und Ihre Zweifel zu *verinnerlichen,* drücken Sie diese Botschaften aus und kehren Sie *nach außen.* Man hat diesen Vorgang schon mit einem Vulkanausbruch verglichen. Schmerz und Verletzungen lassen sich nur eine bestimmte Zeit lang stauen, dann finden die negativen Botschaften, die man verinnerlichte, ihren Weg nach draußen.

»Ich konnte einfach keine einzige weitere Schuldzuweisung mehr ertragen«, sagte Keaton. »Ich war bis zum Rand voll davon und war es leid, mir für alles, was schief ging, den schwarzen Peter zuschieben zu lassen. Ich beschloss, einen Teil der Schuld auf Gabby abzuladen.«

Wut ist ein Zeichen dafür, dass Sie bereit sind, wieder auf eigenen Beinen zu stehen. Natürlich muss nicht jeder Ausdruck von Wut einem Vulkanausbruch gleichen. Sie können die Energie Ihrer Wut dazu einsetzen, gewissenhaft alte Überzeugungen zu prüfen und ein gesünderes Selbstbild von sich aufzubauen.

»Es kann nicht alles meine Schuld sein«, fuhr Keaton fort. »Es lag nicht nur daran, dass ich nicht wertvoll war. Eigentlich ist es eine verdammte Ungerechtigkeit, dass Gabby mich einfach so ablegte. Ich habe das Recht, wütend zu sein!«

Alles Bedauern loslassen

Der Trick besteht darin, Ihr Bedauern auf die Umstände der Trennung zu richten und nicht auf Ihre vermeintlichen Unzulänglichkeiten, denen Sie für das Ende der Beziehung die Schuld geben.

»Anfangs tat ich mir selbst Leid – ich war jemand, den Lonny nicht länger liebte«, erzählte Marie. »Aber dann tat es mir Leid, Lonny überhaupt begegnet zu sein, ihn überhaupt jemals geliebt zu haben. All diese Jahre des glücklichen Familienlebens schienen den Schmerz nicht wert zu sein, den ich durchlitt, als er mich verließ.«

Man hört den wehleidigen Unterton in Maries Bedauern, aber man spürt auch, dass sie anfängt, ihre Wut nach außen zu richten. Das Bedauern kann lange Zeit anhalten, wenn all Ihre Hoffnungen und Träume von der Beziehung verpufft sind. Aber sobald Sie Ihre selbstverurteilenden Annahmen nach außen bringen, beheben Sie damit den Schaden, den Selbstzweifel und Selbsterniedrigung verursacht haben.

Sich von der Autorität des Menschen lossagen, der Sie verlassen hat

Eine weitere Möglichkeit, die Wirkung des Verlassenwerdens abzuschwächen, besteht darin, die Zuverlässigkeit der Quelle in Frage zu stellen. Es ist an der Zeit, die Macht zu widerrufen, die Sie dem Menschen gegeben haben, der Sie verlassen hat, und seine Glaubwürdigkeit einmal genauer unter die Lupe zu nehmen.

»Wer *war er denn, mir zu diktieren, ob ich begehrenswert war oder nicht?*«, sagte Barbara. *»Ich bin viel zu viel wert, um mir über die Zurückweisung von einer einzigen Person Gedanken zu machen! Selbst wenn es Howard war. Genau besehen ist Howard ein Idiot, weil er mich gehen ließ.«*

Manche erzählen von Schwierigkeiten beim Übergang von der *Idealisierung* ihres geliebten ehemaligen Partners zum *Lossagen* von seiner Autorität. Es fällt ihnen schwer, eine realistische Einschätzung des eigenen Wertes abzugeben. Sie haben ihren Selbstwert so vollständig dem Wert des Partners untergeordnet, dass sie nur schwer glauben können, das Leben sei ohne ihn lebenswert. Ihre Aufgabe ist es nun, Ihre alten Annahmen ans Licht zu bringen und sie zu überprüfen.

»*Ich musste meine Ehefrau von ihrem Podest herunterholen*«, gab Richard zu, *»aber das war nicht leicht. Ihre Meinung war mir so lange wichtig gewesen. Schließlich hörte ich auf meine Freunde. Sie sagten mir ständig, der Umstand, dass sie mich aus ihrem Leben geworfen hatte, sei kein Beweis dafür, dass ich etwas Schreckliches getan hatte oder dass mir eine notwendige Eigenschaft fehlte.«*

Viele meiner Patienten und Patientinnen berichten, dass ihre verlorenen Partner extrem kritisch und feindselig wurden, bevor sie sich zurückzogen. Um ihren Wunsch nach einem Ende der Beziehung zu rechtfertigen, gaben sie die Schuld an der Trennung dem Menschen, den sie verlassen wollten.

»Gabby muss sich echt schuldig gefühlt haben, als sie mich verließ«, meinte Keaton. »Also schrieb sie mir diesen langen Brief, in dem sie mir all die Dinge aufzählte, mit denen ich sie vertrieben hatte, alles, was ich jemals getan und was ihr nicht gefallen hatte, all die schrecklichen Dinge an mir, die sie zur Trennung bewogen.

Damals nahm ich mir das alles sehr zu Herzen und glaubte jedes Wort, das sie schrieb. Ich machte mir die größten Vorwürfe. Aber langsam sehe ich ein, dass ihre Liste nur eine Entschuldigung dafür war, dass sie die Beziehung beendet hatte.«

Natürlich waren Sie durch die Zurückweisung Ihres geliebten Partners so verletzt, dass es Ihnen schwer fiel, die Kraft zu finden, um gegen diese negativen Botschaften anzukämpfen. Das Gewehrfeuer der Kritik hat Sie geschwächt und es Ihnen erschwert, den Menschen, der Sie verlassen hat, von seinem Thron zu stürzen. Wenn Sie mit diesem Problem zu kämpfen haben, dann bitten Sie Freunde, Angehörige oder Spezialisten um Hilfe. Oder schließen Sie sich einer Selbsthilfegruppe an, wo Sie Ihre Gefühle offen ausdrücken, ein realistisches Feedback bekommen und an diesen Punkten arbeiten können. Die Workshops zur Heilung von Verlassenheitsgefühlen können hier ebenfalls wertvolle Unterstützung bieten.

»Ich brauchte eine Weile, bis ich in Berührung mit meiner Wut kam«, räumte Marie ein. »Aber ich war es leid, mich ständig verletzt und zurückgewiesen zu fühlen. Nachdem ich den Geschichten der anderen

zugehört hatte, sah ich allmählich ein Muster in Lonnys Verhalten – er war absolut selbstsüchtig und verantwortungslos. Wie mir seine ausgeprägte Egozentrik in unserer Ehe entgehen konnte, ist mir schleierhaft. Vermutlich hatte ich ihn von Anfang an idealisiert.

Aber ich war nicht länger blind. Dass Lonny mit so dürftigen Erklärungen gegangen war, deutete darauf hin, dass er mich als menschliches Wesen nicht respektierte. Wie konnte er mich ganz allein mit den Scherben unserer Beziehung zurücklassen?

Ich war fuchsteufelswild, dass ich mit all den unbeantworteten Fragen zurückblieb. Wenn Lonny wirklich der Mensch gewesen wäre, für den ich ihn immer gehalten hatte, dann hätte er zumindest versucht, mich zu warnen oder mir die Situation genauer zu erklären. Plötzlich kam er mir wie ein Schurke vor.«

Den Verlust umkehren

»Ich hielt es nicht für nötig, wegen des Verhaltens meiner Frau wütend zu werden, obwohl sie mich verlassen hatte«, erzählte Carlyle. »Ich konnte verstehen, dass sie sich einfach nur selbst treu war und das tat, was sie zu diesem Zeitpunkt für richtig hielt. Wütend zu werden hätte daran nichts geändert.

Einige meiner Freunde beharrten darauf, dass ich erst dann richtig heilen würde, wenn ich mit meiner Wut auf sie in Berührung käme. Sie waren wütend auf meine Frau für das, was sie getan hatte. Aber ich hatte meine eigene Wut – nicht auf sie, sondern auf das Leben. Ehrlich gesagt, fühlte ich mich schon wie ein wütender Bär, der brummt und Schaum vor dem Mund hat angesichts all der Arbeit, die nun vor mir lag, um mir ein neues Leben aufzubauen. Warum auf sie böse sein, wo ich doch in Wirklichkeit auf mich böse war – auf den Schmerz, den ich durchlitt, die Isolation von meiner Familie, die Einsamkeit? Das machte mich wütend – nicht, wer sich falsch verhalten oder wer wem was angetan hatte, sondern wie ich das Steuer wieder herumreißen konnte.«

Carlyle ist nicht der einzige Verlassenheitsüberlebende, der fähig ist, die Wut auf den verlorenen Partner zu umgehen und sich direkt an den Neuaufbau des eigenen Lebens zu machen, aber er gehört keineswegs zur Mehrheit. Die meisten haben das Bedürfnis, ihre Wut auf den Menschen zu richten, der sie verlassen hat.

Sich gegen die Realität auflehnen

Viele Verlassenheitsüberlebende haben Probleme damit, mit Ihrem Leben fortzufahren, weil sie das tief greifende Bedürfnis verspüren, sich gegen *eine ungewollte Realität aufzulehnen*. Das ist allerdings eine Form der Wut, die eine Akzeptanz Ihrer Situation verzögert.

»*Ich habe alles versucht, und doch konnte ich mich nicht ändern*«, erzählte Jay. »*Ich war in meine Wut verstrickt. Ich konnte einfach nicht darüber hinwegkommen, was meine Frau mir angetan hatte.*«

Im Kapitel »Verinnerlichung« haben wir darüber gesprochen, wie wichtig es ist, die Realität zu akzeptieren. In der *Akeru*-Übung, in der Sie Ihr Traumhaus visualisierten, schufen Sie ein Heim, in dem Sie eine neue Vision für Ihr Leben schmieden können. Die Wirklichkeit zu akzeptieren ist einer der Eckpfeiler dieser Vision.

Die Fähigkeit, sich der Realität zu stellen und sie zu ihren Bedingungen zu akzeptieren, ist für die Heilung von Verlassenheitsgefühlen entscheidend. Für viele stellt das die größte Herausforderung dar. Einige tun alles, um eine Situation, die ihnen nicht gefällt, nicht akzeptieren zu müssen. Sie meinen wohl, die Realität verjagen zu können, wenn sie dagegen protestieren. Wir alle kennen Menschen, die sich in etwas festbeißen, was sie doch nicht beherrschen können. Sie tun so, als ob die Realität ver-

schwinden würde, wenn sie den Kampf nur lange genug weiter-
führen. Sie erschöpfen sich, indem sie mit dem Kopf gegen eine
Steinmauer rennen, und manchmal erschöpfen sie auch die Gut-
mütigkeit ihrer ansonsten hilfsbereiten Freunde.

Sich der Realität zu stellen heißt, den Verlust zu akzeptieren
und auch die Trauer, die damit einhergeht. Sich gegen die Realität
aufzulehnen ist der fruchtlose Versuch, den Verlust abzuwehren.
Langfristig gesehen kann diese Strategie nicht funktionieren. Es
wird immer der Tag der Erkenntnis kommen, an dem Sie das Ge-
schehene anerkennen und über Ihren Verlust trauern müssen.

Das Verlassenwerden hat Sie an eine wichtige Kreuzung geführt. Sie können sich dafür entscheiden, gegen die Dinge anzukämpfen, die Ihnen nicht gefallen, oder Sie können sich den
Tatsachen stellen. Aber es liegt an Ihnen, die Richtung zu bestimmen und loszulaufen.

*»Ich hatte große Probleme mit all dem Schmerz und der Wut. Eines
Tages sagte ich mir: ›Stell dich der Sache, Marie. Das, was du dir am
meisten im Leben gewünscht hast, das hast du nicht mehr. Lonny ist
nicht mehr da. Das tut weh. Stell dich dem, akzeptiere es und mach
weiter.‹ Es war kein fröhlicher Anfang, aber es war ein Anfang.«*

Christopher Reeves, der für seine Rolle in *Superman* bekannte
Schauspieler, ist ein drastisches Beispiel für einen Menschen,
der sich einem Verlust mit erstaunlicher Kraft stellte. Sein Verlust war von einer anderen Art – der Verlust körperlicher Fähigkeiten. Er erlitt bei einem Reitunfall eine schwere Wirbelsäulen-
verletzung. Heute ist er eine Inspiration für Tausende mit ähnlichen Leiden – und für uns alle.

Schuld ist für Christopher Reeves kein Thema. Wenn er wollte, könnte er sich selbst quälen und vor seinem inneren Auge
immer wieder den Punkt durchgehen, an dem entweder er oder

sein Pferd die falsche Bewegung machte. Was noch viel wichtiger ist, er hat auch die Tatsache erkannt, dass sich das Leben, wie er es kannte, verändert hat und jetzt völlig neue Herausforderungen für ihn bereithält. Er konnte es sich nicht leisten, seine Energie darauf zu verschwenden, sich gegen die Realität aufzulehnen. Er musste die Sinnlosigkeit des Protests gegen das, was sich nicht ändern ließ, anerkennen und sich auf die Dinge konzentrieren, die er kontrollieren konnte. Wie viele Verlassenheitsüberlebende musste er sich der Tatsache stellen, dass sein früheres Leben vorbei war. Das Leben, das er jetzt hatte, wollte er nicht, aber er hatte kein anderes. Nur er konnte sich dafür entscheiden, das Beste daraus zu machen. Er hätte sich für die Verzweiflung entscheiden können, aber er wählte das Leben.

Unsere schwersten Momente durchleben wir im Kampf gegen die Realität, bei der Abwehr des Schmerzes und des Verlustes. Das bessert sich erst, wenn wir uns der Situation stellen und allmählich erkennen, was wir tun können, um sie uns zu erleichtern. Sobald wir das akzeptieren, können wir uns darauf konzentrieren, unser Leben so sinnvoll wie möglich zu führen, von einem Augenblick zum Nächsten.

Christopher Reeves zeigt, dass es möglich ist, über die bloße Akzeptanz einer schwierigen Realität hinauszugehen und sie sogar zu begrüßen. Wer das tut, erreicht eine höhere Stufe der menschlichen Existenz – einen Zustand, der in Italien *amor fati* heißt.[128] Übersetzt bedeutet das »Liebe dein Schicksal«. Eine ähnliche Redewendung kommt in dem Zwölf-Schritte-Programm vor: *Wünsche dir das, was du hast.* Um den psychischen Sprung von der Auflehnung gegen die Realität zum *amor fati* zu schaffen, müssen Sie die harte Arbeit der Akzeptanz leisten. Lassen Sie los, und erkennen Sie das Wachstum, das Ihre Verlassenheitserfahrung Ihnen erst ermöglicht hat.

Anders als Christopher Reeves teilen Verlassenheitsüberlebende ihre Verletzungen nicht mit einer bewundernden Öffentlichkeit. Wir teilen unsere Sehnsüchte, unsere Zurückweisung und unsere Selbstzweifel nur mit unseren engsten Freunden und Angehörigen, wenn überhaupt. Tatsächlich ruft eine körperliche Verletzung andere gesellschaftliche Reaktionen hervor als das Stigma des Verlassenwerdens. Alle Verlassenheitsüberlebende haben allerdings mit Christopher Reeves gemeinsam, dass sie sich in einer Situation befinden, für die sie sich nicht freiwillig entschieden haben – eine Situation voller Verlust, Übergänge und Herausforderungen. Beide haben die Gelegenheit, ihre Energie neu auszurichten und ihre Fähigkeit, zu leben und zu lieben, zu vergrößern.

Groll

Groll ist eine unterschwellige Wut, die unter der Oberfläche kocht. Schon vor dem Versuch, Ihre akute Wut in den Griff zu bekommen, baut sich Groll auf. Jeden Tag müssen Sie mit den Folgen Ihres Verlustes leben – der Würdelosigkeit, verlassen worden zu sein, selbst Lebensmittel einkaufen oder allein ins Kino gehen zu müssen.

Der Groll, den Sie verspüren, kann von Situation zu Situation verschieden sein. Vielleicht hassen Sie es, das Fehlen Ihres Ex-Partners jedes Mal neu erklären zu müssen, wenn Sie einem gemeinsamen Bekannten begegnen. Für andere ist der Groll am stärksten, wenn Freunde versuchen, sie mit einem Unbekannten zu verkuppeln oder wenn sie sich den Mühen einer Partneragentur unterziehen müssen. Dann gibt es da noch all die profanen Aufgaben, die Sie sich früher geteilt haben: den Müll hinaustragen oder die Wäsche machen, ganz zu schweigen von der Miete, die Sie sich früher geteilt haben. Es gibt den Groll über die einsamen Samstagabende und über die Notwendigkeit, ein Wochenende auszufüllen, das sich endlos hinzieht. Und manche spüren das Brennen ihres Grolls, wenn sie zufällig ihren Ex mit seiner neuen Partnerin sehen.

»Groll? Ich sitze hier mit zwei Kindern, einem schlecht bezahlten Job und einem Anwalt, der 5000 Dollar Vorschuss will«, erzählte Margaret. »Außerdem habe ich eine Einladung zur Hochzeit meiner Cousine, aber kein Geld für ein Kleid und niemanden, der mich begleiten könnte. Wie viel Groll kann ich noch verspüren, bevor ich in tausend Teile zerspringe?«

Obwohl Groll ein natürlicher und unvermeidbarer Aspekt des Verlassenwerdens ist, können Sie seine Energie dazu einsetzen, Verbesserungen zu erzielen. Die Herausforderung liegt darin, Ihren Groll in eine gesunde Aggression zu verwandeln, indem Sie neue Aktivitäten finden, die Sie bereichern und genießen.

»Ich fühlte so viel Groll in mir, dass es sogar meine Kinder zu spüren bekamen«, sagte Barbara. »Ich brauchte sie mehr denn je, jetzt, wo ich mich so allein fühlte. Aber wenn ich von meiner neuen Ganztagsstelle nach Hause kam, war es mir einfach zu viel, mich auch noch um die Kinder zu kümmern.

So konnte es nicht weitergehen. Ich wollte nicht von meinem eigenen Groll zerfressen werden. Also musste ich etwas ändern. Mein erster Schritt bestand darin, meine Kinder für ein Programm des CVJM anzumelden, das immer am Wochenende stattfand, damit ich einem Fitnessstudio beitreten konnte. Das funktionierte ganz gut, und dort traf ich auch jemanden, der mich zu einer Selbsthilfegruppe für Verlassenheitsüberlebende einlud.

Allmählich ließ mein Groll nach, aber das bedeutete, loszuziehen und mir ein neues Leben zu suchen. Für alles was schlecht war, musste ich etwas Gutes finden, das dessen Platz einnehmen konnte.«

Vergeltung

Manche Betroffene werden mit ihrem wachsenden Groll fertig, indem sie sich *vorstellen*, wie sie an dem Menschen, der sie verlassen hat, Vergeltung üben. Andere *setzen* diese Szenarien *wirklich um*. Wenn es um eine Scheidung geht, kann ein Partner Vergeltung üben, indem er dem anderen finanzielle Bürden auflastet oder Besuchsrechte vorenthält. Diese und andere heimtückische Aktionen sind zum Teil der Versuch, den Schmerz und die Kränkung auszugleichen.

Rachefantasien und Vergeltungsmaßnahmen können Ihnen helfen, sich weniger als Opfer zu fühlen, sondern eher als eine Kraft, mit der man rechnen muss. Obwohl es eine verständliche und häufig anzutreffende Verteidigungshaltung ist, können Sie durch die Verfolgung Ihrer Rachegelüste auch eine Menge wertvoller Energie verschwenden.

»Als Carlotta beschloss, mich hinauszuwerfen, konnte ich anfangs nur verrückt spielen«, erzählte Jay. »Ich wusste damals nicht, was ich außer meiner Wut sonst noch fühlen sollte. Ich hatte keine Ahnung, wie man andere Gefühle hat. Ich kannte nur meine Wut. Und ich wusste nicht, was ich mit meiner Wut anstellen sollte, außer sie an ihr auszulassen. Ich war erst zufrieden, als Carlotta rotierte. Weil ich mich nicht revanchieren konnte, betrank ich mich sinnlos. Ich muss wohl nicht erst sagen, dass ich dadurch die Kontrolle verlor. Es wurde so schlimm, dass ich sie sogar körperlich bedrohte. Eines Nachts rief sie die Polizei, und sie sperrten mich zur Ausnüchterung ein. An diesem Wochenende im Knast drehte ich durch.«

Die Behauptung, dass wir Dinge, die wir in Rage tun, oft bedauern, wäre eine Untertreibung. Wenn unser emotionales Gehirn eine Bedrohung wahrnimmt, wird in uns automatisch der Impuls geweckt, uns zu verteidigen, und das kann durchaus in Form von Aggressionen geschehen. Doch gibt es in einer modernen Gesellschaft nur wenig Situationen, die eine derartige Reaktion rechtfertigen. Möglicherweise fühlen Sie sich in diesem Augenblick im Recht, aber in 99 Prozent aller Fälle werden Sie es später bedauern, sich körperlich abreagiert zu haben.

Laut Goleman wirkt »unsere Wut, anders als die Traurigkeit, anspornend, ja sogar belebend. … Die Wut ist von allen negativen Emotionen die verführerischste; der selbstgerechte innere Monolog, der sie antreibt, liefert uns die überzeugendsten Argumente dafür, unserer Wut freien Lauf zu lassen«.[129] Wenn jemand, den wir lieben, uns verlässt, wird unsere Wut von einer tiefen, persönlichen Wunde entfacht. Jemand hat uns Unrecht getan, uns ins Exil menschlicher Beziehungen gezwungen. Die Argumentationskette, die Sie gegen diesen Menschen aufbauen, wird zu einer Rechtfertigung für fast jede Vergeltungsmaßnahme.

Diese Gedanken entstammen dem Neokortex – dem Bereich des bewussten Denkens –, der auch neurale Verbindungen zum Mandelkern unterhält. Wenn eine Kränkung zur anderen kommt, laufen deren Auswirkungen wellenförmig über diese neuralen Wege und aktivieren die Handlungsbereitschaft Ihres emotionalen Gehirns. Obwohl also Ihr Verstand Ihre vom Mandelkern angetriebenen Reaktionen beschwichtigt, entfacht Ihr wachsender Groll das emotionale Feuer weiter.

»Wenn ich meine Kinder am Wochenende sehen durfte, verbrachte ich die ganze Zeit damit, ihre Mutter für alles, was sie sagte oder tat, zu attackieren. Natürlich fingen die Kinder dann an zu weinen. Und ich fühlte mich entschlossener denn je, sie für mich zu gewinnen. Ich entschied mich sogar dafür, um das Sorgerecht zu kämpfen. Nachdem ich 7000 Dollar an Anwaltshonoraren ausgegeben hatte, erklärten

meine Kinder dem Richter, dass sie zwar meine Gefühle nicht verletzen wollten, aber lieber bei ihrer Mom blieben.

Ich wollte Carlotta dafür schlimm bestrafen – als ob es ihr Fehler war. Ich schlug Löcher in die Wand und zerbrach Gegenstände. Ich muss wohl nicht erst sagen, dass ich all das so durcheinander brachte, dass mir unzählige Geschäfte durch die Lappen gingen. Ich war meistens viel zu hektisch und aufgedreht, um mich um meine Klienten zu kümmern.

Den Tiefpunkt erreichte ich, als ich herausfand, dass Carlotta sich mit einem anderen Mann traf. Ich hatte bereits drei Therapeuten verschlissen, weil sie mir rieten, mich da nicht einzumischen und unbedingt loszulassen. Carlotta loslassen? Ich glaubte, dass sie mir gehörte, dass sie mein Besitz war, dass sie kein Recht hatte, das zu tun, was sie tat. Ich wollte der Sieger sein, mich revanchieren, sie für meinen Schmerz und meine Einsamkeit zahlen lassen.«

Vergeltung ist nicht die einzige Möglichkeit, die Zurückweisung umzukehren. Wie Jay später entdeckte, gibt es Alternativen, die dem persönlichen Wachstum dienlicher sind. Wenn Sie lernen, sich die Energie Ihrer Wut nutzbar zu machen, mobilisiert Sie das zu positiven Verhaltensweisen. Aber der tiefere Sinn ist schwer zu entdecken, wenn Sie die Macht Ihrer Wut in den Händen Ihres äußeren Kindes lassen. Das äußere Kind symbolisiert tief verwurzelte Verhaltensmuster. Es zeigt immer dann sein Gesicht, wenn Sie Ihre Gefühle ausleben oder sich auf fehlgeleitete Weise verhalten.

»Erst als ich erkannte, was meine gegen Carlotta gerichtete Wut mir selbst antat, war ich in der Lage, auf die Bremse zu treten«, fuhr Jay fort. »Aber zuerst musste ich sehr viel mit mir reden – um mich umzupolen. Ich muss einen eisernen Willen gehabt haben, denn ich bin heute völlig trocken. Es war mein Glück, dass ich Keaton begegnet

bin. Er nahm mich zu ein paar Treffen mit, und da leckte ich Blut.
Jetzt verfolge ich einen umfassenden Selbstverbesserungsplan.«

Die gute Nachricht lautet, dass Ihnen Ihre Wut, sobald sie in
eine neue Richtung gelenkt wird, die notwendige Energie verleiht, um die Arbeit der Rehabilitation zu leisten. Ihre Wut zeigt
auch, dass Sie sich entschieden haben, sich zu verteidigen, und
nicht zu fliehen oder zu erstarren. Ihre Energie kann so ausgerichtet werden, dass Sie Ihr Leben wieder in den Griff bekommen. Nützen Sie diese Zeit überquellender Energie, hoher Aufmerksamkeit und akuter sensorischer Bewusstheit, um die Herausforderung anzunehmen und Ihr Leben neu aufzubauen. Wut
kann – als Prozess der Handlungsbereitschaft – durchaus zu positiven Ergebnissen führen.

Das Ende neu schreiben

Das Ende ist für viele Verlassenheitsüberlebende eines der be-
drückendsten Probleme. Häufig gibt es nämlich keinen richtigen Abschluss, und die meisten Betroffenen bleiben mit quälenden Fragen zurück, die sich nicht vertreiben lassen. Die ständige
Suche danach, was schief gelaufen ist, facht den schleichenden
Prozess der Selbstverletzung an. Sie müssen nicht ständig darum
kämpfen, die Scherben Ihres früheren Lebens wieder zusammen-
zuleimen. Jetzt, da Ihre Wut den kritischen Punkt erreicht hat,
ist es an der Zeit, die Kontrolle zurückzuerlangen.

Ihre Aufgabe besteht nun darin, die Geschichte Ihrer zerbro-
chenen Beziehung mit Ihren Worten neu zu schreiben, aus einer
Position größer Kraft, Weisheit und Objektivität. Anstatt der
Mensch zu sein, der verlassen wurde, entscheiden *Sie*, wie Sie die
Beziehung zu Ihren eigenen emotionalen Bedingungen beenden
wollen. Sie sind nicht länger das Opfer. Setzen Sie Ihre aggres-

sive Energie ein, um Ihren eigenen Schluss zu erschaffen und zu erarbeiten.

Die meisten Verlassenheitsüberlebenden fangen damit an, sich verschiedene Szenarien vorzustellen. Sie wiederholen Gespräche mit ihren verlorenen Partnern und geben jenen Dingen eine Stimme, die sie nie aussprechen konnten. Diese Probeläufe helfen ihnen, sich mit Facetten ihrer Beziehung abzufinden, die sie vielleicht übersehen haben, und sich mit Dingen auseinander zu setzen, die dazu beitragen können, alles hinter sich zu lassen.

Üben Sie diese Szenarien auf die Weise, die Ihnen am angenehmsten ist. Sie können mit sich selbst reden, einen Brief an Ihren ehemaligen Partner schreiben oder das, was Sie sagen möchten, mit einem Freund, einem Therapeuten oder einem Mentor durchgehen. Wichtig ist nur, all die Punkte zu bedenken, die angegangen werden müssen, damit Sie hinsichtlich dieser Beziehung Ihren Frieden finden. Wenn nötig, planen Sie Ihrerseits eine Zurückweisung ein, und erzählen Sie Ihrer verlorenen Liebe in einer imaginären Unterhaltung, was genau Sie denken. Einige Betroffene können ihrem verlorenen Partner am Ende vergeben.[130] Indem sie erst üben und später wirklich mit ihrem Ex-Partner kommunizieren, werden viele Verlassenheitsüberlebende selbstsicherer hinsichtlich ihrer Fähigkeit, in ihrem eigenen Interesse zu handeln.

Vielleicht finden Sie es auch hilfreich, ein Abschlussritual zu zelebrieren. Einige meiner Patienten und Patientinnen schicken sorgfältig formulierte Briefe. Andere arrangieren ein Treffen mit ihrem ehemaligen Partner – mit oder ohne Hilfe einer dritten Person, beispielsweise eines Therapeuten oder Anwalts.

»Meine Wut auf Lonny zeigte sich jedes Mal in kleinen und großen Tränenbächen, wenn ich versuchte, mich mit ihm hinzusetzen und darüber zu sprechen, wie wir unsere Besitztümer aufteilen sollten«,

erzählte Marie. »*Aber eines Tages beschloss ich, dass es Zeit war, ihm
in aller Ruhe zu sagen, was ich dachte und wie ich mich fühlte. Ob er
mich verstand oder ob es ihm wichtig war, darauf kam es nicht an.
Wichtig war nur, dass ich beschrieb, wie es für mich ist, seinen Verlust so schmerzlich zu betrauern. Ich sagte ihm genau, was ich von
ihm hielt, weil er mich das durchmachen ließ. Das war der Anfang des
Loslassens.*«

Marie entdeckte, dass man innerlich wächst, wenn man seiner
Wut und anderen komplexen Gefühlen gegenüber dem verlorenen Partner Ausdruck verleiht.[131] Wenn Sie das tun, bekräftigen Sie damit Ihr neues Selbst.

Die Fähigkeit des Getrenntseins

Die Fähigkeit, getrennte Individuen zu sein, erlaubt es uns in
einer Beziehung, der Mensch zu sein, der wir sind.[132] Es bedeutet, dass wir dem anderen offen widersprechen können. Wir können unsere Wut zum Ausdruck bringen, ohne fürchten zu müssen, dass der andere die Bindung löst. Es bedeutet, sich berechtigt zu fühlen; wir können um das bitten, was wir wollen, weil wir
uns nicht in den Bedürfnissen und Erwartungen des anderen verloren haben.

Die Fähigkeit, getrennt zu sein, navigiert uns durch besonders
stressige Zeiten, wenn wir beispielsweise nach einer Trennung
von einem geliebten Menschen allein dastehen.

Getrennt zu sein ist eine besondere Herausforderung für all
jene, die in der Kindheit ein Verlassenheitstrauma durchlitten
haben. Ihre zu Grunde liegende Angst vor dem Verlassenwerden
macht es diesen Menschen schwer, in ihren Beziehungen zu widersprechen oder ihre Wut zu zeigen. Sie wollen anderen gern
gefallen. Sie sind co-abhängig. Sie verspüren das Bedürfnis, ge-

fällig, kooperativ und liebenswürdig zu sein, nicht nur gegenüber ihrem Lebenspartner, sondern auch gegenüber fast allen anderen Personen in ihrem Leben.

Menschen mit einem Kindheitstrauma des Verlassenwerdens fühlen sich oft gezwungen, mit den Bedürfnissen und Erwartungen anderer zu verschmelzen. Emotional gesehen sind sie nicht in der Lage, einen Bruch in ihren Bindungen zu ertragen, nicht einmal mit flüchtigen Bekannten. Stattdessen gehen sie auf alles ein, was andere von ihnen erwarten. Ihre eigene Identität wird dem Bedürfnis, geliebt zu werden, untergeordnet. Wenn jemand anderes die Verbindung kappt, und sei es auch nur ein flüchtiger Bekannter, kann diese Zurückweisung verheerende Folgen haben.

Ist es für Sie ein Problem, sich innerlich von den Bedürfnissen und Erwartungen anderer Menschen abzugrenzen? Denken Sie daran, wenn Sie als Kind ein Trennungstrauma hatten, ist Ihr Mandelkern darauf programmiert, nach Anzeichen einer drohenden Trennung Ausschau zu halten, und das senkt Ihre Zurückweisungstoleranz. Der erste Schritt, um Ihre Ängste zu besiegen, ist das Eingeständnis, dass Sie diese Ängste haben.

Während der Wutphase haben Sie die Gelegenheit, die Art und Weise zu ändern, wie Sie auf das Ende einer Beziehung reagieren. Die Kommunikation mit Ihrer verlorenen Liebe, bei der Sie Ihren Standpunkt behaupten und Ihre Gedanken und Gefühle teilen, bietet Ihnen die Möglichkeit, das Getrenntsein einzuüben.

Diese Entwicklung ist ein langsamer Prozess, aber Sie werden den Lohn jedes Mal dann ernten, wenn Sie der Versuchung widerstehen, Ihre eigenen Bedürfnisse von denen anderer überschatten zu lassen.

»Es war mir unangenehm, wie der Konzertabend mit Roberta verlief«, erzählte John. »Ich musste meinen anfänglichen Impuls überwinden,

*die ganze Sache zu begraben, und so tun, als ob es mir nichts aus-
macht. Schließlich verstand ich, woher ihre Wut stammte; ich hatte
das selbst erlebt. Aber einige der Dinge, die sie sagte, und die Art, wie
sie sich an diesem Abend verhielt, taten mir weh.*

*Ich wusste aus eigener Erfahrung, dass ich mich lange an Gefühle,
insbesondere an Wut und Kränkung, klammern kann. Diesmal sollte
ich vielleicht etwas anderes versuchen, dachte ich. Vielleicht sollte ich
Roberta einfach sagen, wie ich mich fühlte.*

*Also sagte ich es ihr. ›Roberta, als du mich letzte Woche so behandelt
hast, als wäre ich ein Störfaktor in deinem Leben, da fühlte ich mich
wütend und in die Defensive gedrängt. Ich sage dir das, weil ich meine
Gefühle gern offen ausdrücken möchte. Das fällt mir nicht leicht. Ich
bin auch verletzlich.‹*

*Sie antwortete mit einem einfachen, kurzen ›Du hast Recht, es tut
mir Leid.‹ Nicht ihre Reaktion, sondern meine Fähigkeit, das zu sagen,
was ich empfand, vermittelte mir gleich ein besseres Gefühl. Ich konnte
endlich diese nagenden Gefühle loslassen.«*

Durch die Fähigkeit, getrennt zu sein, können wir innerhalb
einer Beziehung unsere eigene Identität bewahren. Die Wutphase ermöglicht es uns, Verbindungen zu kappen, die uns dieser
Möglichkeit des Selbstausdrucks beraubt haben. Sobald wir uns
von ihnen befreit haben, können wir das Muster der Gefälligkeit
ablegen und unsere eigenen Vorlieben und Bedürfnisse verankern.[133]

Realistische Selbsteinschätzung: jenseits der Selbstbezichtigungen

Als aktives Mitglied der Anonymen Alkoholiker setzte Keaton
deren Zwölf-Schritte-Programm ein, um sich auf die Verhaltensweisen zu konzentrieren, die er verändern wollte.

»Bei den Anonymen Alkoholikern lernte ich, dass der einzige Mensch, den ich kontrollieren sollte, ich selbst war. Obwohl ich das vom Kopf her wusste, war ich bei Gabby allzu kontrollierend gewesen. Als ich mich auf die Heilung meiner Verlassenheitsgefühle einließ, konnte ich die Unsicherheit und Wut angehen, die aus meiner Kindheit stammten und die ich mein ganzes erwachsenes Leben lang abreagiert hatte. Mir wurde klar, wie diese Gefühle die Art und Weise beeinflussten, wie ich mich anderen Menschen gegenüber verhielt. Also leistete ich Wiedergutmachung und fing damit bei Gabby an – für all die Zeit, in der ich sie auf Grund meiner eigenen Unsicherheit als Geisel gehalten und meine Wut an ihr ausgelassen hatte. Ich wusste, auch sie trug einiges an Verantwortung für das, was schief gelaufen war. Aber es lag an ihr, sich das bewusst zu machen. Ich leistete nur für meinen Anteil Wiedergutmachung. Das half mir, mich ganzheitlicher zu fühlen.«

Viele Verlassenheitsüberlebende schreiben wie Keaton das Ende ihrer Beziehung neu, indem sie die Aspekte ihrer Persönlichkeit anerkennen, an denen sie arbeiten möchten. Wiedergutmachung zu leisten und die Verantwortung für ihren Anteil an einer schwierigen Beziehung zu übernehmen, kann dazu beitragen, unerledigte Angelegenheiten zu klären.

Posttraumatische Ausdrücke der Wut

Eines der posttraumatischen Merkmale eines kindlichen Verlassenheitstraumas ist die Schwierigkeit, die Art, wie wir unsere Wut ausdrücken, zu kontrollieren.[134] Viele Betroffene haben ein Problem damit, ihre Wut in positiver Weise auszudrücken. Sie wechseln ständig zwischen Überreaktion und Unterreaktion hin und her. Ihre Versuche zurückzuschlagen schießen oft über das Ziel hinaus.

»Ich habe das Gefühl, als ob ich mein ganzes Leben als Katze ohne Krallen verbracht hätte«, erklärte Holly. »Ich weiß, was ich sagen müsste, aber wenn der Augenblick dann gekommen ist, um für mich selbst einzutreten, erstarre ich. Ich lasse den anderen zu viel durchgehen, aber meine Angst hält mich davon ab, sie in ihre Schranken zu weisen. Wenn ich mich zurückgewiesen fühle, geht mir das bis ins Mark. Ich habe keine Krallen, um mich zu schützen.«

Wie Holly reagieren viele Verlassenheitsüberlebende mit Kindheitstraumata sensibel auf Zurückweisung und Feindseligkeit. Sie vermeiden Konfrontationen, gehen den emotional aufgeladenen Folgen aus dem Weg. Warum? Auf Grund ihrer vom Mandelkern angetriebenen Angst: der Angst vor Repressalien, der Angst vor Zurückweisung, der Angst vor dem Verlassenwerden.

Was geschieht, wenn das Verlassenwerden die Kampf-oder-Flucht-Reaktion des Körpers weckt, es aber keine Möglichkeit gibt, die wachsende Spannung abzubauen? Das Verlassenwerden ist ein innerer Stress, nicht die Art von Bedrohung, die zu einer körperlichen Reaktion zwingt, wie beispielsweise die Abwehr eines hungrigen Raubtiers.[135] Trotzdem sprudeln die Stresshormone, das Herz rast, die Pupillen weiten sich, die Aufmerksamkeit fokussiert sich und die Muskeln bekommen einen Energieschub. Und dennoch gibt es keine körperliche Erlösung.

Einige Betroffene berichten, dass sie mit ihren Partnern tatsächlich körperliche Auseinandersetzungen führen, aber meistens wird der Aufbau aggressiver Energie zurückgehalten und erst später an ahnungslosen Opfern ausgelassen.

Einer der Gründe, warum aggressive Gefühle so oft fehlgeleitet werden, hat mit der besonderen Natur der Verlassenheitstrauer zu tun – häufig wird sie schweigend und heimlich ertragen. Es gibt nur wenige gesellschaftlich anerkannte Möglichkeiten, sie offen auszudrücken.

Ist diese unterdrückte Angst die Quelle des Zustandes, der so oft als Depression diagnostiziert wird?

Depression[136]

Die Beschreibung der Wut wäre nicht vollständig ohne eine Diskussion über die *erregte Depression*: das heißt, eine Depression, die von Reizbarkeit und einer niedrigen Frustrationsschwelle gekennzeichnet ist. Je mehr wir über die Psychobiologie der Depression lernen, desto besser verstehen wir die vielen Gesichter der Depression. Ihre Auswirkungen werden auf zahlreichen Ebenen beobachtet – psychologisch, physiologisch, neurochemisch und sogar molekular –, die alle interagieren und zu einem komplexen Zustand führen, den wir als *Depression* wahrnehmen.

Nach innen gerichtete Wut

Die Psychotherapeuten haben die Depression lange als nach innen gerichtete oder *retrograde (rückgebildete) Wut* bezeichnet. Aus dieser Beschreibung haben viele geschlossen, man könne die Depression am besten dadurch umkehren, indem man *die Wut nach außen richtet* – sie offen zum Ausdruck bringt. Ob das funktioniert oder nicht, darüber lässt sich streiten, aber Analysen zeigen, dass Menschen, die ihre Wut nicht richtig ausdrücken können, eher zu Depressionen neigen. Sie weisen darüber hinaus auch eine verringerte Immunresistenz auf. Wir haben bereits darüber gesprochen, wie eine unterwürfige statt einer kämpferischen Haltung die Immunresistenz bei Laborratten verringerte.

Depression und Stresshormone[137]

Forscher haben festgestellt, dass Menschen, bei denen eine Depression diagnostiziert wurde, erhöhte Mengen von Glukokortikoiden aufweisen. Das sind dieselben Stresshormone, die Sapolsky in extremen Mengen im Blut unterwürfiger Paviane gefunden hat – denjenigen Pavianen, die von höherrangigen Mitgliedern der Gruppe ständig malträtiert wurden. Auch unser Körper erhöht die Produktion von Glukokortikoiden, wenn wir mit der emotionalen Krise einer Trennung fertig werden müssen. Durch die Situation werden unsere Sehnsüchte eine Zeit lang den Wünschen eines anderen untergeordnet. Höhere Glukokortikoidwerte können zu einer vorübergehenden erregten Depression beitragen.

Mittel gegen die Depression[138]

Es gibt Antidepressiva und andere Medikamente, die sich für Sie als hilfreich erweisen können, weil sie das biochemische Gleichgewicht wiederherstellen. Aber vergessen Sie nicht, dass wir auch auf natürliche Weise biochemische Stoffe produzieren, die zu unserem Wohlbefinden beitragen. Mit anderen Worten, unser Körper besitzt einen eigenen Ausgleichsmechanismus. Candice Pert, Autorin von *Moleküle der Gefühle*, schreibt, dass jeder von uns seine »natürliche *Pharmacopoeia*« besitzt – die am besten sortierte Apotheke mit den billigsten Preisen, die all die Medikamente herstellt, die wir brauchen, um Körper und Geist auf genau die Weise am Laufen zu halten, wie es sein soll.[139] Die Produktion unserer endogenen Medikamente wird von dem beeinflusst, was wir tun, von der Liebe und den Körperkontakten, die wir haben, und von der allgemeinen Qualität unserer Beziehungen.

Andere hormonelle Veränderungen[140]

Zusätzlich zu den Glukokortikoiden, dem Adrenalin, Noradrenalin, CRF und ACTH, die Sie während einer emotionalen Krise produzieren, vollziehen sich in Ihrem Körper noch andere hormonelle Veränderungen, um Sie auf eine lang andauernde Selbstverteidigung vorzubereiten. Ihre Bauspeicheldrüse setzt Glukagon frei, was den Blutzuckerspiegel hebt. Die Insulinproduktion wird eingestellt, um Energie zu sparen. Prolaktin, das die Fortpflanzung unterdrückt, wird ausgeschüttet. Die Progesteron- und Testosteronproduktion wird eingestellt, damit die enorme Energie, die sonst für Ihre Reproduktionsfähigkeit gebraucht wird, in die Selbstverteidigung umgeleitet werden kann. Wachstumshormone werden gehemmt, damit die Nährstoffe und die Energie, die normalerweise von verschiedenen Systemen verbraucht wird, uneingeschränkt in die Flucht-oder-Kampf-Kampagne einfließen können. Vasopressin, ein antidiuretisches Hormon, wird freigesetzt und wir entledigen uns verbrauchter Stoffe, damit wir besser in der Lage sind, durch die Steppe zu sprinten oder uns in den Kampf zu stürzen. Endorphine und andere natürliche Opiate werden produziert, um Schmerzen zu lindern, und Cortisol, ein Stresshormon, wird freigesetzt, um im Falle einer körperlichen Verletzung bei der Reparatur beschädigten Gewebes zu helfen. Das sind nur einige der hormonellen Veränderungen, die als Reaktion auf die emotionale Krise des Verlassenwerdens vom Körper ausgelöst werden.

Doch auch positive Veränderungen bewirken biochemische und hormonelle Veränderungen. Ihr Sympathikussystem wird nicht nur geweckt, wenn man Sie bedroht, sondern auch, wenn Sie durch Dinge herausgefordert werden, die einen Energiestoß und eine erhöhte geistige Wachsamkeit erfordern, beispielsweise ein Basketballspiel oder der Beweis eines geometrischen Theorems. Diese Aktivitäten sind nicht bedrohlich oder stressig, sondern ganz allgemein gut für Ihr geistiges und körperliches Wohlbefinden. Sie können die Handlungsbereitschaft dieser vierten Phase also zielgerichtet einsetzen und damit eine Menge erreichen.

Sapolskys Studien sind dabei inspirierend. Denken Sie daran, dass die Menge der Stresshormone in den Pavianen nur dann anstieg, wenn sie dagegen ankämpften, ihren Rang zu verlieren, jedoch nicht, wenn sie darum kämpften, ihren Status innerhalb der Gruppe zu verbessern. Wenn sie kämpften, um *etwas zu bekommen*, erhöhte sich ihre Stresshormonmenge nicht. Die Pavianstudie lässt darauf schließen, dass wir Stress (und die daraus resultierende Depression) in den Griff bekommen können, wenn wir die Energie der Wut in eine Aktivität umwandeln, die auf ein Ziel hinführt.

Wie Sie lernen, Ihre Wut zu kanalisieren

Viele Verlassenheitsüberlebende können ihre Wut nicht erkennen, und wenn doch, wissen sie nicht, was sie mit ihr anstellen sollen.

Die Lyrikerin Maya Angelou beschrieb, wie schwer es ihr fiel, aktiv zu werden, wenn sie spürte, dass Menschen kleine Stücke aus ihr herausrissen. In *Ich weiß, warum der Vogel im Käfig singt* erzählt sie von den vielen Arten kindlicher Verlassenheit: Trauer und Verlust; Umsiedlung; Diskriminierung; sexueller, körperlicher und emotionaler Missbrauch; Verrat. Sie war eine wahre Verlassenheitsüberlebende ihrer Kindheit und wehrte sich nur widerwillig, wenn sie sich verletzt fühlte. Ihre Strategie bestand darin, die Vorfälle zu verharmlosen. Sie entschuldigte das Verhalten anderer. Schließlich wurde sie jedoch stark und selbstsicher und trat für sich selbst ein. Sie lernte, andere wissen zu lassen, wenn deren Verhalten ihr unangenehm war, und sie sagte ihnen genau, wie sie behandelt zu werden wünschte. Diese einfache Kommunikation half ihr, die breit gefächerten Arten der Zurückweisung und die Angst vor dem Verlassenwerden zu überwinden.

In jedem Augenblick des Lebens sind unsere menschlichen Interaktionen eine Gelegenheit, unser neues Selbst zu bekräftigen.

Sie sehen also, dass die Wut ein vielschichtiges Konzept ist. Sie kann zu Grunde liegende Gefühle der Kränkung oder Furcht verbergen oder zu Depression, Angst und Erschöpfung führen. Sie kann sich als Gehemmtheit, als Überempfindlichkeit oder Passivität verkleiden, um nur einige wenige ihrer Gesichter zu nennen. Oder sie kann sich offen in gewalttätigen Aktionen oder harten Worten zeigen.

Wut ist wie das Gebrüll eines Löwen, der sein Revier in der Savanne verteidigt. Dieses gewaltige Brüllen wird von dem Gefühl der Bedrohung ausgelöst und kennzeichnet den Augenblick, in dem er seinen Gegner wahrnimmt. Der Löwe fletscht die Zähne und maskiert seine Angst als *Stärke*. Sein Gebrüll bekräftigt seine Macht, es symbolisiert seine Siegeshaltung. Doch hinter dem wildesten Brüllen des Löwen liegt sein sensibles Gespür für eine potenzielle Bedrohung. Es ist Angst, die zu Aggression wird und als Wut ihren Ausdruck findet. Es ist eine Wut, die die Bindung des Löwen an das Leben ausdrückt.

Das rationale Denken übernimmt die Kontrolle[141]

Ich habe in diesem Buch schon des Öfteren die automatischen Reaktionen auf stressige Situationen erklärt, in denen Ihre Fähigkeit, zu denken und eine Reaktion zu planen, von der reflexartigen Reaktion Ihres emotionalen Gehirns unterdrückt wird. Ihnen sollte jedoch klar sein, dass der Mandelkern nicht jede Ihrer Reaktionen befehligt. Sie haben ein höheres Gehirn – den Neokortex –, der dafür ausgerüstet ist, jede Situation vernünftig einzuschätzen und eine Strategie zu planen, um mit Ihrer Wut umzugehen.

Eintreffende sensorische Informationen erreichen den Thalamus, von wo sie in zwei unterschiedliche Bereiche des Gehirns gelenkt werden. Der größere Bereich führt nicht zum Mandelkern, sondern zum Neokortex. (Der kleinere der beiden Zweige führt zum Mandelkern; die Informationen laufen auf diesem Weg schneller, sind aber weniger präzise.) Der Neokortex analysiert eingehende Informationen, bildet Erinnerungen, vergleicht und findet heraus, was relevant ist. Kurz gesagt, er denkt, plant und zieht Schlussfolgerungen.

Ich will darauf hinaus, dass wir die Fähigkeit haben, aus Erfahrungen zu lernen, und das Verlassenwerden hat uns ein üppiges Versuchslabor zur Verfügung gestellt, in dem wir neue Einsichten gewinnen können. Ihr Neokortex arbeitet mit Ihrem emotionalen Gehirn zusammen, um Ihre früheren Ansichten zu bewerten und einen neuen Kurs für Ihr Leben zu planen. Sie können die Idealisierung des Menschen, der Sie verlassen hat, über Bord werfen, sich von Ihrer alten, unterwürfigen Haltung verabschieden und Ihren Wert als Mensch neu behaupten.

Die vierte Akeru-Übung:
Identifizieren Sie das äußere Kind

Die vierte Akeru-Übung ist ein Mittel der Bewusstwerdung, das Ihnen zu einem besseren Verständnis Ihrer Reaktionen auf Wut verhelfen und zu einer Verhaltensänderung führen soll.

Wir haben bereits über das innere Kind gesprochen[142] – jenen Teil von uns, der sich an die Gefühle der Frustration, des Grolls und der Wut klammert. Das äußere Kind[143] setzt die Wut des inneren Kindes um. Wenn Sie sich Ihres äußeren Kindes bewusst werden, sind Sie letztlich in der Lage, Zugang zu Ihren primitiven, unbewussten Verteidigungsmechanismen zu finden, die Ihre Beziehungen und Ihren Lebensplan stören.

In der Hierarchie des Selbst steht das äußere Kind zwischen dem inneren Kind und dem Erwachsenen:

Erwachsener
Äußeres Kind
Inneres Kind

Wenn Sie das äußere Kind nicht berücksichtigen, kann es Ihre besten Absichten untergraben. Der erste Schritt zu einer positiven Veränderung ist daher das Bewusstmachen von Verhaltensweisen, die von Ihrem äußeren Kind stammen.

Ihr äußeres Kind ist der heimliche Saboteur Ihres Lebens. Es verteidigt seine diversen Manöver, indem es behauptet, es wolle Sie nur beschützen. Es tritt als Ihr Verbündeter auf, aber es tut nur so als ob, anstatt Ihre wahren Bedürfnisse zu erfüllen.

Die Identifikation Ihres äußeren Kindes baut auf den vorigen Akeru-Übungen auf, indem sie ihnen eine neue Ebene an persönlicher Bewusstheit verleiht. In der ersten Übung haben Sie gelernt, als Quelle persönlicher Macht *den Augenblick zu nutzen,*

in der zweiten Übung haben Sie einen *täglichen Dialog* mit Ihren
innersten Bedürfnissen und Gefühlen begonnen, und in der dritten Übung haben Sie die Beziehung zwischen Ihren Bedürfnissen und Ihren Taten durch eine *Visualisierung* gestärkt, die Ihre
Vision von der Zukunft formte. In dieser vierten Übung werden
Sie die sinnlosen Muster erkennen, die Ihre Fortschritte im
Leben blockieren.

Sie können die Verteidigungshaltung Ihres äußeren Kindes
entwaffnen, indem Sie sie einfach anerkennen. Sobald Sie gelernt haben, die besonderen Kennzeichen Ihres äußeren Kindes
zu identifizieren, können Sie seine verdeckten Operationen ent-
larven und nach den emotionalen Auslösern suchen, die diese
Manöver in Gang setzen. Sie werden neue Einsichten gewinnen,
mit denen Sie das Steuer selbst in die Hand nehmen können.

Ihre Aufgabe besteht darin, die Verhaltensweisen Ihres äußeren Kindes zu isolieren und es zu kommandieren, indem Sie dieselbe Trennungstechnik einsetzen, die Sie schon beim kleinen
Ich und großen Ich verwendet haben.

Formen Sie im Geiste ein Bild Ihres äußeren Kindes – ein
Bild, das sich vom kleinen beziehungsweise großen Ich unterscheidet. Während das kleine Ich echte Emotionen verkörpert,
lebt das äußere Kind nur unerwünschte Verhaltensweisen aus,
insbesondere tief verwurzelte Muster, die Ihr Wachstum behindern. Wenn Sie diese Verhaltensweisen von Ihren wahren Gefühlen trennen, gewinnen Sie eine psychologische Distanz, von
der aus Sie die Interaktionen zwischen den beiden beobachten
können.

Es mag eine Weile dauern, bis Sie ein klares Bild Ihres äußeren
Kindes geschaffen haben. Doch sobald Sie gelernt haben, Ihr
Verhalten von Ihren *Gefühlen* zu trennen, können Sie die automatischen und störenden Reaktionen auf die zahlreichen Stresssituationen, denen Sie ausgesetzt sind, abbauen.

Bestandsverzeichnis des äußeren Kindes

Es folgt eine Liste mit einhundert leicht erkennbaren Merkmalen, die für das äußere Kind in jedem von uns typisch sind. Sie
werden in zufälliger Abfolge aufgeführt und spiegeln dadurch das
unlogische Denken des äußeren Kindes wider. Ihre tägliche
Übung besteht nun darin, sich mit Hilfe dieser Liste Ihres äußeren Kindes bewusst zu werden – seine Verhaltensweisen offen zu
legen und seine Verstecke aufzuspüren. Denken Sie daran, dass
Ihr äußeres Kind nur der fehlgeleitete Ausdruck der Gefühle
Ihres inneren Kindes ist. Finden Sie heraus, was Ihr äußeres Kind
anstellt, indem Sie eine Liste seiner Verhaltensweisen anfertigen
und dabei das nachfolgende Verzeichnis als Hilfsmittel heranzie-
hen.

Jeder von uns besitzt ein einzigartiges äußeres Kind, je nach
unseren individuellen Erfahrungen, Bedürfnissen und Gefühlen.
Die Liste der einhundert Merkmale ist keineswegs erschöpfend.
Und nicht alle Punkte werden auf Sie zutreffen. Je besser Sie in
der Lage sind, das äußere Kind in sich und anderen zu entdecken, desto mehr Selbstbewusstheit bringen Sie mit in Ihre Beziehungen.

Sie können die Punkte der folgenden Liste, die auf Sie zutreffen, ankreuzen oder die Liste einfach durchlesen und dadurch
Ihre Bewusstheit schärfen. Die zufällige Abfolge dieser Liste soll
Ihr äußeres Kind überrumpeln. Hoffentlich werden Ihnen dadurch Verhaltensweisen deutlich, die Sie ansonsten nicht erkennen würden.

Um ein gutes Ergebnis zu erzielen, sollten Sie das gesamte Verzeichnis mehr als einmal durchlesen. Vielleicht erkennen Sie Ihr
äußeres Kind nicht auf den ersten Blick. Denken Sie daran, dass
Ihr äußeres Kind in Ihrem Unterbewusstsein lebt, und da einige
seiner Eigenschaften alles andere als schmeichelhaft sind, mag es

Ihnen schwer fallen, sich dazu zu bekennen. Bleiben Sie konsequent dabei, bis Ihr äußeres Kind allmählich Gestalt annimmt. Sie können dieser Liste auch Merkmale hinzufügen, die einzigartig für Ihr ganz persönliches äußeres Kind sind.

Wenn Sie sich diese Liste täglich vornehmen und auf den neuesten Stand bringen, werden Sie die Verteidigungsmechanismen des äußeren Kindes durchbrechen. Indem Sie sich auf Ihr äußeres Kind konzentrieren, gelangen Sie in einen Bereich, den neunzig Prozent aller Menschen nie betreten, und Sie werden die Dynamik Ihrer Verhaltensweisen wirklich verstehen.

Jedes Mal, wenn Sie einen Einblick gewinnen oder ein Merkmal finden, das auf Ihr äußeres Kind zutrifft, rücken Ihre unbewussten Verteidigungsmechanismen in den Brennpunkt. Infolgedessen können Sie konstruktivere Reaktionen auf Stresssituationen wählen.

Bestandsaufnahme unseres äußeren Kindes

1. Das äußere Kind ist der selbstsüchtige, kontrollierende, egozentrische Teil in uns allen.
2. Das äußere Kind besitzt alle äußeren Merkmale der Verletzlichkeit des inneren Kindes – alle Narben, alle Warzen, alle Verteidigungsmechanismen, die nach außen hin sichtbar sind.
3. Das äußere Kind hat eine Entwicklungsstufe von sieben oder acht Jahren. Die Ichbezogenheit ist daher für das äußere Kind altersgerecht.
4. Das äußere Kind trägt viele Masken, besonders in der Öffentlichkeit. Da andere Menschen ihr äußeres Kind für gewöhnlich gut verstecken, denken Sie womöglich, Sie seien der Einzige, der ein äußeres Kind besitzt.
5. Das äußere Kind ist der verborgene Aspekt der Persönlichkeit.

Selbst die nettesten Menschen, die wir kennen, können sich wie ein Siebenjähriger mit schwerer Persönlichkeitsstörung verhalten, wenn sie sich ausreichend bedroht fühlen.

6. Das äußere Kind ist in seiner Entwicklung alt genug, um (sehr zu unserem Kummer) sein eigenes kleines, ausführendes Ego zu haben. Es ist alt genug, um anderen seinen Willen aufzuzwingen, aber nicht alt genug, um die Rechte und Gefühle anderer zu verstehen. (Das innere Kind ist nicht alt genug für ein eigenes Ego, darum muss es sich unser Ego aneignen.)

7. Das äußere Kind übernimmt das Steuer, auch wenn wir die feste Absicht hatten, eine bestimmte Situation reif und erwachsen anzugehen. Das äußere Kind handhabt die Dinge auf seine Weise und lässt uns dann die Sache ausbaden.

8. Das äußere Kind kann Ihre Persönlichkeit dominieren, wenn Sie in Ihrem Leben bereits mehrfach verlassen wurden. Viele Verlassenheitsüberlebende mit Kindheitstraumata leben zum überwiegenden Teil ihr äußeres Kind aus.

9. Das äußere Kind bekommt Wutanfälle und ergeht sich in Schimpfkanonaden, wenn es sich kritisiert, zurückgewiesen oder verlassen fühlt. Wenn das äußere Kind emotional gestört erscheint, dann liegt das an dem, was Sie durchgemacht haben. Geben Sie Ihrem äußeren Kind keine Schuld – auf Schuldzuweisungen reagiert es nicht besonders gut.

10. Das äußere Kind rächt sich am Selbst. Es sieht sich getrennt vom Selbst und schaufelt eine tiefe Kluft zwischen dem großen Ich und dem kleinen Ich, wann immer sich ihm dazu die Gelegenheit bietet.

11. Das äußere Kind wälzt seine eigenen Fehler gern auf Ihren Partner ab. Es versucht, Ihnen einzureden, dass Ihre eigenen unannehmbaren Eigenschaften die Ihres Partners sind.

12. Das äußere Kind macht nicht gern Dinge, die gut für Sie sind.

13. Das äußere Kind würde lieber etwas tun, das Sie dick oder Bankrott macht, als etwas, das Sie dünn oder finanziell zahlungsfähig macht.

14. Das äußere Kind ist ein Hedonist.

15. Das äußere Kind spricht über Ihre Freunde und Freundinnen hinter deren Rücken.

16. Das äußere Kind blüht im Chaos, in Krisenzeiten und bei erschütternden Ereignissen richtiggehend auf.

17. Das äußere Kind schlüpft gern in die Opferrolle.

18. Das äußere Kind lenkt Sie ab, wenn Sie versuchen, sich zu konzentrieren.

19. Das äußere Kind spielt gern den Märtyrer.

20. Das äußere Kind schiebt alles auf die lange Bank.

21. Das äußere Kind sorgt für Unordnung, die man anschließend stundenlang aufräumen muss.

22. Das äußere Kind sorgt dafür, dass Sie sich verspäten.

23. Das äußere Kind verliert Sachen und gibt anderen dafür die Schuld.

24. Das äußere Kind findet für alles eine Ausrede.

25. Das äußere Kind versucht, cool und lässig auszusehen, obwohl Sie dadurch nur lächerlich wirken.

26. Das äußere Kind ist das »ja aber« der Persönlichkeit.

27. Das äußere Kind ist reaktiv statt aktiv oder nachdenklich.

28. Das äußere Kind explodiert, wenn es innerhalb seiner Möglichkeiten an seine Grenzen stößt.

29. Das äußere Kind kann niemals einen Irrtum zugeben.

30. Das äußere Kind hasst es, um Hilfe zu bitten. Es ist dickköpfig, verblendet und borniert.

31. Das äußere Kind verhält sich wie ein Tyrann, ist aber insgeheim ein Feigling und fürchtet sich, seine Bedürfnisse durchzusetzen.

32. Das äußere Kind gibt sich großherzig, wenn ein Freund

Ihnen auf die Zehen tritt, hegt dann aber die nächsten zwanzig Jahre einen Groll.

33. Das äußere Kind ist Spezialist in Sachen Schuldzuweisung; wenn es sich unbehaglich fühlt, muss irgendjemand etwas falsch gemacht haben.

34. Das äußere Kind setzt seine Tränen manipulativ ein.

35. Das äußere Kind kritisiert andere, damit man seine Fehler nicht sieht.

36. Das äußere Kind hat eine falsche Lache, mit der es störende Gefühle überdeckt.

37. Das äußere Kind handelt lieber nach Gutdünken, anstatt uns, den Erwachsenen, um Rat zu fragen.

38. Das äußere Kind braucht die totale Kontrolle, damit es die Gefühle des inneren Kindes nicht *fühlen* muss, insbesondere nicht Kränkungen, Einsamkeit, Enttäuschung oder Verluste.

39. Das äußere Kind wartet nicht gern, vor allem nicht darauf, dass Ihr Lebensgefährte zurückruft.

40. Das äußere Kind geht keine Beziehungen ein – es nimmt emotionale Geiseln.

41. Das äußere Kind zeigt nicht gern seine Verletzlichkeit; es versteckt seine Kränkungen.

42. Das äußere Kind fordert, widersetzt sich, täuscht, ignoriert, sträubt sich, manipuliert, verführt, schmollt, jammert und rächt sich, um seine Bedürfnisse nach Anerkennung und Bestätigung zu erfüllen. Es sieht darin keinen Widerspruch.

43. Das äußere Kind hat ein Lieblingsgefühl: die Wut. Genauer gesagt ist die Wut das *einzige* Gefühl des äußeren Kindes.

44. Das äußere Kind hat ein Loch in der Tasche, was Wut oder Geld betrifft. Beides muss sofort unter die Leute gebracht werden – und zum Teufel mit den Konsequenzen!

45. Das äußere Kind will seine Wünsche umgehend erfüllt sehen. Am besten noch gestern.

46. Das äußere Kind will mitten hinein ins Herz des Geschehens, wenn Sie sich an einer neuen Beziehung versuchen. Es wird reaktiver, fordernder und bedürftiger als je zuvor.

47. Das äußere Kind findet sich auch in unserem Partner. Manchmal heiraten wir einen Menschen, der die Wünsche unseres eigenen äußeren Kindes ausleben kann. Wir können nur hoffen, dass das äußere Kind unseres Partner sich nicht irgendwann *gegen uns* wendet.

48. Das äußere Kind findet sich im Verhalten unserer Kinder. Wenn wir mit einem unserer leiblichen Kinder in einen Machtkampf geraten, stellen wir fest, dass wir dabei eigentlich gegen unser äußeres Kind kämpfen. Manchmal ermutigen wir unsere richtigen Kinder insgeheim, die Bedürfnisse unseres äußeren Kindes zu erfüllen. Sie leben die Wut aus, zu der wir uns nicht bekennen wollen.

49. Das äußere Kind tobt wie wild, wenn es auch nur den Hauch eines Anzeichens spürt, dass wir verlassen werden könnten. Dabei wird das kleine Ich gefährdet, denn es bleibt ungeschützt.

50. Das äußere Kind verfolgt ausschließlich seine eigenen Interessen, während es so tut, als schütze es das kleine Ich. Aber Ihr äußeres Kind will nur eines: die Kontrolle.

51. Das äußere Kind ist anderen Menschen zu Gefallen, aber mit Hintergedanken. Es reißt Ihnen zum Wohle anderer das letzte Hemd vom Leib. Und was haben *Sie* davon? Nichts. Sie bleiben nackt und frierend zurück.

52. Das äußere Kind ist nicht alt genug, um sich um andere zu kümmern. Nur Sie als Erwachsener können das tun.

53. Das äußere Kind testet die Menschen seines Umfeldes aus, ob sie ihm Sicherheit bieten können – bis zum Limit.

54. Das äußere Kind testet neue Partner mit emotionalen Spielchen aus. Sein Lieblingsspiel heißt »Ich bin schwer zu verführen«.

55. Das äußere Kind kann enorm gerissen sein und sich bei der Suche nach einem neuen Partner sehr schlau anstellen. Es liefert eine glaubhafte Darstellung von Selbstlosigkeit, Anständigkeit, Freundlichkeit und Toleranz.

56. Das äußere Kind kann auch verführerisch, lustig, charmant und überaus lebendig sein. Wenn es jedoch seine Beute gefangen hat, wird es plötzlich kalt, kritisch, lieblos und sexuell unnahbar. Wegen des äußeren Kindes tut uns der Mensch, der uns lieben will, Leid.

57. Das äußere Kind ist der Süchtige, der Alkoholkranke, derjenige, der Ihr Konto plündert und sich nicht an Ihre Diät hält.

58. Das äußere Kind bricht gern die Regeln. Ihre besten Freunde tragen möglicherweise sehr dominante äußere Kinder in ihrem Innern. Womöglich ist es gar deren Aufsässigkeit, die Sie am meisten an Ihren Freunden fasziniert.

59. Das äußere Kind ignoriert Sie, den Erwachsenen, besonders dann, wenn Sie versuchen, ihm Vorschriften zu machen. Das äußere Kind fährt einfach mit dem fort, was es tun will.

60. Das äußere Kind strebt nach Unabhängigkeit. Vielleicht wird Ihr äußeres Kind eines Tages so unabhängig, dass es von Zuhause auszieht, aber darauf sollten Sie sich lieber nicht verlassen!

61. Das äußere Kind gewinnt in Ruhephasen an Stärke. Wenn Sie sich dann irgendwann verletzlich fühlen, stürmt das äußere Kind vor und gefährdet Ihre neue Beziehung.

62. Das äußere Kind versucht, Vertrautheit zu vereiteln, das heißt zu verhindern, dass sich Ihr inneres Kind mit dem inneren Kind Ihres Partners anfreundet. Intimität und Vertrautheit entstehen, wenn Sie gegenseitig Ihre inneren Kinder unterstützen und Ihre äußeren Kinder nicht zu persönlich nehmen.

63. Das äußere Kind liebt es, mit dem äußeren Kind Ihres Partners aneinander zu geraten. Die beiden verstricken sich so-

fort in Machtkämpfe. Es ist sinnlos, die äußeren Kinder kontrollieren zu wollen. Am besten suchen Sie für Ihre äußeren Kinder eine Ablenkung, damit sie Ihre Beziehung nicht stören. Wenn Sie sie nicht ignorieren können, schicken Sie sie zum Spielen nach draußen.

64. Das äußere Kind ist eitel und stolz genug, um den Versuch zu wagen, eine emotional gefährliche Liebesbeziehung einzugehen, eine Beziehung, bei der Sie höchstwahrscheinlich Zurückweisung, Distanz und Verlassenwerden erleben werden.

65. Das äußere Kind fühlt sich *mehr vom Aussehen als vom Wesen angezogen.*

67. Das äußere Kind will, was es will – emotionale Süßigkeiten. Das ist jedoch nicht gut für das kleine Ich, das jemanden braucht, der ihm Liebe, Unterstützung und Bindungswilligkeit geben kann.

68. Das äußere Kind wählt sich immer den falschen Partner. Es kann einem Menschen, der sich nicht binden will, einfach nicht widerstehen.

69. Das äußere Kind weigert sich, aus seinen Fehlern zu lernen. Es besteht darauf, die Dinge immer genau gleich anzugehen.

70. Das äußere Kind hat sich während der Wutphase alter Verlassenheitserfahrungen herausgebildet, als es niemanden gab, der den Schmerz hätte mildern können.

71. Das äußere Kind wird immer dann am mächtigsten, wenn das große und das kleine Ich an verschiedenen Strängen ziehen.

72. Das äußere Kind glaubt, dass Gesetze und Moralvorstellungen nur für die anderen da sind.

73. Das äußere Kind gehorcht Regeln nur, um nicht erwischt zu werden.

74. Das äußere Kind kann austeilen, aber nicht einstecken.

75. Das äußere Kind ist heiliger als der Papst.

76. Das äußere Kind liebt Schokolade und überzeugt Sie davon, dass Süßes gut für Ihr Herz ist.

77. Das äußere Kind prügelt auf die inneren Kinder anderer Leute ein – insbesondere auf das innere Kind Ihres Lebensgefährten.

78. Das äußere Kind schikaniert sein eigenes inneres Kind.

79. Das äußere Kind versucht, sich Ersatz für Selbstachtung zu besorgen, indem es sich stets einen Partner sucht, der einen höheren gesellschaftlichen Rang einnimmt.

80. Das äußere Kind kann subtile, aber wirkungsvolle Schläge versetzen, wenn es eine *gesellschaftliche Kränkung* empfindet, und sei sie noch so gering.

81. Das äußere Kind hält sich in der Öffentlichkeit bedeckt. Manche Menschen können ihr äußeres Kind besser verheimlichen als andere. Und natürlich lassen sich manche äußeren Kinder leichter verstecken als andere.

82. Das äußere Kind kann sich vor engen Familienangehörigen nicht verstecken: *Sie kennen es.* Darum dreht sich auch die Vertrautheit – um das gegenseitige Offenlegen der äußeren Kinder.

83. Das äußere Kind kann seine Wut dadurch ausdrücken, dass es passiv wird. Seine Lieblingsverkleidung ist die Unterwürfigkeit. Das äußere Kind bringt durch Unterwürfigkeit andere zu der Annahme, dass es keine *Kontrolle* will. Aber lassen Sie sich dadurch nicht täuschen: Das äußere Kind ist ein Kontrollfreak.

84. Das äußere Kind sucht sich jemanden, den es als selbstverständlich hinnehmen kann, um ihn dann schlecht behandeln zu können, ohne eine Zurückweisung befürchten zu müssen.

85. Das äußere Kind erwartet, dass Ihr Lebensgefährte all die Kränkungen und Treuebrüche kompensiert, die Ihrem äuße-

ren Kind in alten Beziehungen bis zurück in die Kindheit zugefügt worden sind.

86. Das äußere Kind protestiert gegen alles, was es daran erinnert, auf dem Felsen im Bach zu sitzen.

87. Das äußere Kind weigert sich, auf dem Felsen zu bleiben. Im
Gegensatz zu dem kleinen Ich klettert es herunter, greift sich
ein Kriegsbeil und begibt sich auf den Kriegspfad.

88. Das äußere Kind hat Komplexe, die es durch arrogantes
Selbstbewusstsein überspielt.

89. Das äußere Kind ähnelt einem nervenden älteren Bruder, der
unter dem Mäntelchen, Sie schützen zu wollen, ständig in
Ihr Leben eingreift.

90. Das äußere Kind hält sich nicht an die Goldene Regel.

91. Das äußere Kind gehorcht nur der Regel des äußeren Kindes:
Bringe andere dazu, dich so zu behandeln, wie du behandelt
werden willst, und behandele andere so, wie du gerade Lust
hast.

92. Das äußere Kind braucht Disziplin, aber erwarten Sie nicht,
dass Sie ihm widerstandslos seine Grenzen aufzeigen können.

93. Das äußere Kind ruft auf subtile Weise Ärger hervor, dann
beschuldigt es andere, ausfallend zu werden. Das äußere Kind
spielt gern den empörten Geschädigten.

94. Das äußere Kind unterwirft sich, damit es schäumen kann,
weil es dominiert wird.

95. Das äußere Kind weiß genau, wie man das Unschuldslamm
spielt.

96. Das äußere Kind ist ein Meister darin, andere als die Schuldigen dastehen zu lassen.

97. Das äußere Kind hat von leichter Selbstsabotage bis hin zu
krimineller Zerstörungswut alles drauf.

98. Das äußere Kind kann die Kontrolle schon so früh erlangen,
dass der Betroffene nie wahres Mitgefühl für sich und andere

entwickeln kann. Im Extrem ist das äußere Kind ein Soziopath.

99. Das äußere Kind muss verstanden, anerkannt und von einer festen Koalition aus innerem Kind und Erwachsenem überstimmt werden.

100. Das äußere Kind ist der Schlüssel zur Veränderung. Das innere Kind enthält unsere emotionale Wahrheit, kann sich aber nicht verändern. Wenn Sie das äußere Kind in flagranti ertappen, entreißen Sie ihm den Schlüssel und schließen damit Ihre Zukunft auf.

Gefühle von Verhaltensweisen trennen

Das äußere Kind hat seine eigene, verborgene Tagesordnung. Die einzige Möglichkeit, diese Tagesordnung offen zu legen und zu durchkreuzen, besteht darin, täglich Inventur zu machen. Lassen Sie Ihr äußeres Kind nicht in einem ungetrennten Zustand, eng verstrickt mit Ihren Gefühlen, wo es Sie kontrollieren und von innen heraus Ihre Reaktionen lenken kann.

Es ist ein entscheidender Schritt in der Heilung, wenn Sie Ihre Gefühle von Ihrem Verhalten trennen. Nur allzu häufig ziehen Menschen ihre Gefühle als Entschuldigung für unannehmbare Verhaltensweisen heran.

»Meine Tochter Cindy hat die Angewohnheit, mich anzubrüllen, wenn sie ihren Kopf nicht durchsetzen kann«, erzählte Barbara. »Ich habe ihr das durchgehen lassen und mir die Schuld für ihre Ausbrüche gegeben. Ich musste immer daran denken, wie sehr ich sie in letzter Zeit ignoriert hatte und auch an die anderen emotionalen Dinge, die so abgingen – Geschwisterrivalität, Druck in der Schule –, jede nur denkbare Entschuldigung, die ihr oder mir einfiel. In Wahrheit lebte Cindy nur ihr äußeres Kind aus.

Dann wurde mir klar, dass mein eigenes äußeres Kind auf das ihre reagierte und dass ich aus diesem Grund ihrem Verhalten nie angemessen elterlich begegnen konnte.

Normalerweise lief es immer so: Wenn Cindy mir wegen irgendwas Widerworte gab, fühlte ich mich wütend und hilflos. Meine Reaktion bestand wahlweise in Ignorieren oder Zurückbrüllen. Für gewöhnlich ließ sie mich dann einfach stehen und war noch mehr außer Kontrolle als vorher – sie schlug die Tür zu, drehte ihr Radio auf volle Lautstärke oder brüllte mich noch lauter an. Am Schluss fühlte ich mich wütender, frustrierter und kraftloser als zuvor.«

Barbaras automatische Reaktion auf ihre eigenen Gefühle bestand darin, bei ihrer Tochter zurückzuschreien. Ihr äußeres Kind war mit der Hilflosigkeit und der Wut ihres inneren Kindes verschmolzen.

»Sobald ich in der Lage war, die Machenschaften des äußeren Kindes zu erkennen, konnte ich mich hinsetzen und meine Gefühle von meinen Reaktionen trennen«, fuhr Barbara fort. »Ich sah, wie das äußere Kind die Situation handhaben wollte – indem es brüllte. Mir wurde klar, was das kleine Ich fühlte – nämlich Hilflosigkeit. Aber jetzt hatte ich, die Erwachsene, die Kontrolle, und ich erkannte, dass es mir nichts bringen würde, wenn ich die Situation ignorierte oder Cindy meinerseits anbrüllte.

Also nagelte ich meine eigenen Gefühle fest. Ich schrieb einen Dialog zwischen dem großen und dem kleinen Ich, um klarer zu sehen. Das kleine Ich ließ mich wissen, dass es sich beunruhigt und hilflos fühlte, wenn Cindy mich anbrüllte, so hatte es sich schon damals gefühlt, als meine Mutter mich anbrüllte. Durch das kleine Ich konnte ich endlich verstehen, was emotional in mir vorging, wenn Cindy mich auf dieselbe Weise behandelte.

Ich beschloss, dass ich auf meine Tochter nicht so reagieren würde, wie ich auf meine Mutter reagiert hatte, oder so wie meine Mutter auf mich zu reagieren pflegte. Es war an der Zeit, diesen Kreislauf zu durchbrechen. Früher hatte ich nur ein kindisches Spiel mit meiner eigenen Tochter gespielt! Ich bin aber die Mutter. Ich bin die Erwachsene. Also fing ich an, die Dinge anders anzugehen.

Nachdem ich darüber nachgedacht hatte – hier hatte mein erwachsenes Selbst die Kontrolle –, fiel mir ein vernünftiger Plan ein.

Ich wartete, bis Cindy sich total in einen Wutausbruch verstrickt hatte, dann lud ich sie zu einem Gespräch ein. Ich sagte ihr, dass es mich beunruhigte, wie wir uns anbrüllten, und dass ich nach Möglichkeiten suchte, die Situation zu verbessern. Anstatt sie zu kritisieren, erklärte ich ihr in aller Ruhe, dass ich mich nicht respektiert fühlte, wenn sie mich anbrüllte. Ich sagte ihr, dass ich ihr helfen wolle, ihr Verhalten zu ändern – sowohl zu ihrem als auch zu meinem Besten. Cindy stimmte mir zu, dass sie Hilfe brauchte, um diese Angewohnheit abzulegen. Wir erarbeiteten gemeinsam einen Plan dafür.«

Barbaras Kampf mit Cindy zeigt deutlich, wie wichtig es ist, die Gefühle von den Verhaltensweisen zu trennen – das innere Kind vom äußeren Kind. Wenn Sie das Muster des äußeren Kindes erkennen, können Sie als Erwachsener besser funktionieren.

Sie stehen nun ebenso wie Barbara vor der Aufgabe, das Tun Ihres äußeren Kindes zu verfolgen. Solange Sie sich auf Ihr äußeres Kind einstimmen, können Sie Ihr Leben auch in stressigen Situationen meistern – oder auch danach, wie im Fall von Barbara.

Schließen Sie Ihr äußeres Kind
in den täglichen Dialog mit ein

Wie Sie in Barbaras Geschichte sehen konnten, ist eine der besten Möglichkeiten, Ihr äußeres Kind in den Griff zu bekommen, die Stärkung des Bandes zu Ihrem inneren Kind durch den fortlaufenden täglichen Dialog. Wenn Sie sich jeden Tag, an guten wie an schlechten Tagen, mit Ihrem kleinen Ich unterhalten, befriedigen Sie das Bedürfnis des kleinen Ich nach Liebe und Unterstützung. Da das äußere Kind von Bedürfnis-Verweigerung und nicht anerkannten Gefühlen lebt, kann eine Verbundenheit mit diesen Gefühlen Ihrem äußeren Kind die Kraft nehmen.

Viele Betroffene finden es hilfreich, das äußere Kind in den täglichen Dialog zu integrieren. Manche haben allerdings festgestellt, dass es am besten funktioniert, wenn der Dialog ausschließlich zwischen dem großen und dem kleinen Ich geführt wird und beide über das äußere Kind hinter dessen Rücken sprechen. Hier ein Ausschnitt aus Keatons Dialog nach einer Verabredung:

Das kleine Ich: Janice hat mir gefallen. Aber ich hatte die ganze Zeit schreckliche Angst. Ich fühlte mich so hilfsbedürftig und konnte mich nicht entspannen.

Das große Ich: Das war das äußere Kind. Es hat versucht, deine Gefühle zu verstecken.

Das kleine Ich: Also, es ist eigentlich deine Aufgabe, das äußere Kind in Schach zu halten, großes Ich. Es war so steif wie ein Brett.

Das große Ich: Tut mir Leid, dass dir das äußere Kind so viel Unwohlsein bescherte, kleines Ich.

Das kleine Ich: Das äußere Kind hat versucht, mich zu kontrollieren. Janice wird nie mehr mit mir zusammen sein wollen. Und dabei habe ich sie gemocht. Ich wünschte, du hättest das äußere Kind davon abgehalten, die Verabredung zu ruinieren. Du hast deine Aufgabe nicht erledigt.

Das große Ich: Wie kann ich dir in deiner Angst helfen, kleines Ich?

Das kleine Ich: Verlass mich einfach nicht.

Das große Ich: Ich bleibe bei dir, kleines Ich. Aber sag mal, wie kann ich dir helfen, dass du dich weniger ängstlich und entspannter fühlst?

Das kleine Ich: Du schämst dich für mich, wenn ich Angst habe. Das merke ich. Du willst nicht, dass ich Angst habe, weil es dir peinlich ist. Du willst nicht, dass ich so fühle.

Das große Ich: Ich akzeptiere dich so, wie du bist, egal, wie ängstlich du dich fühlst. Aber ich möchte dir helfen, dich entspannter zu fühlen.

Das kleine Ich: Ich glaube, du willst nur, dass ich mich entspannter fühle, weil du es leid bist, dass ich ängstlich bin. Du magst mich nicht. Du akzeptierst mich nicht wirklich.

Das große Ich: Wenn das wirklich wahr wäre, kleines Ich, dann würde dich das sicher sehr beunruhigen und wütend machen.

Das kleine Ich: Das tut es auch. Du bist derjenige, der das äußere Kind an Bord gelassen hat! Du willst, dass das äußere Kind meine Gefühle versteckt und sie verschwinden lässt. Du akzeptierst mich nicht – du willst mich einfach nur ändern. Ich bin für dich ein Störfaktor. Aber ich kann nichts für meine Gefühle.

Das große Ich: Wenn ich deine Gefühle akzeptieren und dich wegen ihnen lieben kann, dann muss das äußere Kind vielleicht nicht mehr kommen und nach Kontrolle streben.

Das kleine Ich: Das äußere Kind ist deine Aufgabe, nicht meine. Aber ich will, dass du stolz auf mich bist, egal, wie ich mich fühle. Ich will nicht, dass du dich für mich schämst und versuchst, mich zu verstecken, auch wenn ich mich unsicher fühle.

Das große Ich: Wenn ich das nächste Mal eine Verabredung habe, dann wird es anders laufen. Wenn du Angst hast, werde ich nicht versuchen, dich mundtot zu machen oder in eine Zwangsjacke zu stecken. Ich werde dir deine Gefühle zugestehen.

Keaton war nicht in der Lage, seine unangenehmen Gefühle abzuschließen, aber mit etwas Übung wurde er sich seiner emotionalen Auslöser bewusst und konnte die dahinter liegenden offenen Fragen verstehen. Es brachte ihn in Berührung mit seiner tief verwurzelten Scham.

»Zum ersten Mal wurde mir klar, dass ich meine Verletzlichkeit versteckte, dass ich mich meiner Gefühle schämte – und dass das tatsächlich ein Problem war. Ich beschloss, offener mit meiner Unsicherheit umzugehen, sie nicht zu verstecken. Wenn sich die nächste Frau, mit der ich ausgehe, von meiner verletzlichen Seite abgestoßen fühlt, dann ist sie wohl einfach nicht die Richtige für mich.«

Das Identifizieren von Verhaltensweisen des äußeren Kindes ist ein Prozess, kein Schnellschuss. Im Gegenteil, das äußere Kind blüht durch eine Fehleinschätzung der Abgeschlossenheit auf und versteckt sich mühelos hinter der Illusion von Kontrolle. Viele Verlassenheitsüberlebende, die von einem Durcheinander der Gefühle überwältigt werden, sehnen sich nach sofortiger Belohnung – nach der Erleichterung, sich gut zu fühlen. Es ist ein langsamer Prozess, das äußere Kind zu beherrschen, aber ein kraftvolles Mittel zu wahrer Veränderung.

Eine weitere Möglichkeit, das äußere Kind in den täglichen Dialog einzubinden, besteht darin, das kleine Ich in Gegenwart des großen Ich mit dem äußeren Kind sprechen zu lassen. Hier ein Beispiel aus Maries Tagebuch:

Das große Ich: Das kleine Ich hat dir etwas zu sagen, äußeres Kind, aber du musst einigen Grundregeln folgen. Die Regeln lauten: Du darfst nicht mit dem kleinen Ich streiten und es nicht kritisieren. Hör ihm einfach ruhig zu.

Das äußere Kind: Aber …

Das große Ich: Kein Aber. Du musst dir anhören, welche Folgen eine deiner Taten hatte.

Das äußere Kind: (schweigt)

Das kleine Ich: Du hast alles kaputt gemacht, äußeres Kind. Ich fühlte mich traurig und durcheinander, weil Phillip so früh gegangen ist. Und dann musstest *du* ausflippen und dich wie eine Verrückte benehmen. Du konntest einfach nicht aufhören, herumzubrüllen. Schau dir an, was du angerichtet hast. Phillip ist jetzt böse auf mich, und ich bin noch trauriger und noch einsamer.

Das äußere Kind: Aber …

Das große Ich: Denk an die Regeln, äußeres Kind.

Das äußere Kind: (schweigt)

Das große Ich: Erinnerst du dich daran, was du getan hast, äußeres Kind? Wie du die Gefühle des kleinen Ich wegen Phillip so durcheinander gebracht hast?

Das äußere Kind: Ich wollte doch nur helfen.

Das große Ich: Ich weiß, du wolltest das kleine Ich beschützen, aber manchmal machst du nur alles schlimmer, wenn du für das kleine Ich kämpfst.

Das äußere Kind: Tja, was hätte ich denn tun sollen? Phillip ist früh gegangen, und ich fühlte mich zurückgewiesen und wütend.

Das große Ich: Erinnerst du dich daran, was du getan hast?

Das äußere Kind: Ich habe gebrüllt und ihn beschuldigt, selbstsüchtig und rücksichtslos zu sein. Und ich habe geweint.

Das große Ich: Was ist dann passiert?

Das äußere Kind: Er ist richtig wütend geworden, und jetzt ruft er nicht mehr an.

Das große Ich: Ist dir bewusst, wie sich das kleine Ich fühlt?

Das äußere Kind: Ja.

Das große Ich: Wie fühlt es sich?

Das äußere Kind: Es ist traurig und allein, weil Phillip böse auf es ist, weil ich herumgebrüllt habe.

Das große Ich: Das war sehr gut, äußeres Kind. Verstehst du, welche Rolle du dabei gespielt hast?

Das äußere Kind: Ja, aber ich war echt wütend auf Phillip, weil er so getan hat, als ob er mich nicht mag.

Das große Ich: Mach dir keine Gedanken. Überlass den Umgang mit den Gefühlen mir. Deine Aufgabe ist es, angenehme Dinge zu tun, nicht das Steuer zu übernehmen, wenn etwas schief läuft oder wenn sich das kleine Ich aufregt. Das ist meine Aufgabe.

Auch hier wird der Dialog mit dem äußeren Kind den Konflikt nicht sofort lösen, aber ein solches Gespräch wird Ihnen helfen, Ihre Gefühle ganz klar von Ihren Verhaltensweisen zu trennen. Ihre Aufgabe besteht darin, sie auch getrennt zu halten, damit Ihr erwachsenes Selbst bessere Entscheidungen treffen und Ihre Taten kontrollieren kann, anstatt Ihrem äußeren Kind die Kontrolle zu überlassen.

Auch Ihr inneres Kind profitiert davon, wenn Sie die Verhaltensweisen des äußeren Kindes identifizieren. Sie geben dann nämlich dem äußeren Kind die Schuld an Ihren unannehmbaren, kontraproduktiven Verhaltensweisen und schreiben dem kleinen Ich nur die *reinen, echten Gefühle* zu. Das kleine Ich kann sich direkt an Ihr erwachsenes Selbst um Beruhigung und Liebe wenden, ohne die Verhaltensweisen des äußeren Kindes ausbaden zu müssen.

Ein festes Band zwischen dem großen und dem kleinen Ich *befreit* das äußere Kind von seinem Drang, Ihre Gefühle verteidigen zu müssen. Ihr erwachsenes Selbst kontrolliert von da an die Art und Weise, wie Sie Ihre Gefühle zum Ausdruck bringen. Somit kann das äußere Kind seine selbstbewusste Energie auf andere, produktivere Weise zum Ausdruck bringen.

Wie Sie das äußere Kind
in die Visualisierungsübung integrieren

Sie können das Konzept des äußeren Kindes auch in Ihre Visualisierungsübung integrieren.

»Als ich gelernt hatte, mein äußeres Kind zu identifizieren, brachte ich es sofort in mein Traumhaus«, erzählte John. »Ich visualisierte, wie sich das kleine Ich total sicher fühlt und das äußere Kind lauter aufregende neue Sachen macht. Ich zog mit meinem Traumhaus sogar an die Pazifikküste, wo ich mir das äußere Kind frei und glücklich vorstellen konnte. Indem ich das äußere Kind in meine Visualisierung integrierte, erschlossen sich mir auch neue Ziele – eine Menge Dinge, die ich immer schon mal ausprobieren wollte, aber nie ausprobiert hatte.«

Viele Betroffene halten es nicht für nötig, das äußere Kind in ihren täglichen Dialog oder ihre Visualisierungsübung einzubauen. Sie halten das äußere Kind allein durch die tägliche Bestandsaufnahme in Schach. Diese schnelle, tägliche Erinnerung reicht ihnen, um ihre Frustrationen und Reaktionen zu kontrollieren und alte Muster zu verändern.

Wenn Sie das äußere Kind in Ihren Tagesablauf integrieren, ist das ein kraftvolles Mittel zu persönlichem Wachstum und Weiterentwicklung. Je mehr Ihre Fähigkeit wächst, das äußere Kind zu erkennen, desto mehr basieren Ihre Handlungen auf freien Entscheidungen. Sie sind dann nicht länger an veraltete Verhaltensweisen gebunden und können endlich selbst die Richtung Ihres Lebens bestimmen.

Zusammenfassung der Wutphase

Die Wutphase ist eine Zeit der Kraftausbrüche und heiß gelaufener emotionaler Schaltkreise, die uns im Verlassenheitsprozess immer wieder zusetzen. Die Wut entfacht einen inneren Dialog, der sich immer wieder selbst entzündet. Er brodelt unter der Oberfläche.

Solange wir unser äußeres Kind nicht erkennen, handeln wir ohne nachzudenken. Wir ziehen unsere Wut als Rechtfertigung für unser Verhalten heran. Aber es gibt einen Weg, um die Energie der Wut konstruktiv einzusetzen. Konstruktive Wut zerstört nicht, fügt keine Kränkungen zu und verlängert auch nicht den Schmerz. Sie übt keine Vergeltung, sondern verwandelt sich in gesunde Aggression. Das ist die Energie, die wir benötigen, um uns selbst und unsere Beziehungen neu aufzubauen.

Wenn wir die Züge unseres äußeren Kindes erkennen, können wir unsere Handlungen frei wählen und müssen uns nicht von Gewohnheiten leiten lassen und tief verwurzelte Muster immer wieder neu ausleben.

Die Dekonstruktion des äußeren Kindes ist der Schlüssel zu wahrer Heilung.

Fünfte Phase: Neuer Auftrieb

❧

Was versteht man unter Auftrieb?

Der Auftrieb ist eine Zeit der Hoffnung. Eine spontane Remission.

Er fängt langsam an und gewinnt dann an Schwung. Sie haben den Gipfel erklommen und können sehen, woher Sie kamen und wohin Sie gehen.

Sie haben sich über den Tumult der Wut erhoben, die Verteidigungsmechanismen des äußeren Kindes entwaffnet und Ihren Weg aus selbsterniedrigenden Mustern gefunden.

Bislang hat sich Ihre Heilung nur auf Ihre Bedürfnisse, Ängste und Verteidigungsmechanismen konzentriert. Während der Auftriebsphase bauen Sie auch langsam wieder Beziehungen zu anderen auf.

Das Verlassenwerden hat das innere Kind geweckt. Sie haben dieses Kind jetzt getröstet und sich um seine lange vernachlässigten Bedürfnisse und Gefühle gekümmert, die nun nicht länger unter vielen Schichten der Verteidigung liegen, sondern eine Brücke zu größerer Liebe schlagen.

Hollys neuer Auftrieb:
Holly ging zu einem Blind Date, das eine Kollegin für sie arrangiert hatte. Sie machte sich Sorgen, wie die Verabredung so laufen würde. Schließlich war es ihre erste Verabredung seit über einem Jahr.

Holly wollte, dass der Mann von ihrer reifen und fröhlichen Einstellung beeindruckt wäre. Sie wollte, dass er sie als unabhängig wahrnahm. Sie durfte ihm kein Anzeichen der Verzweiflung vermitteln und wollte versuchen, ihre Einsamkeit zu verbergen.

Sie gingen ins Kino, später zum Essen. Holly plauderte über ihr Leben und über ihre ehrenamtliche Tätigkeit bei einer Hotline. Sie versuchte, wie jemand zu reden, der ein glückliches und erfülltes Leben führt. Er schien interessiert, aber ganz sicher war sie sich nicht. Sie fragte sich, welche Gefühle er für sie hegte, aber diesen Gedanken wischte sie beiseite. Was wäre, wenn er ihre Gedanken lesen könnte?

Das war an einem Dienstag. Nun war Sonntag. Er hatte immer noch nicht angerufen.

Sie stand auf, schlüpfte in ein Sweatshirt und ging zum Joggen. Sie musste dem Gedanken entfliehen, dass sie erneut zurückgewiesen worden war.

Vier Meilen später kam sie zu einer Buchhandlung, ihrem Lieblingsziel. Sie beschloss, sich ein Buch zu kaufen und den Rest des Sonntagnachmittags lesend zu verbringen. Sie würde in guter Verfassung sein, wenn es um 17 Uhr Zeit war, sich zur Arbeit im Restaurant zu melden.

Keatons neuer Auftrieb:

Keaton wachte durch das Zwitschern der Vögel vor seinem Fenster auf. Sonntagmorgen, dachte er, soll ich überhaupt aufstehen? Noch vor einem Jahr hätte er einen Morgen wie diesen damit verbracht, mit Gabby in der Baumschule Pflanzen für den gemeinsamen Garten zu kaufen. Gartenarbeit interessierte ihn nicht mehr, nicht ohne Gabby. Aber er wollte die Sonntagszeitung lesen.

Warum gehe ich nicht zum Kiosk und atme unterwegs die frische Frühlingsluft?, dachte er. Vielleicht kann ich später auch noch die Wäsche machen.

Es überraschte ihn, wie viele Blumen schon blühten. Die Schönheit der herrlichen bunten Tulpen ließ ihn an Gabby denken, und für kurze Zeit spürte er den ziehenden Schmerz des Verlustes. Doch bald schon genoss er die sanfte Brise.

In der Stadt sprang ihm Holly ins Auge. Er kannte sie von den Workshops zur Heilung von Verlassenheitsgefühlen, an denen er teilnahm. Etwas, das sie vor ein paar Wochen gesagt hatte, fiel ihm wieder ein. Er hatte mit ihr darüber reden wollen, aber sie ging immer gleich, wenn der Workshop zu Ende war, oder war auf dem Weg zur Tür mit jemand anderem ins Gespräch vertieft.

Keaton steckte sich die Zeitung unter den Arm und überquerte die Straße. In seiner nächsten Sitzung mit mir berichtete er von seinem Versuch, sich ihr zu öffnen.

»Holly«, sagte er, als er sich ihr von hinten näherte. »Wie geht es Ihnen?«

Sie schien überrascht.

»Ich habe mir nur die Zeitung geholt. Da sah ich Sie und dachte, sag doch mal Hallo. Geht es Ihnen gut?«

Ihre Haare waren zu einem Pferdeschwanz zurückgebunden. »Großartig«, sagte sie. »Und wie geht es Ihnen, Keaton?«

»Ziemlich gut. Herrlicher Tag heute, nicht?«

»Ja, das ist es«, bestätigte Holly.

»Was machen Sie denn so?«

»Tja, ich will mir gerade ein Buch kaufen.«

Keaton schwieg kurz. »Waren Sie diese Woche bei Ihrem Blind Date?«

»Ja.«

»Wie ist es gelaufen?«

»Es lief gut«, sagte sie und zog ein Buch vom Regal.

»Prima«, meinte Keaton. »Werden Sie ihn wiedersehen?«

Keine Antwort.

Geht mich auch nichts an, dachte Keaton. »Haben Sie etwas Zeit? Wir könnten zum Fluss gehen und reden.«

»Besser nicht«, erwiderte Holly. »Ich habe heute noch so viel zu tun.«

»Ich würde aber gern mit Ihnen reden, und sei es nur für ein paar Minuten. Dazu hatten wir beide noch nie Gelegenheit, und ich würde das wirklich gern nachholen.«

»Na gut«, gab Holly nach.

Gemächlich schlenderten sie zwei Häuserblocks weiter zum Bagel-Shop und setzten sich an einen der Tische im Freien.

In der Auftriebsphase lassen wir unsere Trauer hinter uns und kehren zurück ins Leben. Wir erleben Augenblicke der Leichtherzigkeit, eine Leichtigkeit von Stimmung und Geist, selbst bei der Erinnerung an unsere verlorene Beziehung. Das Leben in all seiner Fülle lenkt uns von unseren Verlustgefühlen und der persönlichen Kränkung ab. Die Trauer ist weniger geworden, und wir lassen einen Großteil unserer emotionalen Bürde hinter uns.

Keaton wurde durch die vibrierenden Frühlingsfarben an seinen Verlust erinnert. Aber wir haben gesehen, dass er seine obsessiven Gedanken an Gabby langsam losließ und sich vom Leben mittragen ließ.

Ich nenne diese letzte Phase den *Auftrieb*, aber kurze Momente des Auftriebs haben wir schon während des gesamten Heilungsvorgangs verspürt. Wenn wir diese letzte Phase erreichen, dehnen sich die kurzen Pausen von unserer Trauer zu Stunden und dann zu Tagen aus.

Bei Holly ging es im Auftrieb um eine absichtliche, selbstgelenkte Anstrengung. Sie entschied sich dafür, den Tag auf eine positive, konstruktive Weise zu verbringen – joggen, lesen und arbeiten –, anstatt sich auf ihre Enttäuschung über die Verabredung zu konzentrieren.

Ob unsere gute Stimmung spontan einsetzt oder wie bei Holly

die Folge einer bewussten Entscheidung ist – während dieser Phase kehren wir zum Leben zurück. Manchmal fühlen wir uns sogar wie früher; dann wieder taucht ein völlig *neues* Selbst auf.

Beim Auftrieb geht es um neues Leben; wir erforschen neues Terrain, erobern neuen Boden. Wir haben auf die wichtigen Botschaften bezüglich unserer Bedürfnisse und Gefühle aus unserem Innern gehört, und wir haben aus unserer schmerzlichen Erfahrung gelernt. Wir nehmen neue Ideen über das Leben und über uns selbst auf und weben sie in das neue Muster unseres Lebens ein. Wir entdecken, zu wem wir werden.

Wir verabschieden uns von unserer Wut auf den Menschen, der uns verlassen hat, und wir lassen auch alte Muster los.[144] Wir wissen, dass die Vergangenheit unser Leben immer noch durchdringt, aber wir stellen fest, dass das Verlassenwerden uns zu einem neuen Ort geführt hat und dass wir auf Grund dieser Erfahrung besser dran sind.

Eine der tief greifendsten Erkenntnisse dieser Phase ist die, dass wir wieder bereit sind zu *lieben*. Häufig beginnt es mit Gefühlen der Wärme und Dankbarkeit gegenüber Freunden und Angehörigen, die in der Zeit unserer Verzweiflung für uns da waren. Jetzt finden wir Möglichkeiten, sie wissen zu lassen, wie wichtig sie für uns sind. Wir lieben und schätzen aber auch uns selbst, sind stolz auf das, was wir erreicht haben. Wir sind selbstbewusster, selbstsicherer und offen für unsere Gefühle. Wir spüren, wie sich unsere Fähigkeit zur Liebe in uns rührt, wenn wir neue Bekanntschaften schließen.

Der Auftrieb, der Weg von der Verlassenheit zu mehr Leben und Liebe, ist das Ziel dieser letzten Phase, aber es ist wichtig, dass Sie bei Ihrem Auftrieb Ihre Gefühle mit sich nehmen. Eine der häufigsten Gefahren der Auftriebsphase besteht darin, sich über die eigenen Gefühle zu erheben und die emotionale Mitte zurückzulassen. Sie sollten diesen Fehler vermeiden, der Sie in neuen Beziehungen immer auf Armeslänge von Intimität und Vertrautheit fern hält.

Während ich Sie durch diese letzte Phase der Verlassenheit führe, will ich Ihnen zeigen, wie Sie die Energie des Auftriebs einsetzen können, um Ihre Fähigkeit, zu leben und zu lieben, zu erhöhen. Dieses Kapitel handelt von Triumph und Vorsicht. Ich werde einige Hemmnisse für Beziehungen aufzeigen, die für Verlassenheitsüberlebende typisch sind, und ein paar der Möglichkeiten beschreiben, wie man sie überwinden kann. Ich werde Kindheitsszenarien schildern, die zu dem Persönlichkeitsprofil des »*Auftrieblers*« führen, und ich werde ein Bestandsverzeichnis auflisten, das Ihnen hilft, einige der unerledigten Angelegenheiten zu erkennen, die aus früheren Verlusten übrig geblieben sind. Zu guter Letzt werde ich Ihnen die fünfte *Akeru*-Übung vorstellen, die Ihnen helfen soll, in Berührung mit Ihren Gefühlen zu bleiben, wenn Sie neue, qualitativ hochwertige Beziehungen eingehen.

Der emotionale Ablauf der Auftriebsphase

Es folgen einige Begriffe, die den emotionalen Ablauf der Auftriebsphase kennzeichnen: Der Abbau von Stress und Anspannung, das Erlernen aller emotionalen Lektionen der Verlassenheit, das Identifizieren der Persönlichkeitsmerkmale des »Auftrieblers«, das Wiederentdecken verlorener Hoffnungen und Träume, die Lockerung emotionaler Bindungen und das Loslassen alter Verhaftungen, die Suche nach Liebe, das Loslassen von Scham und schließlich das Ausräumen von Hindernissen auf dem Weg zu neuen Beziehungen.

Der Abbau von Stress und Anspannung

In der Auftriebsphase geht es darum, zum Gleichgewicht zurückzufinden – sowohl zum emotionalen wie auch zum biochemischen.

In den vorhergegangenen Phasen haben wir über die Rolle gesprochen, die Ihr Sympathikussystem bei emotionalen Krisen spielt. Es macht Sie auf Gefahren aufmerksam und bereitet Sie darauf vor, die Energie zu produzieren, die für Kampf, Flucht oder Erstarren notwendig ist. Das ist die automatische Reaktion Ihres Körpers auf eine wahrgenommene Bedrohung – in Ihrem Fall das Verlassenwerden. Während der Auftriebsphase spüren Sie die Auswirkungen eines anderen Bereichs Ihres Nervensystems, des Parasympathikus.[145]

Der Parasympathikus arbeitet zusammen mit dem Sympathikus daran, verschiedene Systeme wie Herz und Atmung nach einem Erregungszustand wieder in den Normalzustand zurückzuführen. Dank dieses Ausgleichs der physiologischen Systeme kommt Ihr Körper wieder in den normalen Gang des Lebens zurück. Das ist eines der eingebauten Selbstkorrektive Ihres Körpers.

Hollys Geschichte verdeutlicht einige der Entscheidungen, die ein Mensch treffen kann, um diesen Ausgleich voranzutreiben. Holly mag sich der biochemischen Prozesse nicht bewusst gewesen sein, aber ihr Entschluss, joggen zu gehen, hat höchstwahrscheinlich zu einer Erhöhung der Endorphine geführt, den natürlichen Opiaten des Körpers, wie im Kapitel

Abbau von Stress und Anspannung

Lernen der emotionalen Lektionen

Die verborgenen Gefahren der Auftriebsphase

Persönlichkeitsprofil des »Auftrieblers«

Der »Auftrieb« im Familiensystem

Verlorene Hoffnungen und Träume

Ausräumen von Barrieren auf der Suche nach Liebe

Loslassen der Scham

Loslassen alter emotionaler Bindungen

Der emotionale Ablauf der Auftriebsphase

»Rückzug« erläutert. Wenn ein Jogger die beim Laufen typische Euphorie erlebt, so empfindet er dabei nur die Zunahme an Endorphinen, die nach ungefähr dreißig Minuten einsetzt. Man spürt die schmerzstillende Wirkung und das Wohlbefinden, das dieses natürliche Opiat auf dem Weg durch den Körper hervorruft.

Viele Leute berichten, dass sie süchtig nach körperlichem Training sind. Zwischen den Trainingseinheiten weist ihr Körper Entzugssymptome auf, ähnlich wie beim Entzug von Betäubungsmitteln, beispielsweise Morphium oder Heroin. Der Endorphinentzug des Joggers führt zu dem Drang nach einer weiteren Laufeinheit und mündet so in regelmäßiges Training.[146]

Hier zeigt sich eine interessante Parallele. Wir haben bereits darüber gesprochen, dass wichtige zwischenmenschliche Beziehungen diverse natürliche Opiate freisetzen. Laut Jaak Panksepps Forschungen zur Neurochemie der menschlichen Bindung findet man die höchsten Konzentrationen des stärksten aller körpereigenen Opiate in der Gebärmutter. Nach der Geburt erfolgt ein Wechsel zu schwächeren Opiaten, vermutlich um das Neugeborene zur Bindung an die Mutter zu motivieren und es für diese Bindung zu belohnen. Idealerweise setzt diese Bindung ein, wenn der Opiatentzug beim Baby beginnt.[147] Dieses neue Band lindert die Entzugssymptome, und das Neugeborene produziert unterschiedliche Mengen an Opiaten, während sich die Bindung an die Mutter festigt. Panksepp behauptet auch, dass das Eingehen einer Beziehung zwischen Erwachsenen zu einem Anstieg der Opiatproduktion führt und umgekehrt eine Trennung zu einer Verringerung. Es ist möglich, dass der Opiatentzug, den wir in unserer Trauer über eine verlorene Liebe durchleben, uns dazu veranlasst, einen Ersatz zu suchen.

Natürlich werden wir nicht sklavisch von biochemischen Botschaften angetrieben. Wir werden nicht dazu gezwungen, uns sofort einen anderen Partner zu suchen. Andererseits überrascht es angesichts des Opiatentzugs während des Trauervorgangs nicht, dass viele Verlassenheitsüberlebende sich belastungsintensive Hobbys suchen, um sich besser zu fühlen. Wie in Hollys Fall führen viele dieser Freizeitaktivitäten zu einem Anstieg der Endorphinmenge.

Im vorigen Kapitel habe ich erklärt, wie uns das Sympathikussystem zur Handlungsbereitschaft verhilft, nicht nur zum Zweck der Selbstverteidigung, sondern auch für jede andere Aktivität, bei der es um geistige oder körperliche Anstrengung geht, vom Bergsteigen über Sex bis hin zur Lösung von Computerproblemen. Als Holly sich auf ihren Lauf vorbereitete, zeigte sich ihr Sympathikussystem dem Anlass gewachsen, erhöhte ihre mentale und physiologische Wachsamkeit und gab ihr zusätzliche Energie. Alles kam ihrem schnellen Trainingslauf zugute. Angesichts ihrer Geschichte (sie war ein Findelkind mit wiederholten traumatischen Verlusten und Verlassenheitsgefühlen in der Kindheit) werden Hollys Erinnerungen höchstwahrscheinlich regelmäßig dann reaktiviert, wenn sie in ihrem erwachsenen Leben auf Verluste oder Zurückweisungen stößt. Sobald Holly sich jedoch körperlich betätigt oder andere belastungsintensive Aktivitäten verfolgt, bringt sie ein größeres Gleichgewicht in ihr Leben, häufig auf eine Art und Weise, die ihrem Wachbewusstsein entgeht.

Wie Holly haben viele Verlassenheitsüberlebende festgestellt, dass konzentrierte körperliche oder intellektuelle Aktivitäten eine gute Möglichkeit sind, den Auswirkungen von Stresshormonen, den Endorphinentzugssymptomen und anderen biologischen Prozessen, die mit einer emotionalen Krise einhergehen, entgegenzuwirken. Laut Frederick Flach, einem Psychiater, der viel über Depressionen veröffentlicht hat, hilft »körperliche Anstrengung, die Kalziumretention im Knochengewebe zu stimulieren« und dafür zu sorgen, dass das Kalzium nicht im Binde-

gewebe (wo es nicht hingehört) abgelagert wird. Der Kalzium-
stoffwechsel wird von Stress beeinträchtigt und steht in engem
Zusammenhang zu den biochemischen Veränderungen durch
Angst und Depression. Erhöhte Kalziummengen im Knochengewebe erhöhen unser mentales Wohlbefinden.

Flach erklärt auch, dass die »Vitamine des B-Komplexes, insbesondere das Vitamin B_6, und die Mineralien Kalzium, Magne-
sium und Zink« einen positiven Beitrag zur Stressbewältigung
des Körpers leisten. »Sonnenlicht begünstigt ebenfalls die Kalziumretention, indem es das Vitamin D im Körper aktiviert – ein
interessanter Zusammenhang, wenn man bedenkt, dass manche
Menschen depressiv werden, weil sie nicht genügend Sonne abbekommen.« Dies alles deutet darauf hin, dass wir durch die Ein-
nahme von Vitaminergänzungspräparaten und durch zahlreiche
Aktivitäten im Freien unsere biophysiologische Heilung von der
emotionalen Krise unterstützen können.

Das Ziel der Auftriebsphase besteht darin, ein neues Gleichgewicht zu finden und durch die Entscheidungen, die wir bezüglich neuer Interessensgebiete und Aktivitäten fällen, zu einem
neuen Sollwert zu kommen.

Die emotionalen Lektionen
der Verlassenheit lernen

In der Auftriebsphase wird Ihnen klar, dass Sie triumphiert haben. Sie haben eine mächtige Lebenserfahrung durchgemacht,
die zu tief greifenden persönlichen Veränderungen führte. Sie
haben aus dieser Krise Bemerkenswertes für sich mitgenommen,
denn sie hat Sie in Kontakt mit Ihrem emotionalen Kern gebracht. Sie haben diesen Kern erreicht, weil es bei dieser Krise
nicht nur darum ging, dass Ihr Partner Sie verlassen hat. Eine
alte Wunde hat sich wieder geöffnet – die kumulative Wunde,

die alle Verluste und Enttäuschungen Ihrer Vergangenheit enthält sowie sämtliche Urängste, die allen Menschen gemeinsam sind. Die neue Kränkung hat sich mit alten und universellen Kränkungen vereint.

Sie sollten den Kontakt zu dieser emotionalen Weisheit, die Sie erlangt haben, nicht wieder verlieren. Mit ihr können Sie in neuen Beziehungen Enttäuschungen vermeiden. Wenn Sie in Berührung mit Ihren Gefühlen bleiben, werden Sie für andere zugänglicher sein, faszinierender, offener.

Die Auftriebsphase ist der geeignete Zeitpunkt, um eine emotionale Inventur zu machen und einige der Gefühle zu prüfen, denen Sie auf Ihrem Weg durch die früheren Phasen begegnet sind. Da gab es die Ängste und das enttäuschte Vertrauen in der Erschütterungsphase, die leeren, sehnsuchtsvollen Gefühle, die Sie in der Rückzugsphase erdulden mussten, die Selbsterniedrigung und die verletzte Selbstachtung in der Verinnerlichungsphase sowie die Aufgebrachtheit und die Verteidigungsmechanismen Ihres äußeren Kindes in der Wutphase. In jeder Phase trafen die Gefühle auf frühere Verluste und Verlassenheitserfahrungen und weckten alte Erinnerungen. Dabei haben Sie sich die emotionale Last, die Sie immer mit sich herumtrugen, einmal genauer angesehen.

Trotz all des Schmerzes und der Unruhe konnten Sie durch diese emotionale Reise erkennen, was Sie in sich vergraben haben. Sie wissen jetzt, woher Ihre emotionalen Auslöser kommen und wie Ihre grundlegendsten Bedürfnisse aussehen. Wie Sie mit diesen Gefühlen umgehen, wird für die Heilung ausschlaggebend sein. Diese schwer bewachten Emotionen haben Sie in der Vergangenheit sabotiert; Sie sollten sich von ihnen nicht wieder entfremden.

Während der Auftriebsphase besteht Ihre Hauptaufgabe darin, Ihre Gefühle anzuerkennen.

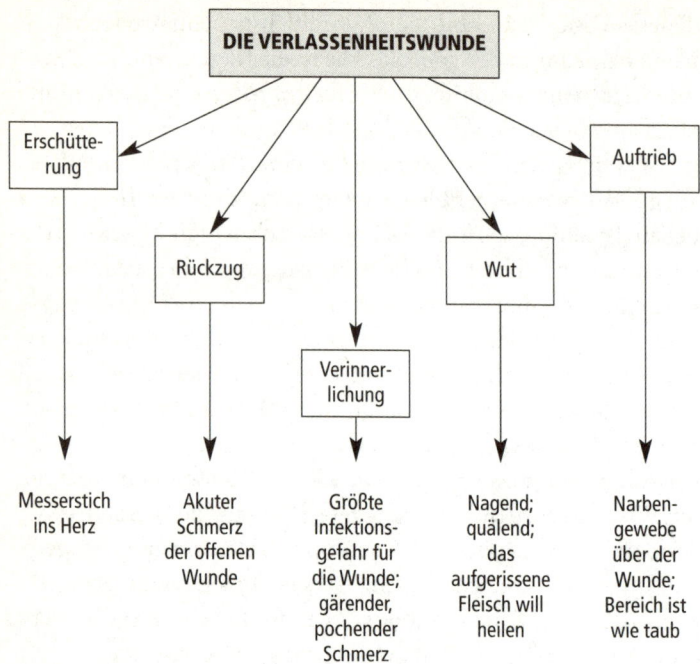

Die Verlassenheitswunde

Die verborgenen Gefahren der Auftriebsphase[148]

Wer die Trauer über eine verlorene Beziehung durchlebt hat, möchte die schmerzlichen Erinnerungen am liebsten weit hinter sich lassen. Viele Betroffene laufen vor ungelösten emotionalen Problemen lieber davon, als bei diesen Gefühlen zu bleiben. Sie realisieren nicht, wie ihnen eine Fokussierung dieser Gefühle helfen könnte. Stattdessen fliehen sie vor dem akuten Schmerz der Trauer und gehen über ihre neu entdeckten Gefühle hinweg.

Eine solche Distanz zu Ihren Gefühlen bedeutet jedoch, dass Sie mehr als nur Ihre verlorene Beziehung hinter sich lassen. Es bedeutet, dass Sie den Kontakt zu Ihren ältesten, tiefsten und grundlegendsten Bedürfnissen verlieren. Wenn Sie sich erheben, wenn Sie sich *über* Ihre Gefühle *erheben*, setzen Sie dabei einen oder mehrere Verteidigungsmechanismen ein: Sie ignorieren Ihre Gefühle, versuchen, sich selbst davon zu kurieren oder leugnen die Existenz dieser Gefühle, vermeiden Situationen, die sie auslösen könnten, oder beschäftigen sich so emsig, dass Sie keine Zeit haben, sie zu fühlen.

In Wahrheit können Sie Ihre emotionale Last niemals wirklich hinter sich lassen. Wenn Sie sich über sie erheben, werden die Veränderungen, die sich in Ihnen vollzogen haben, zu einem integralen Bestandteil Ihrer emotionalen Reaktionen – ob Sie sich ihrer bewusst bleiben oder nicht. Wenn Sie diese Gefühle ignorieren, dann fügen Sie der Mauer zwischen Ihrem inneren und Ihrem äußeren Selbst – zwischen dem kleinen und dem großen Ich – nur noch eine weitere Reihe aus Ziegelsteinen hinzu. Sie rutschen emotional wieder ins Unbewusste ab.

Wenn wir das Verlassenwerden mit einem Messerstich ins Herz vergleichen, dann ist der Auftrieb die letzte Phase der Heilung, bei der sich neues Gewebe über der Wunde bildet. Während der Erschütterung fühlten sie den stechenden Schmerz, als das Messer das enge Gewebe der Bindung durchtrennte. In der Rückzugsphase wurden Sie von dem nagenden Schmerz der frischen, offenen Wunde gequält. Während der Verinnerlichung war die Wunde höchst anfällig für Infektionen und bedrohte Ihre Selbstachtung. In der Wutphase spürten Sie, wie sich das zarte Fleisch spannte und wieder zusammenwuchs. Und jetzt sind Sie endlich in der Auftriebsphase angekommen, wo sich viele Schichten neuen Gewebes über der Wunde bilden und sie schützen. Die Gefahr besteht nun darin, dass sich Narbengewebe formt und Sie von der äußeren Welt abriegelt. Mit dieser emotionalen Hornhaut geht der Verlust von *Gefühlen* einher.

Wenn Sie versuchen, sich über Ihre Gefühle zu erheben, anstatt bei ihnen zu bleiben, riskieren Sie es, sowohl sich selbst als auch anderen gegenüber unsensibel zu werden. Ihre Aufgabe ist es, keine emotionale Hornhaut zu bilden, denn sonst schafft diese Hornhaut einen unsichtbaren Schutzschild, der es anderen schwer macht, Ihnen näher zu kommen. Menschen, die ein bedeutender Teil Ihres Lebens sein wollen, wird der Zugang zu Ihren grundlegendsten Gefühlen verwehrt, und Gefühle bilden nun einmal die Basis wahrer emotionaler Verbundenheit.

Wir alle kennen Menschen, die nach einem schmerzlichen Liebeskummer zutiefst getroffen sind und dennoch merkwürdig berührungslos mit sich selbst und ihren Gefühlen scheinen.[149] Sie haben sich emotional distanziert und sind schwerer erreichbar als zuvor. Wir können uns unschwer vorstellen, wie die unerlösten Gefühle in ihnen gären und ihnen Energie absaugen. Sie haben sich über ihre Gefühle erhoben und führen nun ein emotionales Halbleben. In aller Stille haben sie ihre Meinung von sich selbst und ihren Wert als Mensch verändert, und trotzdem machen sie so weiter, als sei nichts geschehen. Äußerlich scheint alles in Ordnung, aber sie haben sich von der Welt der Emotionen abgekapselt. Sie mögen sich über die akute Trauer des Verlassenwerdens erhoben haben, aber dabei haben sie einen großen Teil von sich selbst zurückgelassen.

Wie wir mit unseren bleibenden, immer noch zarten Gefühlen umgehen, entscheidet darüber, ob wir eine positive Transformation durchmachen, wenn ein geliebter Mensch uns verlässt, oder ob wir unnahbar und distanziert werden und es immer unwahrscheinlicher wird, dass wir je wieder eine Bindung eingehen.

Das Persönlichkeitsprofil eines Menschen, der sich über seine Gefühle erhebt

Als Kind musste sich Pamela lange und mühsam von einer Herzoperation erholen. Sie lag im Bett und sah aus dem Fenster den anderen Kindern beim Spielen zu. Dabei kam Pamela zu dem Schluss, dass sie wohl nichts Besonderes war und es nicht anders verdient hatte. Nach der Scheidung von ihrem Mann verbrachte sie später viele Jahre damit, sich über ihre Gefühle zu erheben.

»Ich bin quasi vom Pferd gefallen und nie wieder aufgestiegen. Mein Ehemann hatte vor über zwanzig Jahren eine Affäre. Ich war am Boden zerstört, und wir ließen uns scheiden. Das war's dann. Seitdem lebe ich allein.

Ich habe ein paar halbherzige Versuche unternommen, mich wieder zu verabreden, aber niemand war an mir interessiert und ich auch nicht an den anderen. Ich wollte es nicht riskieren, nochmals verletzt zu werden. Wer braucht das schon? Solange ich in der Lage war, mich selbst zu finanzieren, ging es mir allein sehr gut. Es wurde nur ein Problem, wenn ich gezwungen war, Urlaub zu nehmen. Ich hatte kein Interesse, irgendwohin zu fahren, weil ich keine Lust hatte, allein zu verreisen.«

Tatsächlich kennt jeder von uns beide Arten des sich Erhebens: Wir haben uns *mit* intakten Gefühlen erhoben und wir haben uns *über* unsere Gefühle erhoben. Manchmal ist das Sich-Erheben eine ganz gesunde Methode, um mit einer schwierigen Krise umzugehen. Wir alle haben gelernt, uns über allzu schmerzliche Gefühle zu erheben oder auch über jene, die wir anderen einfach nicht zeigen wollen. Hin und wieder haben wir in den sauren Apfel gebissen, wenn wir zwar Schmerzen litten, dabei aber so taten, als seien wir tapfer, wo wir doch in Wirklichkeit Angst hatten. Wir lernten, zu lachen, wenn uns nach Weinen zu Mute war. Wir setzten diese Verteidigungsmechanismen ein, um emotionale Höhen und Tiefen durchzustehen.

In der Kindheit ist emotionale Unverwüstlichkeit eine gute Sache. Sie ermöglicht es der Lebenskraft, uns an der Hand zu nehmen und uns zu helfen, weiterzumachen. Aber wenn es wie bei Holly, Keaton und Pamela auch in Ihrer Kindheit jede Menge emotionale Unruhe gab, dann hatten Sie sich womöglich schon mehr als genug über Ihre Gefühle erhoben. Vielleicht haben Sie sich so oft über Ihre Kränkungen und Ängste erhoben, dass Sie darüber die bewusste Verbindung zu Ihrem emotionalen Kern verloren haben. Möglicherweise erheben Sie sich mittlerweile als Erwachsener als Reaktion auf Stress ganz automatisch über Ihre Gefühle. In manchen Fällen sind Menschen, die sich regelmäßig über ihre Gefühle erheben, emotional wachsam und distanziert, besessen vom Erfolg oder materiellen Gewinnen und abgeschnitten von intimen Beziehungen. In extremen Fällen können solche Menschen zu gefühllosen Soziopathen werden, denen es an Mitgefühl für die Emotionen anderer mangelt – und auch für ihre eigenen Gefühle.

Doch meistens handelt es sich dabei um Menschen, denen wir jeden Tag begegnen und die einfach gelernt haben, trotz der schmerzlichen Erfahrungen mit ihrem Leben weiterzumachen. Ihr Maß an emotionaler Distanz mag für sie selbst und die Menschen, die versuchen, ihnen nahe zu kommen, sichtbar sein, das muss es aber nicht.

Wie sehen einige der typischen Kennzeichen von Menschen aus, die sich regelmäßig von ihren Gefühlen distanzieren?

Vielleicht erkennen Sie sich selbst auch als jemanden, der dazu neigt, sich über seine Gefühle zu erheben, wenn Sie auf die Mehrzahl der folgenden Fragen mit Ja antworten. Oder Sie erkennen jemanden wieder, der Ihnen wichtig ist (möglicherweise sogar den Menschen, der Sie verlassen hat). Wenn Sie diese Merkmale bei sich selbst feststellen, so hilft Ihnen das, Zugang zu Ihren Gefühlen zu erlangen.

Fragebogen für Menschen, die sich regelmäßig über ihre Gefühle erheben

Haben Sie als Kind …
- … den Klassenclown gespielt?
- … versucht, unangenehme Gefühle vor Ihren Freunden zu verbergen?
- … nach Möglichkeiten gesucht, unsichtbar zu werden?
- … Ablenkungstaktiken eingesetzt, um peinliche Gefühle oder Gefühle der Demütigung zu verbergen?
- … sich von Angehörigen oder Freunden isoliert, wenn Sie mit einem Problem zu kämpfen hatten?
- … sich emotional gleichmütig gegeben und sich geweigert, zu weinen, wenn Sie glaubten, Sie würden allzu hart bestraft?
- … sich manchmal ängstlich oder wütend gefühlt, doch diese Gefühle immer versteckt oder geleugnet?
- … Ihre Unsicherheit bei Verabredungen verheimlicht?

Als Erwachsene/r:
- Neigen Sie dazu, sich in der Öffentlichkeit vergnügt zu geben, selbst wenn Sie von sich selbst enttäuscht sind oder unsicher, was Ihr Leben betrifft?
- Glauben Sie manchmal, dass andere Menschen Dinge fühlen können, die Sie nicht fühlen?
- Besprechen Ihre Bekannten und Freunde ihre Gefühle vorzugsweise mit anderen, nicht mit Ihnen?
- Haben Sie hin und wieder das Gefühl, die emotionale Seite einer Erfahrung zu verpassen?

- Sind Sie manchmal eher ein Mensch, der etwas *tut*, als ein Mensch, der *ist*?
- Sind Sie ständig beschäftigt? Geht es bei Ihnen übergangslos von einer Aufgabe zur Nächsten?
- Leben Sie vorzugsweise in Ihrem Kopf? Sind Sie überkonzentriert und schließen darüber die eigentlichen Erfahrungen und andere Menschen aus?
- Oder konzentrieren Sie sich nicht genug? Fallen Sie in einen emotionalen Nebel und werden taub gegenüber allem, was um Sie herum vor sich geht?
- Waren Sie in Ihrer Kindheit hyperaktiv? Haben Sie vor lauter Tatendrang Ihre Gefühle nicht mehr gespürt? Oder waren Sie umgekehrt kaum aktiv und brachten wenig Leistung, damit Sie sich nicht auf unangenehme Gefühle konzentrieren mussten?
- Fühlen Sie sich anderen gegenüber manchmal distanziert oder entfremdet?
- Vermeiden Sie es, wichtige Gefühle direkt zum Ausdruck zu bringen, selbst positive Gefühle, weil Sie fürchten, dass Ihre Stimme zittern wird oder Sie anfangen zu weinen?
- Fällt es Ihnen schwer, Zuneigung zu zeigen? Zärtlichkeit? Sexualität?
- Spüren Sie, wie das Echo alter Gefühle – Unsicherheit, Einsamkeit, Angst, Verlust – zu einer emotionalen Suppe verkocht? Fällt es Ihnen schwer, Gefühle zu benennen und ihre Quelle zu identifizieren?
- Wachen Sie manchmal mit einem emotionalen Kater auf? Ein emotionaler Kater ähnelt dem alkoholischen, nur dass Sie sich ausgelaugt und spirituell tot fühlen, unfähig, ein einzelnes Gefühl aus einer ganzen Mischung miteinander verschmolzener Gefühle zu isolieren.
- Gibt es in Ihren wichtigsten Beziehungen einen Mangel an Vertrautheit und emotionaler Verbundenheit?

- Ist Ihr Partner distanziert? Kann man sich nur schwer emotional mit ihm verbinden? Wenn ja, könnte dann das Verhalten Ihres Partners das Spiegelbild Ihres eigenen Verhaltens sein und Ihre Neigung, sich über Ihre Gefühle zu erheben, reflektieren?
- Sind Ihre besten Freunde beziehungsweise ist Ihr Lebensgefährte emotional schwer zu berühren? Wenn ja, lassen Sie es dann zu, dass die Menschen in Ihrem Umfeld sich stellvertretend für Sie über ihre Gefühle erheben?

Das Erheben im Familiensystem

Woher kommen Menschen, die sich regelmäßig über ihre Gefühle erheben? Warum klammern sich manche an schmerzliche Gefühle, während andere sie vergraben?

In Wahrheit kann fast jede Art von familiärem Hintergrund oder früher Erfahrung zur Entwicklung eines Verteidigungsmechanismus führen, bei dem man sich regelmäßig über seine Gefühle erhebt. In den vorangegangenen Phasen habe ich einige der Kindheitsszenarien beschrieben, in denen Kinder eine emotionale Bürde auf sich nehmen: Es gibt die Erschütterungsverluste wie den Tod eines Elternteils oder den sexuellen Missbrauch; die Rückzugsszenarien, in denen über einen längeren Zeitraum die Bedürfnisse der Kinder nicht erfüllt werden, weil Familienmitglieder emotional unzugänglich sind; die Verinnerlichungsszenarien, bei denen die Kinder regelmäßig kritisiert oder zurückgewiesen werden oder den Sündenbock spielen müssen; und die Szenarien, die Wut in den Kindern hervorrufen, weil sie zu sehr kontrolliert, ausgebeutet oder auf andere Weise emotional oder körperlich missbraucht werden.

Es folgen einige beispielhafte Kindheitsszenarien, die dazu

führen können, dass sich die Betroffenen in einer automatischen Verteidigungsreaktion über ihre Gefühle erheben. Einige davon werden Sie an Ihre eigene Familie erinnern, andere an die Familien der Personen, die Ihnen nahe stehen.

Menschen, die sich regelmäßig über ihre Gefühle erheben, können aus Familien kommen, in denen …

- … die Erwachsenen emotional distanziert waren und die Kinder deren Verhalten widerspiegelten. Auf Gefühle kam es nicht an, darum sprach man sie auch nie an.
- … die Eltern sich an Gefühle klammerten und Groll gegen Verwandte hegten. Es wurde die Botschaft vermittelt, dass Gefühle etwas sind, das man nicht aufarbeitet.
- … die Eltern oder andere Rollenvorbilder der Familie allzu emotional oder theatralisch waren und oft überreagierten. Die Kinder distanzierten sich von ihnen, um ihre emotionale Privatsphäre zu schützen.
- … die Eltern keine Wut tolerierten. Sie hielten Wut irrtümlicherweise für mangelnden Respekt. Darum mussten die Kinder ihre stärksten Gefühle unterdrücken.
- … die Eltern die Gefühle der Kinder kontrollierten und sich in deren Gefühlslage allzu sehr einmischten. Die Eltern wollten die Dinge regeln, mit anderen Worten, die Gefühle der Kinder sollten verschwinden. Die Erwachsenen taten die Enttäuschungen und Ängste der Kinder ab und sagten ihnen, was sie fühlen sollten und was nicht. Dadurch erhielten die Kinder die Botschaft, dass es nicht gut ist, unangenehme Gefühle zu haben.
- … die Familienstruktur autoritär war. Gehorsam und Pflichterfüllung zählten mehr als Gefühle.
- … die Erwachsenen Perfektionisten mit hohen Anforderungen waren. Sie vernachlässigten die Gefühle der Kinder, um

die unvernünftig hoch gesteckten Erwartungen zu erfüllen.

- … die Eltern oder andere Erwachsene der Welt ein falsches Selbst zeigten, Gefühle verheimlichten und so taten, als sei alles in Ordnung.

- … es den Erwachsenen an Mitgefühl und Einfühlungsvermögen mangelte. Geschwister verwickelten sich oft in Streitigkeiten, um die aufgebaute Anspannung freizusetzen.

- … die Verhältnisse chaotisch waren. Ständige Unruhe und Enttäuschungen führten zu intensiven Gefühlen. Die Erwachsenen bestraften unvorhersehbar oder zogen sich emotional von den Kindern zurück.

- … die Erwachsenen ständig die Versprechen brachen, die sie den Kindern gegeben hatten, möglicherweise auf Grund von Alkoholismus oder anderen Krankheiten. Dadurch lernten die Kinder, nicht zu viel zu erwarten, was zu niedrigen Erwartungen an Beziehungen im Allgemeinen führte, um nicht ständig enttäuscht zu werden.

- … die Eltern die Kinder demütigten, wenn diese ihre Gefühle ausdrückten; sie machten ihnen Vorhaltungen, wenn sie weinten, und zogen ihre Angst ins Lächerliche. Die Kinder lernten, ihre Gefühle zu verbergen.

- … es in der Beziehung der Eltern an Vertrautheit fehlte oder die Eltern nur miteinander vertraut umgingen. Die Kinder blieben außen vor und konnten nur zusehen.

Sie dürfen nicht vergessen, dass Eltern für gewöhnlich ihr Bestes tun, um die Bedürfnisse ihrer Kinder zu erfüllen. Ironischerweise geben die meisten von uns ihre eigenen emotionalen Wunden an ihre Kinder weiter, wie sehr wir auch versuchen mögen, das zu vermeiden.[150] Dieses Erbe bildet die verschiedensten Verhaltensweisen, Einstellungen und Charakterzüge aus und wird von einer Generation an die nächste weitergegeben. Es ist sinnlos, unseren Eltern die Schuld an unseren Kämpfen zuzuschieben. Sie müssten schon viele Generationen zurückgehen – zu den historischen Ereignissen, die das Leben Ihrer Vorfahren prägten –, um den Dingen wirklich auf den Grund zu kommen.

Bei unserem Versuch, den Einfluss unserer Kindheitserfahrungen auf unsere erwachsenen Verhaltensweisen zu verstehen, liegt das Ziel niemals darin, Urteile zu fällen oder Schuld zuzuweisen. Unser Ziel ist es vielmehr, die Verantwortung für unser eigenes Leben zu übernehmen und unsere emotionalen Bürden einer Prüfung zu unterziehen. Wir machen Fehler, ebenso wie unsere Eltern. Niemand von uns kann behaupten, er habe niemals eine emotionale Barriere in einer Beziehung errichtet.

Anmerkung an die Eltern

Als Eltern sollten wir auf jeden Fall vermeiden, unseren Kindern schlechte Gefühle gegenüber sich selbst zu vermitteln.[151] Kinder fühlen sich schnell hilflos und bedeutungslos. Es braucht nicht viel, um einem Kind das Gefühl zu geben, integraler Bestandteil unseres Lebens zu sein. Wir müssen unsere Kinder stark machen und dürfen sie nicht mit unseren eigenen Bedürfnissen überfordern. Hören Sie auf die Bedürfnisse Ihrer Kinder, und unterstützen Sie deren Interessen, Hoffnungen und Träume. Helfen Sie ihnen, Fertigkeiten und Zuversicht zu erwerben, damit ihr Status innerhalb der Familie und ihrer Gleichaltrigen sicher verankert wird.

Den verlorenen Teil von sich selbst finden[152]

Fast jeder Mensch hat eine Sehnsucht, der er nie folgte, und Träume, die noch auf ihre Verwirklichung warten.

Als Kind hörte John während der Wochenenden, die er im Haus seiner Großmutter verbrachte, zu gern Symphoniekonzerte im Radio. Er brachte sich selbst das Klavierspielen bei und erfand erst Melodien, dann Reime, die dazu passten. Er flehte seine Eltern an, ihm Klavierunterricht zu schenken, aber sie sagten, sie könnten es sich nicht leisten. Sie ermutigten ihn stattdessen, mehr Sport zu treiben. John war kein Sportler, obwohl er in der Little League sein Bestes gab.

Als seine Großmutter starb, versuchte John, damals ein Teenager, seine Eltern dazu zu bewegen, ihr altes Klavier zu übernehmen, aber sie meinten, es gebe nicht genug Platz in der Wohnung. Schließlich gab er auf und befriedigte seinen musikalischen Appetit, indem er Radio hörte und hier und da mit etwas Geld, das er als Zeitungsausträger verdiente, eine Platte kaufte.

Als Erwachsener schwand Johns Interesse an der Musik. Er stellte fest, dass die Symphonien, die er einst so geliebt hatte, ihn jetzt in eine melancholische Stimmung versetzten. Stattdessen wandte er seine Aufmerksamkeit anderen Dingen zu.

Infolge einer emotionalen Krise suchte er nach Interessengebieten, die ihm halfen, ganz im Augenblick zu bleiben. Da entdeckte John erneut die Freuden der Musik. Er fuhr an die Küste, stellte sein Autoradio auf einen klassischen Sender ein und beobachtete, wie die Wellen an den Strand schlugen. Dann saß er mit geschlossenen Augen da und ließ sich von einer Symphonie von Beethoven davontragen.

Es mag Teile von Ihnen geben, die einfach verloren gingen oder vergessen wurden. In der Summe können diese vernachlässigten

Interessen zu einem leeren Raum führen, einem hungrigen Loch, das Sie seitdem immer zu füllen suchten. Vielleicht hat Ihnen das Einstimmen auf den Augenblick geholfen, einige davon wieder zu entdecken, wie es bei John der Fall war. Möglicherweise sind Sie während Ihrer Dialoge mit Ihrem inneren Selbst wieder in Berührung mit vergessenen Träumen gekommen. Jetzt, da Sie ein umfassend unterrichteter Erwachsener sind, befinden Sie sich in der Position, diesen verlorenen Teil von sich selbst aufzusuchen und ihm neues Leben einzuhauchen.

Hoffentlich sind Sie sich der Bedürfnisse, die sich in Ihnen zu Wort melden, bewusster geworden und haben Einsichten darüber gewonnen, inwieweit Ihre Vergangenheit den Umgang mit Ihren Emotionen beeinflusst. Je bewusster Sie sich der Gefühle, die Sie mit sich tragen, sind, desto besser werden Sie künftig mit ihnen umgehen können.

Die wichtigste Aufgabe in der Auftriebsphase besteht darin, alte Verhaftungen loszulassen und sich *mit intakten Gefühlen* über die Trauer zu erheben.

Das Loslassen der Vergangenheit

Die Lockerung der emotionalen Fesseln, die Sie noch mit Ihrem verlorenen Partner verbinden, ist die wichtigste Aufgabe dieser letzten Phase der Trauer.[153] Es ist eine Zeit, in der Sie, wie Herbert Weiner es formulierte, »Ihre emotionale Währung andernorts investieren«. Es ist eine Zeit des Neuaufbaus und der Neuorganisation Ihres Lebens.

In der Auftriebsphase stehen bestimmte emotionale Aufgaben an, die sich ein wenig von denen unterscheiden, die man als Witwer oder Witwe zu bewältigen hat. Der Unterschied hat mit der Art der emotionalen Last zu tun, die Sie zu tragen haben, insbesondere mit den ungelösten Gefühlen der Zweifel und der Scham.[154]

Schamgefühle beschränken sich jedoch nicht nur auf das Verlassenwerden. Auf einer gewissen Ebene hat jede Trauer mit Scham zu tun. Alle Menschen, die es mit intensivem und lang anhaltendem emotionalem Schmerz zu tun haben, empfinden eine gewisse Scham, wenn sie den Schmerz nicht kontrollieren können. Die Gesellschaft sagt uns, dass wir in der Lage sein sollten, unseren emotionalen Schmerz zu mäßigen, ihn verschwinden zu lassen. Da wir mit diesen Überzeugungen aufgewachsen sind, haben wir das Gefühl, es würde uns an seelischer Stärke mangeln, wenn wir unseren Schmerz nicht so rasch ablegen können, wie wir das unserer Ansicht nach tun sollten. Wir schämen uns für unsere emotionale Schwäche.

»Der Schmerz nach dem Herzinfarkt meines Mannes war so überwältigend, dass ich irgendwann an einen Punkt kam, wo ich meine Trauer für mich behielt«, erzählte Lydia. »Wer würde verstehen, warum ich zwei Jahre danach immer noch sterben wollte? Selbst ich glaubte, dass ich es übertrieb – dass ich eine Art emotionale Extremistin war.«

Witwen und Verlassenheitsüberlebende schämen sich gleichermaßen, dass ihr eigenes Überleben scheinbar von einem anderen Menschen abhängt. Aber der Verlassenheitsüberlebende muss noch mit einer anderen Scham fertig werden – der furchtbaren Scham, einfach ad acta gelegt worden zu sein.

»Lonny zu verlieren, hat mich beinahe umgebracht«, gab Marie zu. »Ich vermisste ihn so schrecklich. Aber dass er mir auf diese Weise einfach seine Liebe entzogen hatte, war eine ganz andere Art der Folter. Ich fühlte mich emotional ermordet – von meinem besten Freund entweiht und erniedrigt.«

Das Gefühl, eine Art Stigma mit sich herumzutragen, kennen nicht nur Verlassenheitsüberlebende. Aber sowohl die Witwe als auch jene Menschen, die zusehen mussten, wie ihr geliebter Partner einfach auf und davon marschierte, fühlen sich von dem Verlust gezeichnet.

»Ich fühlte mich durch die Tatsache, dass mir eine Herzkrankheit will-kürlich meinen Mann genommen hatte, wie ausgesondert. Warum musste die Tragödie gerade meine Familie treffen? Warum nicht die von jemand anderem? Was hatte ich getan, um das zu verdienen?«

Bei dem Versuch, mit ihrem Leben fortzufahren, fühlt sich eine Witwe möglicherweise traumatisiert, voller Angst, ob das Schicksal noch mehr schwere Verluste für sie ausgewählt hat. Verlassenheitsüberlebende empfinden eine ähnliche Beklommenheit.

»Was ist, wenn noch jemand beschließt, mich einfach in die Wüste zu schicken?«, erkundigte sich Michael. »Bin ich so wertlos, dass mich niemand akzeptieren und behalten will? Wie soll ich jemals wieder einem Menschen oder einer Beziehung vertrauen?«

Eine Witwe mag nachhaltig Selbstzweifel, tiefes Bedauern und sogar Wut hegen, dass sie nach dem Tod ihres Ehemannes allein zurückbleibt, aber wenn ihr Verlust nicht die Folge eines Selbstmordes war (eine erschwerte Form des Verlassenwerdens), wird sie ihn höchstwahrscheinlich nicht als persönlichen Affront auffassen. Sie weiß auf einer bestimmten Ebene, dass der Tod sich jeder Kontrolle durch den Menschen entzieht, und sie konzentriert sich daher mehr auf das Thema der Sterblichkeit als auf das Hinterfragen ihres Selbstwertgefühls.

Um heil werden zu können, muss eine Witwe ihre emotionale Leere füllen. Sie muss nach einem neuen Sinn suchen, um mit ihrem Leben fortfahren zu können. Wir Verlassenheitsüberlebende empfinden ebenfalls eine emotionale Leere, aber unsere Leere fühlt sich wie eine Strafe für falsches Verhalten an. Wir müssen ein Heilmittel für unsere narzistischen Verletzungen finden und den Selbstzweifel auflösen, der unser Selbstwertgefühl infiziert hat.

Eine Witwe, die früher schon oft verlassen wurde, kann nach der ersten tiefen Trauer auch Selbstzweifel hegen, insbesondere dann, wenn der Verlust ihres geliebten Partners Ängste und Unsicherheiten weckte, die von früheren Trennungen und Zurückweisungen übrig geblieben sind. Um diese Wunden zu schließen, muss auch sie ihren Selbstwert beweisen, wenn sie ihren Weg zurück in die Welt sucht. Die Aufgabe einer Witwe, die keine solche Geschichte hat, gestaltet sich dagegen unkomplizierter: Sie muss einfach lernen, allein zu leben. Sie muss nicht gleich nach einem Ersatz für ihren Partner suchen; sie braucht auch keinen angeknacksten Stolz zu reparieren, weil sie nicht von der Angst gequält wird, dass niemand sie haben will.

Wenn wir Verlassenheitsüberlebende unsere Trauer langsam hinter uns lassen, konzentrieren wir uns allerdings darauf, die kalte Abweisung unseres Wertes wettzumachen. Wir wollen, dass unser verwundetes Ego gestreichelt wird.

Dieses Bedürfnis beeinflusst die Entscheidungen, die wir treffen, wenn wir uns über die Verlassenheitsgefühle erheben und nach neuen Beziehungen Ausschau halten.

Die Suche nach Liebe

Gleichgültig, wie erfolgreich Sie in der Vergangenheit darin waren, Bindungen zu schließen, jetzt haben Sie sicher Zweifel, ob Sie eine neue Liebe finden können. Werden Sie so glücklich wie früher sein? Werden Sie allein enden? Um diese Befürchtungen anzugehen, müssen Sie neue Lebensweisen und Beziehungen ausprobieren.

Manche Verlassenheitsüberlebende verkriechen sich in einer Höhle und lecken jahrelang ihre Wunden.

»Ich bin noch nicht bereit«, erklärte Michael. »Ich muss einfach eine Weile allein sein, bis ich stark genug bin, dieses Risiko einzugehen – jemand anderem zu vertrauen.«

Andere bleiben allein, weil sie die neu gefundene emotionale Unabhängigkeit genießen. Sie haben einige der Vorteile des Alleinseins entdeckt und wollen diese nicht aufgeben.

»Ich war selig, diese ständige Unruhe hinter mir zu lassen – das Auf und Ab des Bemühens, die Beziehung funktionieren zu lassen«, erzählte Carol. »Ich schätze den Frieden und die Ruhe, wenn ich allein bin, und dabei will ich es auch belassen – für immer. Endlich bin ich frei.«

Marie dagegen spürte schon im ersten Jahr die Sehnsucht nach einer neuen Partnerschaft. Das bedeutete, dass sie ihre emotionalen Bedürfnisse akzeptieren musste.

»Ich wollte es anfangs nicht zugeben«, sagte sie, »aber nachdem ich eine Zeit lang allein gewesen war, entdeckte ich, dass ich zu jenen Menschen gehöre, denen es in einer Beziehung einfach besser geht.

Zuerst kämpfte ich dagegen an. Ich dachte, ich sollte doch wohl in der Lage sein, mich allein durchs Leben zu schlagen. Außerdem wollte ich nicht riskieren, noch einmal verletzt zu werden Aber etwas schrecklich Wichtiges fehlte in meinem Leben, und das wusste ich auch. Zu guter Letzt hörte ich auf das, was meine Gefühle mir sagten.

Da traf ich Phillip. Anfangs waren wir nur Freunde. Ich fand, dass er extrem gut auf mich einging, aber nicht nur auf mich, auch auf seine Kinder und eigentlich auf jeden in seiner Umgebung. Er war fähig, offen über das zu reden, was er fühlte – ob er glücklich war oder wütend, sorgenvoll oder unsicher. Und er ließ sich auf meine Unsicherheiten und Gefühle ein. Er hatte sehr viel früher in seinem Leben einen ähnlichen Verlust erlitten und konnte verstehen, wie es mir ging. Seine Zuneigung vermittelte mir zur Abwechslung mal ein gutes Gefühl und nahm etwas von dem Schmerz.

Doch was die emotionale Seite betraf, hielt ich mich zurück. Meine Freunde warnten mich, ich solle mich nicht zu früh auf jemand Neues einlassen. ›Du bist noch nicht bereit‹, sagten sie. ›Es ist noch zu früh. Außerdem solltest du niemand anderen brauchen, der dich glücklich macht.‹

Ich hörte jedoch auf das, was mein kleines Ich sich wünschte. Das half mir mehr als alles andere, mich zu entscheiden. Sobald ich gelernt hatte zuzuhören, konnte ich den Wünschen meines kleinen Ichs nicht mehr den Rücken zukehren. Mir wurde klar, dass es keine Schande ist zuzugeben, dass ich jemand anderes brauchte.«

Viele meiner Patienten und Patientinnen sind zu der Erkenntnis gelangt, dass sie angesichts ihrer Geschichte und des Ausmaßes ihrer jüngsten emotionalen Kränkung am besten dann eine Beziehung aufnehmen sollten, wenn sie sich dazu bereit fühlen.[155] Gleichermaßen wichtig ist es, jemanden zu finden, für den sie wirklich zählen, jemanden, der emotional verantwortungsbewusst

ist und höchstwahrscheinlich eine funktionierende Beziehung
nicht einfach aufgibt.

Die Scham loslassen[156]

Vielen ist das Bedürfnis nach einer Beziehung klar, aber es stellt
eine große Herausforderung für sie dar, eine neue Partnerschaft
einzugehen. Selbst die fürsorglichsten, attraktivsten und loyalsten
Menschen haben es schwer, einen Lebensgefährten zu finden.

Die meisten Betroffenen wissen, dass sie ungelöste Ängste
haben, aber nicht immer können sie so einfach erkennen, auf
welche Weise diese Ängste Barrieren für neue Beziehungen errichten. Sie versuchen, sich zu binden, sind aber letztendlich
frustriert und verwirrt, wenn diese Verbindungen nirgendwohin
führen.

»Warum finde ich niemanden?«

»Was stimmt nicht mit mir?«

»Was hält mich nur davon ab, mich an jemanden zu binden?«

Fruchtlose Bindungsversuche bringen uns zurück zum Thema
Scham. Schon vom Wesen her ist die Scham eines der Gefühle,
von denen sich die Menschen am liebsten distanzieren würden.
Sie versuchen, zusammen mit der Scham jeden Hinweis auf Unsicherheiten und persönliche Unzulänglichkeiten, die sie bloß-
stellen könnten, zu vergraben.

Mit ihrer Geschichte der wiederholten und lange dauernden
Kindheitstrennungen ist Holly ein extremes Beispiel dafür, was
passieren kann, wenn wir uns über die Scham erheben. Holly
zeigt uns, wie verborgene Schamgefühle einerseits eine Barriere
für neue Beziehungen darstellen und wie deren Demaskierung
andererseits zu einer Veränderung führt.

»Für mich bestand das Problem darin, dass niemand mit mir zusammen sein wollte, gleichgültig, wie sehr ich mich danach sehnte«, gab Holly zu. »Nachdem ich es mein ganzes Leben lang versucht hatte, war ich immer noch nicht in der Lage, eine Beziehung einzugehen.«

Natürlich war Holly nicht die Ursache für das Verlassenwerden, von dem ihre Kindheit heimgesucht wurde. Ihre biologischen Eltern beschlossen, sie im Stich zu lassen, und später wiesen sie ihre Adoptiveltern auf andere Weise zurück. Dennoch trug sie ein tiefes Gefühl des persönlichen Versagens in sich. Sie fühlte sich schuldig und voller Scham, als würde sie die Verantwortung für alles tragen.

»Ich gelangte zu der Überzeugung, dass mich niemand haben wollte, weil ich einfach nicht liebenswert genug war. Ich war es nicht wert, richtige Eltern zu haben. Wenn ich so wertvoll wie andere Menschen gewesen wäre, hätten sie mich nicht weggegeben. Ich glaubte wirklich, dass mir etwas fehlte und mich die Menschen deshalb nicht liebten – dass mit mir etwas ganz und gar nicht stimmte.«

Holly fand Möglichkeiten, sich über die intensiven Zweifel und Ängste zu erheben, doch darunter sammelten sich mit jeder neuen Trennung die Gefühle der Zurückweisung an. Heimlich, aber systematisch zementierte sie die Argumentationskette gegen sich und verurteilte sich als unwürdig. Sie wollte niemandem zeigen, wie sie sich fühlte, weil sie fürchtete, damit nur Aufmerksamkeit auf ihre vermeintlichen Mängel zu lenken. Selbst die Andeutung einer Zurückweisung sah sie als Beweis, dass alle ihre mangelnde Liebenswürdigkeit bemerkten.

Als sie die Pubertät erreichte, war Holly zu einem Chamäleon geworden, das äußere Anzeichen ihres unwürdigen Selbst verbergen konnte. Nach innen trug sie eine unsichtbare Wunde;

nach außen präsentierte sie der Welt eine Ich-bin-Okay-Maske. Aber der Umstand, dass sie ihre Gefühle versteckte, bedeutete nicht, dass sie ihre Gefühle daran hindern konnte, sich in ihr Leben einzumischen. Ganz im Gegenteil, das Vergraben distanzierte sie von ihren Gefühlen und von einem reichen emotionalen Leben. Häufig erweckte sie den Eindruck, ihre Reaktionen zu *inszenieren*. Die anderen spürten hinter ihren fröhlichen Gesten bisweilen eine qualitative Leere.

Wir sahen den Beweis für Hollys Probleme, als Keaton sie nach ihrer Verabredung fragte und sie einfach nicht antwortete. Außerdem setzte sie bei ihrem Blind Date eine Fassade auf, um jedes Anzeichen ihrer Einsamkeit zu verbergen.

Das Bedürfnis, das innere und das äußere Selbst zu trennen, ist typisch für Menschen, die in der Kindheit traumatische Trennungen erlebten, insbesondere dann, wenn das in ihren erwachsenen Beziehungen zu einem Muster der Zurückweisung führte. Jeder, der die Qual, niemanden zu finden, durchlitten hat, kennt die Scham, sich »nicht gut genug« zu fühlen. Die Erfahrung lehrt, dass Menschen, die ihre Bedürftigkeit zeigen, fast automatisch andere Menschen abstoßen, also lernen sie, gerade jene Gefühle zu verbergen, die am dringendsten Aufmerksamkeit bräuchten.

Ironischerweise ist das Leugnen dieser Gefühle oftmals genau der Umstand, der ihrer Bindung zu anderen Menschen im Weg steht. Beide Partner müssen emotional offen sein, wenn sich eine echte Bindung entwickeln soll. Wenn Sie Ihre tiefsten Sehnsüchte verbergen, sind Sie alles andere als emotional präsent. Verstellung errichtet eine unsichtbare Hemmschwelle für Vertrautheit.

Scham führt viele in eine Sackgasse: Sie wollen jemandem nahe sein, möchten aber nicht, dass der andere ihre wahren Bedürfnisse erkennt.

Holly erzählte mir, wie sie beschloss, den Sprung zu wagen und an jenem Sonntagnachmittag im Café ihre wahren Gefühle mit Keaton zu teilen.

»Es ist eine unvorstellbare Fessel – einsam zu sein«, räumte sie ihm gegenüber ein. *»Ich kann nie jemandem, mit dem ich ausgehe, sagen, wie unsicher ich mich fühle, dass ich mir wie eine Versagerin oder wie Ausschussware vorkomme. Sie würden mich für bedürftig und bemitleidenswert halten und sich sofort aus dem Staub machen!«*

Da Holly ihre Verletzlichkeit versteckte, blieb für andere Menschen weniger emotionale Oberfläche, mit der sie in Verbindung treten konnten. Holly war nicht in der Lage oder nicht bereit, ihre wahren Bedürfnisse in ihre Verabredungen einzubringen, also ließ sie den Kern *des Menschen, der sie war*, hinter sich. Sie verurteilte ihre Gefühle und ließ so einen bedeutenden Teil von sich selbst *im Stich* – ihren emotionalen Kern.

Dies wurde zu einem Teufelskreis für Holly: Die Scham führte zum Verheimlichen, das Verheimlichte schuf die Isolation, die Isolation mündete in Einsamkeit, die Einsamkeit wiederum in Scham. Das Verbergen ihrer Gefühle wurde zu einem Prozess, bei dem sich ihre unsichtbare Wunde zu einer unsichtbaren Barriere für Beziehungen entwickelte.

Denken Sie daran: Nicht die Gefühle an sich führen zu einem Problem, sondern das Geheimnis, das sie umgibt. Geheimniskrämerei nährt die Scham. Die Geheimhaltung schafft die Täuschung, die zu einer Kluft zwischen Ihnen und der Person führt, der Sie nahe kommen wollen.

Holly meinte, sie sei anfangs von Keatons Reaktion auf ihr Eingeständnis enttäuscht gewesen.

»*Warum waren Sie nicht offen zu dem Kerl, mit dem Sie letzte Woche ausgegangen sind?*«, wollte er wissen. »*Sagen Sie ihm, was Sie durchgemacht haben und wie Sie sich wirklich fühlen.*«

»*Ja, klar*«, antwortete sie. »*Sie sind ja verrückt!*«

»*Ehrlich gesagt, sollten Sie alles offen legen. Was haben Sie schon zu verlieren? Warten Sie einfach ab, was geschieht.*«

»*Dann könnte ich gleich ein Neonschild mit der Aufschrift ›Wegwerfware‹ mit mir herumtragen*«, sagte sie zu Keaton. »*Dieser Kerl hätte dann sofort die Narbe auf meinem Gesicht bemerkt und wie asymmetrisch es ist und all die anderen Sachen.*«

»*Das ist mir nie aufgefallen*«, sagte er.

Menschen, die es wiederholt mit gescheiterten Beziehungen zu tun hatten, glauben, dass sie nur Aufmerksamkeit auf Ihre Unzulänglichkeiten ziehen, wenn sie jemandem sagen, was sie wirklich fühlen. Und sobald jemand diese roten Warnflaggen sieht, würden sie sitzen gelassen.

Hollys negative Ansichten über sich selbst waren so stark, dass sie Keatons Bemerkung als Versuch abtat, ihr Mut zuzusprechen.

»*Wie kommt es, dass Sie mir all Ihre Unsicherheiten erzählen können und ich mich nicht abgestoßen fühle?*«, entgegnete Keaton.

»*Das liegt daran, dass wir zwei nicht verabredet sind*«, erläuterte Holly. »*Wenn wir das wären, würden Sie mittlerweile das Weite gesucht haben.*«

»*Nein, würde ich nicht*«, sagte Keaton. »*So bin ich nicht. Ehrlich gesagt, fühle ich mich mit Ihnen viel wohler, nachdem Sie mir alles erklärt haben.*«

»*Das verstehe ich nicht*«, erwiderte Holly. »*Wenn Sie und ich versuchen würden, uns als Partner abzutasten, würden all meine Unsicherheiten zu Tage kommen. Dieser riesige emotionale Saugnapf, den ich habe, würde zu sehen sein. Ein Blick auf meinen Saugnapf, wenn er in Ihre Richtung schwenkt, und Sie wären auf und davon.«*

»*Ich sitze aber immer noch hier*«, stellte Keaton fest.

»*Das liegt nur daran, dass ich Ihnen diese Seite von mir gerade nicht zeige*«, protestierte Holly. »*Und das liegt wiederum daran, dass ich nicht versuche, Sie zu verführen.*«

»*Vermutlich bedeutet das, dass ich als Verabredung nicht tauge*«, sagte Keaton. »*Was wäre, wenn ich Ihnen meine Theorie darüber mitteile, warum Sie mich nicht als potenzielle Verabredung betrachten?*«

»*Nur zu.*«

»*Hier geht es nämlich um mich, nicht um Sie*«, fing er an. »*Ich möchte Sie gern besser kennen lernen. Aber ich fühle mich unzulänglich. Ob das nun wirklich so ist oder nicht, ich habe nicht Ihr Niveau, habe keine so gute Ausbildung wie Sie und bin wahrscheinlich nicht so klug. Ich halte Sie für weltgewandter. Sie waren schon an Orten, an denen ich nicht war. Ich habe nichts von dem zu bieten, was Sie verdienen. Das sind meine Gefühle. Sie drehen sich um mich. Vielleicht treffen sie zu, vielleicht auch nicht. Aber wie immer sie auch aussehen, sie gehören zu mir. Jetzt haben Sie es gehört. Fühlen Sie sich abgestoßen?*«

»*Eigentlich nicht*«, meinte Holly.

»*Also, was genau fühlen Sie denn nun angesichts meiner Worte?*«

»*Tja, ich fühle … ich stimme nicht zu … vielleicht … aber es hat mir gefallen*«, stotterte sie. »*Ich meine, Ihre Ehrlichkeit. Ich fühle mich geehrt, dass Sie mir so vertrauen.*«

»*Geehrt ja, aber denken Sie jetzt schlechter von mir?*«, hakte Keaton nach.

»*Ich denke jetzt besser von Ihnen.*«

Sowohl Holly als auch Keaton erzählten mir diesen Vorfall, jeder von beiden aus seiner Perspektive. Holly war überrascht, wie gut es sich anfühlte, echte Gefühle mit jemandem zu teilen und wie nahe sie sich Keaton fühlte, als er seine Verletzlichkeit mit ihr teilte. Keaton berichtete, was für eine Erleichterung es war, emotional ehrlich zu jemanden zu sein, und wie sehr er sich Holly verbunden fühlte. Als die beiden ihr Geheimnis der Scham durchbrachen, konnten sie ihre unsichtbaren Barrieren abbauen, zumindest miteinander – ein wichtiger Schritt in der Heilung der Quelle ihrer Beziehungsprobleme.

Beziehungshindernisse ausräumen

Viele meiner Patienten und Patientinnen sind nicht deshalb frustriert, weil sie keine potenziellen Partner treffen, sondern weil sie keine hochwertigen Beziehungen aufrechterhalten können, die mit ihnen zusammen wachsen.[157] Wenn Ihr Versuch, eine neue Beziehung einzugehen, scheitert, fühlen Sie sich wieder dort angekommen, wo sie angefangen haben – allein.

Scham und eine verstärkte Angst vor dem Verlassenwerden können zu Entscheidungen führen, die für langfristige Beziehungen kontraproduktiv sind.

Es folgen einige Fallgruben, in die Menschen mit wiederholten Verlusten besonders gern hineinstolpern.

Die Suche nach Selbstachtung durch einen Stellvertreter

Auf der Suche nach einer Bestätigung ihres gekränkten Selbstwertgefühls hoffen viele Betroffene auf einen guten Fang, um den Schaden an ihrer Selbstachtung zu kompensieren. Es ist nicht falsch, mit jemandem auszugehen, auf dessen Leistung Sie stolz sind. Allerdings besteht die Gefahr, dass Sie auf der Suche nach jemandem mit dem richtigen Image einen potenziell fürsorglichen und emotional zugänglichen Partner übersehen. Denken Sie daran: Sie suchen Vertrautheit, keine narzistische Erweiterung Ihres Selbst, um Ihr verwundetes Ego aufzubauen.

Eine Trophäe für Ihr Ego

»Ich hatte diesen starken Drang, mich selbst zu beweisen«, räumte Keaton ein. »Ich konnte einfach nicht wieder auf den Boden der Tatsachen kommen und jemanden auf meiner eigenen emotionalen Ebene akzeptieren. Ich suchte eine Frau, die eine Trophäe für mein Ego sein könnte. Ich wollte nur beweisen, dass ich jemand war. Die Frauen, in deren Gesellschaft ich mich wohl fühlte, die mir ein Gefühl der Sicherheit vermittelten, waren Frauen mit denselben Unsicherheiten, die ich hatte, darum konnten sie gar nichts beweisen, höchstens, wie jämmerlich ich war. Ich schenkte ihnen keine Beachtung. Ich war nur an Frauen interessiert, die mit einem großen Ego protzen konnten. Wenn ich so jemanden dazu bewegen könnte, mich zu mögen, eine Frau, die ihre Nase hoch trug, dann könnte sie mir das Gefühl geben, ich sei ebenfalls jemand.«

Schmeicheleien suchen

»Nachdem Howard gegangen war, befand sich meine sexuelle Selbstachtung auf dem Tiefpunkt«, bekannte Barbara. »Ich fühlte mich als Frau total wertlos. Ich musste herausfinden, ob überhaupt noch jemand an mir interessiert war. Ich war noch nicht bereit für eine neue Beziehung, ich wollte mir nur von männlicher Aufmerksamkeit schmeicheln lassen.«

Selbstwert durch den »richtigen« Umgang

»*Als ich endlich meinen Abschluss vom College in der Tasche hatte, war mein jüngerer Bruder bereits Chirurg*«, erzählte Holly. »*Und als ob ich nicht schon genug Probleme hätte, beschloss ich, dass ich nur mit Ärzten ausgehen wollte. Es war mein Versuch, durch den ›richtigen‹ Umgang mehr Selbstwert zu bekommen. Natürlich taten es nur erfolgreiche Ärzte. Jeder darunter hätte mir das Gefühl gegeben, ich würde die Normen meiner Familie nicht erfüllen.*

Damals hätte ich menschliche Wärme und Vertrautheit nicht einmal erkannt, wenn sie mir einen rechten Haken versetzt hätten. Ich konnte seinerzeit nur versuchen, diese extrem erfolgreichen Ärzte dazu zu bringen, mich zu mögen. So verfiel ich in ein Muster, bei dem ich die Avancen machte und niemals diejenige war, die umgarnt wurde.«

Hierarchie statt gleichberechtigter Partnerschaft

Viele Verlassenheitsüberlebende fühlen sich von Menschen angezogen, die emotional unzugänglich sind. Sie treffen jemanden, der gesellschaftlich eine gute Wahl für sie ist, emotional jedoch eine ganz schlechte. Die emotionalen Bedürfnisse dieses Menschen können unterschiedlich sein, er hat vielleicht weniger Angst vor dem Verlassenwerden, mehr Selbstachtung oder eine geringere Anfälligkeit gegenüber Zurückweisungen. Diese emotionalen Inkompatibilitäten können zu einer Hierarchie führen, in der Sie sich dem anderen unterwerfen. Das schafft eine Dynamik, in der Ihre Angst vor dem Verlassenwerden und Ihre Selbstzweifel anwachsen.

Eine dominante Persönlichkeit suchen

»*Ich glaube, Howards dominante Persönlichkeit war das, was mich am meisten an ihm anzog*«, räumte Barbara ein. »*Er besaß keine meiner Unsicherheiten. Genauer gesagt, war er furchtlos. Er war noch nie von jemandem verlassen worden, während ich als Teenager und im College häufig Liebeskummer hatte. Howard wusste, dass ich fürchtete, ihn zu verlieren. Die Tatsache, dass ich mich vor einer Trennung mehr fürchtete als er, gestattete es ihm, sich meiner völlig sicher zu fühlen – und mich emotional zu dominieren. Er verhielt sich, als hätte er nicht das geringste Problem damit, mich im Bruchteil einer Sekunde durch eine andere zu ersetzen. Weil er so furchtlos war, war immer ich diejenige, die nachgab, die alles tat, um die Beziehung am Laufen zu halten. Ich glaube nicht, dass Howard klar war, was er da tat, aber er setzte meine Angst vor dem Verlassenwerden ein, um mich zu kontrollieren – und ich ließ es zu!*«

Die unterwürfige Position wählen

»*Ich erkannte ein Muster*«, erklärte Michael. »*Ich fühlte mich immer von Menschen angezogen, die ein stärkeres Ego hatten als ich, mehr Selbstvertrauen besaßen und weniger empfindlich auf Kritik reagierten. Aber das zwang mich immer in die Position des Unterlegenen – emotional gesehen. Meine Erfolge im Beruf und in meinen Kapitalanlagen zählten nichts. Ich war stets derjenige, der untertänig um Liebe bettelte. Mir wurde klar, dass ich dieses Muster durchbrechen und offener für jemanden sein musste, der emotional zu mir passt. Nächstes Mal will ich emotional in derselben Liga spielen und nicht immer einen Punkt hinterherhinken. Ich werde mir jemanden suchen, der ähnliche Ängste und Bedürfnisse hat. Warum sollte ich meine Zeit mit Menschen verschwenden, die keine echte Beziehung eingehen können?*«

Die Trophäe wechseln

»Wenn ich so zurückschaue, dann war es meine eigene Unsicherheit, die mich zu einem Menschen wie Travis führte – dem großen Maestro«, führte Roberta aus. »Er mag für mein Image gut gewesen sein, aber er war nicht der Richtige für mein kleines Ich, das ich wohl mundtot gemacht haben muss, weil ich keine Ahnung hatte, wie meine grundlegendsten Bedürfnisse als Mensch aussahen – oder wer Travis emotional war.

Die ganze Zeit, die wir zusammen waren, kämpfte ich ständig darum, ein Gleichgewicht mit ihm zu finden. Aber es war immer so, als ob er emotional die Oberhand hätte. Ich bin sicher, mein kleines Ich flüsterte mir die ganze Zeit etwas ins Ohr, aber ich hörte nicht zu. Ich war viel zu sehr damit beschäftigt, Travis zu verändern, meine Trophäe zu einem echten Menschen zu machen, Travis in den warmen, fürsorglichen Menschen zu verwandeln, den ich brauchte, damit meine Unsicherheiten verschwanden. Die Tatsache, dass wir emotional inkompatibel waren, fiel mir nie auf. Meine damaligen Erwartungen waren unrealistisch. Travis war einfach Travis, das ist mir heute klar. Aber ich setzte meine ganze Energie dafür ein, ihn zu verändern, anstatt die Verantwortung für meine eigenen Gefühle zu übernehmen.«

Jemanden suchen, der etwas hat,
was ich selbst nicht habe

»Jedes Mal, wenn ich an einer Frau interessiert war, dann deshalb, weil sie etwas hatte, was ich nicht hatte«, erzählte Banford. »Sie war immer gebildeter oder kam aus einem reicheren Elternhaus oder hatte mehr Charisma und mehr Freunde oder mehr von … irgendwas anderem, das ich wollte, aber nicht hatte. Ich versuchte, es stellvertretend durch sie auch zu bekommen. Die Kehrseite war, dass ich mich noch unzulänglicher fühlte, wenn ich mit so jemandem zusammen war, und mir ständig Sorgen machte, ob ich für sie gut genug war. Offenbar suchte ich mir Menschen aus, die mir ein schlechtes Gefühl vermittelten. Was für eine Energieverschwendung!«

Jemanden suchen, der ganz anders ist

»Ich fühlte mich nur von Männern angezogen, die erwiesenermaßen viele erfolgreiche Eroberungen hinter sich hatten«, erzählte Holly. »Das war das Gegenteil von mir, die ich überhaupt keine Erfolge vorweisen konnte. Wenn diese Männer auch noch diejenigen waren, die für gewöhnlich eine Beziehung beendeten, dann fühlte ich mich sogar noch mehr angezogen. Sie waren für mich attraktiv, weil sie von anderen begehrt wurden – und sie das wussten. Wenn Männer dagegen irgendwie erkennen ließen, dass sie sich selbst verachteten oder ebensolche Verlierer waren wie ich, dann törnte mich das total ab. Sie erinnerten mich dann zu sehr an mich selbst. Ich wollte nicht einmal in Betracht ziehen, jemanden mit offensichtlichen Mängeln kennen zu lernen, besonders nicht mit äußeren Makeln. Wenn ein Mann Übergewicht hatte oder über den großen Onkel ging oder eine schrullige Persönlichkeit besaß, wollte ich mit ihm nichts zu tun haben. Ich hätte es nicht ertragen, meine eigenen Unsicherheiten und Unvollkommenheiten in ihm widergespiegelt zu sehen. Wenn sein Selbstwertgefühl ebenso gering war wie meines, wollte ich nicht mal tot am Zaun mit ihm hängen. Aber dann fragte ich mich, ob ich nicht einfach über andere hinwegging, die dieselben Probleme hatten wie ich? Negierte ich auf diese Weise nicht auch meine eigene Person?«

Emotionale Entscheidungen
auf Grund der eigenen Geschichte fällen

Die Menschen, zu denen Sie sich hingezogen fühlen, mögen für Sie emotional nicht die richtigen sein, dennoch sind Sie von ihnen fasziniert. Etwas an ihnen – häufig etwas wenig Schmeichelhaftes – erinnert Sie auf irgendeine Weise an Ihren Vater oder Ihre Mutter. Der andere kann dabei zurückweisend oder kritisch sein, kontrollierend oder dominant, emotional distanziert oder unzugänglich. Wenn Sie als Erwachsener einem solchen Menschen begegnen, weckt das Gefühle der Sehnsucht und Unsicherheit, die Sie in Ihrer Beziehung zu einem Elternteil erlebt haben – Gefühle des emotionalen Hungers, den Sie auf Grund Ihrer Erfahrungen mit Liebe assoziieren.

»Ich verliebte mich Hals über Kopf in Travis«, räumte Roberta ein. *»Er war so selbstsicher und respektabel. Es stellte sich jedoch heraus, dass er genauso war wie mein Vater ... respektabel, von wegen – einfach nur fordernd, egozentrisch, distanziert und abweisend. Aber ich hatte mir immer gewünscht, dass mein Vater mich liebt, und so übertrug ich meine Anstrengungen auf Travis.«*

Robertas Beispiel zeigt, dass Ihre tiefsten Sehnsüchte – Ihre Sehnsucht nach Liebe, nach Unterstützung, nach Akzeptanz – geweckt werden, wenn Sie jemanden treffen, der Sie an eine kraftvolle Figur aus Ihrer Vergangenheit erinnert und die emotionalen Erinnerungen Ihres Mandelkerns auslöst.

Menschen, die dieses Gefühl tiefen Verlangens wachrufen können, wecken damit auch all die emotionalen Auslöser, die in Ihren Kindheitsbedingungen aufgebaut wurden. Sie müssen sich dieser physiologischen Bindungen nicht bewusst sein, um sich emotional zu diesen Menschen hingezogen zu fühlen, so wie Sie sich einst zu Ihrem Vater oder Ihrer Mutter hingezogen fühlten. Dieser komplexe Vorgang stellt sich für Sie einfach als Anziehungskraft dar. Also laufen Sie los und werben um einen Menschen, der Ihre höchst negativ aufgeladenen emotionalen Erinnerungen weckt, Gefühle, die Sie auf Grund Ihrer Erfahrungen für die *richtige Chemie* in der Liebe halten.[158]

Das Gegenmittel besteht darin, dieses Muster zu erkennen und Ihre emotionale Vergangenheit nicht noch einmal zu erschaffen. Ihr Ziel muss es sein, emotional fundierte Beziehungen einzugehen.

Der vertraute emotionale Aufbau[159]

»Meine Frau stieß mich immer von sich – schon vom ersten Tag an«, erzählte Richard. »Sie sagte fast nie etwas Nettes oder Ermutigendes zu mir. Genau so hatte meine Mutter mich immer behandelt, darum kannte ich es nicht anders. Mir kam nie der Gedanke, dass ich nicht die emotionale Unterstützung bekam, die ich in meiner Ehe verdient hätte.

Ich glaube, ich ließ mich mit meiner Frau überhaupt nur wegen ihrer abweisenden Haltung ein. Ich war so sehr damit beschäftigt, ihr zu Gefallen zu sein, dass ich nicht die Zeit hatte, mich zu fragen, ob ich nicht etwas Besseres verdient hätte. Ich war an diesen emotionalen Aufbau gewöhnt. Das Problem war nur, dass ich damit die Bühne für die emotionale Katastrophe bereitete, denn eines Tages erklärte sie mir, ich solle das Haus verlassen. Mein eigenes Haus. Sie wollte mehr Raum. Wenn das keine Zurückweisung ist! Jetzt, da ich den Schock überwunden habe, frage ich mich, warum ich mich so lange auf diese Weise behandeln ließ.«

Sich jemanden suchen, der einen demütigt

»Mir war nicht klar, dass ich eine Schwäche für die demütigenden Typen hatte, mich von ihnen angezogen fühlte«, räumte Thomas ein. »Ich musste es auf die harte Tour herausfinden – mich mit Frauen verabreden, die mich behandelten, als sei ich weniger wert als sie. Das verstärkte nur die Gefühle, die ich selbst für mich empfand, nachdem ich mein ganzes Leben lang von meinem Vater tyrannisiert worden war. Je schlimmer mich Frauen behandelten, desto mehr strebte ich danach, von ihnen anerkannt zu werden. Doch schließlich setzten sie mich vor die Tür. Genau das brauchte ich wohl, um endlich das zu Grunde liegende Muster zu erkennen – ich war einfach zu oft vor die Tür gesetzt worden. Heute ist mir klar, dass es viele einfühlsame, fürsorgliche, unterstützende Frauen auf der Welt gibt. Ich muss mich allerdings neu programmieren, um zu glauben, dass ich ein Recht darauf habe, geschätzt und respektiert zu werden.«

Beziehungen nur auf Grund von Anziehung eingehen

Es ist ein sehr intensives Gefühl, wenn man sich von jemandem angezogen fühlt. Manchmal fühlen wir uns jedoch aus den falschen Gründen zu jemandem hingezogen: Er weckt unsere Unsicherheiten und unseren emotionalen Hunger und hält unsere Sehnsucht wach. Andere Menschen finden wir aus den richtigen Gründen anziehend: Sie unterstützen und fördern unsere Bedürfnisse und Gefühle. Dieses Gefühl der Anziehung kann zu einer Verbindung beitragen, die wiederum in eine dauerhafte Beziehung mündet. Schließlich lassen die intensiven Gefühle der Anziehung oder Verliebtheit nach, und an ihre Stelle tritt ein starkes emotionales Band. Für viele Menschen funktioniert das, wenn sie die richtige Wahl treffen. Wie wir jedoch gesehen haben, führt das nicht bei jedem zu einer wertvollen Beziehung.

Einige von uns fühlen sich nur zu Menschen hingezogen, die emotional unzugänglich sind. Angst liegt fast immer im Kern dieses Musters. Indem wir emotional unzugängliche Ziele verfolgen, vermeiden wir das Risiko von Intimität und Vertrautheit.

Ob Sie Angst vor einer echten Beziehung haben oder nicht, dieses Anziehungsparadoxon ist ein typischer Stolperstein. Solange Sie nicht erkennen, dass Ihr wankelmütiges Gefühl der Anziehung Sie nur in eine Sackgasse führen kann, stecken Sie in einem Teufelskreis fest.

Dieser Teufelskreis bringt uns zurück zum Thema der emotionalen Konditionierung. Traumatische Erfahrungen aus Ihrer Vergangenheit lassen Sie beim geringsten Anzeichen einer emotionalen Gefahr automatisch reagieren. Ihre Vergangenheit kann Sie beispielsweise dazu konditioniert haben, Unsicherheit mit Anziehungskraft zu assoziieren. Den Adrenalinrausch, der von der *Angst vor dem Verlassenwerden* erzeugt wird, verwechseln Sie mit der Sehnsucht nach romantischer Liebe. Sie können Liebe und emotionalen Hunger nicht länger unterscheiden.

Emotionale Hinweise falsch deuten

»Ich bin über fünf Jahre mit niemandem ausgegangen«, erzählte John. »Ich brachte es fertig, alle möglichen ungelösten Gefühle auszubrüten, ohne es zu merken. Dann traf ich eine Frau, die meine Aufmerksamkeit erregte. Als ich mich das erste Mal mit ihr unterhielt, spürte ich, wie sich mir die Nackenhaar aufstellten. Ich dachte deshalb, sie sei jemand, um den ich werben solle. Endlich habe ich jemanden gefunden, sagte ich zu mir selbst, sie ist die Frau für mich. Mir war nicht klar, dass mir die Nackenhaare nur deshalb zu Berge standen, weil ich instinktiv das emotionale Risiko ahnte. Ich habe die Zeichen falsch gedeutet.

Die Frau war absolut selbstsicher. Ich arbeitete daran, es ihrer

Selbstsicherheit gleichzutun, obwohl es ihr anscheinend egal war, was ich von ihr dachte. Irgendwie brachte mich das zu der Ansicht, dass sie wirklich etwas Besonderes sei. Stattdessen hätte ich merken sollen, dass sie kein Interesse hatte. Meine Güte, sagte ich zu mir, sie löst in mir wirklich etwas aus; ich fühle tatsächlich etwas. Doch dann erwiderte sie meine Anrufe nicht. Ich fühlte mich zweitklassig, wie ein Nobody, ein Versager.

Heute verstehe ich allmählich, wie meine wahren Bedürfnisse aussehen, und ich bezweifele, dass ich jemand wie sie noch länger interessant fände. Sie war für mich nicht offen und verletzlich genug. Sie könnte niemals verstehen, wie es in mir aussieht. Ich mache ihr deswegen keinen Vorwurf; wir befinden uns einfach auf verschiedenen emotionalen Ebenen. Wenn mir nächstes Mal die Nackenhaare zu Berge stehen, dann weiß ich, es signalisiert emotionale Gefahr, nicht, dass die richtige Frau vor mir sitzt.«

Sich von emotionaler Gefahr angezogen fühlen

»Mir wurde erst klar, dass ich verliebt war, als ich spürte, dass er kurz davor stand, mich zu verlassen«, berichtete Jacqueline. »Wenn ich mich nicht völlig ausgehungert nach Liebe fühlte oder in unmittelbarer Gefahr war, abserviert zu werden, dann war ich nicht erregt. Wenn ich mich in Gegenwart eines Mannes wohl fühlte, bedeutete das, dass wir nur Freunde waren. Mit einem Kerl, der mich mochte, hätte ich nie geflirtet. Wenn er leicht zu haben war, dann wurden meine Ängste nicht aktiviert, und solange meine Ängste nicht aktiviert waren, fühlte ich gar nichts, und wenn ich nichts fühlte, dann ging ich davon aus, dass er einfach nur ein guter Kumpel war. Ein Mann musste mir das Gefühl großer Unsicherheit vermitteln, erst dann fühlte ich mich angezogen.«

Die Chemie muss stimmen

»Ich traf diese Frau«, erzählte Jay. »Die Chemie schien zu stimmen, aber es stellte sich heraus, dass sie genau das Gegenteil von dem war, was ich brauchte. Sie war absolut unzuverlässig. Sie ging mit einem anderen aus, während wir liiert waren, und erzählte es mir nicht einmal. Sie war mit uns beiden intim. Als ich das herausfand, war ich am Boden zerstört. Doch ich klammerte mich an diese Beziehung. Ich warb nur umso mehr um diese Frau.

Ich glaube, die emotionale Herausforderung, die sie verkörperte, war für mich das Faszinierende. Ich war ständig derart unsicher, dass ich zu ihrem emotionalen Sklaven wurde. Das einzig Gute an dieser schlimmen Situation war, dass ich dadurch Carlotta eine Weile vergessen konnte.

Doch warum brauchte ich eine unzuverlässige Frau, um in Fahrt zu kommen? Mir wurde klar, dass alles auf einen Vorfall mit meiner Mutter zurückzuführen war. Ich war elf, als sie mit irgendeinem Kerl durchbrannte und sich nie wieder blicken ließ. Als Teenager musste ich viel an sie denken, und ich stellte mir vor, wie es wohl wäre, mit ihr zusammenzuleben. Erst als ich verheiratet war, gelang es mir, sie aufzuspüren. Jetzt, da ich geschieden und wieder auf der Suche bin, erregen mich Frauen, die dieselben Verlasser-Qualitäten haben wie meine Mutter. Es hat viele schwierige Lektionen erfordert, aber langsam wird mir diese Schwäche, diese Anziehungskraft, die die falschen Frauen auf mich ausüben, klar.«

Sich von den falschen Menschen angezogen fühlen

»Erst jetzt wird mir klar, dass mein Liebesleben einen Kurzschluss hat«, erläuterte Allana. »Wenn ein Mann sich als Mistkerl herausstellt, der mich betrügt oder verlässt, dann fühle ich mich zu ihm hingezogen wie eine Motte zum Licht. Wenn er dagegen ein netter Kerl *ist, spüre ich gar nichts. Vor den Guten laufe ich immer davon und eile zu denjenigen, die sich jahrelang nicht binden wollen. Doch jetzt habe ich gelernt: Wenn ich mich angezogen fühle, dann heißt das, dass der Kerl wahrscheinlich nichts taugt. Anstatt dem Rat der Liebesromane oder meiner Sehnsucht zu folgen, habe ich gelernt, in die andere Richtung zu gehen – nicht zu gehen, sondern zu laufen.*

Als Nächstes will ich versuchen, nicht länger vor den Guten davonzulaufen – denjenigen, die mir geben können, was ich mir wünsche. Ich weiß, dass ich mich davor fürchte, verletzt zu werden. Aber es fühlt sich nicht wie Furcht an. Ich fühle mich nur einfach nicht hingezogen. Ich werde mich mehr öffnen müssen, weil ich mir endlich klar gemacht habe, dass es die Angst vor dem Verlassenwerden ist, die mich meine Gefühle verstecken lässt, ob ich mir dessen bewusst bin oder nicht.«

Sich von emotionalen Süßigkeiten fern halten

»Ich habe gelernt, mich von emotionalen Süßigkeiten fern zu halten«, sagte Holly. »Jetzt suche ich nach etwas Herzhafterem. Wie sonst soll man sich aus Fesseln lösen, durch die man nur von Menschen angezogen wird, die sich als nicht zugänglich erweisen! Ich kann jetzt nur eines tun: Menschen kennen lernen, die sich auf meiner emotionalen Wellenlänge befinden – Menschen, die verstehen, was ich durchgemacht habe und mich gerade deshalb akzeptieren und trotzdem mit mir zusammen sein wollen.«

»Ich höre jetzt auf meine Bedürfnisse, nicht auf meinen Drang, mich selbst beweisen zu wollen«, erklärte Keaton. »Ich glaube, ich bin bereit, wieder auf den Boden der Tatsachen zurückzukehren und eine Frau kennen zu lernen, zu der ich wirklich ehrlich sein kann. Zumindest stehe ich dieser Möglichkeit offen gegenüber. Bei der Art von Beziehung, die ich suche, geht es nicht um Anziehungskraft – es geht um

Vertrauen und Fürsorge. Und darum, sich zu akzeptieren und die Probleme des anderen zu tolerieren – eine Beziehung, bei der wir gegenseitig unsere Gefühle respektieren.«

Süchtig nach Verliebtsein[160]

Wenn Ihnen klar wird, dass Sie in einer destruktiven Beziehung stecken, sind Sie bereits süchtig nach dem Verliebtsein, und das macht es so schwer, den Teufelskreis zu durchbrechen.

Die Verliebtheit ist ein psychobiologischer Erregungszustand. Sie stecken so voller Opiate und anderen neurochemischen Stoffen des Verliebtseins, dass Sie Ihre üblichen Hemmungen nicht spüren.

Die Verliebtheit kann Sie zu Entscheidungen verführen, die auf lange Sicht Ihr emotionales Wohlbefinden gefährden. Unter dem Einfluss dieser Gefühle neigen Sie eher dazu, emotionale und körperliche Risiken einzugehen (beispielsweise die Prinzipien des Safer Sex außer Acht zu lassen). Sie sind blind für die Fehler des anderen, viel zu trunken von Liebesstoffen, um über die emotionalen Folgen Ihrer Entscheidungen nachzudenken.

Die Biochemie der romantischen Liebe steigert den Sexualtrieb, was natürlich der Fortpflanzung der Art höchst zuträglich ist. Der romantische Rausch erleichtert es zwei Menschen, die sich kaum kennen, körperliche Nähe herzustellen, aber er kann auch die emotionalen Gefahren dieser Beziehung verschleiern.

Die Suche nach dem emotionalen Kick

»Jahrelang war ich süchtig nach dem Kick«, gab Gwen zu. »Sobald die Verliebtheit nachließ und der emotionale Kick verschwunden war, zog es mich weiter. Ich wusste, romantische Gefühle sind nur ein vorübergehender Zustand des Wahns, aber ich sehnte mich wirklich danach. Das Problem war nur, dass mein sexuelles Verlangen nach meinem Partner sich in Luft auflöste, sobald ich mich seiner sicher fühlte – ganz plötzlich verlor ich dann das Interesse an ihm.

Ich war nicht bereit, die emotionale Verantwortung einer Beziehung zu tragen. In dem Augenblick, in dem jemand echte Gefühle für mich entwickelte, war ich auf und davon und suchte jemand anderes, der mich erregte – jemand, den man nicht so leicht verführen konnte, was den romantischen Kick noch erhöhte.

Ich war eigentlich in zwei Personen aufgespalten. Wenn ich verliebt war, tat ich alles für den Mann. Wenn er gewollt hätte, hätte ich mir die Gliedmaßen abgetrennt oder wäre für ihn auf den Mount Everest gestiegen. Aber sobald der romantische Kick vorbei war, wurde ich wütend, gereizt und gemein – wie ein Junkie, der einen Schuss braucht. Ich gab ihm für alles die Schuld, als ob er etwas getan hätte, was mich anwiderte.

Als mir schließlich klar wurde, was ich tat, trat ich auf die Bremse. Aber die Änderung meines Verhaltens glich einem Suchtentzug. Es war an der Zeit, nach einer Beziehung Ausschau zu halten, die eine längerfristige Wirkung hatte, nicht nur nach dem ständigen kurzen romantischen Rausch, nach dem ich süchtig war.«

Die Suche nach emotionaler Sicherheit

Viele Verlassenheitsüberlebende, die nach emotionaler Substanz suchen, finden einen Partner, der gut für ihr inneres Kind ist, aber nicht gut für ihr erwachsenes Selbst. Sie gehen Partnerschaften ein, die für das kleine Ich zuträglich scheinen, es für das große Ich aber nicht sind.

Die Suche nach einer todsicheren Wahl

»Ich fiel von einem Extrem ins andere«, sagte Jay. »Nachdem ich mit einer Frau zusammen war, die mich betrog und mich miserabel behandelte, suchte ich eine Frau vom anderen Ende der Bandbreite, die viel zu hingebungsvoll war. Sie war sich ihrer selbst unsicher und hatte sogar noch mehr emotionale Bedürfnisse als ich. Ich war in allem besser gestellt – Ausbildung, Finanzen, soziale Fähigkeiten, egal was.

Allerdings fühlte es sich wirklich gut an, dass sie eine todsichere Wahl war. Genauer gesagt, sie tat so, als sei ich ein Gottesgeschenk. Es war genau das, was ich brauchte – zumindest war mein kleines Ich eine Zeit lang glücklich. Letzten Endes machten unsere Unterschiede aber uns beiden zu schaffen. Wir konnten einander eigentlich nicht das geben, was der andere brauchte – nämlich eine Beziehung zweier Gleichberechtigter. Also redeten wir darüber und trennten uns schließlich. Jetzt sind wir nur noch Freunde.«

Einige Betroffene haben das Glück, einen emotionalen Kompromiss zwischen den Bedürfnissen des erwachsenen Selbst und des kindlichen Selbst eingehen zu können.

Das erfordert ein Geben und Nehmen sowie das Hinterfragen alter Überzeugungen. Wenn Sie Ihre Ansichten über die Art von Mensch, der für Sie richtig ist, neu erarbeiten wollen, müssen Sie Ihre unter Mühen erworbene emotionale Weisheit einsetzen.

Lernen, das Gefühl der Sicherheit
zu tolerieren[161]

»Bill und ich sind sehr lange miteinander gegangen«, erzählte Virginia. »Aber dann trennte ich mich von ihm, weil ich glaubte, er hätte mir nicht genug zu bieten. Das war schon vor Jahren. Als ich ihn vor einigen Monaten zufällig wieder sah, fühlte ich mich in seiner Gegenwart sofort wohl. Aber damals war genau das ein Problem – ich fühlte mich zu sicher bei ihm. Ich spürte nicht genug emotionale Intensität. Ich war noch nicht reif genug, um zu erkennen, dass eine gute Beziehung nicht bedeutet, ständig ein emotionales Hoch zu durchleben.

Ich erinnere mich, wie sehr ich Bill vertraute, wie sicher ich mich immer in seiner Gegenwart fühlte. Offensichtlich wusste ich es damals nicht zu schätzen, aber genau das brauchte ich jetzt – mit einem emotional gefestigten Menschen zusammen zu sein. All die Jahre, die wir zusammen waren, hatte ich Bill für selbstverständlich erachtet, weil ich meine eigenen emotionalen Bedürfnisse noch nicht erkennen konnte. Ich ließ mich von Statussymbolen und anderen äußeren Dingen beeindrucken. Ich dachte damals, Bill hätte weder das richtige Auftreten noch andere Eigenschaften, die ich mir wünschte. Mir war nicht klar, wie wertvoll Bills Ehrlichkeit und Loyalität waren. Inzwischen habe ich ein Diplom von der harten Schule des Lebens erworben: von der Schule des Verlassenwerdens. Ich habe so viele gescheiterte Beziehungen hinter mir und war mit zu vielen Männern zusammen, die es emotional nicht gerafft hatten. Bill und ich treffen uns jetzt wieder, und diesmal weiß ich ihn zu schätzen.«

Sich bescheiden

Einige würden bei Virginias Entscheidung, sich wieder mit Bill zu treffen, von »sich bescheiden«, sprechen, aber sie sieht es anders.

»*Ich bescheide mich nicht, nur weil ich mein Bedürfnis nach Sicherheit und Liebe erkannt habe. Ich dachte früher, mit mir könne etwas nicht stimmen, weil ich immer das Bedürfnis hatte, mich sicher zu fühlen. Aber jetzt bin ich zur Abwechslung mit jemandem zusammen, dem ich vertrauen und auf den ich zählen kann. Wenn ich mich dafür entscheide, mit jemandem auszugehen, der emotional viel zu bieten hat, anstatt nur großtuerisch daherredet, dann hat das nichts mit Genügsamkeit zu tun – es ist eine Gelegenheit, eine echte Beziehung einzugehen.*«

Die Heilung von Verlassenheitsgefühlen befürwortet weder Genügsamkeit noch das Festklammern an jemanden, der später zu einem emotionalen Leck werden kann. Sie sollen hier lernen, dass es viele prächtige Menschen gibt, die liebes- und bindungsfähig sind, auch wenn sie nicht Ihren alten Erwartungen oder Ihren gesellschaftlichen Vorstellungen von einem geeigneten Partner entsprechen. Vielleicht geben diese Menschen Ihnen keinen Kick, Sie spüren nicht die richtige Chemie oder gewinnen kein gesellschaftliches Ansehen durch sie. Den perfekten Partner gibt es nicht. Es gibt nur die Liebe, Fürsorge und den Respekt, den Sie zwischen sich und einem zu Emotionen fähigen Menschen erschaffen.[162]

Die Akeru-Übung der Auftriebsphase

Die Auftriebsphase ist eine Zeit des Wiederverbindens, ob Sie nun alte Interessen und Ziele neu beleben, eine engere Beziehung zu den Menschen in Ihrem Leben anstreben oder nach einem neuen Partner suchen. Die Energie des sich Verbindens ist die fruchtbare Lebenskraft; sie bindet die Menschen aneinander und vereint sie mit ihrer Umwelt.

Als ich mich aus meinem eigenen Verlassenwerden erhob, wurde mir klar, dass ich mir meiner Bedürfnisse und Sehnsüchte bewusster war als je zuvor. Ich traf jemanden und fühlte mich wohl mit ihm. Ich begriff, was es heißt, wenn er seine Gefühle offen mit mir teilte. Es war ein Geschenk des Vertrauens. Durch diesen emotional ehrlichen Austausch mit einem anderen Menschen entdeckte ich den Sinn meiner Krise. Ich fand die Saat, nach der ich gesucht hatte. Im Kern jeder erfolgreichen Beziehung befindet sich andauernde emotionale Offenheit. Meine eigene Erfahrung lehrte mich die Vorteile, *bei* meinen Gefühlen zu bleiben – selbst den unangenehmen.

Ich musste an den Tag denken, an dem meine Mutter mir erzählte, wie sie und mein Vater mich im Krankenhaus zurückließen. Tapfer hatte sie mir etwas offenbart, das ihr sicher Schuldgefühle verursachte, nur um eine wertvolle Wahrheit mit mir zu teilen. Ich fragte mich, welche anderen Gesten des emotionalen Mutes und der Großzügigkeit meiner Mutter unentdeckt geblieben waren. Sie starb, kurz nachdem mein Partner mich verlassen hatte, und ich dachte, dass es wahrscheinlich sehr viel mehr an meiner Mutter gab – verborgene Aspekte ihrer Persönlichkeit, die ich nie ganz begriffen hatte. Ich musste an die anderen Menschen in meinem Leben denken. Was ging in ihren Köpfen und Herzen wirklich vor sich? Welche emotionalen Teile waren zugänglich? Welche lagen verborgen? Wie konnte ich mich mit ihnen auf eine Weise verbinden, wie ich es früher nicht getan hatte?

Mit diesen Fragen und Gedanken wurde mir klar, dass ich aus der intensivsten Erfahrung meines Lebens eine wertvolle Ernte eingefahren hatte. Ich hatte gelernt, dass Verbundenheit der Schlüssel des Lebens ist. Nur die Liebe zählt.

Ich hatte immer schon gewusst, wie wichtig die Liebe ist, aber nun wurde mir das auf einer neuen Ebene klar, und es verwan-

delte mein Leben. Es hatte einen Sinn, dass ich das Verlassenwerden überlebte. So schwer es auch war, es verhalf mir zu der
Einsicht, dass *das größte Geschenk des Verlassenwerdens die Chance
ist, unsere Fähigkeit zur Liebe auszubauen.*[163]

Wir alle sind zur Liebe fähig, es ist eine Fähigkeit, die täglich
zunehmen kann, wenn auch wir wachsen. Manche glauben, dass
wir nur einen Bruchteil des Potenzials unseres Gehirns einsetzen. Ich glaube, dass wir in unserem Leben auch nur einen
Bruchteil unserer Fähigkeit einsetzen, Liebe auszudrücken und
zu erleben.

Als Gesellschaft neigen wir dazu, der Liebe nur einen schma-
len Pfad zuzugestehen. Die Erfahrung des Verlassenwerdens stärkt
unsere Fähigkeit zur Liebe, weil sie uns in Berührung mit unseren Gefühlen bringt. Sie zwingt uns, die Macht der menschlichen Bindungen anzuerkennen, und sie lehrt uns, dass die Verletzlichkeit zutiefst menschlich ist.

Wenn wir uns keine »Hornhaut« zulegen, dann macht uns das
Verlassenwerden die Bedürfnisse anderer stärker bewusst, wir
werden aufgeschlossener, können leichter die Hindernisse überwinden, die einem echten Kontakt im Weg stehen. Viele Men-
schenfreunde berichten, dass ihre eigenen Erfahrungen des Verlassenwerdens Ihr Lebenswerk inspirierten. So zapft zum Beispiel
Oprah Winfrey ihr emotionales Erbe an, wenn sie andere zu erreichen versucht. Es ist offensichtlich, dass sie sich ihren Gefühlen nicht verschlossen hat. Im Gegenteil, sie sind ihr unmittelbar zugänglich. Sie setzt sie ein, um eine persönliche Verbindung zu den Menschen herzustellen, mit denen sie in jeder ihrer
Shows spricht. Im Kern eines sozial bewussten Menschen liegt
eine größere Weisheit über die Liebe.

Sehr viele der Betroffenen, die mich aufsuchen, erzählen mir,
dass sie an einer emotionalen Leere leiden – dem Gefühl, dass es
in ihrem Leben an Liebe fehlt. Die Liebe, auf die sie sich dabei

normalerweise beziehen, ist die Art von Liebe, die sie sich von der Begegnung mit dem richtigen Menschen erhoffen. Für einige passiert das auch genau so. Aber es gibt viele andere Wege zur Liebe. Dieses kraftvolle menschliche Band ist weitaus mehr als ein Gefühl, das einen urplötzlich überfällt. Liebe ist etwas, das man erschaffen kann.

Die meisten von uns erinnern sich an jene besonderen Momente, in denen die Liebe ein Gefühl war, das wie eine Welle über uns hinwegschwappte. Aber die viel elementarere Wahrheit lautet, dass Sie die Liebe in sich erschaffen können, selbst wenn Sie sich total isoliert fühlen. Liebe ist ein Tun, eine Einstellung, ein kreativer Prozess. Sie wächst mit unserer Weisheit und baut oft auf Eigeninitiative und Selbstdisziplin auf. Nehmen Sie sich fest vor, die notwendigen Schritte zur Liebe zu unternehmen.[164]

Ihre Aufgabe ist es, Ihr Leben auf eine Weise zu führen, dass Ihre Liebesfähigkeit Ihre alte emotionale Tagesordnung übernimmt. Viele meiner Patienten und Patientinnen stecken im Sumpf des Bedürfnisses fest, ihre Unsicherheiten zu heilen. Wenn Ihre Fähigkeit zur Liebe zunimmt, löscht sie das Bedürfnis nach narzistischen Belohnungen aus. Der Schlüssel dazu ist, offen zu bleiben für Ihre Gefühle – mit Ihren Mitmenschen auf emotionale offene Weise umzugehen.

Das bringt uns zu der fünften Akeru-Übung. Deren Wachstumsmechanismus ist in die vorigen vier Übungen eingebaut, bei denen Sie im Augenblick bleiben, mit dem inneren Selbst sprechen, Ihr Traumhaus visualisieren und eine Bestandsaufnahme Ihres äußeren Kindes machen. Hier fügen wir das Element der Liebe in jede der fünf vorigen Übungen ein.

Wenn Sie die Liebe zum Ziel Ihrer Übungen machen, vereinen Sie sie zu einem Lebensplan. Die Liebe ist das Substrat, das alles integriert, was Sie bislang gelernt haben.

Liebe in der Übung des Verweilens
im Augenblick

Sie haben bereits verstanden, wie wichtig es ist, *im Augenblick zu bleiben*. Nur im Augenblick liegt Ihre ganze Kraft – die Kraft, das Leben mit Ihren fünf Sinnen zu erfahren. Wenn Sie im Augenblick bleiben, können Sie unmittelbar in Kontakt mit der Welt um Sie herum treten, über das Sehen und über das Hören. Wenn Sie sich nun aufmachen, im Augenblick zu verweilen, dann nehmen Sie Ihre Fähigkeit zur Liebe mit. Bemühen Sie sich mindestens einmal täglich, bewusst achtsam und offen zu sein, wenn Sie mit einem anderen Menschen zusammen sind, sei es ein Fremder, ein Verwandter, ein Freund, Ihr Kind oder Ihr Partner.

»Das erste ›Opfer‹, an dem ich das geübt habe, war eine Kellnerin im Restaurant«, erzählte Carlyle. »Als sie mir den Kaffee brachte, bereitete ich mich darauf vor, voll präsent zu sein, in diesen Augenblick einer ganz gewöhnlichen Begegnung alles einzubringen, was ich hatte. Ich wollte nicht, dass ihr das irgendwie auffällig vorkam, also stellte ich einfach Augenkontakt her und erkundigte mich aufrichtig, wie es ihr geht, und das war schon alles.

Als sie mir den Kaffee brachte, hatte ich keine Ahnung, wie ihr Leben aussehen mochte, ob sie glücklich war oder vom Tag enttäuscht. Aber jedes Mal, wenn sie anschließend meine Tasse auffüllte, blieb ich völlig offen für ihre Gegenwart, sandte ihr positive Gedanken und wünschte ihr dabei alles Gute. Ich brachte meine fürsorglichsten Absichten in diesen Augenblick mit ihr ein. Diese Frau mag von all dem nichts geahnt haben, aber sie empfing die ganze Liebe, zu der ich in diesem Augenblick fähig war.«

Sie können das Verweilen im Augenblick auch mit jemanden einüben, den Sie kennen.

*»Ich traf mich mit meiner besten Freundin zum Mittagessen«, berich-
tete Roberta. »Mitten beim Salatessen fiel mir auf, dass dies doch eine
passende Gelegenheit wäre, das Verweilen im Augenblick mit ihr zu
üben. Also machte ich mir alles an ihr total bewusst und wie es sich
anfühlte, in diesem Augenblick mit ihr zusammen zu sein. Ob sie es
merkte oder nicht, ihr wurde mehr denn je meine volle Aufmerksamkeit zuteil.«*

Sie werden wahrscheinlich feststellen, dass Sie diese Intensität
nicht über einen längeren Zeitraum aufrechterhalten können.
Zu leicht werden wir von flüchtigen Gedanken abgelenkt oder
vertiefen uns zu sehr in den Gesprächsinhalt, anstatt uns auf den
Vorgang des Verweilens im Augenblick zu konzentrieren. Vielleicht dauert es nur wenige Minuten, aber es ist eine Chance, das
Offensein für Ihre eigenen Gefühle und die Ihrer Freunde einzuüben.

Sie werden ebenso wie Roberta Ihre Fähigkeit entdecken,
Liebe zu erschaffen – Liebe in Form des *Da-Seins*.

Sie können das Verweilen im Augenblick auch mit Ihrem
Partner einüben. Anstatt sich von Ihren eigenen emotionalen
Bedürfnissen einwickeln oder von Ihrer Umwelt ablenken zu
lassen, bringen Sie Ihre ganze Liebesfähigkeit Ihrem Partner entgegen. Stellen Sie sich vor, wie es sein könnte, wenn Sie diese
Übung gemeinsam durchführen, wenn jeder von Ihnen sich in
alles einstimmt, was den anderen betrifft, und auch in den Augenblick, den Sie beide miteinander teilen.

Liebe im täglichen Dialog
mit dem kleinen Ich

Um dem täglichen Dialog das Element der Liebe hinzuzufügen, müssen Sie Ihr kleines Ich nur fragen: »Was brauchst du von den anderen Menschen in deinem Leben?« – »Bekommst du genug Liebe?« – »Was kann ich tun, um mehr Liebe in dein Leben zu bringen?« – »Wie möchtest du dich im Beisein eines ganz bestimmten Menschen fühlen?« – »Welche liebevollen Menschen würden dir das Gefühl von Sicherheit vermitteln?«

Die Frage der Liebe wirkt sich in den kraftvollen Dialogen zwischen dem großen und dem kleinen Ich vorteilhaft aus, lässt neue Einsichten wachsen und motiviert Sie zu positiven Schritten.

»Ich habe das Thema Liebe mit dem kleinen Ich angeschnitten, und es bat mich sofort, einem Mann näher zu kommen, den ich vor kurzem bei der Arbeit getroffen hatte«, erzählte Roberta. »Irgendwie wusste ich, dass er mir nicht gut tun würde, also sagte ich:

Das große Ich: Er ist der Typ, der emotional unzugänglich ist.

Das kleine Ich: Ich will ihn trotzdem. Ich mag ihn.

Das große Ich: Aber er ist nicht gut für uns. Er wird dich nur traurig und hilfsbedürftig machen. Ich dachte, du möchtest geliebt und akzeptiert werden.

Das kleine Ich: Will ich auch.

Das große Ich: Dann müssen wir uns jemand anderen suchen.

Das kleine Ich: Ich will mich einfach nur geliebt fühlen. Das war wohl das äußere Kind, das es auf diesen Kerl abgesehen hatte.

Das große Ich: Du hast Recht. Ich bin froh, dass eine von uns das gemerkt hat, denn dieser Kerl wäre nur eine Zeitverschwendung. Er würde uns emotional aushungern, wie gehabt. Erinnerst du dich noch, wie sich das anfühlt?

Das kleine Ich: Zieh los und suche jemanden, der mir gute Gefühle vermittelt. Und dass sich ja das äußere Kind nicht einmischt!

In der Tat ist es geschickt, dem äußeren Kind die Schuld für die alten selbsterniedrigenden Muster zu geben, die Sie durchbrechen wollen. Das Heilmittel besteht darin, genauer auf das zu hören, worum das kleine Ich wirklich bittet.

Denken Sie daran, wie die wichtigsten Bedürfnisse des kleinen Ich aussehen, nämlich geschätzt, akzeptiert, unterstützt und geliebt zu werden – und *nicht* verlassen zu werden. Schließen Sie einen Pakt mit dem kleinen Ich, dass Sie alles tun werden, was in Ihrer Macht steht, um die Liebe zu suchen, die Ihr kleines Ich in seinem Leben braucht. Sie werden sich darüber täglich mit dem kleinen Ich absprechen müssen. Dieses feste Bündnis mit dem kleinen Ich lässt die Sehnsucht Ihres äußeren Kindes nach einem unsicheren Partner außen vor und stärkt Ihre Fähigkeit, emotional verantwortungsvolle Entscheidungen zu treffen.

Liebe in Ihrem Traumhaus

Sie können die Liebe in Ihre Visualisierungsübung integrieren, indem Sie sich vorstellen, Ihr Traumhaus würde bereits all die Liebe enthalten, die Sie brauchen. Versetzen Sie sich zwei Jahre in die Zukunft: Sie sind all die Beziehungen, die Sie sich wünschen, eingegangen und fühlen sich glücklich und sicher. Sie und Ihr kleines Ich leben in völligem Frieden, weil Sie nun all die Liebe haben, die Sie brauchen. Gefühle der Kränkung und der Wut auf Ihren verlorenen Partner wurden freigesetzt, sind vergeben und vergessen. Das ist eine große Aufgabe, eine wichtige Aufgabe, aber in Ihrer Visualisierung liegt sie bereits hinter Ihnen. Alles, was Sie brauchen, steht Ihnen zur Verfügung: Bindung, Sicherheit, Vertrautheit, Zuneigung, Zärtlichkeit, Offenheit, Respekt, Vertrauen, Bewunderung und Kameradschaft.

Stellen Sie sich vor, wie begeistert Sie in Ihrem Traumhaus leben werden, weil Sie wissen, dass die Qualität Ihres Lebens immer besser wird. Ihre Fähigkeit, Liebe zu erschaffen, hat zu einem Leuchtfeuer der Wärme geführt, das so mächtig ist, dass es alle Menschen in Ihrem Leben erreicht und sie auf besondere Weise berührt.

Einer der Vorteile, die Visualisierung auf diese Weise durchzuführen, besteht darin, dass es Hinweise darüber offen legt, wie Sie die tatsächlichen Hindernisse in Ihrem Leben überwinden können. Unter der Prämisse, dass die Visualisierung zwei Jahre in der Zukunft liegt und dass Sie diese Liebe bereits erreicht haben, können Sie in der Rückschau folgende Fragen beantworten: »Welche inneren Barrieren musste ich entfernen, um an diesen Ort der Liebe zu gelangen?« – »Was genau habe ich getan, um sie zu überwinden?« Aus dieser Zukunftsperspektive heraus finden die meisten Menschen ihre Antworten erstaunlich hilfreich.

Stellen Sie sich jetzt vor, Sie hätten magische Kräfte. Welche Geschenke der Liebe und Fürsorge würden Sie den anderen Menschen in Ihrem Leben machen? Wenn Ihre Kräfte unbegrenzt wären und Ihre Fähigkeit zur Liebe grenzenlos, welche Ressourcen und Vorteile würden Ihre magischen Kräfte den Menschen Ihrer direkten Umgebung bringen? Welche besonderen Gaben würden Sie den Menschen in der ganzen Welt und künftigen Generationen vermitteln?

Überlegen Sie nun, welcher Platz in Ihrem Traumhaus am besten geeignet ist, um über diese Fragen nachzudenken. Müssen Sie architektonische Veränderungen durchführen, um eine Umgebung zu schaffen, die der Liebe gedeihen kann? Führen Sie an diesem Ort alle Veränderungen durch, die Ihnen helfen, den

Faktor Liebe in Ihr Leben zu integrieren. Lassen Sie wichtige Menschen, die Sie brauchen, als Besucher und Lebensgefährten in Ihr Haus.

»Ich zog mit meinem Traumhaus in ein Viertel voll mit Kindern und mit zahlreichen Gemeindeaktivitäten um«, erzählte Barbara. »Vermutlich dachte ich an die Bedürfnisse meiner Kinder und auch an meine Bereitschaft, mich nachbarschaftlich zu verhalten – mich anderen zuzuwenden.«

Nachdem Sie alle notwendigen Renovierungen, An- und Umbauten durchgeführt haben, enthält Ihre Visualisierung nun das entscheidende Element der Liebe, das Sie jeden Tag verstärken können, indem Sie sich dieses Bild einfach wieder ins Gedächtnis rufen. Ihr Geschick, Ihre Liebesfähigkeit zu verstärken, ist in der Anlage und im Aufbau Ihres Traumhauses verankert. Diese Übung ruft die Ressourcen Ihrer Vorstellungskraft zu Hilfe, um Ihre Energie auf Ihre Ziele zu lenken. Wenn Sie Ihr Traumhaus kontinuierlich renovieren, um es Ihren sich ständig verändernden Bedürfnissen anzupassen, erweitern Sie damit auch Ihr Gefühl des Anspruchs und der Zuversicht.

Wie Sie Liebesbehinderungen
durch Ihr äußeres Kind überwinden

Ihr äußeres Kind steht normalerweise auf Kriegsfuß mit Ihrem Geschick, Ihre Liebesfähigkeit auszubauen. Offen gesagt sabotiert das äußere Kind vertrauensvolle Beziehungen. Ihre Aufgabe besteht nun darin, die Verhaltensweisen und Einstellungen Ihres äußeren Kindes zu identifizieren, die Ihren Versuch, Liebe in Ihr Leben zu bringen, vereiteln wollen.

Ihr äußeres Kind kann sich vor allem dann schwierig verhalten, wenn Sie sich an eine neue Beziehung wagen und sich besonders verletzlich fühlen. Während Sie die neue Beziehung austesten, testet Ihr äußeres Kind den anderen Menschen aus – manchmal bis an dessen Grenzen –, indem es überreagiert, sich verschließt oder klammert, obwohl Sie wissen, dass dieser Mensch für Sie nicht der Richtige ist.

Viele, die bei mir Hilfe suchen, erzählen, wie schwer es ihnen fällt, die übliche emotionale Ambivalenz auszuhalten, die für jede neue Beziehung normal ist.

»Ich weiß, dieses Hin und Her ist bei jedem neuen Kontakt zu erwarten«, sagte Marie, »aber es fiel mir sehr schwer, die Unsicherheiten zu tolerieren. Obwohl ich mir nicht sicher war, ob die Beziehung funktionieren würde, fühlte ich mich verlassen – verlassen von meinen eigenen Gefühlen. Die ganze Zeit, in der ich versuchte, Phillip kennen zu lernen, fühlte ich mich außer Kontrolle.«

»Als ich mich wieder verabredete, erinnerte mich die Unsicherheit, die ich empfand, an all das, was ich mit Travis durchgemacht hatte«, berichtete Roberta. »Der alte emotionale Staub wurde aufgewirbelt und verwandelte mich in ein Nervenbündel, wenn ich mich mit jemandem verabredete. Das äußere Kind spielte sich die ganze Zeit in den Vor-

dergrund. Ich musste eine Zeit lang kürzer treten, bevor ich die Kontrolle wiedererlangte und bereit war, mich selbst verletzlich zu machen.«

Neue Beziehungen können tatsächlich alte emotionale Erinnerungen wecken und unangenehme Ängste erschaffen. Ihr äußeres Kind agiert rasch und spontan, um Ihre erhöhte Verletzlichkeit zu schützen. Alles, was das äußere Kind an das Kind auf dem Felsen im Bach erinnert, aktiviert die Verteidigungsmechanismen. Ihre Versuche, diesen Teil von sich selbst zu bemuttern, erfolgen nicht immer schnell genug, um das äußere Kind daran zu hindern, die Kontrolle zu übernehmen.

Die beste Vorbeugung gegen diese Störung besteht darin, jeden Tag eine Bestandsaufnahme des äußeren Kindes durchzuführen. Rücken Sie das äußere Kind in den Mittelpunkt, und versuchen Sie, seine nächsten Schritte vorauszuahnen. Lassen Sie den Erwachsenen in sich entscheiden, wie die jeweilige Situation zu bewältigen ist. Wenn Ihr äußeres Kind Ihr Bedürfnis nach einer sicheren, liebevollen Beziehung torpediert, dann ist es an Ihnen, die Verantwortung für sein Verhalten zu übernehmen. Leisten Sie Wiedergutmachung bei jedem, auf den Sie eingedroschen haben, auch bei sich selbst. (Das wird in dem Zwölf-Schritte-Programm, das die Anonymen Alkoholiker ursprünglich erschaffen haben, der zehnte Schritt genannt: Geben Sie sofort zu, wenn Sie sich geirrt haben, und leisten Sie auch sofort Wiedergutmachung.) Auf diese Weise treffen Sie und nicht Ihr äußeres Kind die Entscheidungen über Ihre Beziehungen und Ihr Leben.

Erhöhen Sie Ihre Fähigkeit zur Liebe

Wenn Sie jeder der vier vorangegangenen Übungen Liebe hinzufügen, erschaffen Sie einen ausgeglichenen Plan: einen Lebensplan, durch den Ihre Fähigkeit zur Liebe ausgebaut wird. Sie vergrößern diese Fähigkeit auf vielen verschiedenen Ebenen: durch Ihre Fähigkeit, im Augenblick zu bleiben, auf die Bedürfnisse und Gefühle des kleinen Ich einzugehen, Ihre höchsten Ziele zu visualisieren und Kontrolle über die selbsterniedrigenden Muster des äußeren Kindes zu erlangen.

Wenn Sie über Ihre Fortschritte Tagebuch führen, wächst Ihre Motivation, die Übungen täglich durchzuführen. Nehmen Sie sich jeden Tag etwas Zeit, um Ihre Fortschritte aufzuzeichnen, das schärft Ihre Konzentration und ermöglicht es Ihnen, positive Schritte in Ihren Alltag einzuplanen.

Sie brauchen nur etwas Zeit, um Ihre Gedanken niederzuschreiben. Listen Sie auf, wann Sie in der Lage waren, mit einem anderen Menschen zusammen im Augenblick zu verweilen. Loben Sie sich, wenn Sie auf das Bedürfnis des kleinen Ich nach Liebe reagiert haben; zeichnen Sie die Schritte auf, die Sie an diesem Tag dem kleinen Ich zuliebe unternehmen wollen. Dokumentieren Sie Ihre Fortschritte, und Ihr reales Leben wird der Vision in Ihrem Traumhaus immer ähnlicher. Schreiben Sie auch auf, wann Sie Ihr äußeres Kind gesehen haben, insbesondere dann, wenn es Ihre Beziehungen sabotierte. Erstellen Sie einen Plan zur Verhaltensänderung und Kontrolle über diesen Tag.

Dieses Tagebuch Ihrer Fortschritte könnte wie folgt aussehen:

Tägliche Fortschritte

1. War ich in der Lage, mit einem anderen Menschen zusammen im Augenblick zu bleiben?_____

   _____

   Der heutige Plan für den Augenblick: _____

   _____

2. Habe ich auf das reagiert, worum mich das kleine Ich wirklich gebeten hat?_____

   _____

   Der heutige Plan zu Gunsten des kleinen Ich:_____

   _____

3. Bin ich in der Lage, die Erfüllung der Liebe in meinem Traumhaus zu visualisieren? _____

   _____

   Die heutigen Renovierungsarbeiten: _____

   _____

4. Habe ich mein äußeres Kind erlebt? Habe ich die Kontrolle übernommen? _____

   _____

5. Habe ich die Liebe zum Ziel meiner heutigen Aktivitäten gemacht? _____

   _____

Wenn Sie die Übung erst einmal in Ihren Alltag eingebaut haben, wird sie mit der Zeit weniger strukturiert und verwandelt sich in eine völlig normale Aufgabe, die Sie mühelos in Ihre Gedanken und Taten integrieren. Sie können dann im Augenblick bleiben, Ihre wichtigsten Bedürfnisse und Gefühle angehen, sich nach neuen Zielen ausstrecken und auf andere als Erwachsener reagieren. Und während Sie als Mensch wachsen, wächst Ihre Fähigkeit zur Liebe mit Ihnen.

Zusammenfassung der Auftriebsphase

Die Auftriebsphase entbindet von Unsicherheit, Sehnsucht und Trauer. Es ist eine Zeit, um über die emotionalen Wahrheiten nachzudenken, die uns durch das Verlassenwerden klar geworden sind, und um die emotionalen Lasten zu inventarisieren, die wir die ganze Zeit mit uns herumgetragen haben. Dieses Wissen ist reines Gold, reich an persönlicher Weisheit.

Die Auftriebsphase ist eine Zeit, in der wir unsere Gefühle ehren. Wenn wir unsere emotionale Mitte offen halten können, wird deren Energie selbsterzeugend und zum Antrieb für fortgesetzte Heilung und lebenslanges persönliches Wachstum.

Neue Bindungen knüpfen

〜♥〜

Die fünf Entwicklungsphasen

Wir waren gemeinsam auf einer Reise durch die fünf Phasen der Verlassenheit. Unterwegs haben uns unsere Erlebnisse oft an frühere Zeiten erinnert. Wir haben uns mit unseren ältesten und grundlegendsten Gefühlen wieder vertraut gemacht und dadurch unsere Selbstbewusstheit gestärkt. Das Verlassenwerden hat uns für emotionale Wahrheiten geöffnet und uns in Berührung mit den universellen Lebenskräften gebracht. Es war deshalb so intensiv und kraftvoll, weil wir schon einmal dort gewesen sind. Das Verlassenwerden spiegelt Entwicklungsphasen wider, die wir schon als Kinder durchlaufen haben, als wir uns allmählich über unser familiäres Umfeld hinauswagten.

ERSTE PHASE: In der Erschütterungsphase des Verlassenwerdens waren Sie gezwungen, die Auflösung einer wichtigen Beziehung zu überleben und die Welt im Zustand des Alleinseins neu zu erobern. Ebenso müssen Neugeborene das Geburtstrauma überstehen, das abrupte Getrenntwerden von der Gebärmutter. In dieser ersten Phase sind sowohl Verlassenheitsüberlebende als auch Neugeborene gezwungen, als Individuen allein zu überleben.

ZWEITE PHASE: In der zweiten Phase der menschlichen Entwicklung bauen Neugeborene eine Bindung zu ihrer wichtigsten Bezugsperson auf, um die Unterstützung zu erhalten, die sie für ihr Überleben brauchen. In der zweiten Phase der Verlassenheit erleben Sie denselben Drang nach Bindung, aber das Objekt

Ihres Bindungswunsches steht Ihnen nicht länger zur Verfügung. Ihre Bedürfnisse wurden durchkreuzt, was zu intensiven Entzugssymptomen führte. In dieser zweiten Phase erleben sowohl Neugeborene als auch Verlassenheitsüberlebende das kraftvolle, von Opiaten angetriebene Bedürfnis nach Bindung.

DRITTE PHASE: In der dritten Phase der menschlichen Entwicklung verinnerlichen Kinder das Gefühl der Sicherheit, das sie durch die Beziehung zu ihren Eltern gewonnen haben. Sie übertragen dieses Gefühl der Sicherheit, des Vertrauens und der Zuversicht auf ihr neu gebildetes Selbstwertgefühl. Während der dritten Phase der Verlassenheit verinnerlichen Sie Ihre Emotionen ebenfalls, aber Ihre Gefühle enthalten die Botschaft, Sie seien wertlos. Wie ein Kleinkind übertragen Sie die Gefühle aus der wichtigsten Beziehung auf Ihr Selbst.

VIERTE PHASE: Die vierte Phase der menschlichen Entwicklung setzt ein, wenn Kinder und Jugendliche, abgesichert durch die Liebe und die Unterstützung ihrer Familie, sich zuversichtlich genug fühlen, um sich ihren Platz in der Welt zu erobern. In der vierten Phase der Verlassenheit, der Phase der Wut, kehren Sie ebenfalls in die äußere Welt zurück, aber Sie setzen dabei die Bedürfnisse Ihres verletzten Selbstwertgefühls durch. Sowohl Kinder als auch Erwachsene im Heilungsprozess wenden sich in der vierten Phase der äußeren Welt zu, um ihre emotionalen Bedürfnisse zu stillen. Der Unterschied liegt darin, dass *Sie* nach einer Entschädigung für Ihre Kränkungen suchen.

FÜNFTE PHASE: In der letzten Phase der menschlichen Entwicklung streben die mittlerweile erwachsenen Kinder nach wichtigen Bindungen. In der letzten Phase der Verlassenheit, dem Auftrieb, erleben Sie dieselbe Sehnsucht nach einer neuen Bindung. Aber Sie haben immer noch das Bedürfnis, sich selbst vor weiteren Verletzungen zu schützen. In der fünften Phase fühlen sich Twens und Menschen, die sich vom Verlust ihrer Liebe er-

PHASEN MENSCHL. ENTWICKLUNG		PHASEN DER VERLASSENHEIT
Geburtstrauma überleben	**1**	Neuerleben des Geburtstraumas
Sich an wichtigste Bezugsperson binden	**2**	Quälender Riss in der wichtigsten Bindung
Bindung auf das Selbst übertragen	**3**	Negative Gefühle auf das Selbst übertragen
Das Selbst in der äußeren Welt behaupten	**4**	Das Selbst im Konflikt mit der äußeren Welt
Bindung zu einem anderen Menschen eingehen	**5**	Das verletzte Selbst sucht die Bindung zu einem Menschen

Die Verlassenheit folgt demselben Weg
wie die Phasen der menschlichen Entwicklung

holen, gleichermaßen dazu getrieben, neue Bindungen einzugehen. Jedoch haben Sie als Verlassenheitsüberlebender wertvolle Einsichten über die emotionale Bürde gewonnen, die Sie in Ihre Beziehungen hineintragen.

Das Verlassenwerden rekapituliert den Start ins Leben; Sie durchleben erneut alle Entwicklungsphasen. Sie wachsen wieder vom Kind zum Erwachsenen heran, diesmal mit dem ganzen Wissen des Erwachsenen. Sie haben ein neues Selbstwertgefühl geschaffen und vielleicht eine neue Richtung in Ihrem Leben eingeschlagen. Sie haben den Schmerz des Verlassenwerdens zu einem Meilenstein in Ihrer persönlichen Veränderung gemacht.

In der Tat haben Sie aus Ihrer Erfahrung sehr viel gelernt.

Aus der Erschütterung haben Sie Kraft und Selbstvertrauen gewonnen. Sie haben die Erfahrung des Alleinseins überlebt. Sie haben sich den Ängsten gestellt, die Sie in alten Mustern feststecken ließen, und Ihre Fähigkeit entdeckt, mit den Gefühlen umzugehen, die aus kumulativen Wunden stammen – Kränkungen aus dem Verlassenwerden in Vergangenheit und Gegenwart. Sie haben gelernt, die Macht Ihrer Sinne einzusetzen, um im Augenblick zu bleiben.

Aus der Rückzugsphase haben Sie die Weisheit Ihrer inneren Gefühle erworben. Sie haben unerledigte Angelegenheiten aus alten emotionalen Traumata identifiziert – die Bedürfnisverweigerung, die zu Ihrem emotionalen Hunger führte und vielleicht zu ungesunden Methoden, mit diesem Hunger umzugehen. Sie haben gelernt, Ihre emotionale Weisheit einzusetzen, indem Sie einen täglichen Dialog mit Ihren inneren Gefühlen führten. Zu guter Letzt sind Sie Ihre grundlegendsten emotionalen Bedürfnisse direkt angegangen, anstatt Sie mit Drogen, Menschen, obsessiven Gedanken oder zwanghaftem Verhalten zu betäuben.

Aus der Verinnerlichung haben Sie Integrität gelernt, indem Sie Ihren innersten Hoffnungen, Werten und Zielen eine Stimme gaben. Sie haben Gefühle identifiziert, die aus früheren Vorfällen stammten, in denen Ihr Selbstwertgefühl verletzt worden ist. Sie haben entdeckt, wie Sie Ihre Vorstellungskraft als innere Heilungsressource einsetzen können. Sie haben Selbstachtung aufgebaut, Ihre Vision erweitert und Ihre Ziele ins Auge gefasst.

Aus der Wut haben Sie gelernt, Ihren Zorn in eine gesunde Aggression zu verwandeln. Sie haben die emotionalen Lasten identifiziert, die von alten Frustrationen stammen. Sie haben die Verhaltensweisen Ihres äußeren Kindes offen gelegt, das bislang Ihr Leben und Ihre Beziehungen störte. Sie sind jetzt wachsamer für diese Verhaltensweisen und haben gelernt, Ihre Bedürfnisse mit größerer Kontrolle über Ihre Einstellungen und Verhaltensweisen durchzusetzen.

Aus der Auftriebsphase haben Sie gelernt, für Ihre eigene Verletzlichkeit offen zu bleiben und nach einer höheren Ebene der

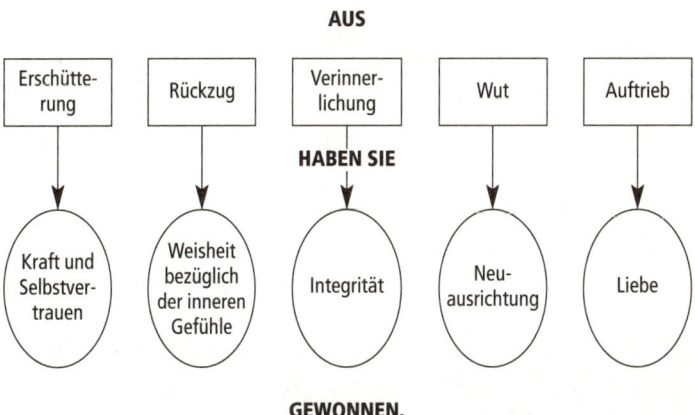

VORZÜGE DER HEILUNG VON VERLASSENHEITSGEFÜHLEN

AUS

| Erschütte-rung | Rückzug | Verinner-lichung | Wut | Auftrieb |

HABEN SIE

| Kraft und Selbstver-trauen | Weisheit bezüglich der inneren Gefühle | Integrität | Neu-ausrichtung | Liebe |

GEWONNEN.

Die Vorzüge der Heilung von Verlassenheitsgefühlen

Liebe zu streben. Sie haben verlorene Hoffnungen und Träume wieder belebt und emotionalen Kontakt zu sich selbst und zu anderen hergestellt. Sie haben einen Lebensplan erschaffen, um Ihre Liebesfähigkeit jeden Tag etwas mehr zu erhöhen.

Kurz gesagt, Sie haben alle Phasen der Verlassenheit durchlaufen – Erschütterung, Rückzug, Verinnerlichung, Wut und Auftrieb – und sind daraus mit mehr Kraft, Weisheit, Integrität, Neuorientierung und Liebe als je zuvor hervorgegangen.

Der Fünf-Schritte-Aktionsplan
zum Eingehen neuer Bindungen

Es folgt ein grober Rahmen, wie diese Veränderungen aktiv um-
gesetzt werden können.

Erster Schritt: Verlassen Sie Ihren üblichen Freundeskreis und Aktivitäten, erforschen Sie neue Hobbys und probieren Sie neue
Rollen aus.

Zweiter Schritt: Stellen Sie neue Kontakte zu mindestens zehn
Personen her, und erforschen Sie unterschiedliche Aspekte
Ihrer eigenen Persönlichkeit, die zuvor womöglich keinen Aus-
druck fanden.

Dritter Schritt: Sprechen Sie mit mindestens drei dieser Personen
offen über Ihre Gefühle und Ihren Anteil am Scheitern der
früheren Beziehung.

Vierter Schritt: Werden Sie zu Ihrem Höheren Selbst.

Fünfter Schritt: Teilen Sie Ihr Höheres Selbst mit den Menschen,
die Ihnen wichtig sind.

Erster Schritt: Verlassen Sie Ihren
üblichen Erfahrungskreis

Erforschen Sie das Gebiet jenseits Ihres üblichen Freundeskrei-
ses und Aktionsrahmens, um Facetten Ihrer Persönlichkeit zu
entdecken, die bislang unterdrückt wurden. Sie werden neue
Hobbys finden und Fähigkeiten entdecken, die Ihnen zuvor vielleicht nie klar waren. Diese Erweiterung bietet die beste Gelegenheit zu positiver Veränderung. Hier einige Aktivitäten, die
für die Menschen, mit denen ich gearbeitet habe, vorteilhaft
waren:

• Nachdem John sein altes Interesse am Klavier wieder entdeckt hatte, beschloss er, sich eines zu kaufen. Das bedeutete,

in eine neue Wohnung zu ziehen, die groß genug war, um Platz für ein Klavier zu bieten. Seine wiederentdeckte Hingabe an die Musik ließ ihn Konzertkarten kaufen – auch diejenigen, die ihm einen Konzertabend mit Roberta bescherten.

- Roberta lernte Fliegen und schloss sich einer Lyrikgruppe an.
- Holly wurde Mitglied in einem Fahrradclub und wird demnächst eine Tour durch Italien und Frankreich machen.
- Keaton besuchte Abendkurse an einer Schule für Soziologische Studien. Sein erster Kurs ging über den modernen Film. Er plant, sich Holly während seines zweiwöchigen Urlaubs im August auf ihrer Fahrradtour anzuschließen.
- Richard suchte eine Partnervermittlung auf.
- Jay fing an zu joggen, schloss sich einer ehrenamtlichen Organisation an und kaufte ein Ferienhaus an der Westküste von Florida.
- Barbara belegte Kochkurse, um die makrobiotische Küche kennen zu lernen. Sie eröffnete nebenberuflich ein kleines Cateringunternehmen.
- Marie machte den Segelschein. Sie setzte ihre Beziehung zu Phillip fort. Beide kauften sich ein Segelboot und wollen die Ostküste der USA bis nach Maine hochsegeln.
- Michael suchte sich eine neue Arbeitsstelle und spielt jetzt Racquetball.
- Carlyle kaufte ein Haus aus der Kolonialzeit und renovierte es selbstständig. Er brauchte viel Hilfe und stellte fest, dass seine neuen Nachbarn hinter ihm standen; er wurde Vorsitzender einer Bürgervereinigung.

Der Schlüssel zur Veränderung besteht darin, Ihr Leben neuen Erfahrungen zu öffnen. Selbst kleine Veränderungen in Ihrem Alltag können Ihnen neue Einsichten darüber vermitteln, zu welchem Menschen Sie sich entwickeln.

»Ich hatte das Gefühl, in meinem Job lange genug festzustecken«, erzählte Banford. »Die Menschen an meiner Arbeitsstelle reagierten auf mich nicht so, wie ich mir das von ihnen wünschte. Selbst wenn ich alles ganz anders machte, blieben die Veränderungen unbeachtet. Also suchte ich mir einen neuen Job. Das war ungeheuer mühsam. Meine ganze Freizeit verbrachte ich damit, meine neue Arbeitsstelle zu visualisieren, dann meinen Lebenslauf neu zu schreiben und zu Bewerbungsgesprächen zu gehen. Aber schließlich bekam ich einen Job. Ich befand mich auf einem völlig neuen Tätigkeitsfeld.

Ich fing noch mal ganz von vorn an und legte mir radikal ein neues Image zu. Es war von Vorteil, dass mich niemand kannte, weil ich gleich von Anfang an alles so aufbauen konnte, wie ich es wollte. Die Menschen, mit denen ich zusammenarbeitete, kauften es mir ab. Ich konnte die Art, wie ich üblicherweise auf Menschen reagiere, viel einfacher ändern, weil meine neuen Kollegen und Kolleginnen auf mich nicht mit der alten zwiespältigen Erwartungshaltung reagierten.«

Wenn Sie Veränderungen in Ihrem Leben durchführen, dann schaffen Sie Raum für Weiterentwicklung und Wachstum. Das lässt *innere* Veränderungen in neuem Boden Wurzeln schlagen. Ihre Aufgabe ist es, loszuziehen und neue Dinge auszuprobieren, sich anderen Gruppen anzuschließen und Ihre Alltagsgewohnheiten zu ändern. Lassen Sie jeder neuen Erfahrung etwas Zeit, um Ihnen ihre verborgenen Vorzüge vor Augen zu führen.

Zweiter Schritt: Knüpfen Sie neue Kontakte[165]

Wenn Sie neue Kontakte suchen, können Sie dadurch Aspekte Ihrer Persönlichkeit erforschen, die für Sie selbst und andere nicht immer offensichtlich sind. Ich meine damit nicht, dass Sie anderen etwas vorspielen sollten, was Sie nicht sind; vielmehr werden neue Situationen Interessensgebiete zum Vorschein bringen, die Sie bislang einfach noch nicht kannten. Möglicherweise haben Sie unerkannte Talente oder sie hatten nie die Chance, Ihre Talente zu fördern. Vielleicht haben Sie noch nie Menschen getroffen, die bestimmte Interessen mit Ihnen teilen. Viele nennen diesen Aspekt von sich ihr *Alter Ego*.[166]

Infolge der neuen Aktivitäten, mit denen Sie sich beschäftigen, aber auch durch Freunde, Partneragenturen oder zufällige Begegnungen, werden sich Ihnen viele Gelegenheiten bieten. Sie werden Facetten Ihres sich entwickelnden Selbst entdecken und können eine neue Richtung in Ihrem Leben einschlagen.

»Ich wusste nicht, dass ich eine partnerschaftliche Beziehung führen konnte«, erzählte Janet. »Ich hatte so viele Jahre damit verbracht, mit meinem Ehemann zu zanken und zu streiten. Für mich war es wie eine Erleuchtung, als ich entdeckte, wie fröhlich und liebenswürdig ich sein konnte, indem ich einfach nur mit jemandem zusammen war, der mir auf halber Strecke entgegenkam.«

Wenn Sie Ihren üblichen gesellschaftlichen Rahmen verlassen, sollten Sie niemanden abtun, nur weil Sie sich nicht sofort zu ihm hingezogen fühlen. Liebe auf den ersten Blick ist nicht Ihr Ziel. Ihr Ziel ist es, neue innere Stärken zu entdecken, indem Sie gesellschaftlichen Umgang zu einer Vielzahl von Menschen pflegen.

»Ich hatte keine Ahnung, dass eine Femme fatale in mir steckte«, berichtete Barbara. »Aber nachdem ich mich ein paar Mal verabredet hatte, wurde mir klar, dass ich zumindest einen oder zwei Männer total verzaubert hatte. Keiner dieser Männer war wirklich richtig für mich, und ich selbst war wohl auch noch nicht so weit. Aber es war

eine angenehme Überraschung und vermittelte mir ein völlig neues
Gefühl für das, was ich geben konnte.«

Wenden Sie sich anderen Menschen zu, die dieselben Interessen
teilen wie Sie, Ihnen aber auch neue Interessensgebiete erschließen können. Es macht nichts, wenn keine Romantik aufkommt.
Vielleicht gewinnen Sie einen Freund, einen beruflichen Kontakt oder einfach die Erinnerung an eine interessante Begegnung.

»Eine meiner neuen Freundinnen hat einen tollen Sinn für Humor
und findet alles, was ich sage, lustig«, berichtete Keaton. »Sie lacht
über fast jedes Wort, das meinen Mund verlässt. Das macht mich
prompt noch komischer. Ich stellte fest, dass mein Alter Ego ein Komi-
ker ist – nur dass ich besser bin, wenn ich nicht auf einer Bühne stehe.«

Ein Wort der Warnung: Wenn Sie sich anderen zuwenden, kann
Ihr inneres Kind ungeduldig und hilfsbedürftig werden. Vielleicht veranlasst es Sie, sich an den erstbesten Menschen zu
klammern, der Ihnen begegnet. Vermeiden Sie es zu diesem
Zeitpunkt, sich an jemanden zu klammern. Stellen Sie einfach
mit so vielen Menschen wie möglich Kontakt her, um die Chan-
cen auf eine Entdeckung Ihres neuen Selbst zu maximieren.

Dritter Schritt: Machen Sie
Geständnisse

Machen Sie Geständnisse, das heißt, suchen Sie sich einen
Menschen, zu dem Sie offen sein können, dem Sie von Ihren
Gefühlen und Ihrer Trennung erzählen können und, was ganz
wichtig ist, davon, welchen Anteil Sie am Scheitern Ihrer Beziehung hatten.

Mit diesen Geständnissen sollen Sie zweierlei erreichen: Übernehmen Sie die Verantwortung für ihren Part der gescheiterten Beziehung, und erschließen Sie sich die Akzeptanz, die eine Beziehung zu einem anderen Menschen eröffnen kann.

»Was ist, wenn ich niemanden finde, dem ich vertraue?«, werde ich von meinen Patienten und Patientinnen häufig gefragt.

Ehrlich gesagt, gibt es viele Menschen, die Ihr Vertrauen verdienen und die Ihnen, wenn Sie sie fragen, zuhören werden, ohne Sie zu verurteilen, und die auch nicht versuchen werden, Ihre Probleme zu lösen oder Ihnen Ratschläge zu erteilen. Es gibt sogar Menschen, die diese Offenheit erwidern und ihrerseits von ihren Schwachstellen erzählen. Warum versuchen Sie es nicht mit einem alten Freund, einem neuen Freund oder der Person, mit der Sie sich verabredet haben?

Wenn es im Augenblick wirklich niemanden gibt, dem Sie vertrauen können, dann ziehen Sie los und suchen Sie einen solchen Menschen. Es gibt ihn.

Wenn Sie einem anderen etwas gestehen, durchbrechen Sie die Barriere der Scham und legen Ihre tiefsten Ängste und Unsicherheiten offen.

Holly machte das einmal in einer Sitzung Ihres Workshops zur Heilung von Verlassenheitsgefühlen:

»Ich wusste nicht, was ich falsch machte, aber ich hatte immer Probleme, eine neue Beziehung zu finden. Bis heute schäme ich mich viel zu sehr, um zuzugeben, dass ich Probleme hatte. Jetzt erst wird mir klar, dass jeder, der die Krisen durchgemacht hätte, die ich erlebte, dieselben Probleme hätte. Früher dachte ich, es gäbe etwas an mir, das die Leute vertreibt. Aber heute weiß ich, dass es nicht darum geht, ob ich ein wertvoller Mensch bin oder nicht. Es geht überhaupt nicht um mich, sondern darum, was mir zugestoßen ist. Ich bin wertvoll, ob al-

*lein oder nicht. Ich habe viel Liebe zu geben, und das macht mich ver-
letzlich.«*

Holly konnte durch dieses Geständnis die Fassade aufgeben, die
sie jahrelang aufrechterhalten hatte. Durch das ehrliche Eingestehen ihrer Gefühle konnte sie sich zu ihrem wahren Selbst entwickeln. Sie hatte ihre falsche Fröhlichkeit abgelegt und diese
gegen echte Gefühlstiefe und Verletzlichkeit eingetauscht.

*»Als ich das erste Mal jemandem erzählte, wie ich mich fühlte, war
ich extrem verletzlich, aber ich spürte, dass der andere mich akzep-
tierte, und fühlte mich frei«,* berichtete Keaton. *»Es war fast so, als ob
ich ein Doppelleben geführt hatte. Zu guter Letzt fühlte ich mich als
der Mensch akzeptiert, der ich wirklich war, mit all meinen Schwächen.«*

Wenn Sie die Bestandsaufnahme des äußeren Kindes durchgeführt haben, dann kennen Sie ja die Verhaltensweisen, die sich
auf Ihre Beziehungen störend auswirkten. Vielen macht das die
Arbeit leichter.

*»Wenn ich Menschen von den Charakterzügen meines äußeren Kindes
erzähle, dann finden sie das großartig«,* schilderte Banford. *»Die Idee
faszinierte sie, und sie berichten freiwillig von den Merkmalen ihres eigenen äußeren Kindes. Das eröffnet einen wirklich tollen Austausch.«*

Wenn Sie anderen Menschen von Ihrem äußeren Kind erzählen,
können Sie auf diese Weise leichter die Bedürfnisse Ihres *inneren
Kindes* zum Ausdruck bringen. Frei von den Verteidigungsmechanismen des äußeren Kindes können Sie emotional präsenter
und ehrlicher sein. Wenn Sie auch weiterhin in Ihren Beziehungen offene Geständnisse ablegen, wird das verlassene Kind von

der Last der Geheimniskrämerei befreit. Die Workshops zur Heilung von Verlassenheitsgefühlen sind eine sichere Möglichkeit, um solche Geständnisse einzuüben. Aber wenn Sie die Vorzüge in vollem Umfang erleben wollen, dann versuchen Sie, Ihre Gefühle mit mindestens drei Personen außerhalb Ihrer Selbsthilfegruppe zu teilen.

Wenn Sie sich mehr als einem Menschen mitteilen, dann haben Sie die Gewähr, dass Sie verschiedene Aspekte Ihrer emotionalen Ehrlichkeit offen legen und darauf eine Vielzahl von Reaktionen erhalten. Wenn Sie Ihre Gefühle nur einem einzigen Menschen eingestehen, könnten Sie diese Erfahrung für die Ausnahme von der Regel halten, anstatt für eine neue Fähigkeit, anderen Menschen gegenüber emotional offen zu sein.

Wenn Sie mit sich selbst und einigen auserwählten Menschen absolut ehrlich sind, wird Ihre Verlassenheitswunde gereinigt. Sobald Sie in der Lage sind, die Mauer der Scham einzureißen, fängt die Heilung auf einer tieferen Ebene an.

Vierter Schritt: Integrieren Sie Ihr Alter Ego in Ihr Ego und werden Sie zu Ihrem Höheren Selbst

»Ich stellte fest, dass mein Höheres Selbst ein wirklich liebevoller und fürsorglicher Mensch war«, erzählte Jay. »Ich lernte diese Frau aus meiner Arbeitsgruppe näher kennen. Bei ihr wurde vor kurzem eine degenerative Knochenkrankheit diagnostiziert. Sie hatte drei kleine Kinder, und es fiel ihr immer schwerer, ihren Alltag zu bewältigen. So ein Pech bei so einer netten Person.

Ich nahm große Mühen auf mich, um ihr zu helfen. Ich kämpfte mit ihr zusammen gegen ihre Versicherungsgesellschaft und sicherte ihre finanzielle Lage ab. Ich half sogar ihrem Ehemann, eine bessere Arbeitsstelle zu finden. Von der Hälfte der Dinge, die ich für sie tat, hat sie nie erfahren. Während ich ihr half, entdeckte ich einen völlig neuen Jay.«

Wenn Sie weiterhin nach neuen Aktivitäten Ausschau halten und sich anderen offen und ehrlich mitteilen, werden Sie allmählich Ihre Fähigkeit zu neuem Wachstum auf vielen Ebenen erkennen. Durch die bessere Kenntnis Ihrer Fähigkeiten und Bedürfnisse als Mensch sind Sie in der Lage, neue Normen für sich aufzustellen und neue Erwartungen an künftige Beziehungen zu stellen. Sie werden zu Ihrem Höheren Selbst.

»Was mich dann endgültig von meiner Veränderung überzeugte«, fuhr Jay fort, »war der Moment, als mein ältester Sohn sich von seiner Freundin trennte. Er war zutiefst niedergeschlagen, aber mein Sohn pflegte mit seinen Gefühlen nicht zu seinem Vater zu kommen. Der alte Jay hätte nicht gewusst, wie er reagieren sollte, aber der neue Jay war entschlossen, ihm die ganze Geschichte aus der Nase zu ziehen. Ich konnte mich wirklich in mein Kind einfühlen und ich wollte, dass mein Junge das wusste. Ich wollte ihm helfen. Voilà! Plötzlich verhielt ich mich wie ein fürsorglicher Vater! Ich wünschte, jemand wäre für mich da gewesen, als ich all diese Erfahrungen als Jugendlicher durchmachen musste oder bei meiner Trennung von Carlotta. Aber zumindest konnte ich für meinen Sohn da sein. Jetzt will ich diesen neuen Jay auch an einer Frau ausprobieren. Ich bin bereit für eine echte Beziehung.«

Fünfter Schritt: Teilen Sie Ihr Höheres Selbst mit anderen

All diejenigen von Ihnen, deren wichtigstes Ziel es ist, einen Partner zu finden, sollten unbedingt den Umgang mit jenen Menschen meiden, die Sie zur Rückkehr zu Ihren alten Mustern verführen könnten.

»*Ich traf diesen Mann, einen tollen Typ*«, erzählte Roberta. »*Ihm gehörte ein Jachtclub, und er lebte auf einem Hausboot, das er selbst entworfen hatte. Er besaß einen vorzüglichen Geschmack und hatte genug Geld, um diesen Geschmack auch umzusetzen. Bei unserer fünften oder sechsten Verabredung stellte ich fest, dass ich mich ihm unterordnete, dass ich versuchte, ihm zu gefallen. Das Scheitern war vorprogrammiert. Ich brauchte niemanden, der mich ständig beeindruckte, sondern jemanden, bei dem ich mich wohl fühlte – so wohl, dass ich zur Abwechslung einmal von mir selbst beeindruckt sein konnte. Ich dachte, wenn ich nur jemanden finden würde, bei dem ich mich so wohl fühle wie mit John. Das brachte mich zum Nachdenken – über John.*«

Sie haben nun dieselbe Aufgabe wie Roberta, nämlich eine Beziehung aufzubauen, die auf substanziellen emotionalen Vorzügen beruht, wie Vertrauen und Wohlfühlen, nicht auf einem emotionalen Kick, der Ihre Selbstachtung durch die Identifikation mit dem Partner erhöht. Sie müssen jemanden suchen, der sowohl Ihre Substanz als auch Ihr Einfühlungsvermögen, das Sie durch Ihre Erfahrungen gewonnen haben, ergänzt.

»*Ich sagte Roberta, dass ich starke Gefühle für sie hege*«, erzählte John. »*Ich gab zu, dass es sich so anfühlte, als würde ich mich wieder weit strecken – nach einer Liebe, die außerhalb meiner Reichweite lag –, und dass es wieder mein altes Muster war. Sie war mir wichtig, aber ich wollte es sie trotzdem wissen lassen. Andererseits wusste ich, wie ich mich um mich selbst kümmern kann. ›Lass mich einfach meine Gefühle für dich haben‹, sagte ich zu ihr. ›Keine Versprechungen. Wenn du reagierst, dann reagierst du. Wenn nicht, dann komme ich schon klar. Lass mir nur etwas Zeit.‹*«

Der Liebe eine Chance zu geben ist die Lektion des fünften Schritts. Dafür müssen Sie sich den Verlusten der Vergangenheit stellen. Akzeptieren Sie sich so, wie Sie sind. Sie haben eine einzigartige Konstellation aus Gefühlen und Talenten. Niemand sonst kann Sie beurteilen oder die Richtung Ihres Lebens bestimmen. Ihre Aufgabe ist es, all das zu ehren. Tragen Sie alles in den Augenblick. Sie gewinnen nichts, wenn Sie sich gegen Ihre Gefühle der Verletzlichkeit wehren, wenn Sie sich wünschten, diese Gefühle wären nicht da, oder wenn Sie sich wegen Ihrer Gefühle Vorwürfe machten. Die Verletzlichkeit, die Selbstzweifel und die Scham, die aus Ihrer Vergangenheit stammen, sind ebenso Teil Ihrer persönlichen Wahrheit wie Ihre Talente und Leistungen. Sie sind es wert, dass man sie teilt, und vielleicht sind sie genau der Grund, warum sich ein anderer Mensch in Ihrer Gegenwart wohl fühlt.

In der Art von Beziehung, nach der Sie suchen, können Sie Ihre Verletzlichkeit offen zur Schau stellen, ohne Scham. Bleiben Sie aber auch offen für die grundlegendsten Ängste, Bedürfnisse und Verletzlichkeiten Ihres Partners.

»Ich habe beschlossen, dieses Mal am Ball zu bleiben«, erklärte Roberta. »Es hilft, dass John bereit ist, die Verantwortung für seine Gefühle voll zu akzeptieren. Er gibt sogar zu, dass es ungesund für ihn sein könnte, jemanden zu umwerben, der seine Gefühle nicht erwidert. Ich mag John als Mensch. Ich respektiere seine Ehrlichkeit. Er kennt fast alle meine Verletzlichkeiten, und ich kenne seine. Wir fühlen uns miteinander sehr wohl. Meine Werte verändern sich. Ich suche jetzt nach anderen Dingen im Leben. Ich weiß, was Liebe ist. Meine große Frage lautet, hat die Liebe mich schon gefunden, und ich sehe es nur noch nicht? Ich habe beschlossen, am Ball zu bleiben und es herauszufinden.«

Wir alle sehen der Liebe fast jeden Augenblick ins Gesicht. Viele von uns denken vielleicht, sie hätten sie schon gefunden. Doch ob wir eine neue Beziehung haben oder nicht, wir können immer noch sehr viel mehr Liebe in uns aufnehmen, sowohl durch die bestehenden als auch durch die im Entstehen begriffenen Beziehungen.

Der Schlüssel zu neuen Bindungen liegt darin, das Geschenk zu schätzen, das das Verlassenwerden Ihnen gemacht hat, offen zu bleiben für Ihre Verletzlichkeiten und für die Verletzlichkeiten anderer. Wenn Sie den emotionalen Kontakt aufrechterhalten, bauen Sie eine Brücke zu echten Beziehungen.

Anmerkungen

৵৵৵

Für die Informationen über die Neurobiologie bin ich den Arbeiten von Robert Sapolsky, Joseph LeDoux, Myron Hofer, Jaak Panksepp und Daniel Goleman dankbar. Ich habe ihre wunderbaren Erklärungen und Erkenntnisse in meinen Text eingearbeitet, ohne ihnen jedes Mal speziell dafür zu danken. Dafür möchte ich an dieser Stelle ihren Beitrag anerkennen, wie auch den vieler anderer, die zu der allen menschlichen Erfahrungen zu Grunde liegenden Struktur forschen.

(Achtung: Umfassende Angaben zur Literatur, die in den Anmerkungen genannt wird, finden sich in der Bibliographie.)

Die fünf Phasen der Verlassenheit

1 »Ein unsichtbares Leck«: Ein Begriff, den Peter Yelton – Kollege, Freund und Verlassenheitsguru – prägte.

Erschütterung

2 Der Unterschied zwischen Trauer und Depression findet sich in Freud, Sigmund: *Trauer und Melancholie*.
3 Die Geschichte von Alby erzähle ich mit freundlicher Genehmigung von Peter Yelton.
4 Eine hervorragende Beschreibung der Reaktionen des Sympathikussystems findet sich in Seiver, Larry J. und Frucht, William: *The New View of Self* (S. 35). Lesen Sie auch: *Warum Zebras keine Migräne kriegen* von Robert M. Sapolsky sowie Kapitel 5 und Anhang C: *Emotionale Intelligenz* von Daniel Goleman.
5 Myron Hofer weist darauf hin, dass der Trennungsstress beim Neugeborenen durch die Entwicklung neuraler Netzwerke des limbischen Systems ermöglicht wird. Auf der evolutionären Leiter ist der Trennungsstress der erste angeborene Angstzustand. Er ist ein Anpassungsmerkmal und soll die Bedro-

hung durch die Trennung von der Mutter abwehren. Bei Untersuchungen an Tieren zeigte sich, dass Ratten schon auf ihre allererste Trennungserfahrung reagieren. Siehe auch Hofer, Myron: »An Evolutionary Perspective von Anixiety« in *Anxiety as Symptom and Signal* (S. 25–27). Unsere ursprünglichen emotionalen Erfahrungen (das heißt der Trennungsstress) werden im Gehirn verankert und können in Form dessen wiederkehren, was Daniel Goleman als »wortlose Blaupausen« bezeichnet, »mächtige emotionale Erinnerungen an die ersten Lebensjahre ... an die Beziehung zwischen dem Kleinkind und seinen Betreuern«. Goleman schreibt, dass diese Erinnerungen verankert wurden, bevor sich Neokortex und Hippocampus voll entwickeln konnten, darum gibt es »keine passenden artikulierten Gedanken«, für dieses vage Gefühl neu erwachter Ängste aus der Kindheit. (Siehe Goleman, Daniel: *Emotionale Intelligenz*, S. 41 und 42).

6 Anthony DeCasper konnte mit seinen Untersuchungen zeigen, dass Babys Geräusche bevorzugen, die sie bereits vor der Geburt gehört haben – nämlich den Herzschlag und die Stimme ihrer Mutter. Siehe hierzu DeCasper und Fif: »Of Human Bonding« in *Science* 208 (1980). Die Forschungen von William Smotherman zeigen, dass die Konditionierung bereits pränatal erfolgt und daher Auswirkungen auf die Pflege von Frühgeburten hat. Rattenföten konnten darauf konditioniert werden, unangenehme Gerüche zu vermeiden, denen sie vor der Geburt ausgesetzt wurden. Siehe hierzu Smotherman, William P. und Robinson, Scott R.: »The Development of Behavior Before Birth« in *Developmental Psychology* 312 (1996), S. 425–434.

7 Jaak Panksepp erforscht die Art und Weise, in der soziale Verbundenheit vom endogenen Opiatsystem des Gehirns hergestellt wird. Opiate tragen dazu bei, den Isolationsstress zu verringern. Siehe Panksepp, Siviy und Normansell: »Brain Opioids and Social Emotions« in *The Psychobiology of Attachment and Separation*. Laut Myron Hofer, der ebenfalls auf diesem Gebiet forscht, beruhigen Körperkontakte (beispielsweise eine Rattenmutter, die ihr gestresstes Kind leckt), weil dabei Opiate freigesetzt werden. Siehe Hofer »Hidden Regulators«.

8 Das Verlassenwerden ist eine emotionale Krise, die häufig so schwer ist, dass es zu Symptomen kommt, die einer Borderline-Störung ähneln. Eines der Anzeichen dieser vorübergehenden Regression ist die Neigung zum Entweder/Oder-Denken, bei dem das Selbst und/oder die anderen abwechselnd als nur gut oder nur schlecht gesehen werden. Freud erforschte das Thema der Ambivalenz von Selbst und anderen, und auch Kohut, Kernberg, Masterson und andere beschreiben dieses duale Denken. Eine Behandlungsperspektive findet sich in Kroll, Jerome: *PTSD – Borderlines in Therapy*.

9 Hofer verleiht dem Begriff Symbiose ein neues Bedeutungsspektrum, wenn er sagt, dass es bei der »gegenseitigen Regulierung«, die zwischen Mutter und Neugeborenem nachweislich stattfindet, auch um multiple physiologische

und psychologische Prozesse geht. Mutter und Kleinkind dienen einander als äußerliche Regulatoren. Siehe Hofer: »Hidden Regulators« (s. 29).

10 Die symbiotische Regression ist ein weiteres Indiz für eine vorübergehende Borderline-Störung (siehe Anmerkung 8).

11 Baumeisters Untersuchungen lassen den Schluss zu, dass der Stress der Trennung von einem Gefühl der Zugehörigkeit gelindert werden kann. Siehe auch Baumeister, Roy F. und Leary, Mark R.: »The Need to belong« *in Psychological Bulletin* (1995) S. 509. Hofers Forschungen untermauern das auf einer neurochemischen Ebene – die Gesellschaft anderer Menschen bietet Trost, indem sie Opiate freisetzt. Siehe Hofer: »Hidden Regulators«.

12 Siehe LeDoux, Joseph: »Emotion, Memory, and the Brain« in *Scientific American* (Juni 1994), S. 50–57.

13 Harris, Julie: *Ist Erziehung sinnlos?* Reinbek 2000.

14 Siehe *Emotionale Intelligenz* von Daniel Goleman sowie *Die Einheit des Wissens* von Edward Wilson.

15 Laut Steven Maier und anderen Forschern wirkt Stress immunsuppressiv. Verschiedene Stressfaktoren, beispielsweise »gesellschaftlicher Abstieg« oder »Trennung von der Mutter« führen zu unterschiedlichen Mischungen von Aktivitäten des autonomen Nervensystems und von Hormonen. Siehe Maier, Steven F., Watkins, Linda R. und Fleshner, Monika: »Psychoneuroimmunology: The Interface Between Behavior, Brain and Immunity« in *American Psychologist*, Vol. 49 (Dezember 1994), S. 1004–1017. Herbert Weiner erklärt, dass das Immunsystem unter der Kontrolle des Sympathikus steht – dazu gehören Knochenmark, Thymusdrüse, Milz, Eingeweide und Lymphknoten. Siehe Weiner, Herbert: *Perturbing the Organism – The Biology of Stressful Experience* (S. 204). Siehe auch Kiecolt-Glase, J. K. und andere: »Marital Quality, Marital Disruption, and Immune Function« in *Psychosomatic Medicine* 49, Nr. 1 (1987), S. 13–34.

16 Siehe *Warum Zebras keine Migräne kriegen* von Robert Sapolsky.

17 Roy Wise erklärt, warum manche Menschen, die in einer Verlassenheitskrise stecken, sich mit Alkohol und anderen Stoffen selbst kurieren wollen. Er sagt, dass Suchtstoffe direkt und zentral im Gehirn positive Verstärkermechanismen aktivieren. Sie tun das mit einer weitaus größeren Intensität, als Umweltstimulanzien wie Nahrungsmittel, Wasser oder die Schönheit von Natur, Kunst oder Musik es jemals könnten. Siehe Wise, Roy A.: »The Neurobiology of Craving – Implications für die Understanding an Treatment of Addiction« in *Journal of Abnormal Psychology* 97, Nr. 2 (1988), S. 127. Wer diese Stoffe in übergroßem Maße konsumiert, kann jedoch ungewollt die Depression und Verzweiflung, die die Erfahrung des Verlassenwerdens begleiten, verstärken. William McKinney fand heraus, dass Alkohol die Verzweiflungsanzeichen bei Rhesusaffen linderte, jedoch in höherer Dosis diesen Zustand noch verstärkte. Siehe McKinney, William T.: »Separation and Depres-

sion – Biological Markers« in *The Psychobiology of Attachment and Separation*, S. 215.

18 Ronald Ruden untersucht die Psychobiologie der »Ich muss es haben«-Impulse, die zur Sucht führen – eine hohe Dopaminproduktion im Nukleus accumbens und niedrige Serotoninwerte. Siehe Ruden und Myalick in *The Craving Brain – The Biobalance Approach to Controlling Addiction*, S. 5–6.

19 Eine Diskussion bezüglich der theoretischen, psychologischen Ursprünge der Scham findet sich in *Seelische Urkonflikte – Liebe, Hass und Schuldgefühle* von Melanie Klein sowie in *Shame and Guilt in Neurosis* von Helen Block Lewis. Eine psychobiologische Perspektive bietet Allan Schore in *Affect Regulation and the Origin of the Self – The Neurobiology of Emotional Development*, S. 348–354, 415–430.

20 Die männliche Sicht der Scham findet sich in *I don't want to Talk About It* von Terrence Real. Er spricht von der Neigung der Männer, die in der westlichen Gesellschaft sozialisiert wurden, sich für ihre Verletzlichkeit, ihre Trauer und ihre emotionalen Bedürfnisse zu schämen. Die Heilung setzt ein, sobald die Männer ihr Macho-Verteidigungsgehabe fallen lassen und ihre Trauer nicht länger unterdrücken, sondern ihre emotionalen Wahrheiten erforschen und ihre Gefühle mitteilen.

21 Jerome Kagan erklärt, dass schon seit langer Zeit Leiden mit Schwäche gleichgesetzt wird. In *Die Natur des Kindes* zitiert er Pierre Janet, der behauptete, Trauer sei immer ein Zeichen von Schwäche und zeuge bisweilen von der Angewohnheit eines schwächlichen Lebens. Siehe auch *Scham – Annäherung an ein Tabu* von Michael Lewis und *Shame and Guilt in Neurosis* von Helen Block Lewis. Ein Selbsthilfebuch, das sich mit diesem Thema befasst, ist *Wenn Scham krank macht – ein Ratgeber zur Überwindung von Schamgefühlen* von John Bradshaw.

22 Siehe auch Kelly, D. D.: »Stress-induced Analgesia« in *Annals of the New York Academy of Sciences* (1986).

23 Ein umfassender Bericht zu den posttraumatischen Forschungen finden sich in Van der Kolk, Bessel A., McFarlane, Alexander C. und Weisaeth, Lars. *Traumatic Stress – The Effects of Overwhelming Experience on Mind, Body, and Society*. Lesen Sie auch *Die Narben der Gewalt – traumatische Erfahrungen verstehen und überwinden* von Judith Lewis Herman.

24 Hofer stellte fest, dass ältere Kinder wie auch ältere Ratten, die eine frühe Trennung erlebt hatten, auf Anzeichen einer drohenden Trennung reagierten, auch ohne dass ein tatsächlicher Verlust die Reaktion ausgelöst hätte. Die »Konditionierung« hatte weit reichende Auswirkungen – ein Hinweis auf eine »posttraumatische« Reaktion. Siehe Hofer »Hidden Regulators«, S. 211. Daniel Goleman spricht in *Emotionale Intelligenz* von der »Störung des limbischen Systems«, einer »erlernten Ängstlichkeit« und einer »Dämpfung der neuralen Schaltungen«. Er schreibt, dass bei Kindern mit einem früheren

Trauma der Mandelkern darauf programmiert ist, später Gefahren zu wittern; die Aktivierungsschwelle der Stressreaktionen liegt niedriger. Allan Schore bezeichnet das in *Affect Regulation* als »Verlassenheits-Depression« und zeigt deren Wirkung auf die Entwicklung von Hirnstrukturen auf (orbitofrontale Systeme, die die ventralen tegmentralen limbischen Schaltkreise beeinflussen), S. 416–422. (Siehe auch Anmerkung 85.)

25 Einige der Charakteristika dieser Liste habe ich von jenen extrapoliert, die von Van der Kolk, McFarlane und Weisaeth in *Traumatic Stress* aufgeführt wurden; S. 203 und 259.

26 Van der Kolk ist der Ansicht, dass bei vielen Betroffenen mit PTSD die Gefühle häufig direkt zu Aktionen führen, ohne vorher einen linearen Prozess rationaler Planung zu durchlaufen, der negative Folgen vermeiden könnte. A.a.O., S. 188.

27 Virginia Colin schreibt, dass eine der traumatischen Reaktionen auf eine Trennung in der Zurschaustellung von Aggression besteht. Als Beispiel führt sie eine Studie an, bei der an sechzig weißen Versuchspersonen aus der Mittelklasse, die gerade in Scheidung lebten, eine hohe Rate an aggressiven Impulsen nachgewiesen werden konnte. In einigen Fällen wurde »jede Vortäuschung von rationalem Denken fallen gelassen – die Versuchspersonen leisteten sich Übergriffe auf ihre früheren Ehepartner: Diebstähle, Vergiften von Haustieren, Kidnapping und Bedrohung mit einer Waffe«. Virginia A. Colin in *Human Attachment*, S. 340.

28 Jerome Kagan zitiert Forschungsergebnisse, denen zufolge eine genetische Veränderung eine Rolle spielt. Gehemmte Kinder haben möglicherweise eine andere Erregungsschwelle geerbt, was mit einer höheren Konzentration an Noradrenalin (NE) und/oder einer größeren Vielfalt von NE-Rezeptoren im Locus caeruleus zusammenhängt. Siehe auch Kagan, Jerome: *Galen's Prophecy – Temperament in Human Nature*, S. 51–52. Susan Vaughan schreibt darüber, wie der Gehirnnukleus den Tonus des ganzen zerebralen Kortex zu bestimmen scheint. Sie ist der Ansicht, dass die »Abwesenheit oder Anwesenheit wichtiger ›Zweiter‹ während der frühen Kindheit den Gehirnnukleus direkt beeinflusst … was zu der Entwicklung depressiver Symptome führen kann«. Siehe auch Vaughan, Susan: *The Talking Cure – The Science Behind Psychotherapy*, S. 141–142. Lesen Sie auch Hofer, Myron: »An Evolutionary Perspektive on Anxiety« in *Anxiety as Symptom and Signal*, S. 17–38.

29 Das Verlassenwerden ist zweifelsohne ein traumatisches Ereignis – stets eine langwierige emotionale Krise, ob sie nun zur Ausbildung einer posttraumatischen Störung führt oder nicht. Die Neurowissenschaft weist auf die Rolle des Neurotransmitters Noradrenalin (NE) bei der Ausbildung einer lang anhaltenden Angst hin und vertritt die Ansicht, dass es eine Ausschüttung von Noradrenalin im Locus caeruleus gibt, einer Struktur des emotionalen Gehirns beziehungsweise des limbischen Systems. Daniel Goleman schreibt in

Emotionale Intelligenz, dass die NE-Ausschüttung zu den folgenden PTSD-Symptomen führt: »Angst, Furcht, Hypervigilanz, leichte Erregbarkeit, Bereitschaft zu ›Kampf oder Flucht‹ und die unauslöschliche Einprägung stark emotionaler Erinnerungen.« Mehr über NE findet sich in *New View* (S. 35) der beiden Forscher Seiver und Frucht. Sie schreiben, dass die Furcht ein Zustand ist, bei dem die Aufmerksamkeit nach außen gerichtet ist und es daher mehr Noradrenalin gibt (NE); umgekehrt nimmt das Noradrenalin ab, wenn sich die Aufmerksamkeit nach innen richtet. Das könnte erklären, warum die emotionale Krise des Verlassenwerdens unsere Aufmerksamkeit ganz auf unsere verlorene Beziehung lenkt. Wir leiden an obsessivem Denken und einer verlängerten Hypervigilanz. Traumatischer Stress kann auch zu einer Erhöhung der Produktion eines Stresshormons führen, nämlich CRF (Kortikotropin, freisetzender Faktor). Steigende Mengen von CRF führen zu »Schweißausbrüchen, Kälteschauern, Krämpfen, Erinnerungsblitzen, Schreckreaktionen«, die wir auch während der anfänglichen Qual der Verlassenheit erleben. Opiate sind ebenfalls beteiligt und machen uns ganz allgemein für das Leben um uns herum taub. Es treten Entzugssymptome auf, ein Zustand der Anhedonie und eine Spaltung unserer Gefühle. Zu den kurzfristigen Vorteilen dieser Trauma-induzierten biochemischen Veränderung gehören: Wachsamkeit, Erregung, Konzentration, Schmerzunempfindlichkeit, Fähigkeit zu längerer physischer Beanspruchung, Gleichgültigkeit gegenüber anderen Ereignissen.

30 Einen interessanten Gedanken zur Betäubungswirkung des Schockzustands machen Van der Kolk, McFarlane und Wisaeth in *Traumatic Stress* (S. 227): »Zwei Jahrzehnte nach dem ursprünglichen Trauma entwickelten Betroffene mit PTSD eine opioid-eingeläutete Analgesie in Reaktion auf einen Reiz, der dem ursprünglichen Trauma ähnelte, was wir mit einer Ausschüttung von endogenen Opioiden im Äquivalent von acht Milligramm Morphium gleichsetzen.« Zusätzliche Informationen über die endogenen Opiatsysteme, die in Zusammenhang mit Trauer und anderen Trauma-Formen die »Betäubungswirkung« einläuten, finden sich in Panksepp, Siviy und Normansell: »Brain Opioids« (S. 5–7); in Benton, David und Brain, Paul F.: »The Role of Opioid Mechanisms in Social Interaction and Attachment« in *Behavioral Processes* (1988), S. 219 und 220; sowie in Hofer; Myron: »An Evolutionary Perspective«, S. 222–223. Siehe auch Kelly: »Stress-induced Analgesia«.

31 Eine ausführliche Diskussion über die Gefühle der Entfremdung und des dissoziativen Zustands findet sich in *Die Narben der Gewalt – traumatische Erfahrungen verstehen und überwinden* von Judith Herman. Siehe auch Van der Kolk, McFarlane und Weisaeth: *Traumatic Stress*, S. 51–73, 303–330.

32 Erich Fromm erklärt, dass die Angst vor dem »Abgetrenntsein« allen psychologischen Störungen zu Grunde liegt. Siehe Erich Fromm: *Die Kunst des Liebens*. Eine allgemeine Definition der Angst, die für einen Trennungsstress

zu sprechen scheint, lautet bei Hofer: »... ein Verhaltenszustand, der in Reaktion auf Signale der Gefahr auftritt und eine besondere Reihe von Reaktionstendenzen mit sich bringt, die während Vorfällen in der früheren Entwicklung des Organismus und in der Evolution der Art zur Vermeidung einander ähnelnder Gefahren beitrug.« Siehe Hofer: »An Evolutionary Perspective«, S. 36.

33 Die Wirklichkeitsverzerrung, die für die emotionale Krise der Verlassenheit so typisch ist, lässt sich auch auf neurowissenschaftlicher Ebene erklären. Siehe hierzu *Moleküle der Gefühle – Körper, Geist und Emotionen* von Candace B. Pert.

34 Selbstzerstörung ist die Neigung zu Selbstverstümmelung und anderen Formen des Selbstmissbrauchs. Siehe Van der Kolk, McFarlane und Weisaeth in *Traumatic Stress*, S. 189.

35 Viele Suchtkranke, einschließlich der Heroinsüchtigen, berichten von traumatischen frühen Erlebnissen des Verlassenwerdens. Wissenschaftler stellten fest, dass bei negativ gestressten Laborratten die Hemmung der Stress-Vokalisierung (weinen, wenn das Kleinkind von seiner Mutter getrennt wird) *besonders* sensibel auf Opiate reagiert. Laut Benton und Brain in »Opiod Mechanisms« (S. 221) lässt sich »aus mehreren Untersuchungsreihen der allgemeine Eindruck gewinnen, dass Opioide einen relativ spezifischen Einfluss auf Trennungs-induzierten Stress bei den besonders Jungen einer Spezies haben, soweit das bisher untersucht wurde«. Siehe auch Wise: »Neurobiology of Craving«; und Ruden und Myalick: *The Craving Brain*. (Siehe auch Anmerkungen 29 und 71).

36 Siehe Van der Kolk, McFarlane und Weisaeth: *Traumatic Stress*, S. 217.

37 Meiner Ansicht nach hat die natürliche Auswahl in der Evolution unserer Art das Verlassenwerden beziehungsweise die Trennung als Bedrohung unserer menschlichen Existenz wahrgenommen. Genau dieselbe Ausstattung, die es uns ermöglicht, automatisch (autonom) auf andere Arten von Gefahren zu reagieren, scheint bei dem Bedürfnis zum Einsatz zu kommen, jene menschlichen Bindungen aufrechtzuerhalten, von denen einerseits unser frühestes Überleben abhängt und durch die unsere Art andererseits in der Lage ist, sich fortzupflanzen. Wenn diese Bindungen bedroht werden, reagieren wir darauf nach einer festen Konditionierung. Unser emotionales Gehirn warnt uns automatisch vor jeder wahrgenommenen Bedrohung für unsere Primärbeziehungen. Es bestraft uns mit Angst, wenn wir zulassen, dass unsere Bindungen zerbrechen oder aufgelöst werden, und es belohnt uns (mit endogenen Opiaten), wenn wir in der Lage sind, stabile lebensverbessernde Bindungen aufrechtzuerhalten. Die ganze Reihe weit reichender Reaktionen, deren Zustand wir posttraumatische Stressstörung (PTSD) nennen, stellt eine frühe Konditionierung dar – die Fähigkeit des Organismus, aus Erfahrungen zu lernen. Mit Hilfe dieses Vorgangs eignen wir uns die

Annäherungs- und Vermeidungs-Mechanismen an, die wir für unser Überleben als notwendig erachten. Was das Verlassenwerden angeht, so schützt der Organismus mit Hilfe der alles durchdringenden Ängste und Hemmungen, die wir posttraumatisch erleben, unsere menschlichen Bindungen, die die Infrastruktur des Überlebens der Spezies Mensch verkörpern. Natürlich ist das Verlassenwerden nur eine einzige von vielen möglichen Bedrohungen des Überlebens. Es gibt auch Schlangen, Feinde, den Sturz von einer Klippe – sie alle werden von der Neuroanatomie der Konditionierung verarbeitet und führen manchmal zu extremen »konditionierten Reaktionen« (die wir mühelos als Symptome von PTSD) identifizieren; aber die »Angst vor dem Verlassenwerden« ist ein natürlicher Zustand nach Trennungserfahrungen und bildet die Basis einer emotionalen Reaktivität, eine Art emotionale Plattform, die für jeden Menschen einzigartig ist und die durch nachfolgende Ereignisse – Grizzlybären, Autounfälle, Vergewaltigungen, der Verlust der Eltern oder späterer Bindungen – immer tiefer verwurzelt wird. Mit anderen Worten: Frühe Trennungsängste sind tonangebend für künftige Erfahrungen.

38 Die These, dass emotionale Erfahrungen das Gehirn formen, wird in der Neurowissenschaft intensiv untersucht. Sie befindet sich aber immer noch in der theoretischen Phase. Wissenschaftler stellten fest, dass Kindheitserfahrungen dazu beitragen, die Struktur des reifenden Gehirns eines Kindes zu formen. Ratten, die einmal von ihren Müttern getrennt wurden, sind beim zweiten Mal ängstlicher. Die Trennung beeinflusst die Entwicklung des Gehirns und der Biochemie der Ratte. Während des Trennungstraumas produziert der Körper Cortisol, ein Stresshormon, das bekanntermaßen die Menge der Wachstumshormone verringert. Man nimmt an, dass dies zu einem langsameren Wachstum jener wichtigen Gehirnverbindungen führt, die zur Regulierung von Erfahrungen beitragen (Kortikolimbische Schaltkreise). In einer späteren Phase der Kindheit werden die Verbindungen zum Vagusnerv beeinträchtigt – einem Teil des Gehirns, der den Körper auf die Flucht-oder-Kampf-Reaktion einstimmt. Das führt zu einer hohen Reaktivität des Gehirns und zu Angststörungen, die in der Jugend oder im Erwachsenenleben auftauchen. Man weiß, dass Stress auch die Lernprozesse beeinträchtigt. Das sollte Eltern und anderen Erwachsenen eigentlich zu erkennen geben, wie wichtig es ist, die Auswirkungen des Verlassenwerdens bei Kindern zu lindern. Eine umfassende Analyse findet sich in Schore, Allan: *Affect Regulation* und in Madden, John (Hrsg.): *Neurobiology of Learning, Emotional and Affect*, 1991. Eine Übersicht bietet Marano, Hara Estroff: »Depression – Beyond Serotonin« in *Psychology Today*, Vol. 32 (April 1999), S. 30–76.

39 Die Arbeit von Joseph LeDoux über den Mandelkern und das limbische System könnten unser Verständnis der menschlichen Erfahrung neu formen. Siehe *Das Netz der Gefühle* von Joseph LeDoux, 1996. Jerome Kagan be-

schreibt in *Galen's Prophecy*, S. 100–107, die Projektionen des zentralen Nukleus des Mandelkerns auf andere Ziele.

40 Die beste Lektüre zu den klassischen bedingten Reflexen ist der Originaltext von Ivan Pawlow: *Die bedingten Reflexe* (1922). Eine Diskussion darüber, wie die Immunreaktion auf pawlowsche Weise konditioniert werden kann, findet sich in Maier, Watkins und Fletcher: »Psychoneuroimmunology«, S. 1007. Lesen Sie auch den Artikel über den Placeboeffekt, der nach einem pawlowschen Konditionierungsmodell funktioniert, in Blakeslee, Sandra: »Placebo Prove So Powerful Even Experts are Surprised« in der *New York Times*, Science Times Section, vom 13. Oktober 1998.

41 Aus meiner Sicht gehören Trennungsstress und die Angst vor dem Verlassenwerden zu den häufigsten Ursachen der frühen, vom Mandelkern angetriebenen emotionalen Konditionierung (siehe Anmerkung 44). Die intensiven emotionalen Gefühle, die mit dem Verlassenwerden einhergehen, sind ein »ganz eigenes Gefühl«. Panksepp glaubt, dass am Trennungsstress spezielle neurobiologische Systeme beteiligt sind, was zu ausgeprägten emotionalen Reaktionen führt (obwohl ein Großteil der Neurochemie auch bei anderen emotionalen Zuständen zum Einsatz kommt). Siehe Panksepp: *Advances in Biological Psychiatry*, S. 269.

Ich konnte beobachten, dass die Aktivierung dieses emotionalen Zustands keine außergewöhnlichen Umstände erfordert; ganz im Gegenteil, die »Angst vor dem Verlassenwerden« ist eine universell menschliche Erfahrung; sie scheint sich selbst in den ereignislosesten Kleinkind-Bezugsperson-Beziehungen als natürliche Folge der Abhängigkeit des Kleinkindes von einer lebenserhaltenden Quelle zu entwickeln. Die Universalität dieser Reaktion lässt vermuten, dass Verlassenwerden/Trennung eine der primären Vermeidungskonditionierungen ist, für die das emotionale Gehirn ausgerüstet ist. Aus diesem Grund haben die Arbeiten von LeDoux und Van der Kolk auf ihren jeweiligen Gebieten viel zum Thema Verlassenheit beizutragen und können uns zu der Einsicht verhelfen, warum diese universellen Erfahrungen auf unsere frühesten Ängste hören und eine echte emotionale Krise darstellen, die schwer genug ist, um (zumindest vorübergehend) einigen der schlimmsten Formen psychiatrischer Fehlfunktionen zu ähneln, beispielsweise Psychosen und schweren Depressionen.

42 Baumeister und Leary vertreten die Ansicht, dass es eine Verbindung zwischen der Todesangst und unserer Furcht vor Einsamkeit beziehungsweise unseren Trennungsängsten gibt. Das würde auch die Intensität der Angst vor dem Verlassenwerden erklären. Siehe Baumeister und Leary: »Need to Belong«, S. 507. (Siehe auch Anmerkung 46.)

43 Auch in Sachen Ammonshorn bin ich Jospeh LeDoux und seinem Buch *Im Netz der Gefühle* zu Dank verpflichtet.

44 LeDoux erklärt, dass »der Mandelkern zwar primitive Informationen spei-

chert, wir ihn aber nicht als einzige Lernzentrale betrachten sollten; der Aufbau von Erinnerungen ist eine Funktion des gesamten Netzwerkes«. Siehe »Emotion, Memory, and the Brain«, S. 56. Antonio Damasio warnt ebenfalls vor einer übersimplifizierten oder mechanistischen Sicht des menschlichen Geistes und fordert uns auf, die dynamische Interaktion der Vielschichtigkeit unserer Erfahrungen – neurologisch und unter Umweltaspekten – schätzen zu lernen. Siehe auch *Descartes Irrtum – Fühlen, Denken und das menschliche Gehirn* von Antonio Damasio.

45 Herbert Weiner schreibt: »Eine Trennung … kann für Erwachsene besonders quälend sein, wenn diese einen Kindheitsverlust wiederholt … Die Patienten, die zu schweren depressiven Störungen (über genetische Faktoren hinaus) neigen, haben meist eine Trennung von der Mutter (nicht vom Vater) vor dem siebzehnten Lebensjahr erlebt. Siehe Weiner: *Perturbing the Organism*, S. 75. Gute Einblicke in diese Art von Verlust finden sich auch in *Töchter ohne Mütter – Vom Verlust der Geborgenheit* von Hope Edelman.

46 Jerome Kagan erklärt in seinen Ausführungen über gehemmte und ungehemmte Kinder, dass es prädisponierende Faktoren gibt, die zu einer Ausbildung umfassender Ängste auf stimulierende Ereignisse beitragen. Siehe Kagan: *Galen's Prophecy*, Sp. 217–219. (Siehe auch Anmerkung 47.)

47 William McKinney weist darauf hin, dass eine Trennung die selben Symptome aufweisen kann wie eine »endogene« Depression und auch auf dieselben Medikamente anspricht. Insbesondere Substanzen, die auf bestimmte Neurotransmittersysteme wirken, interagieren bei einer Trennung. Siehe McKinney »Separation and Depression«, S. 213. Ein Vergleich der Wirksamkeit von Antidepressiva und Psychotherapien findet sich in *The Antidepressant Era* von David Healy. (Siehe auch Anmerkung 48.)

48 Im Augenblick zu bleiben ist eine schmerzstillende und lebensverbessernde Technik – sie wurde mir von Zachary Studenroth während eines persönlichen Dialogs nahe gebracht. Wenn Sie bei dieser Übung zusätzliche Hilfe möchten, so finden Sie viele hervorragende Bücher; siehe auch *Heilsame Umwege – Meditative Achtsamkeit und Gesundheit* von Jon Kabat-Zinn.

49 Wenn Sie den Augenblick intensivieren und all Ihre Sinne aktivieren wollen, dann lesen Sie *…und plötzlich war es still* von Hannah Merker oder *Die schöne Macht der Sinne* von Diane Ackerman. Wenn Sie Ihr Bewusstsein für die Welt, in der wir leben, schärfen wollen, lesen Sie Michael Pollans *Second Nature* oder auch *Das tibetische Buch vom Leben und Sterben* von Sogyal Rinpoche.

50 Dass einige der besten Heiler jene Menschen sind, die selbst ein Trauma durchlitten haben, stammt aus einem Gespräch mit Peter Yelton.

Rückzug

51 Jaak Panksepp erklärt, dass die »wichtigsten Charakteristika einer Betäubungs-
mittelsucht, nämlich die Ausbildung von Abhängigkeit, Toleranz und Entzug«
verblüffend den Charakteristika der sozialen Bindung ähneln, »insbesondere
den Gefühlen von Anhänglichkeit, Entfremdung/Entwöhnung und Trennungsstress, die aus dem Bruch sozialer Bindungen entstehen.« Siehe Panksepp, Nelson, Bekkedel: »Brain Systems for the Mediation of Separation Distress and Social Reward« in *Annals of the New York Academy of Sciences* 807
(1997), S. 82. Im Hinblick auf den Trennungsstress erklärt er: »Keine andere
Verhaltensweise wird so stark und kontinuierlich von einer niedrigen Dosis an
opiat-rezeptiven Agonisten modifiziert«. Siehe Panksepp, Siviy und Normansell: »Brain Opioids«, S. 6. Myron Hofers Untersuchungen drehen sich um die
Wirkung der Trauer auf das Opiatnetzwerk des denkenden Gehirns. Ratten,
die einer Stresssituation ausgesetzt werden, schreien, wenn man sie völlig isoliert. Sobald die Mutter die Schreie hört, eilt sie zum Käfig, leckt ihr Junges und
die Vokalisierung des negativen Stresses endet. Aber wenn der kleinen Ratte
ein Opioidblocker (Naxalone) injiziert wird, hört das Schreien auch durch das
Ablecken nicht auf. Das Opiat, das durch das Lecken abgesondert wird, nicht
das Lecken an sich, senkt das Ausmaß des Stresses. Siehe Hofer: »Hidden Regulators«, S. 23. Siehe auch Benton und Brain: »Opioid Mechanism«.

52 Baumeister deutet an, dass Trauer häufig die Form einer besonders schweren
Depression annimmt, »... nicht [nur] als Reaktion auf den Verlust eines
Menschen, sondern als Reaktion auf den Verlust der *engen Bindung* zu einem
anderen Menschen«. Siehe Baumeister und Leary: »Need to Belong«.

53 Untersuchungen, die diesen Punkt unterstreichen, finden sich in Vormbrock, Julia K.: »Attachment Theory as Applied to Wartime and Job-Related Marital Separation« in *Psychological Bulletin* 114 (1993), S. 122–144.

54 Ein Großteil dieser Ausführungen basiert auf den Lehren von Richard Robertiello, dem Psychoanalytiker und Autor. Siehe Robertiello: *Hold Them Very
Close and Then Let Them Go.*

55 Myron Hofer erklärt, dass eine wichtige Beziehung dazu beitragen kann,
viele verborgene psychologisch und physiologische Faktoren zu regulieren.
Diese »verborgenen Regulatoren« werden im Gedächtnis als »mentale Dar-
stellungen« gespeichert, die »ursprünglich auf frühen Kindheitsinteraktio-
nen aufbauten, welche einen regulativen Einfluss auf das Funktionieren des
gesamten Systems innehatten.« Hofer: »Hidden Regulators«, S. 222.

56 Eine faszinierende Ausführung über das Rätsel, warum Stress zu einer Zunahme und/oder Abnahme des Appetits führt, findet sich in *Warum Zebras
keine Migräne kriegen* von Robert Sapolsky. Siehe auch den Abschnitt über
»Gewichtsverlust« im Kapitel »Rückzug« in diesem Buch.

57 Eine verständliche Erklärung der komplementären Zweige des autonomen

Nervensystems, zu dem der Sympathikus und der Parasympathikus gehören, findet sich in Ornstein, Robert und Thompson, Richard F.: *Unser Gehirn – das lebendige Labyrinth*; sowie in Restak, Richard M.: *Brainscapes – An Introduction to What Neuroscience has Learned about the Structure, Function and Abilitys of the Brain.*

58 Siehe Winnecot, Donald W.: »The Capacity to be Alone« in *The Maturational Processes and the Facilitating Environment.*

59 Der Begriff der »unfreiwilligen Trennung« stammt aus dem Buch *Human Attachment* von Virginia Colin (S. 294).

60 Der Ausdruck »Wille zum Aufruhr« begegnete mir bei meinem Bruder, dem Bewusstheitsberater Dexter Griffith Jr.

61 Das Verlassenwerden ähnelt dem Zustand der »erlernten Hilflosigkeit«, über den bereits ausführlich geforscht wurde. Tiere, die man unkontrollierbaren Stressoren aussetzte, haben Probleme damit, anschließend mit anderen Aufgaben zurechtzukommen, beispielsweise mit dem Konkurrenzkampf um Nahrung. Diese Merkmale teilen sie mit Menschen, die in ihrem Leben Stress ausgesetzt wurden, weil sie »kein Gefühl der Kontrolle« hatten. Siehe Sapolsky: *Warum Zebras keine Migräne kriegen*; und Seligman, Martin: *Erlernte Hilflosigkeit.*

62 Jaak Panksepp spekuliert über die künftigen psychiatrischen Medikationen für den Zustand der Einsamkeit, der von »Verlust-induzierter Depression bis hin zur Verzweiflung über die alltägliche Einsamkeit« reicht. Er glaubt, dass die »Entwicklung eines oral wirksamen Ligand (einem neurochemischen Stoff, der sich an neuronale Rezeptoren bindet) für Ocytocin-Rezeptoren im Gehirn (die mit den sozialen Bindungen in Zusammenhang stehen) Einsamkeit und andere Formen von Trennungsstress nachhaltig mindern kann, ebenso wie Opiate, aber ohne deren klinisch problematische, weil Sucht erzeugende Eigenschaften«. Siehe Panksepp, Nelson und Bekkedal: »Brain Systems«, S. 85.

63 Lesen Sie zu den Veränderungen in den Sexualhormonen in Zusammenhang mit Stress auch *Warum Zebras keine Migräne kriegen* von Robert Sapolsky (Kapitel 7: Sexualität und Fortpflanzung).

64 ACTH (das adrenokortikotrope Hormon), das unter Stress produziert wird, agiert nachweislich als endogener Antagonist für Opioide (das heißt, dass es die Wirkung der Opioide blockiert). Das ist interessant, wenn man bedenkt, dass Opiate wie Heroin, Morphium und Methadon bekanntermaßen die Libido senken, die Ejakulation hemmen und zu Impotenz bei Männern führen. Das könnte auch erklären, warum der Stress, der bei einer Verlassenheitskrise auftritt (zusammen mit erhöhten Mengen an ACTH), den endogenen Betäubungseffekt mindert und dadurch größeres sexuelles Verlangen auslöst. Siehe dazu Serra, Collu und Gessa: »Endorphins and Sexual Behavior« in *Endorphins, Opiates and Behavioral Processes.*

65 Trotz der allgemeinen sexuellen Abstinenz bei Verlassenheitsüberlebenden

berichtet eine Reihe von Betroffenen von dem Wunsch, oralen Sex an ihren ehemaligen Partnern durchzuführen. Plötzlich allein zu sein ist eine so große emotionale Krise, dass Mandelkern-bezogene emotionale Erinnerungen geweckt werden, wodurch die Betroffenen einige ihrer frühesten Instinkte neu erleben, wozu auch der Saugreflex gehören kann. Das Saugen des Säuglings aktiviert Zunge, Lippen und den Innenrand der Mundhöhle – alles höchst taktile Bereiche. Der Saugreflex ist angeboren und bei allen Menschen gleich. Er bietet dem Neugeborenen Nahrung und initiiert die Bindung zwischen dem Baby und seiner Bezugsperson. Das Neugeborene saugt an der Brust der Mutter, und sie wiederum spürt die Erleichterung in ihrer geschwollenen Brust und die angenehme Stimulation, die diese Erfahrung hervorruft. Es ist ein herrliches Einssein, nach dem wir uns unser ganzes Leben lang sehnen, und das uns am meisten fehlt, wenn wir uns in der Rückzugsphase der Verlassenheit befinden. Die Komponente der sexuellen oralen Fantasie ist nur ein Aspekt des größeren Themas des körperlichen Rückzugs. Der Saugreflex ist angeboren, wie Smotherman und Robinson darlegen: »Development of Behavior«, S. 425–434. Siehe auch Wolff, P. H.: »The Serial Organization of Sucking in the Young Infant« in *Pediatrics* 42 (1968), S. 943–956.

66 Sapolsky erklärt die Wirkung der Stresshormone auf den Appetit und den Gewichtsverlust in *Warum Zebras keine Migräne kriegen*. Herbert Weiner spricht von der »rhythmischen Freisetzung von Kortikosteroiden bei Menschen … mit fünf bis sieben Ausschüttungen von Cortisol (Stresshormon) innerhalb von 24 Stunden«. Er erklärt, dass »Kortikosteroide im Zuge bestimmter Erfahrungen freigesetzt werden, häufig in lebensbedrohlichen Situationen (oder der Wahrnehmung einer solchen Bedrohung, wie beispielsweise im Fall des Verlassenwerdens), aber auch bei Laborversuchen, bei denen ein unvorhersehbarer oder unkontrollierbarer elektrischer Schlag (analog zu dem Schmerz der Verlassenheit) unausweichlich ist. Siehe Weiner: *Perturbing the Organism*, S. 207. Verlassenheitsüberlebende berichten häufig von dem Gefühl, »keine Kontrolle zu haben«, und dem Gefühl der »unausweichlichen Verwüstung« (siehe Anmerkung 84).

67 Siehe Kübler-Ross, Elisabeth: *Interviews mit Sterbenden*; Bowlby, John: *Verlust, Trauer und Depression*; Ainsworth, Mary: »Attachments and Other Affectional Bonds Across the Life Cycle« in *Attachments Across the Life Cycle*; sowie Colin, Virginia A.: *Human Attachment*.

68 John Bowlby, a.a.O.

69 Jerome Kagan ist der Ansicht, dass die Hypervigilanz infolge des Neurotransmitters Noradrenalin (NE) entsteht, »dessen Rolle es ist, die neuralen Hintergrundaktivitäten in den sensorischen Bereichen des Kortex zu hemmen, damit die Signal-zu-Geräusch-Rate erhöht wird, falls ein Stimulus [ein Reiz] auftritt, und die sensorischen Neuronen wahrscheinlicher auf [die Bedro-

hung] reagieren. Siehe Kagan: *Galen's Prophecy*, S. 52. (Siehe auch Anmerkung 38.)

70 Hervorragende Ausführungen des Angstzustandes der Hypervigilanz finden sich sowohl in *Warum Zebras keine Migräne kriegen* von Robert Sapolsky als auch in *Emotionale Intelligenz* von Daniel Goleman.

71 Siehe hierzu *Moleküle der Gefühle* von Candace Pert.

72 Laut Myron Hofer ist die Trauer auf den Verlust und den Entzug einer Reihe von »körperlichen und zeitlichen Interak-tionen« mit dem verlorenen Liebesobjekt zurückzuführen, einschließlich dem Verlust des »mentalen Bildes dieser Person«. Er unterstreicht die Intensität des Trauervorgangs und erklärt, dass es »mehrere kognitive und körperliche Veränderungen bei der Trauer gibt, die jenen verblüffend ähneln, welche bei akuter sensorischer Deprivation auftreten«. Siehe Hofer: »Hidden Regulators«, S. 222.

73 Menschen, die verlassen wurden, erzählen von Träumen voller Wunschdenken, bei denen die verlorenen Partner zurückkehren, es aber im Zusammenhang mit dem Verlassenwerden auch eine ungeheure Vielzahl anderer intensiver Gefühle gibt (Furcht, Verlust, Trauer, sexuelle Erregung, emotionale Sehnsucht, das Gefühl drohenden Unheils, Panik) – die alle in der bizarren Handlung des Traumdrehbuchs ausgespielt werden. Intensive Forschungen am Gehirn während der REM-Schlafphase bieten hierzu neurobiologische Aufklärung. Allan Hobson erläutert ein EKG-Muster namens »PGO-Wellen« (Pontogentikulo-occipitale Wellen), bei dem regelrechte Salven durch verschiedene Bereiche des Gehirns ausgesendet und visuelle und motorische Bereiche stimuliert werden, was zu den typischen Halluzinationen des Traumzustandes führt. Die PGO-Wellen schießen auch durch das Mandelkern-zentrierte limbische System und führen zu hoher emotionaler Intensität des Trauminhalts (einschließlich Furcht). Die Forschung scheint die Annahme der »Traumtransparenz« zu bestätigen, und untermauert somit die Traumtheorien von Carl Gustav Jung, demzufolge Träume Erinnerungen, Gedanken und Gefühle reflektieren, die in den Gedächtnisspeichern lagern, und diese sortieren und abrufen, um einen Bezug zu gegenwärtigen Erfahrungen (das heißt zum Verlassenwerden) herzustellen. Siehe Hobson, Allan J.: *Schlaf – Gehirnaktivität im Ruhezustand*.

74 Dieser Punkt wird von Robert Gossette unterstrichen, der mich auf viele wichtige Quellen bezüglich des Parasympathikus aufmerksam machte, aber auch auf andere psychobiologische Systeme, die in meinem Buch erwähnt werden. Wenn Sie daran interessiert sind, lesen Sie Gossette, Robert L. und O'Brien, Richard M.: »The Efficacy of Rational Emotive Therapy in Adults – Clinical Fact or Psychometric Artifact?« in *Journal of Behavior Therapy and Experimental Psychiatry* 23, Nr. 1 (1992), S. 9–24.

75 Die Behauptung, dass der Rückzug ein posttraumatischer Zustand ist, impliziert, dass der Rückzug *nach* (post) dem ursprünglichen Trauma auftritt. Die

Symptomerscheinungen finden sich in Van der Kolk, McFarlane und Weiseath: *Traumatic Stress*. Weitere Erläuterungen bietet Daniel Goleman in *Emotionale Intelligenz* in einer herausragenden Synthese der Posttraumata. Er führt den langen Erregungszustand des Sympathikus (wie er beispielsweise während der Rückzugsphase nach dem Verlassenwerden auftritt) auf eine Deregulation des limbischen Systems zurück.

76 Eine ausführliche Erläuterung der Wirkung lang anhaltender Stresssituationen findet sich in Robert Sapolskys *Warum Zebras keine Migräne kriegen* und in *Emotionale Intelligenz* von Daniel Goleman.

77 Hofer beschreibt die »verborgenen regulativen Interaktionen«, die von Kleinkindern als Synchronizität, Reziprozität und Wärme (beziehungsweise als Dissonanz oder Frustration) wahrgenommen werden. Diese dauerhaften regulativen Prozesse stellen das »innere Arbeitsmodell« unserer Bindungen an andere dar und sind verantwortlich dafür, dass wir als Reaktion auf einen Verlust dazu neigen, »zu protestieren und zu verzweifeln«. Siehe Hofer: »Hidden Regulators«. Nathan Fox stellte fest, dass sich Kinder in ihrem Lächeln und ihrer Pulsrate auf ihre Eltern einstimmen. Siehe Fox, Nathan A.: »Behavioral Antecedents of Attachment in High-Risk Infants« in *The Psychobiology of Attachment and Separation*, S. 401. Tiffany Field zeigte, dass Kinder sich in ähnlicher Weise aufeinander einstimmen, nachdem sie sich einer Altersgruppe angeschlossen haben (Kindergarten). Ihre Kreislaufrhythmen laufen allmählich synchron, wenn sie zusammen spielen. An den Wochenenden ähneln die Kreislaufrhythmen mehr denen ihrer Eltern. Ebenso entwickeln Liebende konkordante Muster der Interaktion – ihre Pupillen weiten sich (die Folge einer autonomen Erregung), und ihre Sprachmuster werden ebenfalls ähnlich. Partner schaffen mit der Zeit eine gegenseitigen Einstimmung. Diese Einstimmungen im Verhalten und im physiologischen Bereich halten die Stimulations- und die Erregungsmodulation aufrecht – sie schaffen ein Gleichgewicht der Vertrautheit und Intimität. Siehe Field, Tiffany: »Attachment as Psychobiological Attunement – Being on the Same Wavelength« in *The Psychobiology of Attachment and Separation*, S. 445–448.

78 Siehe Kodis, Michele, Moran, David T. und Berliner, David: *Love Scents – How Your Pheromones Influence Your Relationships, Your Moods, and Who You Love*; sowie Monti-Bloch, L. und Grosser, B. I.: »Effect of Putative Pheromones on the Electrical Activity of the Human Vomeronasal Organ and Alfactory Epithilium« in *Journal of Steroid Biochemistry and Molecular Biology* 1001, 39, Nr. 48 (1991), S. 537–582.

79 Viele Wissenschaftler sind sich in diesem Punkt uneins. Laut Hofer zeigen Tierversuche, dass es für jede Reaktion auf eine Trennung den Verlust einer spezifischen Komponente in der Beziehung zwischen Rattenkind und Muttertier gibt. Mit anderen Worten, die Mutter/Kind-Interaktion »reguliert eine ganze Reihe von Systemen«. Siehe Hofer: »Hidden Regulators«, S. 209.

Jaak Panksepp erklärt, dass »ausgeprägte Neuralsysteme den Trennungsstress zu lindern scheinen«. Siehe Panksepp: *Biological Psychiatry*, S. 269. Herbert Weiner stellt die These auf, dass jeder Zielbereich – Muskeln, Lungen, Herz, Haut, Eingeweide – von lokalen physiologischen Mechanismen kontrolliert wird. Siehe Weiner: *Perturbing the Organism*. Paul McLean meint dagegen, dass das Zuneigungs- beziehungsweise Einstimmungssystem im limbischen Gehirn verankert ist, insbesondere im singulativen Gyrus. Siehe McLean: *The Triune Brain in Evolution*, S. 8.

80 Zum Thema Depression und Noradrenalin (NE) lesen Sie Weiss, Jay M.: »Stress-Induced Depression – Critical Neurochemical and Electrophysiological Changes« in *Neurobiology of Learning, Emotion and Affect*. Darüber hinaus wird das Noradrenalin (und das Adrenalin, das auch Epinephrin heißt), welches während einer Stresssituation freigesetzt wird, vom Opiatsystem (zu dem die Enkaphaline und die Endorphine gehören) gegenreguliert. Siehe Weiner: *Perturbing the Organism*, S. 201.

81 Die Neurotransmitter – chemische Stoffe, die Botschaften zwischen den Zellen des Nervensystems transportieren – sind an einer Depression ebenfalls beteiligt. Drei davon werden am häufigsten mit einer Depression in Zusammenhang gebracht. Noradrenalin (NE) weckt das Selbstverteidigungssystem des Körpers und erhält einen erhöhten Wachsamkeitszustand aufrecht. Subjektiv erleben Sie das als Angst- und Erregungszustand. Noradrenalin wird in Stresssituationen ausgeschüttet und zieht eine angsterfüllte Depression nach sich. Dopamin ist ein Neurotransmitter, der nachweislich das Belohnungs- und Wohlfühlsystem des Gehirns dämpft. Er soll sowohl von Furcht als auch von Trauer beeinflusst werden. Der Neurotransmitter Serotonin wirkt sich auf die Selbstachtung und die Stimmung aus und ist auf Grund oft verschriebener Antidepressiva wie Prozac allgemein bekannt. Die Serotoninmenge hängt mit negativem emotionalem Stress zusammen.

Zusätzliche Informationen zum Thema Depression finden sich in Flach, Frederic F.: *Depression als Lebenschance*; Pert, Candace B.: *Moleküle der Gefühle*; Kramer, Peter D.: *Listening to Prozac*; Sapolsky, Robert: *Warum Zebras keine Migräne kriegen*; Beck, Aaron: *Anxiety Disorders and Phobias*; Healy, David: *The Antidepressant Era* (siehe Anmerkungen 47, 80 und 136). Siehe auch Marano, Hara Estroff: »Depression – Beyond Serotonin« in *Psychology Today*, April 1999, S. 30–76.

82 Die ausführliche Allegorie vom Kind auf dem Felsen findet sich in Anderson, Susan: *Black Swan – The Twelve Lessons of Abandonment Recovery*, Erster Teil: »The Little Girl on the Rock«. Rock Foundations Press, New York 1999.

83 Eine weitere Allegorie, die bei Gefühlen, insbesondere von Furcht und Trauer, extrem hilfreich ist: *Leichtfüßig wie die Hindin* ... von Hannah Hurnard. Antonio Damasio ist der Ansicht, dass Primäremotionen wie beispiels-

weise Furcht, Verlustgefühle und ähnliche vom Mandelkern gelenkt werden, wohingegen Sekundäremotionen wie Bedauern, Eifersucht etcetera die Mitwirkung der präfrontalen und somatosenorischen Hirnrinden erfordert. Siehe *Descartes Irrtum – Fühlen, Denken und das menschliche Gehirn* von Antonio Damasio. Wenn Sie den Ursprung der Gefühle verstehen wollen, lesen Sie *Das Netz der Gefühle – Wie Emotionen entstehen* von Joseph LeDoux.

84 Eine Erklärung der frühen unsicheren Bindungen findet sich in Virginia Colins Arbeit. Sie weist darauf hin, dass Kindheitsverluste die erwachsene Trauer verschlimmern. In einer Studie wurde eine Kontrollgruppe von Erwachsenen, von denen jeder eine Trennung durchlebte, mit Versuchspersonen verglichen, deren Kindheit angstbesetzte Bindungen an ihre Bezugspersonen widerspiegelt. Die Kontrollgruppe litt in der Zeit ihres Verlustes weniger an negativem Stress. Laut Colin kann eine Trennung, ein Verlust oder die Drohung des Verlassenwerdens in der Kindheit Jahre später mit zunehmender Angst und Depressionen in Verbindung gebracht werden (als beispielsweise in einem Fall der Ehemann einer erwachsenen Frau starb). Wenn eine Ratte in den ersten Wochen umsorgt wird, produziert sie als erwachsene Ratte nachweislich weniger Glukokortikoide, die mit Angst und Depression zusammenhängen. (Zufällig konnte man ebenfalls nachweisen, dass Optimisten bei Stress weniger Glukokortikoide produzieren.) Siehe Myron Hofer und Robert Sapolsky in ihren bereits genannten Werken. Forscher warnen jedoch davor, Vorläufer der frühen Kindheit in allzu deterministischer Weise zu betrachten. Colin weist darauf hin, dass die Beziehung zu den Eltern (eine wichtige Konfiguration in der Bindungstheorie) nicht für den einzigen Faktor gehalten wird, der einen Einfluss auf das sich im Kind herausbildende Modell vom Selbst und anderen ausübt. Siehe Colin: *Human Attachment*, S. 302, 338. Michael Lewis behauptet, dass es nicht der isolierte Faktor des Verlustes der Mutter ist, der später zu Störungen führt, sondern der Umstand, ob der Verlust der Mutter den Verlust eines bedeutenden sozialen Kontaktes darstellt. Er erklärt: »Kinder besitzen keine Vorlieben für eine soziale Form … Wenn mutterlose Affen gemeinsam aufgezogen werden, … geht es ihnen prächtig.« Siehe Lewis: *Altering Fate – Why the Past Does Not Predict the Future*, S. 144–149. Wenn Sie mehr über Bindungen erfahren wollen, lesen Sie Spitz, Renee A.: »Hospitalism – An Inquiry into the Genesis of Psychiatric Conditions in Early Childhood« in *Psychoanalytic Studies of the Child*, 1 (1945); Ainsworth Mary D. S.: »Infant-Mother Attachment« in *American Psychologist* 43 (1979); Vormbrock »Attachment Theory« in *Psychologicial Bulletin*, S. 122–144; Parkes, C. M. und Stevenson-Hinde, J.: *The Place of Attachment in Human Behavior*. Eine Übersicht über dieses Thema findet sich in Talbot, Margaret: »Attachment Theory – The Ultimate Experiment« im *New York Times Magazine* vom 24. Mai 1998, S. 24–54. Eine alternative Sichtweise bietet Judith Harris in *Ist Erziehung sinnlos?*; eine Übersicht über

das Pro und Contra der Bindungstheorie zeigt Malcolm Gladwell auf: »Do Parents Matter?« in *The New Yorker*, vom 17. August 1998, S. 54–64.

85 Kagan erforscht in *Galen's Prophecy* die Faktoren, die zu »gehemmten« und »ungehemmten« Kindern führen. Allan Schore wartet mit einem interessanten theoretischen Kontext auf: Das menschliche Gehirn entwickelt kortikolimbische Schaltkreise als Ergebnis der Erfahrungen zwischen Kind und Bezugsperson. Siehe Schore: *Affect Regulation*. (Siehe auch Anmerkung 46.)

86 Siehe Hofer: »An Evolutionary Perspective«, S. 32.

87 Ein Bericht über Tierkinder, die man früh von ihren Müttern trennte, findet sich in McKinney: »Separation and Depression«. (Siehe auch Anmerkung 45, 46 und 94.)

88 Ein guter Überblick über den Forschungsstand zur Erinnerung findet sich in Hall, Stephen S.: »Our Memories, Our Selves« in *The New York Times Magazine* vom 15. Februar 1998. Siehe auch LeDoux: *Emotion, Memory, and the Brain*. Richard Restak klärt die zentrale Rolle, die das Ammonshorn bei der Erinnerung spielt. Er sagt, dass Fasern von allen vier Hirnlappen im Bereich des Ammonshorns zusammenlaufen (dem Bereich, der als »Relaisstation der Erinnerung« gilt). Siehe Restak: *Brainscapes*, S. 14.

89 Ausführliche Forschungsberichte finden sich in Kandel, Eric: *Essentials of Neural Science and Behavior*. Siehe auch Sapolsky, *Warum Zebras keine Migräne kriegen*; LeDoux, *Das Netz der Gefühle*; und LeDoux, *Emotion, Memory, and the Brain*.

90 Studien zur Wirkung von »wiederholten Trennungen« bei Tierkindern zeigten, dass »ACTH die Auslöschung einer zuvor verstärkten Verhaltensweise verzögern kann, wohingegen Cortisol die Auslösung und das Neulernen erleichtern«. Siehe Coe, Christopher et al: »Endocrine and Immune Response to Separation and Maternal Loss in Nonhuman Primates« in *The Psychobiology of Attachment and Separation*, S. 178.

91 Siehe Koman, Aleta: *How to Mend a Broken Heart*, S. 93–125.

92 Lesen Sie unbedingt das Buch, aus dem diese Übung stammt: *Big You, Little You, Separation Therapy* von Grace Elish Kirsten und Richard C. Robertiello. Sie finden darin eine Schritt-für-Schritt-Anleitung zur Meisterung dieser therapeutischen Technik.

93 Bei Susan Vaughan heißt es: »Wenn wir lernen, … bilden wir neue Pfade, indem wir unsere bereits bestehenden neuralen Bäume verästeln, neue Knospen sprießen lassen (Dendriten), die zu neuen neuronalen Verbindungen führen. … Das Training des Gehirns (abweichende Gehirnstrukturen neu schreiben) erfordert Zeit und die Wiederholung nützlicher Übungen.« Um ihre Hypothese zu untermauern, zitiert sie Forschungsergebnisse, die zeigen, dass ein äußeres Ereignis die innere Gehirnfunktion verändern kann. In einer Studie wurden operativ zwei Affenfinger miteinander verbunden, damit beide zusammen wie ein Finger agierten. »Solange die Finger getrennt

waren, verkörperten getrennte Bereiche des Kortex jeden Finger. Nach der Operation hatten die kortikalen Bereiche des dritten und vierten Fingers alle Grenzen gelöscht und verschmolzen zu einem Bereich ...« Siehe Vaughan: *The Talking Cure*, S. 69–71. Das unterstützt die Idee, dass wir in der Tat die Gehirnfunktion und -struktur verändern und vielleicht sogar neue neuronale Verbindungen wachsen lassen können, wenn wir uns täglich an eine feste Abfolge von Übungen halten.

Verinnerlichung der Zurückweisung

94 Darwin vertrat die Ansicht, dass die Trauer eines erwachsenen Menschen viel gemeinsam hat mit der Trauer, die andere Spezies aufweisen. Ausführliche Forschungen im Tierreich unterstützten diese Behauptung. Die Symptome eines schmerzlichen Verlustes, die ein Erwachsener an den Tag legt, ähneln jenen, die nach der Trennung nichtmenschlicher (aber auch menschlicher) Kleinkinder von Bindungspersonen auftreten. Zu diesen Symptomen gehören gesellschaftlicher Rückzug, Traurigkeit, verringerte Nahrungsaufnahme und Schlafstörungen. Die Forscher David Benton und Paul Brain erklären, dass Trennungsstress und Entzug von einem Bindungsobjekt mit Weinen, Reizbarkeit, Depressionen, Schlaflosigkeit und Anorexie in Verbindung gebracht werden können. Die Ähnlichkeit der Symptome lässt darauf schließen, dass sie typische neurale Mechanismen widerspiegeln (einschließlich der Regulierung durch endogene Opioide). Siehe Benton und Brian: »Opioid Mechanisms.«

95 Eine ausführliche Schilderung findet sich in Kohut, H.: *Die Heilung des Selbst* und in Kernberg, O.: *Borderline-Störungen und pathologischer Narzissmus.* Siehe auch Lewis, Helen Block: *Shame and Guilt.*

96 William McKinney beschreibt zwei häufig beobachtete Reaktionen auf Verluste: Protest und Verzweiflung. Der Protest stellt eine aktive Reaktion dar; das heißt, die Betroffenen weinen und weisen motorische Zurschaustellungen von Trauer auf; die Verzweiflung (die Phase, die auf den Protest folgt) verkörpert dagegen eine ruhige, in sich gekehrte Reaktion, das heißt, die Betroffenen ziehen sich aus der Gesellschaft zurück und werden inaktiv. Siehe McKinney: »Separation and Depression«.

97 Siehe Kübler-Ross, *Interviews mit Sterbenden*; Bowlby, *Verlust, Trauer und Depression*; Ainsworth, *Attachment*; sowie Colin, *Human Attachment.*

98 Zusätzliche Informationen finden sich in Hofer: »Hidden Regulators«; Colin: *Human Attachment*; Vormbrock: »Attachment Theory«, S. 122–144; Weiss, R. S.: *Loneliness – The Experience of Emotional and Social Isolation*; sowie in Weiss, R. S.: *Marital Separation – Managing After a Marriage Ends.*

99 Siehe Anmerkungen 36 und 47.

100 Siehe Anmerkungen 45 und 48.

101 Ausführliche Schilderungen zur Trauerarbeit finden sich in *Attachment and Loss* (Band 1, 2, 3), Basic Books 1982 und in *Verlust, Trauer und Depression*, beide John Bowlby. Lesen Sie auch *Interviews mit Sterbenden* von Elisabeth Kübler-Ross.

103 Lesen Sie hierzu *Mut zur Trennung – Menschliche Verluste, die das Leben sinnvoll machen* von Judith Viorst.

104 Siehe Sogyal Rinpoche: *Das tibetische Buch vom Leben und Sterben*; sowie *When Things Fall Apart* von Pema Chodron.

105 Siehe Kramer: *Listening to Prozac*; sowie Restak, Richard M.: *Receptors*. Interessant ist hierbei, dass der Placebo-Effekt nachweislich zu einer hohen Prozentzahl bei der Verbesserung klinischer Depressionen sorgt. Vergleichende Studien zeigten, dass sich 73 Prozent der Verbesserungen unter Patienten die mit Antidepressiva behandelt wurden, bei Patienten mit Placebos wiederholen ließen. Siehe Kirsch, Irving und Sapirstein, Guy: »Listening to Prozac but Hearing Placebo – A Meta-Analysis of Antidepressant Medication« in *Prevention and Treatment* 1 (1998); sowie Kirsch, Irving: »Reducing Noise and Hearing Placebo More Clearly« in *Prevention and Treatment* 1 (1998). Lesen Sie auch die Erwiderung darauf in Klein D. F.: »Listening to Meta-Analysis But Hearing Bias« in *Prevention and Treatment* (1998). Weitere Informationen zu Placebos finden sich in Blakeslee: »Placebo Prove So Powerful Even Experts ar Surprised«.

106 Die Pavianstudie stammt von Sapolsky, Robert: »Social Subordinance as a Marker of Hypercortisolism« in *Social Subordinance*, S. 634–635.

107 Paviane bauen Stress auf, wenn sie ihren Rang verlieren. Ebd., S. 632.

108 Die Schwierigkeit, die Scham des Verlassenwerdens zu lindern, wird von dem Verlassenheitsguru Peter Yelton hervorgehoben. Jerome Kagan vertritt die Ansicht, dass die Scham auf zwei Faktoren beruht, wobei der eine auftritt, wenn eine Person glaubt, sie hätte keine andere Wahl gehabt, als von den Erwartungen abzuweichen (beispielsweise ihre Beziehung durch Verlassenwerden zu verlieren). Und der zweite Faktor tritt in Erscheinung, wenn andere von der Verletzung erfahren (wenn beispielsweise Freunde die Abwesenheit des Lebenspartners bemerken und die Isolation des Betroffenen erkennen). Laut Kagan steht die Schuld entwicklungsgeschichtlich höher als die Scham, weil sie auf kognitiven Prozessen basiert. Wenn sich Schuld- und Schamgefühle vermischen, schaffen sie den schmerzlichen Zustand der Selbstfolter (wie man sie während der Verinnerlichungsphase des Verlassenheitsprozesses durchlebt). Siehe Kagan: *Die Natur des Kindes*. Siehe auch Michael Lewis: *Scham*; sowie Helen Block Lewis: *Shame and Guilt*. Einen Selbsthilfesatz bietet John Bradshaw in *Wenn Scham krank macht – Ein Ratgeber zur Überwindung von Schamgefühlen*.

109 Siehe Elisabeth Kübler-Ross: *Interviews mit Sterbenden*.

110 Das Zitat stammt aus Balint, Michael: *Therapeutische Aspekte der Regression*.

Balint schreibt über einen »Grundfehler«, den er meistens mit intra-psychischen Begriffen formuliert, der jedoch gleichermaßen in Begriffen der vom Mandelkern initiierten emotionalen Konditionierung beschrieben werden kann wie auch mit Allan Schores Begriff der orbito-frontalen Gehirnentwicklung. (Siehe Anmerkungen 39 und 44.)

111 Siehe Maier, Watkins und Fleshner: »Psychoneuroimmunology« in *American Psychologist*, Vol. 49, S. 1008. Siehe auch Schleifer, S. J. et al: »Suppression of Lymphocyte Stimulation Following Bereavement« in *Journal of the American Medical Association*, Vol. 250, Nr. 3 (1983), S. 374–377.

112 Siehe Eysenck, J. J.: »Anxiety, Learned Helplessness and Cancer« in *Journal of Anxiety Disorders* 1 (1987), S. 87–104.

113 Auch hier ist es wichtig, die physiologischen Faktoren zu beachten, die einen Menschen möglicherweise dafür empfänglich machen, geringe Selbstwertgefühle oder Empfindlichkeit gegenüber Zurückweisung zu entwickeln. Donald Klein postuliert die Existenz psychobiologischer Faktoren, die einen Menschen dazu bringen können, erhöhten Schmerz als Reaktion auf Verluste zu entwickeln. Siehe Klein, Donald: »Anxiety Reconceptualized« in *Anxiety – New Research and Changing Concepts*, S. 159–260. Robert Cloninger ist der Ansicht, dass Menschen, deren Noradrenalinwerte (NE) extrem hoch sind, dazu neigen, von emotionaler Unterstützung und Vertrautheit übermäßig abhängig zu sein und auf gesellschaftliche Hinweise und Erwartungshaltungen verstärkt zu reagieren. Siehe Robert Cloninger: »A Unified Biosocial Theory of Personality and its Role in Personality States« in *Psychiatric Development* 2 (1986), S. 220–226.

114 Hier einige Bücher, die sich mit dem Thema Selbstachtung befassen: Linda Sanford und Mary Ellen Donovan, *Frauen und Selbstachtung*; Nathaniel Branden, *Honoring the Self*; und Stanley Coopersmith, *The Antecedents of Self-Esteem*.

115 Während einer seiner Vorlesungen über die Selbstachtung betonte Sol Gordon, dass das »Bedürfnis nach sofortiger Belohnung« der Schlüssel für eine geringe Selbstachtung ist. Siehe Sol Gordon, *When Living Hurts*.

116 Dieser Punkt wird klar definiert und ausführlich geschildert in Melody Beattie, *Unabhängig sein – Jenseits der Sucht, gebraucht zu werden*; sowie in Charles Whitfield, *Heilen des inneren Kindes – Entdecken und wieder erwecken Sie den Teil in sich, der lebendig, kraftvoll, schöpferisch und erfüllt ist: Ihr wahres Selbst*.

117 Ein wegweisendes Werk zum Thema Veränderung ist *Lösungen – Zur Theorie und Praxis des menschlichen Wandels* von Paul Watzlawick, John Weakland und Richard Risch.

118 Es gibt viele Bücher zum Thema Visualisierung, aber eine hervorragende Grundlage für den Einsatz von Visualisierung, um Erfolge zu erzielen, ist *Das Gesetz des Reichwerdens* von Wallace B. Wattles. Laut Candace Pert erhöht das Visualisieren den Blutstrom zu bestimmten Körperteilen, was den

Sauerstoff- und Nährstoffgehalt erhöht, Toxine herausschwemmt und die Zellen nährt. Siehe Pert, Candace: *Moleküle der Gefühle.*

119 Ein ausgezeichnetes Handbuch für die Entwicklung von Selbstakzeptanz und emotionaler Unabhängigkeit ist *How To Be An Adult* von David Richo.

Wut

120 Das Konzept der konstruktiven Aggression entstammt den Arbeiten von Heinz Hartmann, Autor von »In Search of Self«.

121 Eine aufschlussreiche Synthese, die die Frage von »Verstand« kontra »Gehirn« klärt, bietet Edward Wilson. Er schildert die parallele Verarbeitung einer gewaltigen Anzahl von kodierten Netzwerken und die gleichzeitige innere Kartografierung multipler sensorischer Eindrücke. Wilson fragt, wer oder was innerhalb des Gehirns all diese Aktivitäten überwacht. Seine Antwort lautet: niemand, nichts; die Szenarien werden von keinem anderen Teil des Gehirns beobachtet – sie sind einfach da. Wilson, *Die Einheit des Wissens.*

122 Diese Diskussion basiert auf der hervorragenden Extrapolation der Psychobiologie der Wut in Daniel Goleman, *Emotionale Intelligenz.*

123 Siehe Zillmann, Dolf: »Mental Control of Angry Aggression«, in *Handbook of Mental Control*, S. 373. Siehe auch Tice, Diane und Baumeister, Roy: »Self Induced Emotion Change« in *Handbook of Mental Control*, S. 393–401. Goleman bezieht sich des Öfteren auf Zillmann.

124 Siehe Goleman, *Emotionale Intelligenz.*

125 Siehe LeDoux, »Emotion, Memory, and the Brain.«

126 Dem Buch *Emotionale Intelligenz* von Daniel Goleman entnommen. Laut Antonio Damasio gibt es eine Interdependenz von Emotion und Verstand. Er ist der Ansicht, dass Emotionen ein direktes Erspüren unserer eigenen Körperzustände sind, gewissermaßen eine Verbindung zwischen dem Bewusstsein und den Maßnahmen, die das Überleben des Körpers sichern. Siehe Damasio, *Descartes Irrtum.* Eine Diskussion über den Neokortex und die Frontallappen findet sich auch in Kagan, *Galen's Prophecy.*

127 Die Metapher ist dem Buch *Emotionale Intelligenz* von Daniel Goleman entliehen.

128 Das Bild von der *amor fati* habe ich in dem Buch *Und Nietzsche weinte* von Irvin Yalom gefunden. In seinem Roman erfährt der Held die ultimative Anpassung an das Leben, indem er lernt, sein Schicksal frei zu wählen.

129 Aus dem Buch *Emotionale Intelligenz* von Daniel Goleman.

130 Die Vorteile der Vergebung werden in dem Buch *Love and Betrayal* von John Amodeo und Charles Whitfield ausführlich diskutiert.

131 Hierzu eine interessante, wenn auch wenig begrüßenswerte Information: Laut Sapolsky sinken die Glukokortikoidwerte von Pavianen, wenn es

ihnen möglich ist, ihre Wut an Mitgliedern der Horde auszulassen, die einen niedrigeren Rang einnehmen. Mit anderen Worten, wenn sie wütend sind, tut es ihrer Gesundheit gut, sich gewissermaßen wie ein Schwein zu benehmen. Siehe Sapolsky, *Warum Zebras keine Migräne kriegen*.

132 Die Fähigkeit, getrennt zu sein, wurde mir in persönlichen Gesprächen mit dem Psychoanalytiker und Autor Richard Robertiello klar. Siehe Robertiello und Gagnier, Terril: »Sadomasochism as a Defense Against Merging«. Margaret Mahler hat ausführlich zu diesem Thema geschrieben. Siehe Mahler, M. und Pine, R.: *Die psychische Geburt des Menschen – Symbiose und Individuation*; sowie Mahler, M: »On Human Symbiosis«.

133 Hervorragende Quellen hierzu: Beattie, Melody: *Unabhängig sein – jenseits der Sucht, gebraucht zu werden*; und Whitfield, Charles: *Heilen des inneren Kindes*.

134 Siehe Van der Kolk, McFarlane und Weisaeth, *Traumatic Stress*, S. 217. Siehe auch Anmerkung 27 – Colins Untersuchung über getrennte Paare, die uncharakteristische Vergeltungsakte ausübten. Siehe dazu Colin, *Human Attachment*, S. 340.

135 Diese Ausführungen verdanke ich Sapolsky, *Warum Zebras keine Migräne kriegen*.

136 Wenn man Depressionen tatsächlich als nach innen gerichtete Wut betrachten kann, dann kämpft – laut Sapolsky – der depressive Mensch eine gewaltige mentale Schlacht, ähnlich einem Tier, das durch die Savanne sprintet. Diese Beschreibung stellt einen hochaktiven Zustand dar, zu dem die psychomotorische Retardierung gehört, der Impuls, sich selbst zu töten, sowie erhöhte Stresshormonmengen und eine erhöhte Stoffwechselrate; der Betroffene ist erschöpft von einem auslaugenden emotionalen Konflikt, der in ihm tobt, wie Sapolsky es formuliert. Alle Zitate aus Sapolsky, *Warum Zebras keine Migräne kriegen*.

137 Seligman beschäftigt sich mit der Verbindung zwischen Hilflosigkeit (Mangel an Kontrolle) und Depression. Siehe Seligman, *Erlernte Hilflosigkeit*. Weitere Ausführungen über den Zusammenhang von Depression, Angst und Glukokortikoiden finden sich in Flach; *Depression als Lebenschance*; Kramer, *Listening to Prozac*, S. 378; Sapolsky, *Warum Zebras keine Migräne kriegen*; und Pert, *Moleküle der Gefühle*. Eine allgemeine Übersicht über das Thema Depression findet sich in Beck, *Anxiety Disorders*. Siehe auch Healy, *The Antidepressant Era*.

138 Eine Trennung kann zu denselben Symptomen führen wie eine endogene Depression und auch auf dieselben Medikamente ansprechen. Insbesondere Medikamente, welche die Neurotransmittersysteme beeinflussen, interagieren mit der Trennung. Siehe McKinney: »Separation and Depression«.

139 Siehe Pert, Candace: *Moleküle der Gefühle*.

140 Ein Großteil dieser Veränderungen findet in Sapolskys *Warum Zebras keine*

Migräne kriegen Erwähnung. Eine Diskussion über die Rolle der Glukokortikoide bei der Immunreaktion findet sich in Maier, Watkins und Fleshner: »Psychoneuroimmunology«.

141 Es wurde viel über die Läsionen in den Frontallappen und deren Wirkung auf die Persönlichkeit geschrieben. Wie Goleman es formulierte, sind sie die »emotionalen Manager« Ihres Gehirns. Sie liegen direkt hinter Ihrer Stirn, wo sie ein breites Spektrum an Informationen koordinieren und darauf reagieren. Innere Informationen liefern Ihr Mandelkern und Ihr Gedächtnisspeicher, es gibt aber auch Informationen von der Umwelt. Dank der Frontallappen sind Sie in der Lage, einer Situation einen Sinn zu geben, deren Bedeutung zu begreifen und Ihre emotionale Reaktion darauf zusteuern, außerdem können Sie Ihre Handlungen auf ein Ziel hin organisieren. Die Frontallappen arbeiten Hand in Hand mit Ihrem Mandelkern und anderen Strukturen des emotionalen Systems – sie verfügen über Neuronenschaltkreise, die zum Mandelkern und wieder zurückführen. Vielleicht haben Sie schon einmal von einem veralteten operativen Eingriff namens Lobotomie gehört, bei dem die präfrontalen Lappen entfernt oder vom Rest des Gehirns getrennt werden. Die wohlmeinende Absicht dahinter war, die schweren emotionalen Störungen zu mildern. Leider verloren die Betroffenen dadurch ihre emotionale Reaktionsfähigkeit auf das Leben. Ihr rechter Frontallappen ist das Hoheitsgebiet negativer Emotionen – Wut, Furcht, Trauer –, während der linke Frontallappen dafür verantwortlich ist, die Wirkung dieser negativen Gefühle abzuschwächen. Beide arbeiten einvernehmlich mit dem emotionalen Gehirn und regulieren Ihr emotionales Leben. Menschen, die einen Schlaganfall im linken Frontallappen erlitten haben, können ihre Wut und ihre Angst nicht mehr regulieren und neigen zu katastrophalen Ängsten. Wird dagegen der rechte Frontallappen beschädigt, zeigen die Betroffenen ein Fehlen negativer Emotionen und verhalten sich laut Goleman »unangemessen fröhlich«. Sie albern bei neurologischen Untersuchungen herum, scheinbar gleichgültig gegenüber den Ergebnissen, wie Goleman in *Emotionale Intelligenz* schreibt. Siehe auch Damasio, *Descartes Irrtum*. Seine gesammelten Beweise lassen eine interaktive Verbindung zwischen Emotionen und arbeitendem Gedächtnis vermuten. Siehe auch Oliver Sacks, *Der Mann, der seine Frau mit einem Hut verwechselte*; und Oliver Sacks, *Eine Anthropologin auf dem Mars*. In *Emotionale Intelligenz* von Daniel Goleman findet sich eine glänzende Synthese dieses Themas.

142 Zukunftsweisende Arbeiten darüber finden sich in Kirsten, G. und Robertiello, R.: *Big You, Little You*. Weitere Ausführungen bietet Bradshaw, John: *Das Kind in uns – wie finde ich zu mir selbst*.

143 Der Verlassenheitsguru Peter Yelton hat zu der Entwicklung dieses Konzeptes beigetragen.

Neuer Auftrieb

144 Viktor Frankls persönlicher Bericht legt Zeugnis ab für die Fähigkeit des Menschen, den Schmerz aus seiner Vergangenheit loszulassen und daraus Weisheit und Kraft zu gewinnen. Siehe Viktor Frankl: *Der Mensch auf der Suche nach Sinn*. Siehe auch Morrie Schwartz: *Die Weisheit des Lebens*.

145 Eine Beschreibung der Arbeitsweise dieses komplementären Zweiges des autonomen Nervensystems findet sich in Restak, *Receptors*. Siehe auch Damasio, *Descartes Irrtum*. Lesen Sie zu der Rolle des Parasympathikus und der Wirkung von Azetylcholin auf Schlaf- und Traumverhalten *Schlaf – Gehirnaktivität im Ruhezustand* von J. Allan Hobson.

146 Lesen Sie hierzu *Depression als Lebenschance* von Dr. Frederic Flach.

147 Siehe Panksepp, Siviy und Normansell: »Brain Opioids«.

148 Paul Ekman führte Experimente durch, aus denen ich persönlich schließe, dass es sinnlos ist, sich über die eigenen Gefühle hinwegtäuschen zu wollen. Er ließ Versuchspersonen verschiedene Gesichtsausdrücke aufsetzen, beispielsweise einen glücklichen Ausdruck, was zu glücklichen Gefühlen führte. Aber eines seiner bedeutsamen Versuchsergebnisse war, dass das vorgetäuschte Lächeln zu anderen *Mustern an Hirnwellen* führte als ein echtes Lächeln, was zeigt, dass die innere Erfahrung anders war. Für mich heißt das, dass man durch dieses »so tun, als ob« zwar die Stimmung heben kann, aber man kann dadurch nicht die Realität der echten emotionalen Reaktion auf das Leben eliminieren. Ekman, Paul: »Facial Expressions of Emotions – New Findings, New Questions« in *Psychological Science* 3 (1992), S. 34–38.

149 Siehe Magid, Ken und McKelvey, Carole A.: *High Risk Children without a Conscience*.

150 Siehe Miller, Alice. *Das Drama des begabten Kindes und die Suche nach dem wahren Selbst*. Die generationenübergreifende Dynamik steht im Mittelpunkt der Arbeit des Familientherapeuten Murray Bowen. Lesen Sie hierzu sein Buch *Family Therapy*.

151 Zu diesem Punkt kann ich mehrere Bücher empfehlen. Hart, Louise, *The Winning Family*; Ginott, Haim G.: *Eltern und Kinder – Zeitgemäße Antworten auf zeitlose Fragen*; Clemes, Harris und Bean, Reynold: *Selbstbewusste Kinder – Wie Eltern und Pädagogen dazu beitragen können*; sowie Robertiello, Richard: *Hold Them Very Close Then Let Them Go*. Eine etwas andere Sicht der Elternschaft vertritt Michael Lewis in *Altering Fate*; er ist der Ansicht, dass Kinder weder von der Biologie noch von den Eltern geformt werden. Die Kontroverse, welchen Einfluss die Eltern auf die Entwicklung ihrer Kinder haben, geht weiter. Siehe Harris, *Ist Erziehung sinnlos?* Über den Ursprung dieser These berichtet Gladwell in »Do Parents Matter?« (Siehe Anmerkung 84).

152 Der Prozess der Selbstentdeckung wird von Robert Moore und Douglas Gil-

lette in *The Lover Within* beschrieben. Die darin enthaltenen Prinzipien, in erster Linie aus der Sicht der Männerbewegung geschrieben, lassen sich auf alle anwenden, die ihre Fähigkeit wiedererlangen wollen, tiefe menschliche Bedürfnisse und Gefühle zu erfahren.

153 Diese Formulierung stammt aus Weiner, *Perturbing the Organism*, S. 76.

154 Die Scham, die mit langem Leiden einhergeht, beschreibt Jerome Kagan in *Die Natur des Kindes*. (Siehe Anmerkungen 20 und 21.)

155 Roy Baumeister stellte die »Substitutionstheorie« auf. Er schrieb, dass Wiederverheiratete dazu neigen, viele negative Konsequenzen der Scheidung zu eliminieren. Seine Forschungen deuten darauf hin, dass Ersatzpartner dazu beitragen, den traumatischen Einfluss der Trennungserfahrung zu mindern. »Wenn sich keine neuen Beziehungen einstellen, kann sich der emotionale Dis-Stress, der mit dem [Ex-Partner] verbunden ist, im Laufe der Zeit noch erhöhen, anstatt abzunehmen …, was darauf hindeutet, dass Substitution eine wirksame Methode ist, sich von der Auflösung einer Beziehung zu erholen.« Baumeister und Leary: »Need to Belong«, S. 516. John Bowlby unterstützt die Vorstellung von »Ersatz« oder »Substitution« in seiner Beobachtung, dass die Angst von Kindern angesichts der Trennung von ihren Müttern enorm gemindert werden kann, wenn sie zu dieser Zeit von einer vertrauten Person begleitet werden.
Vormbrock beschreibt aus einer anderen Sicht die Auflehnung, die Verzweiflung und den Entfremdungszyklus der »Trennungstrauer« und bezieht sich auf eine Untersuchung, die darauf schließen lässt, dass nach dem Verlust eines Primärobjekts (anders als die Suche nach einem Ersatz-Primärobjekt) Freunde und unterstützende Angehörige nicht ausreichen, um die Angst, die durch die Trennung von dem Primärobjekt entstanden ist, zu mildern. Siehe Vormbrock: »Attachment Theory«, S. 123.

156 Siehe Bradshaw, John: *Wenn Scham krank macht*.

157 Eine interessante Sichtweise bieten Fromme, Allan: *Muster der Liebe – Über Bindung und Einsamkeit in unserem Leben*; Sowie Sky, Michael: *Sexual Peace – Beyond the Dominator Virus*.

158 Auf der biochemischen Ebene spielt beim Verliebtsein – zusätzlich zu den endogenen Opiaten – auch das Oxytocin eine Rolle, ein neurochemischer Stoff, der vermutlich bei der Partnerbindung zum Einsatz kommt. Man nennt ihn auch das *interpersonale* Hormon. Laut dem Forscher John Capitanio kommt er beim Milchausstoß, bei Gebärmutterkontraktionen und beim Spermientransport vor. Man weiß, dass er die Gedächtnisbildung stört (darum können Frauen den intensiven Schmerz während der Geburt vergessen); und es gibt Beweise, dass menschliche Babys ihn während der Wehen produzieren. Siehe John Capitanio, Michael Weissberg und Martin Reite: »Biology of Maternal Behavior« in *Psychobiology of Attachment and Separation*, S. 68. Damasio fügt noch hinzu, dass Oxytocin während der Sti-

mulation von Genitalien und Brustwarzen sowie beim Orgasmus freigesetzt wird. Es beeinflusst ein ganzes Spektrum von Körperhygiene, Fortbewegungsfähigkeit sowie sexuellem und mütterlichem Verhalten. Doch am wichtigsten ist, dass es die soziale Interaktion erleichtert und zu einer Bindung zwischen partnersuchenden Menschen führen kann. Siehe Damasio, *Descartes Irrtum*.

159 Laut Sapolsky gewöhnen sich Organismen an einen Stressor, wenn er immer wieder auftritt, weil er im Laufe der Zeit vorhersehbar wird und dann zu einer schwächeren Stressreaktion führt. Siehe Sapolsky, *Warum Zebras keine Migräne kriegen*.

160 Virginia Colin vertritt die Ansicht, dass es Ähnlichkeiten zwischen dem jugendlichen Verliebtsein (auf das sich unsere Kultur ausschließlich konzentriert) und der Bindung zwischen Kleinkind und Bezugsperson gibt. Die Stimmung des Jugendlichen (oder des Erwachsenen) hängt von seiner Wahrnehmung ab, ob die Person seines Begehrens reagiert oder sich ablehnend verhält, »genau wie die Freude oder der Kummer eines Babys davon abhängt, ob es die Verfügbarkeit [der Mutter] wahrnimmt«. (Parenthese durch die Autorin.) Siehe hierzu Virginia Colin, *Human Attachment*, S. 297. Siehe auch Field: »Attachment.«

161 Julia Vormbrock beleuchtet die Bildung von Beziehungen, die auf Sicherheit basieren. Sie ist der Ansicht, dass es bei menschlichen Bindungen um zwei grundlegende psychobiologische Systeme geht – das Kümmerersystem und das Bindungssystem. Es ist beispielsweise möglich, dass ein Mensch ein Problem damit hat, von anderen abhängig zu sein (der Bindungsvermeidungstyp), sich aber in Gesellschaft anderer, die von ihm abhängen, durchaus wohl fühlt (der Sicherheitsgebertyp). Diese Kombination aus Bindung und Kümmern könnte Erwachsene charakterisieren, die dazu neigen, erst dann Vertrautheit aufzubauen, wenn sich ihr Partner hilflos fühlt und emotionale Zusicherung braucht. Siehe Vormbrock: »Attachment Theory«, S. 122–144.

162 Zwei bereitwillige Partner können sich im Laufe der Zeit mittels körperlicher Nähe, gemeinsamer Ziele und einer gemeinsamen Lebensaufgabe aufeinander einstimmen. Arrangierte Ehen kommen in der gesamten nicht-westlichen Welt vor, und viele glauben, dass solche arrangierte Ehen erfolgreicher sind als Ehen, die auf Verliebtheit basieren. Ausführliche Informationen darüber, wie Bindungen durch körperliche Nähe, gemeinsame Ziele etcetera gebildet werden, finden sich in Colin: *Human Attachment*.

163 Herausragende Quellen sind Erich Fromm, *Die Kunst des Liebens*; sowie Diane Ackermann: *A Natural History of Love*. Zusätzliche Sichtweisen bieten Marianne Williamson: *Rückkehr zur Liebe*; und Harville Hendrix: *So viel Liebe, wie du brauchst*.

164 Lesen Sie hierzu Bob Greene und Oprah Winfrey: *Ich hab's geschafft – Das Zehn-Punkte-Programm für Körper und Seele*.

Neue Bindungen knüpfen

165 Als vergnügliche Lektüre kann ich hierzu *Nie mehr Single! Eine Anleitung; Anbaggern, Abschleppen und der ganze Rest* von Sharyn Wolf empfehlen.

166 Die Vorstellung vom *Alter Ego* (was buchstäblich »anderes Ich« bedeutet) lässt sich auf Cicero zurückführen, der damit das »andere« oder »zweite« Selbst meinte.

Bibliographie

❦

Einige der folgenden Literaturhinweise sind für den Laien geeignet, bei anderen handelt es sich um akademische Arbeiten, die auf ein Fachpublikum abzielen. Wieder andere Empfehlungen sind Romane, die ich meinen Patienten und Patientinnen ans Herz lege, damit sie ihre Gefühle kennen lernen können. Auf manchen Gebieten habe ich zwei Arbeiten zum selben Thema aufgenommen, die verschiedene Positionen in der fortlaufenden theoretischen Debatte einnehmen.

Ackerman, Diane: *A Natural History of Love*. New York, Vintage Books 1995.

Ackerman, Diane: *Die schöne Macht der Sinne*. München, Kindler 1991.

Ainsworth, Mary D. S.: »Infant-Mother Attachment« in *American Psychologist* 43 (1979).

Ainsworth, Mary D. S.: »Attachments and Other Affectional Bonds Across the Life Cycle« in *Attachments Across the Life Cycle*. New York, Routledge 1991.

Amodeo, John und Whitfield, Charles: *Love an Betrayal*. New York, Ballantine Books 1994.

Anderson, Susan: *Black Swan – The Twelve Lessons of Abandonment Recovery*. New York, Rock Foundations Press 1999.

Andre, Rae: *Positive Solitude*. New York, HarperCollins 1991.

Balint, Michael: *Therapeutische Aspekte der Regression*. (Übersetzung: Käthe Hügel). Stuttgart, Klett-Cotta 1998.

Baumeister, Roy F. und Leary, Mark R.: »The Need to Belong – Desire for Interpersonal Attachments as a Fundamental Human Motivation« in *Psychological Bulletin* (1995).

Beattie, Melody: *Unabhängig sein – Jenseits der Sucht, gebraucht zu werden*. München, Heyne 1991.

Beck, Aaron: *Anxiety Disorders and Phobias*. New York, Basic Books 1990.

Benton, David und Brain, Paul F.: »The Role of Opioid Mechanisms in Social Interaction and Attachment« in Rodgers, R. J. und Cooper S. J. (Hrsg.): *Behavioral Processes*. New York, John Wiley and Sons Inc. 1988.

Berczi, Istvan und Szelenyi, Judith: *Hans Selye on Advances in Psychoneuroimmunology*. New York, Plenum Press 1994.

Blakeslee, Sandra: »Placebo Prove So Powerful Even Experts are Surprised« in *New York Times* (Science Times Beilage) vom 13. Oktober 1998.

Boss, Pauline: *Leben mit ungelöstem Leid*. München, Beck 2000.

Bowen, Murray: *Family Therapy*. New York, J. Aronson 1978.

Bowlby, John: »The Nature of the Child's Tie to his Mother« in *International Journal of Psycho-Analysis* 39 (1958).

Bowlby, John: *Verlust, Trauer und Depression*. (Übersetzung: Elke vom Scheidt). Frankfurt am Main, Fischer 1987.

Branden, Nathaniel: *Honoring the Self*. New York, Bantam Books 1983.

Bradshaw, John: *Wenn Scham krank macht – Ein Ratgeber zur Überwindung von Schamgefühlen*. (Übersetzung: Bringfried Schröder). München, Droemer Knaur 1995.

Bradshaw, John: *Das Kind in uns – Wie finde ich zu mir selbst*. (Übersetzung: Bringfried Schröder). München, Droemer Knaur 1995.

Capitanio, John, Weissberg, Michael und Reite, Martin: »Biology of Maternal Behavior« in Reite, Martin und Field, Tiffany

(Hrsg.): *Psychobiology of Attachment and Sepration*. San Diego, Academic Press 1986.

Chodron, Pema: *When Things Fall Apart*. Boston, Shambhala 1997.

Clemes, Harris C. und Bean, Reynold: *Selbstbewusste Kinder – Wie Eltern und Pädagogen dazu beitragen können*. (Übersetzung: Barbara Cox-Tepp). Reinbek bei Hamburg, Rowohlt 1991.

Cloninger, Robert: »A Unified Biosocial Theory of Personality and its Role in Personality States« in *Psychiatric Development* 4, Nr. 3 (1986), S. 167–226.

Coe, Christopher, Wiener, Sandra, Rosenbert, Leon und Levine, Seymour: »Endocrine and Immune Response to Separation and Maternal Loss in Nonhuman Primates« in Reite, Martin und Field, Tiffany (Hrsg.): *The Psychobiology of Attachment and Separation*. San Diego, Academic Press 1985.

Colin, Virginia: *Human Attachment*. Philadelphia, Temple University Press 1996.

Coopersmith, Stanley: *The Antecedents of Self-Esteem*. San Francisco, W. H. Freeman and Company 1967.

Damasio, Antonio: *Descartes Irrtum – Fühlen, Denken und das menschliche Gehirn*. München, List 1995.

Decasper, A. H. und Fif, W. P.: »Of Human Bonding – Newborns Prefer Their Mother's Voices« in *Science* 208, Nr. 4448 vom 6. Juni 1980.

Edelman, Hope: *Töchter ohne Mütter – Vom Verlust der Geborgenheit*. (Übersetzung: Susanne Höbel und Sabine Sarre). München, Heyne 1995.

Ekman, Paul: »Facial Expressions of Emotion – New Findings, New Questions« in *Psychological Science* 3, Nr. 1 (1992), S. 34–38.

Eysenck, J. J.: »Anxiety, Learned Helplessness and Cancer« in *Journal of Anxiety Disorders* 1 (1987), S. 87–104.

Field, Tiffany: »Attachment as Psychobiologial Attunement – Being on the Same Wavelength« in Reite, Martin und Field, Tiffany (Hrsg.): *The Psychobiology of Attachment and Separation*. San Diego, Academic Press 1985.

Flach, Frederic F.: *Depression als Lebenschance – Seelische Krisen und wie man sie nutzt*. (Übersetzung: Nils Th. Lindquist). Reinbek bei Hamburg, Rowohlt 1996.

Fox, Nathan A.: »Behavioral Antecedents of Attachment in High-Risk Infants« in Reite, Martin und Field, Tiffany (Hrsg.): *The Psychobiology of Attachment and Separation*. San Diego, Academic Press 1985.

Frankl, Viktor: *Der Mensch auf der Suche nach Sinn*. Freiburg, Herder 1975.

Freud, Sigmund: *Melancholie und Trauer*. Berlin, Volk und Welt 1982.

Friday, Nancy: *Wie meine Mutter*. (Übersetzung: Ute Seesslen). Frankfurt am Main, Fischer 1989.

Fromm, Erich: *Die Kunst des Liebens*. (Übersetzung: Liselotte und Ernst Mickel). Berlin, Ullstein 1998.

Fromme, Allan: *Muster der Liebe – Über Bindung und Einsamkeit in unserem Leben*. (Übersetzung: Günther Danehl). Frankfurt am Main, Fischer 1996.

Gershon, Michael D.: *Der kluge Bauch – Die Entdeckung des zweiten Gehirns*. München, Goldmann 2001.

Ginott, Haim: *Eltern und Kinder – Zeitgemäße Antworten auf zeitlose Fragen*. (Übersetzung: Ruth Sutermeister). Reinbek bei Hamburg, Rowohlt 1971.

Gladwell, Malcolm: »Do Parents Matter?« in *The New Yorker* vom 17. August 1998, S. 54–64.

Goleman, Daniel: *Emotionale Intelligenz*. (Übersetzung: Friedrich Griese). München, dtv 1997.

Gordon, Sol: *When Living Hurts*. New York, Dell Publishing 1983.

Gossette, Robert L. und O'Brien, Richard M.: »The Efficacy of Rational Emotive Therapy in Adults – Clinical Fact or Psychometric Artifact?« in *Journal of Behavior Therapy and Experimental Psychiatry* 23, Nr. 1 (1992), S. 9–24.

Gossette, Robert L. und O'Brien, Richard M.: »Irrational Beliefs and Maladjustments – When are Psychometric Effects Clinically Meaningful?« Vortrag anlässlich der Konferenz der American Psychological Association am 11. August 1990 in Boston.

Greene, Bob und Winfrey, Oprah: *Ich hab's geschafft – Das Zehn-Punkte-Trainingsprogramm für Körper und Seele.* Berlin-München, Ullstein 2000.

Hall, Stephen S.: »Our Memories, Our Selves« im *New York Times Magazine* vom 15. Februar 1998, S. 26–57.

Harris, Judith: *Ist Erziehung sinnlos? – Die Ohnmacht der Eltern.* Reinbek bei Hamburg, Rowohlt 2000.

Hart, Louise: *The Winning Family.* New York, Dodd, Mead & Company 1987.

Hartmann, Heinz: *In the Service to Others – Reflections of a Retired Physician on Medicine, the Bible and the Jews.* Amherst, Prometheus Books 1988.

Healy, David: *The Antidepressant Era.* Cambridge, Harvard University Press 1997.

Hendrix, Harville: *So viel Liebe, wie du brauchst.* Düsseldorf, Econ 1992.

Herman, Judith Lewis: *Die Narben der Gewalt – Traumatische Erfahrungen verstehen und überwinden.* München, Kindler 1994.

Hobson, J. Allan: *Schlaf – Gehirnaktivität im Ruhezustand.* (Übersetzung: Ingrid Horn). Heidelberg, Spektrum Akademischer Verlag 1990.

Hofer, Myron: »An Evolutionary Perspective von Anxiety« in Roose, S. und Glick, R. (Hrsg.): *Anxiety as Symptom and Signal.* Hillsdale, Analytic Press 1995.

Hofer, Myron: »Hidden Regulators, Implications for a New Understanding of Attachment, Separation, and Loss« in Goldberg, S., Muir, R. und Kerr, J. (Hrsg.): *Attachment Theory – Social, Developmental and Cinical Perspectives*. Hillsdale, Analytic Press 1995.

Hurnard, Hannah: *Leichtfüßig wie die Hindin* ... (Übersetzung: Marianne Wengerek). Cadolzburg, Noriam Verlag 1989.

Kabat-Zinn, Jon: *Heilsame Umwege – Meditative Achtsamkeit und Gesundheit*. München, Piper 1995.

Kagan, Jerome: *Galen's Prophecy*. New York, Basic Books 1994.

Kagan, Jerome: *Die Natur des Kindes*. (Übersetzung: Friedrich Griese). München, Piper 1987.

Kandel, Eric: *Neurowissenschaft – Eine Einführung*. Heidelberg, Spektrum Verlag 1996.

Kelly, D. D.: »Stress-Induced Analgesia« in *Annals of the New York Academy of Scienes* 1986.

Kernberg, O.: *Borderline-Störungen und pathologischer Narzismus*. Frankfurt am Main, Suhrkamp 1983.

Kiecolt-Glaser, J.K., Fisher, L. D., Ogrocki, P., Stout, J. C., Speicher, C. E. und Glaser, R.: »Marital Quality, Marital Disruption, an Immune Function« in *Psychosomatic Medicine* 49, Nr. 1 (1987).

Kirsch, Irving: »Reducing Noise and Hearing Placebo More Clearly« in *Prevention and Treatment* 1 (1998).

Kirsch, Irving und Sapirstein, Guy: »Listening to Prozac but Hearing Placebo – A Meta-Analysis of Antidepressant Medication« in *Prevention and Treatment* 1 (1998).

Kirsten, Grace Elish und Robertiello, Richard C.: *Big You, Little You, Separation Therapy*. New York, Dial Press 1977.

Klein, D. F.: »Listening to Meta-Analysis But Hearing Bias« in *Prevention and Treatment* 1 (1998).

Klein, Donald: »Anxiety Reconceptualized« in Klein, Donald

und Rabkin, Judith (Hrsg.): *Anxiety – New Research and Changing Concepts*. Philadelphia, Raven Press 1981.

Klein, Melanie: *Seelische Urkonflikte – Liebe, Hass und Schuldgefühl*. (Übersetzung: Gerhard Vorkampf). Frankfurt am Main, Fischer 1992.

Klein, Melanie: »On the Theory of Anxiety and Guilt« in *Envy and Gratitude and Other Works 1946–1963*. New York, Delacorte Press 1975.

Kodis, Michele, Moran, David T. und Berliner, David: *Love Scents – How Your Pheromones Influence Your Relationships, Your Moods and Who You Love*. New York, E. P. Dutton 1998.

Koman, Aleta: *How to Mend a Broken Heart*. Raleigh, Contemporary Publishing 1997.

Kohut, H.: *Die Heilung des Selbst*. (Übersetzung: Elke vom Scheidt). Frankfurt am Main, Suhrkamp 1981.

Kramer, Peter: *Listening to Prozac*. New York, Penguin Books 1992.

Kroll, Jerome: *PTSD – Borderlines in Therapy: Finding the Balance*. New York, W. W. Norton and Company 1993.

Kübler-Ross, Elisabeth: *Interviews mit Sterbenden*. Gütersloh, Gütersloher Verlagshaus Mohn 1975.

LeDoux, Joseph: »Emotion, Memory, and the Brain« in *Scientific American* (Juni 1994).

LeDoux, Joseph: *Das Netz der Gefühle – Wie Emotionen entstehen*. München, Hanser 1998.

Lewis, Helen Block: *Shame and Guilt in Neurosis*. Madison, International Universities Press 1971.

Lewis, Michael: *Scham – Annäherung an ein Tabu*. Hamburg, Kabel 1993.

Lewis, Michael: *Altering Fate – Why the Past Does Not Predict the Future*. New York, Guilford Press 1998.

Madden, John (Hrsg.): *Neurobiology of Learning, Emotion and Affect*. New York, Raven Press 1991.

Magid, Ken und McKelvey, Carole A.: *High Risk Cildren Without a Conscience*. New York, Bantam Books 1987.

Mahler, Margaret: »On Human Symbiosis and the Vicissitudes of Individuation« in Band 1 von *Infantile Psychoses*. Madison, International Universities Press 1968.

Mahler, M. S., Pine, Fred und Bergman, Anni: *Die psychische Geburt des Menschen – Symbiose und Individuation*. Frankfurt am Main, Fischer 1997.

Maier, Steven F., Watkins, Linda R. und Fleshner, Monika: »Psychoneuroimmunology – The Interface Between Behavior, Brain and Immunity« in *American Psychologist*, Vol. 49, December 1994, S. 1004–1017.

Marano, Hara Estroff: »Depression – Beyound Serotonin« in *Psychology Today*, April 1999, S. 30–76.

McKinney, William T.: »Separation and Depression – Biological Markes« in Reite, Martin und Field, Tiffany (Hrsg.): *The Psychobiology of Attachment and Separation*. San Diego, Academic Press 1985.

McLean, Paul: *The Triune Brain in Evolution*. New York, Plenum Press 1990.

Merker, Hannah: *... und plötzlich war es still – Eine Frau erkundet ihre lautlose Welt*. (Übersetzung: Christel Dormagen). München, Goldmann 1999.

Miller, Alice. *Das Drama des begabten Kindes und die Suche nach dem wahren Selbst – Eine Um- und Fortschreibung*. Frankfurt am Main, Suhrkamp 1997.

Monti-Bloch, L. und Grosser, B. I.: »Effect of putative pheromones on the electrical activity of the human vomeronasal organ and olfactory epithilium« in *Journal of Steroid Biochemistry and Molecular Biology* 1001, 39, Nr. 48, S. 537–582.

Moore, Robert und Gillette, Douglas: *The Lover Within*. New York, W. Morrow 1993.

Ornstein, Robert und Thompson, Richard R.: *Unser Gehirn – Das lebendige Labyrinth.* (Übersetzung: Hainer Kober). Reinbek bei Hamburg, Rowohlt 1986.

Panksepp, Jaak; Siviy, Stephen M. und Normansell, Lawrence A.: »Brain Opioids and Social Emotions« in Reite, Martin und Field, Tiffany (Hrsg.): *The Psychobiology of Attachment and Separation.* San Diego, Academic Press 1985.

Panksepp, Jaak: *Advances in Biological Psychiatry.* Band 1. Greenwich, JAI Press 1995.

Panksepp, Jaak: »The Emotional Brain and Biological Psychiatry« in Advances in *Biological Psychiatry*, 269–286. Greenwich, JAI Press 1996.

Panksepp, Jaak, Nelson, Eric und Bekkedal, Marni: »Brain Systems for the Mediation of Separation Distress and Social Reward« in *Annals of the New York Academy of Sciences* 807 (1997), S. 78–100.

Parkes, C. M. und Stevenson-Hinde, J.: *The Place of Attachment in Human Behavior.* New York, Basic Books 1982.

Parkes, C. M., Stevenson-Hinde, J. und Marris, P: *Attachments Across the Life Cycle.* New York, Routledge 1991.

Pawlow, Ivan: *Die bedingten Reflexe.* München, Kindler 1972.

Pert, Candace B.: *Moleküle der Gefühle – Körper, Geist und Emotionen.* Reinbek bei Hamburg, Rowohlt 1999.

Pollan, Michael: »Second Nature« in *Atlantic Monthly Press* 1991.

Pollan, Michael: *A Place of My Own – The Education of an Amateur Builder.* New York, Dell 1998.

Real, Terrance: *I Don't Want to Talk About It.* New York, Scribner 1997.

Rensberger, Boyce: *Life Itself – Exploring the Realm of the Living Cell.* New York, Oxford University Press 1996.

Restak, Richard M.: *Receptors.* New York, Bantam Books 1994.

Restak, Richard M.: *Brainscapes – An Introduction to What Neuroscience has Learned about the Structure, Function and Abilitys of the Brain*. New York, Hyperion 1996.

Richo, David: *How To Be An Adult*. New York, Paulist Press 1991.

Rinpoche, Sogyal: *Das tibetische Buch vom Leben und Sterben*. (Übersetzung: Peter Geist), Bern, Barth Verlag 1994.

Robertiello, Richard: *Hold Them Very Close, Then Let Them Go*. New York, Dial 1975.

Robertiello, Richard und Gagnier, Terril T.: »Sado-masochism as a Defense Against Merging – Six Case Studies« in *Journal of Contemporary Psychotherapy* 23, Nr. 3 (1993), S. 183–192.

Robertiello, Richard und Beer, Hollace M.: »Bulimia as a Failure in Separation« in *Journal of Contemporary Psychiatry* 23, Nr. 1 (1993), S. 41–45.

Ruden, Ronald A. und Byalick, Marcia: *The Craving Brain – The Biobalance Approach to Controlling Addiction*. New York, HarperCollins 1997.

Sacks, Oliver: *Der Mann, der seine Frau mit einem Hut verwechselte*. (Übersetzung: Dirk van Gunsteren). Reinbek bei Hamburg, Rowohlt 1996.

Sacks, Oliver: *Eine Anthropologin auf dem Mars – Sieben paradoxe Geschichten*. (Übersetzung: Hainer Kober, Jutta Schust und Alexandre Métraux). Reinbek bei Hamburg, Rowohlt 1997.

Sanford, Linda Tschirhardt und Donovan, Mary Ellen: *Frauen und Selbstachtung*. Hamburg, Klein Verlag 1994.

Sapolsky, Robert M.: *Warum Zebras keine Migräne kriegen – Wie Stress den Menschen krank macht*. (Übersetzung: Brigitte Stein). München, Piper 1996.

Sapolsky, Robert M.: »Social Subordinance as a Marker of Hypercortisolism« in *Annals of the New York Academy of Sciences* (Social Subordinance), S. 626–638.

Schleifer, S. J., Keller, S. E., Camerino, M., Thornton, J. C. und Stein, M.: »Supression of Lymphocyte Stimulation Following Bereavement« in *Journal of the American Medical Association*, Band 250, Nr. 3 (1983), S. 374–377.

Schore, Allan: *Affect Regulation and Origin of Self – The Neurobiology of Emotional Development*. Mahwah, Lawrence Erlbaum Associates 1994.

Schwartz, Morrie: *Die Weisheit des Lebens*. München, Goldmann 2001.

Seiver, Larry J. und Frucht, William: *The New View of Self – How Genes and Neurotransmitters Shape Your Mind, Your Personality and Your Mental Health*. New York, MacMillan 1997.

Seligman, Martin: *Erlernte Hilflosigkeit*. München, Urban und Schwarzenberg 1983.

Serra, G., Collu, M. und Gessa, G. L.: »Endorphins and Sexual Behavior« in *Endorphins, Opiates and Behavioral Processes*. New York, John Wiley & Sons Inc. 1988 (S. 237–247).

Sky, Michael: *Sexual Peace – Beyond the Dominator Virus*. Santa Fe, Bear and Company 1993.

Smotherman, William P. und Robinson, Scott R.: »The Development of Behavior Before Birth« in *Developmental Psychology* 32 (Mai 1996), S. 425–434.

Spitz, Renee A.: »Hospitalism – A Inquiry into the Genesis of Psychiatric Conditions in Early Childhood« in *Psychoanalytic Studies of the Child* 1 (1945).

Stamford, S. C. und Salmon, P.: *Stress – From Synapse to Syndrome*. San Diego, Academic Press 1993.

Storr, Anthony: *Solitude – A Return to the Self*. New York, Ballantine 1988.

Suomi, Stephen: »Early Stress and Adult Emotional Reactivity in Rhesus Monkeys« in *The Childhood Environment and Adult Disease*. New York, John Wiley and Sons Inc. 1991.

Suomi, Stephen J.: »Primate Separation Models of Affective Disorders« in John Madden IV: *Neurobiology of Learning, Emotion and Affect*. Philadelphia, Raven Press 1991.

Talbot, Margaret: »Attachment Theory – The Ultimate Experiment« im *New York Times Magazine* vom 24. Mai 1998, S. 24–54.

Tavris, Carol: *Wut – Das missverstandene Gefühl*. Hamburg, Hoffmann und Campe 1992.

Tice, Diane und Baumeister, Roy: »Self Induced Emotion Change« in Wegner, C. M. und Pennebaker, J. W.: *Handbook of Mental Control*. Upper Saddle River, Prentice Hall 1992.

Van der Kolk, Bessel A., McFarlane, Alexander C. und Weisaeth, Lars: *Traumatic Stress – The Effects of Overwhelming Experience on Mind, Body, and Society*. New York, Guilford Press 1996.

Vaughan, Susan: *The Talking Cure – The Science Behind Psychotherapy*. New York, Grosset/Putnam 1997.

Viorst, Judith: *Mut zur Trennung – Menschliche Verluste, die das Leben sinnvoll machen*. Hamburg, Hoffmann und Campe 1988.

Vormbrock, Julia K.: »Attachment Theory as Applied to Wartime and Job-Related Marital Separation« in *Psychological Bulletin* 114 (1993), S. 122–144.

Wappner, S., Ciottone, R., Hornstein, G., McNeil, O. und Pacheco, A. M.: »An Examination of Studies of Critical Transitions through the Life Cycle« in Wappner, S. und Kaplan, B. (Hrsg.): *Toward a Holistic Developmental Psychology*. New Jersey, Erlbaum 1983, S. 111–132.

Wattles, Wallace B.: *Das Gesetz des Reichwerdens*. CSA-Verlag 1993.

Watzlawick, Paul, Weakland, John und Risch, Richard: *Lösungen – Zur Theorie und Praxis des menschlichen Wandels*. Bern, Huber 1992.

Weiner, H., Hofer, M.A. und Stunkard, A. J.: *Brain, Behavior and Bodily Disease*. New York, Raven Press 1981.

Weiner, Herbert: *Perturbing the Organism – The Biology of Stressful Experience*. Chicago, University of Chicago Press 1992.

Weiss, Jay M.: »Stress-Induced Depression – Critical Neurochemical and Electrophysiological Changes« in John Madden IV: *Neurobiology of Learning, Emotion and Affect*. New York, Raven Press 1991.

Weiss, R. S.: *Loneliness – The Experience of Emotional and Social Isolation*. Cambridge, MIT Press 1973.

Weiss, R. S.: *Marital Separation – Managing after a Marriage Ends*. New York, Basic Books 1975.

Whitfield, Charles: *Heilen des inneren Kindes – Entdecken und wiedererwecken Sie den Teil in sich, der lebendig, kraftvoll, schöpferisch und erfüllt ist: Ihr wahres Selbst*. (Übersetzung: Bringfried Schröder). Verlag Medizin und Neues Bewusstsein 1993.

Williamson, Marianne: *Rückkehr zur Liebe*. München, Goldmann 1993.

Wilson, Edward O.: *Die Einheit des Wissens*. München, Goldmann 2000.

Winnecott, Donald W.: »The Capacity to be Alone« in *The Maturational Processes and the Facilitating Environment – Studies in the Theory of Emotional Development*. Madison, International Universities Press 1965.

Wise, Roy A.: »The Neurobiology of Craving – Implications for the Understanding and Treatment of Addiction« in *Journal of Abnormal Psychology* 97 Nr. 2 (1988), S. 118–132.

Wolf, Sharyn: *Nie mehr Single! Eine Anleitung; Anbaggern; Abschleppen und der ganze Rest*. München, Heyne 1994.

Wolff, P. H.: »The Serial Organization of Sucking in the Young Infant« in *Pediatrics* 42 (1968) S. 943–956.

Yalom, Irvin: *Und Nietzsche weinte*. (Übersetzung: Uda Strätling). Hamburg, Kabel 1994.

Zillmann, Dolf: »Mental Control of Angry Aggression« in Wegner, C. M. und Pennebaker, J. W.: *Handbook of Mental Control*. New Jersey, Prentice Hall 1992.

Danksagung

❧

Eine ganz besondere Gruppe von Menschen hat mir das Wissen und den Stoff für dieses Buch gegeben – meine Patienten und Patientinnen. Sie haben mir beigebracht, dass der menschliche Geist über große Verluste und tiefe Verzweiflung triumphieren kann. Ihre Stimmen erzählen die wahre Geschichte vom Verlassenwerden und von der Heilung.

Tiefe Dankbarkeit schulde ich meinem Sohn Adam, meiner Tochter Erika sowie Paul für ihre Liebe, ihre Geduld und die Bereitwilligkeit, mit der sie »die Verlassenheit erduldeten«, während ich an diesem Buch arbeitete; meinem Vater Dexter Griffith, weil er mir die kreative Entschlossenheit gab; meiner Mutter für ihr immer hell leuchtendes Licht der Unterstützung; meiner Schwester Marcia Gerardi und meinen Brüdern Dexter und Robert Griffith für ihre Liebe und Hingabe; ihren Partnern und Partnerinnen Mark Gerardi, Karen Griffith und Randy Davis und den Cousins und Cousinen Jessica Gerardi sowie Kristi, Dylan und Bryan Griffith; Pauls Kindern Alex, Jesse Mark und Laura Cohen; Jill Mackey, Carole Ann Price und Patricia Malone für ihre stete Ermutigung; Dilys und Keith Purdy, die sich um meine Herde kümmerten, damit ich mich um das Schreiben kümmern konnte.

Mein besonderer Dank gilt Peter Yelton, meinem Verlassenheitsguru. Peter, tief schürfend und prophetisch, ist der ultimative Verlassenheitsüberlebende. Er ließ mich großzügig an seiner Weisheit teilhaben, ohne dafür Dank zu erwarten. An vielen Stellen habe ich seine Worte benützt. Für Peter zählen nur die

Lebenserfahrung und menschliche Beziehungen – die Prioritäten eines wahrhaft weisen Menschen.

Dank schulde ich auch Robert Gosset für seine Hilfe bei den wissenschaftlichen Abschnitten des Manuskripts. Er brachte mir die relevanten Primärquellen nahe und klärte meine Verwirrung auf.

Besonders hervorheben möchte ich Carrie, die all die Liebe und Zuneigung bekam, die sich ein Kind nur wünschen kann. Sie motivierte mich, die Grenzen meines Fachbereichs zu überschreiten und die Tiefen der Hirnforschung, Anthropologie und Philosophie zu erforschen, um zu verstehen, warum sie sich versehentlich selbst verließ.

Ich möchte auch den Prominenten danken, die das Erbe ihrer eigenen Verlassenheitserfahrung in der Kindheit mit uns geteilt haben. Sie spiegeln die Weisheit wider, die selbst noch die härtesten emotionalen Lektionen des Lebens zu bieten haben.

Ich danke Teresa Kennedy, die mir half, das Projekt auf die Beine zu stellen; Susan Golomb, weil sie daran glaubte und das Manuskript in gute Hände gab; Lisa Considine, deren Einsicht, Vision und exzellente Hilfe bei dem Manuskript das Projekt seiner Vollendung zuführte. Ich danke auch Dr. Richard Robertiello für seine wertvollen Ratschläge und seine Hilfe während diverser Schwierigkeiten; Edward Kannel, der während meiner formativen Jahre meine Lust am Schreiben ermutigte; Hannah Merker, meiner literarischen Mentorin, die meinen Glauben an mich stärkte, und der International Women's Writers Guild, einfach weil es sie gibt. Ich möchte auch meiner Schreibgruppe für ihr Feedback danken; Carolyn Hasler von der Huntington Public Library, weil sie selbst schwer zu findende Quellen für mich auftat; Mayumi Hayashi, die mir half, die Vorstellungen hinter dem Wort *akeru* zu verstehen; der T.K.'s Galley, einem herrlichen kleinen Café am Ufer in Halesite, weil mir dort die

Gastfreundschaft und eine perfekte Atmosphäre für das Schreiben ermöglicht wurden.

Die Adresse und die Website der Autorin lauten:
Susan Anderson
P.O. Box 2307
Huntington, New York 11743-2307

www.abandonmentrecovery.com
E-mail: abandonment@erols.com

Register

∽◦∾